해방기 남북한 극문학 선집
II

해방기 남북한 극문학 선집 II

이재명 엮음

김송
김이식
박병준 박로아
남궁만

해방기 남북한 극문학선집 II · 출전

김송	그날은 오다 · 《김송희곡집》 1950
김이식	황혼의 마을 · 《인민예술》 1권, 1945. 12.
남궁만	복사꽃 필 때 · 《해방1주년기념희곡집》 문화전선, 1946
	봄비 · 《남궁만희곡집》 문화전선, 1947
	기관차 · 《해방3주년기념 종합축전희곡집》 국립인민출판사, 1948
	하의도 · 《남궁만희곡집》 문화전선, 1947
	홍경래 · 《남궁만희곡집》 문화전선, 1947
	산의 감정 · 군중문화총서3
	《단막희곡집》 북조선직업총동맹군중문화부, 1949
박로아	녹두장군 · 《박로아희곡집》 1950
박병준	열매 · 《아동문학집 1》 문화전선, 1950

평민사

책 머 리 에

해방기 남북한 극문학 선집(I~Ⅳ)은 한국연구재단의 연구과제 KRF 2007-327-A00473 (연구과제명 "해방기 남북한 극작품의 데이터베이스화 및 공연문화사 연구")를 수행하면서 기획되었다. 2009년 연구과제를 마무리하면서 온라인상의 자료센터를 개설하려 하였으나, 여러 가지 여건이 마땅치 못한 상황이 되고 말았다. 궁리 끝에 지난번 연구과제의 성과물인 근대 희곡·시나리오 선집(해방전 공연희곡집 외 10권)의 사례를 계승하는 차원에서 2권 분량의 극문학 선집을 출판하기로 하였다.

수많은 자료를 여러 차례 검토한 끝에 2권으로는 귀중한 자료를 다 담아내기 어렵다고 판단하여, 사비를 들여서라도 추가로 2권 더 출판하기로 하였다. 하지만 연구원도 제대로 확보되지 않은 상태에서 혼자서 자료를 검토하고 수록 작품을 선정하는 작업에 상당한 시일이 걸리고 말았다. 선집 4권에 수록될 작품 선정이 마무리될 무렵, 뜻하지 않은 눈수술로 출판 작업은 더욱 더뎌질 수밖에 없게 되었다. 최종 원고와 원문 대조 작업 및 교열 작업과 사투를 벌인 결과, 해방기 남북한 극문학 선집 I·Ⅱ 2권을 1차분으로 먼저 출판하기에 이르렀다.

1945년 8·15 해방 이후 1950년 한국전쟁이 일어나기 이전까지 남한에서 발표된 극작품으로는 80여 편을 확인할 수 있었다. 같은 시기 북한에서 발표된 극작품은 100여 편에 이르는데, 국립중앙도서관과 명지대 도서관, 미국 국립문서보존소(한국전쟁 중 북한지역에서 노획한 자료들 상당수는 최근 국립중앙도서관 해외수집기록물 자료실에 D/B로 확인 가능), 중국 연변대 도서관 및 러시아 국립도서관에서 60여 편의 극작품과 13권의 희곡집을 수집할 수 있었다. 이들 중에서 대략 40여 편의 작품을 추려, 해방기 남북한 극문학 선집으로 묶게 되었다.

해방기 남북한 극문학 선집에 수록된 작품을 선정한 기준은 일차적으로 작품성이 뛰어난 것으로, 당대 극문학의 수준을 가늠할 만한 작품을 우선적으로 골랐다. 그 다음으로 그동안 발굴되지 않아 연구가 미흡했던 극작가와 그의 작품을 소개하려는 취지로 미공개 극작품 위주로 선정하였다. 그러다 보니 해방기 남북한 극문학 선집에 북한쪽 작품이 많아지게 된 요인이 되었다. 또한 탄생 100주년을 맞이한 문인들을 기념하고 작품세계를 재조명하려는 취지에서 최근 10여 년 사이에 각종 작품전집류들이 홍수를 이루게 되었다. 유치진과 오영진, 김영수, 함세덕, 신고송, 이주홍, 진우촌 등의 작품집이 대표적인데, 여기에 소개된 극작품 역시 수록대상 목록에서 제외하다 보니 남북한 작품 사이의 균형이 맞지 않게 되고 말았다. (수집한 작품과 게재 지면 및 공연 사항 등에 대한 자료와 작가별 작품 현황 등의 자료는 내년 초에 발행될 해방기 남북한 극문학 선집 Ⅲ, Ⅳ에 수록할 예정이다.)

    한국연구재단 연구과제를 수행하는 과정에서 연구원으로 도움을 준 양수근 선생과 우미옥 선생에게 감사드리며, 그동안 연구실에서 함께 애쓴 윤성훈, 권오경, 박소희, 배나은, 신다혜, 정지혜 조교에게도 감사의 인사를 전한다. 특별히 이번 연구과제 수행과 선집 발간에 있어서 윤성훈의 역할은 자료 수집과 정리 및 연구의 모든 방면에서 절대적이었다.
    이들 명지대 문예창작학과 관련인들과 별도로, 혜화동1번지 5기 동인들과 혜화동1번지 2012 봄 페스티벌 기획진과 같은 젊은 연극인들에게도 감사드린다. 이들은 다소 무겁고 재미없을 주제인 "해방공간"을 젊은 감각으로 새롭게 재조명함으로써 이번에 출판하는 선집의 의의를 확인시켜 주었다. 6,70년 전에 발표된 김사량의 「호접」을 비롯한 이동규의 「두루쇠」 등 5편의 희곡작품을 새롭게 무대화한 혜화동1번지 5기 동인들의 열정에 다시 한 번 감사드린다.
    또한 극예술학회의 젊은 연구자 여러분이 본 선집에 수록될 자료를 검토하고 앞으로의 연구 방향 검토를 위한 "해방기 세미나"에 열의를 갖고 진행해 준 것에 감사드린다. 매서운 겨울 방학과 무더운 여름 방학이라는 악조건 속에 전개된 세미나에서 백소연, 전지니, 양근애, 문경연, 권두현, 김남석, 우수진, 서재길, 김정수, 백승숙, 김향, 백선애, 조보라미 선생(무순!)이 애써 주셨다.
    끝으로 한국 연극과 극문학 발전을 위해 애쓰시며 어려운 출판 환경 속에서도 본 선집의 출판을 떠맡아 주신 평민사 이정옥 사장님께도 더 없는 감사를 드린다. 지지부진한 작업을 지켜보면서 격려와 성원을 아끼지 않은 가족에게도 감사한다. 계속되는 시련과 고통 속에서도 연구할 수 있는 체력과 여건을 허락해 주신 하나님의 은혜에 다시금 감사하지 않을 수 없다.

앞으로 이루어야 할 연구와 남은 생애가 더 나은 내일과 임재하는 하나님 나라의 건설에 유용하게 쓰일 수 있게 되길 간절히 기원해 본다.

2012년 10월 금토산 자락에서
이재명

해방기 남북한 극문학선집 Ⅱ · 출전

김송	그날은 오다 · 《김송희곡집》 1950
김이식	황혼의 마을 · 《인민예술》1권, 1945. 12.
남궁만	복사꽃 필 때 · 《해방1주년기념희곡집》 문화전선, 1946
	봄비 · 《남궁만희곡집》 문화전선, 1947
	기관차 · 《해방3주년기념 종합축전희곡집》 국립인민출판사, 1948
	하의도 · 《남궁만희곡집》 문화전선, 1947
	홍경래 · 《남궁만희곡집》 문화전선, 1947
	산의 감정 · 군중문화총서3
	《단막희곡집》 북조선직업동맹군중문화부, 1949
박로아	녹두장군 · 《박로아희곡집》 1950
박병준	열매 · 《아동문학집 1》 문화전선, 1950

[목차]

김송
그날은 오다 · 9

김이식
황혼의 마을 · 54

남궁만
복사꽃 필 때 · 75
봄비 · 106
기관차 · 127
하의도 · 168
홍경래 · 201
산의 감정 · 282

박로아
녹두장군 · 309

박병준
열매 · 379

일러두기

　1. 수록된 작품은 원문 그대로 게재하는 것을 원칙으로 한다. 다만 의미 전달의 효율성을 높이기 위해 작품의 일부분에 현대 띄어쓰기를 적용하였다.

　2. 한자(漢字)의 경우 역시 원문 그대로 표기하는 것을 원칙으로 하나, 일부에서 지나치게 남용된 한자는 한글로 표기한다.

　3. 문장 부호는 가로 조판 방식에 맞게 현대적으로 변형하였다. 또한 '◇ ○ ◎ ( )' 등 원문의 독립 지문 표시 기호는 현대 방식에 맞게 모두 생략하고, 위아래로 한 줄씩 띄워 독립된 지문 표시를 하였다.

　4. 단어가 반복될 때 '〈'이나 '〃' 기호로 표시하거나 일본어 'ゞ'를 사용하는 경우, '〈'이나 '〃'는 현행 가로쓰기 체계에 맞지 않기 때문에 앞의 단어나 구의 반복을 그대로 살려주는 방식으로 표기하였다(예 : 떨어질 듯이〈 → 떨어질 듯이 떨어질 듯이).

　5. 문맥상 오자(誤字)임이 분명한 것이라 할시라도 본문에서 수정하지 않고 주석 처리를 하였다. 또한 의미 해석이 필요한 단어나 구, 절에 대해서도 주석 처리를 하였다.

　6. 원문 판독이 불가능한 글자의 경우, 가능한 그 숫자만큼 '□' '*' '○' '●●' '★★' 표시를 하였다.

그날은 오다

-1946년 8월 作-

인물

    인묵(仁默)　　　초등학교 생도
    영희(永姬)　　　그의 모
    홍상용(洪相龍)　그의 부, 정회1) 총대
    홍승용(洪承龍)　그의 숙부, 사회주의자
    인숙(仁琡)　　　인묵의 누이, 고녀생
    조모
    성삼(成三)　　　노동자
    선생, 초등학교 생도, 여비(女婢), 일인 경관, 기타 군중

1막에서 2막까지는 1940년 일제시대, 3막은 1945년 9월 해방 직후.

---

1) 행정기관 최하위 조직인 동(洞)의 일제강점기 명칭, 전쟁 수행을 목적으로 정(町)이나 정목(丁目)을 단위로 정회(町會)를 두었음. 비상근 총대(總代) 1명과 유급 서기가 행정 업무를 처리하였음.

제 1막 1장

이른 봄, 오후의 햇볕이 쨍쨍이 쪼이고 있다.
서울 시내에 있는 홍상용의 집 - 중류계급 가정이다. 넓은 마루방과 건넌방 - 건넌방에는 책상 한개와 방석 세개가 있고, 벽에 기대여서 이불장이 노여 있다. 책상 우에는 교과서와 스텐드가 있고, 연필, 공책 등이 널려 있다. 벽에는 국민학교생의 교복과 모자와 걸망2) 등이 걸려 있다. 이것이 모두 인묵이의 사용물이다.
마루방 정면은 사랑채로 통내하는 유리문이 달려 있다. 왼편은 안방으로 통하는 문 - 안방 내부는 보이지 않는다. 마루방 한편에 큰 전축 겸 라디오가 놓여 있고, 찬장과 출기즙기3)가 놓여 있고, 또 한편에는 모자 걸개와 단장을 세우는 고기(古器)가 있다. 고기에는 여러 가지 단장이 세워 있다.
정면 유리문 문틀 우에는 왜식 가미다나4) - 가미다나 우에는 일본식 불기(佛器)와 제물(祭物)이 차려저 있다. 유리문을 통하야 뒤뜰에 있는 사랑채와 더 멀리 남산이 바라보인다.

인묵은 책상에 교과서를 펴놓은 채로 방바닥에 잡바저 누어서 천정을 바라보고 있다. 안방에서 '홈 스윗 홈'의 노래가 들린다. 그것은 고녀에 다니는 인숙의 소리다.

사이.

영희 밖에서 도라온다. 간얄핀(가냘픈) 체격, 손에는 핸드빽을 들었다. 그 사품5)에 인묵이 놀라 이리나 책상에 마주 앉어 책을 펴놓고 이르는 척한다. 그러나 그의 눈은 영희의 동정을 삷이는 것이다. 영희는 인묵이 긁읽는 모양을 바라보다가 인숙의 노래에 귀를 기우린다. 그쪽을 향하야

영 희 애, 인숙아. 노랠 끄쳐라. 인묵이가 시험공부 허는데 방해된다. (그러나 '홈 스윗 홈'은 여전히 들린다. 좀 거세게) 애, 인숙아!

---

2) 걸머지고 다닐 수 있게 얽어 만든 바랑(큰 주머니). 당시 학생 가방.
3) 집기.
4) 神棚, 집 안에 신위(神位)를 모셔 두고 제사 지내는 선반.
5) 어떤 동작이나 일이 진행되는 바람이나 겨를.

노래소리 끄친다. 인숙 방안에서 마루방으로 들어온다.

인 숙 어머니, 절 불렀우?
영 희 애 넌 밤낮 노래냐!
인 숙 어머님두 노래부름 못 쓰우?
영 희 인묵이 입학시험이 끝날 때까진 조용해라. 인제 시험 기일도 앞으로 열흘밖에 안 되는데. 그동안 붓적 공부를 시켜야만 허잖니.
인 숙 아유 - 열흘 동안 노래두 못 부르고 벙어리가 되란 말유. 질색야!
영 희 더욱히 금년은 작년에 비하야 중학교 입학지원자가 늘었다는구나. 내 지금 인묵이 선생을 맛나보구 오는데, 머 20대1이라드라. 백명을 뽑는데 2천명 지원이래.
인 숙 그러니깐 우리 인묵이두 스무명을 메처야 합격하게 되겠군요.
영 희 그럼 네가 고녀에 입학할 때만에도 5대1이었는데, 금년은 여간해선 어림두 없다. 사생결단을 해야지.
인 숙 어머님 사생결단까지 할건 없어요. 붙으면 붙고 못 붙으면 내년으로 미루지요 머.
영 희 그건 안 되. 인묵의 나이가 열네살이니까 금년은 어떤 일이 있든지 꼭- 붙어야만 한다.
인 숙 흥, 어머님두 자그많금 앨 쓰세요. 당사자가 열을 내지 않는데 패-니 어머니만 조급해서 밧삭 욱여서 되나요.
영 희 이년, 군소리 말고 저리 가서 조용해. (인묵에게) 인묵아, 내 오늘 너이반 가네다 선생님을 뵙구 여러 가지를 무렀드니 네 실력 가지구는 좀 부족할 것 같다드라. 학과 중에 어느 것 하나 등한해선 않되지만, 특히 일본역사라든가 지리가 퍽 중요한 모양이드라. 열심히 공부해.
인 묵 (아모 대답없이 눈을 책에 보내고 묵묵하다)
영 희 그리고 네 단점을 말슴하시는데 - 입이 묵어워서 구술시험에 잘 해낼지 의문이라구 하시면서 선생님은 걱정하시드라.
인 묵 (힐긋 어머님의 얼굴을 쳐다보고 다시 책을 뒤적거린다)
영 희 좀 활발해저라. 다른 애들처럼 아는 것은 씨원하게 대답하수 몰으는 것은 몰은다 하구.
인 묵 (눈을 힐끗 하고 불쾌한 표정)
인 숙 어머니……

영 희　넌 네 방에 조용히 가 있어!
인 숙　어머님, 인묵이 보구 백번천번 말슴해도 소용없어요…… 부처님 께 말시키는 격이죠.
영 희　이년, 듣기 싫다!
인 숙　어머님, 돈 주세요. 재봉깜 박구게요.
영 희　뭐야?
인 숙　몸뻬-를 해 밭지래요, 모레까지.
영 희　너이 학교 제봉선생두 딱두 한 양반이다. 어끄제도 양복 웃저고 리 한다구 가까스루 천을 떠다 했는데 또 재봉이냐? 몸뻬- 한감 끈는 게 얼마 먹는지나 아냐? 삼백원이야.
인 숙　그래도 해오라는데…… 흐응-
영 희　듣기 싫어. 먹는 양식 구하기로 정 힘드는데, 재봉깜이 다 뭐냐!
인 숙　어머님 우리 반 애들이 모다 해받치는데, 나만 어떻게 빠지란 말 이에요 난 몰라……
영 희　그야 부자집 따님들이니깐 그렇지. 우리 집이야 너도 아다싶이 아 버지가 정회 총대일로 돈버리 한푼 못 하니, 남들처럼 헐 수 없 다. 널랑 후에 천천히 연습하고 이번만 관둬라.
인 숙　싫여요. 정말 안 해줄테요?
영 희　글세, 관두라니까……
인 숙　그럼 좋와요! 전 노래 부를 테니깐요 (앵도라저서 나간다)
영 희　애, 인숙아.
인 숙　(도라서서) 왜 그러세요?
영 희　너무 부량소녀처럼 에미 말 안 듣구 그게 무슨 버르장멀이냐. 시 험기일이 열흘밖에 남질 않었어.
인 숙　그런 건 전 몰라요. 재봉깜 박어다 줄 때까지 노랠 헐 테니까!
영 희　매친 년! 그럼 해줄 테이니, 어서 네 방에 가서 조용히 공부해라.
인 숙　(해죽이 웃면서) 그럼, 그렇지. (인숙이 나간다)
영 희　(인묵의 앞에 닥아 앉아서) 역사책을 내놔. 오늘은 역사를 복습 하자.
인 묵　(교과서를 내여놓는다)
영 희　(책을 펴놓고 묻는다) 일본나라를 개국한 분이 누구시냐.
인 묵　아마데라쓰오- 미카미……
영 희　응- 그래. 지금부터 몇해 전이냐?

인　묵　(꾸물꾸물한다)
영　희　몇해 전이지?
인　묵　(무언-)
영　희　금년이 황국 기원 몇해냐?
인　묵　2595년……
영　희　그렇지. 그러니까 일본나라를 개국한 것은 2595년 전이란 말이야. (책장을 넘긴다) 일본나라 수도는 어디냐?
인　묵　도-꾜……
영　희　도-꾜는 명치 이전에는 무엇이라고 불렀지?
인　묵　(묵묵히 대답이 없다)
영　희　에도라고 했어. 그러니까 '일본의 수도는 옛날 에도인데, 지금의 도-꾜입니다.' 라고 똑똑이 대답해야 만점이다. 그다음 일본천황폐하는 모두 몇분이었나?
인　묵　(눈만 깜짝깜짝 한다)
영　희　대답을 해야지. 알구 몰으구 속 씨원하게 솔직하게 대답을 해야해!
인　묵　(묵묵)
영　희　상구6)도 멀끔이 그러구 있어! 아이 속상해! 빨랑빨랑 말해아.
인　묵　저- 122대.
영　희　123대야, 알겠어? 정신을 차려서 똑똑히 외여라. 그리구…… 명치 천황에 대하야 아는 대로 말해 봐.
인　묵　(씀씀히 앉았다)
영　희　몰라? 이 문제는 꼭 시험에 난다. 빨간 연필로 표해 놀 테니, 이따가 책보구 외여라. 그리구 백제와 일본과의 사이는 어떻했냐?
인　묵　(대답이 없다)
영　희　몰으면 몰은다구 해. 아이 갑급해!
인　묵　친했습니다.
영　희　그렇지. 일본과 친했기 때문에 백제의 고도 부여에다가 신궁7)을 세웠느니라.
인　묵　어머니, 백제와 일본이 친했다는 것은 거즛말이래요.
영　희　누가 그런 소릴하든?

---

6) 아직, 여전히의 뜻을 가진 경남, 평안, 황해 방언.
7) 神宮, 일제 강점기에, 일본의 죽은 왕이나 왕족의 시조를 모시던 제단.

인 묵 아저씨가 그래요…… 일본이 나뿐 맘 먹고 그런 거즛말을 꿈였대요. 그리구 부여신궁을 지은 것도 조선사람이 일본에 잘 복종케 하기 위해서 엉터릴 부린 거래요.
영 희 (당황하야) 얘, 아재씨는 사회주의자다. 그런 소릴 함부로 하지 마라. 순사가 잡어간다. 큰일 난다, 큰일 나……

　　　이집 주인 홍상용이가 들어온다. 일장기를 들고- 몸집은 통통한 편으로 음성이 매우 크다. 국방복에 전투모를 썼다.

영 희 (책장을 넹긴다) 일로전쟁은 언제 이러났지?
인 묵 명치 39년.
영 희 원인이 뭐냐?
인 묵 일본이 조선과 만주를 먹기 위해서 노서아와 전쟁을 하게 됐지요.
영 희 틀렸어! 어 교과서에 써 있는 대로 대답해라.
인 묵 교과서에는 동아의 평화를 위해서라고 썼지만, 그것은 거짓말이래요.

　　　그동안 상용은 단장을 세워놓고, 일장기를 벽에 걸고 엿듣는다.

상 용 (발을 굴으면서 인묵을 향하야) 이놈, 누가 그런 소릴하든?
인 묵 (옴츠라저서) 저- 아저씨가요……
상 용 그런 불량한 놈의 말은 듣지 말고, 학교에서 가르킨 대로 믿어라.
영 희 전승축하(戰勝祝賀)는 끝났어요?
상 용 예, 남경이 떠러졌으니, 중경도 머지 않어 함락하겠다는군요.
영 희 일본군이 그렇게 강한가요…… 듣자니 씽카폴두 떠러졌다죠.
상 용 일본군의 맹격 앞에는 적도 없나 봐…… 싸홈은 여하튼, 우리 인묵이 입학준비 싸홈은 성과가 어떻소?
영 희 알기는 웬가히 아는 모양인데, 선듯선듯 대답을 못 하는 게 험이에요.
상 용 (마루방에 앉는다. 담배를 붙이면서) 아히가 좀 아둔한데, 입이 묵어워서…… 원, 외탁8)을 했는지.
영 희 아니, 외탁이라니요?

상 용 우리 가문은 모다 공부를 잘하고 머리도 총명한데, 저애가 아둔한 것은 꼭 외가를 닮었어.
영 희 네- 그래요? 저이 오빠는 소학부터 대학까지 줄곳 우등을 했답니다. 그리구 저두 여학교를 우등으루 나왔어요. 웨 이러슈!
상 용 허- 당신 집 혈통보담 우리 가문은 못 하단 말유, 내 아우로 말하드래도 동경제대를 일호로 졸업했다면 그만이지.
영 희 네- 옳소, 옳아, 그래서 지금은 사회주의자가 되여 취직도 못 하고 저 꼴이 됏군요!
상 용 아우의 주의 사상이 나와는 수화상극9)이지만, 그러나 학생 때 그앤 우수한 성적으로……
영 희 듯기 싫어요! 대학까지 나왔단 니가 높은 자리에 앉지 못하고, 경찰의 주목을 받고 비인간적 취급을 당하고 있군요!
상 용 여보, 사상이 다르다구 ·그 인물까지 남으랠 것은 없지 않소. 허긴 그애가 과격사상을 행동하는 게 내게도 지장이 없는 것은 아니지만……
영 희 여보, 인묵의 입학시험이 열흘박게 남질 않었는데, 당신도 작작 다니시구 이앨 붓잡구 앉어서 좀 가르키세요.
상 용 나야 시간이 있어야지, 정회 일루 이리저리 불리워서 좀처럼 짬이 없군요. (인묵이를 향하야 눈을 부라리고) 너 이눔, 정신차려서 공부해! 금년에 붙지 못하면 똥통소제부나 됏지, 별 수 없어, 놀구는 않 멕일 테니깐! 사람의 색기가 한번 낫다가 대학까지 마추고 큰일을 해야지, 네가 장차 고위고관이 된다면, 네 부모의 명예도 서게 되는 거야.
인 묵 (눈을 깜박거리며 머리를 숙으린다)
상 용 홍상용이라면 이 정내에서 몰으는 사람이 없지만, 부청10)에서도 모다 떳다 보는11) 내다, 만일 내 아들이 중학교 입학시험에 낙제했다면, 그런 수치가 어데 있겠냐, 적어도 홍상용의 아들이…… 정신을 단단히 차리고 공부해, 그리구 내 얼굴에 똥칠하지 말구, 입학시험에 낙제만 해 봐. 당장에 내쫓을 테다……

---

8) 생김새나 체질, 성질 따위가 외가 쪽을 닮음.
9) 水火相剋, 서로 원수와 같이 지냄.
10) 府廳, 일제강점기 지방행정조직상 전국 13도 아래의 거점 도시를 부(府)라 하였는데, 오늘날의 도청소재지 급의 시(市)를 말함.
11) 우러러 보다.

인 묵　(무언)
영 희　여보, 아일 가지구 넘우 으르지만 말구, 멀 좀 가리키기나 하세요. 아히의 개성을 죽이는 것밖에 홋과가 없어요.
상 용　날더러 가르치라고? 음-
영 희　상식적인 것으로, 구두시험문제가 될만한 것으로……
상 용　(잠시 생각하더니) 애, 인묵아. 몇일전 신문에도 낫지만- 너 일본이 씽카폴을 왜 쳇는지 아니?
인 묵　(묵묵하다)
상 용　이자식아, 대답을 해.
인 묵　미국과 영국이 중국을 원조하기 때문에, 일본은 씽카폴을 기습했읍니다.
상 용　엑키, 망할 자식!
영 희　왜 그러세요. 그애 대답이 마젔는데.
상 용　맞긴 했으나 그것만으론 부족해. 아주 중요한 것을 말하지 않었어.
영 희　중요한 것이라니요?
상 용　당신도 생각이 안 나우?
영 희　씽카폴 점영은 중국과 일본이 싸우는데 미영이 간섭하기 때문에, 남지나해 방면의 교통차단을 하기 위한 조처라구 하지 않어요.
상 용　허- 그러니까 틀렸어! 만약 시험답안에 그렇게만 말해 봐요. 낙제는 물론- 사상이 불온하다고 경찰에 얽켜 앉가는가…… 일본은 동아의 평화와 세계의 질서를 직히기 위해서 라고 해야 하오.
영 희　여보, 그것은 어른들이나 허는 소리지, 애들이 어떻게 알어요.
상 용　알구 몰으구 외워야지, 그리구, 에- 황도정신(皇道精神)이 뭐냐?
영 희　황도?
상 용　일본 정신 말이요.
영 희　여보, 그런 광범위한 문제를 어떻게 안단 말이요.
상 용　그래두 알어야지, 애들의 사상을 떠보기 위해서도 이만한 문제는 꼭 나. 간단히 말하자면, 일본이 오늘날 삼대강국의 한나라로 된 것도 오직 이 황도정신에 의한 것이야, 일본엔 천황폐하가 계시고, 이 어른은 몸은 사람이지만 신이라는 높은 지위에 있어, 그래서 그 천황이 나라를 다사리기 때문에 황국신민은 천황에게 충성을 다하여서, 우에서 부르심을 받자오면 전쟁이나 생산공장이나 나아가 희생하라는 것이다.

　　　아우 승용이가 들어온다. 안경을 썼다. 몸집은 적은 편이나 말소리는 영 그다. 텁술한 머리에 세비르를 입었다.

영　희　인제 돌아오세요.
승　용　아즈머니 미안합니다. 간다 온단 말없이 몇일식 묵어서……
상　용　자넨 어델 갓다가 오늘에야 돌아오는가.
승　용　그…… 좀 볼일이 있어 평양까지 다녀옵니다.
상　용　(혀를 찬다) 또 사회주의 선전으로 갓나!
영　희　어머님께선 아저씨가 사흘나흘 지나도록 소식이 없으니까, 또 유치장 신세를 지나 하고 근심하고 계시다우.
승　용　어머님 병은 좀 낳었어요.
영　희　원체 노쇠해서 아모 것도 잡숫질 못 해요. (인묵이 보고) 애, 아저씨가 오셨는데 인사두 않 하구 있어.
인　묵　(빙그레 웃으면서 머리만 굽벅 한다)
승　용　(인묵의 머리를 툭 치고) 요놈, 학교는 졸업했냐!
인　묵　네.
승　용　몇째루?
영　희　꺽구로 넷째라나요, 호호호.
승　용　잘했다, 일본 식민지 교육같은 건 낙제해도 좋다.
영　희　(쓸쓸히 웃으면서) 아저씬 아일 보구, 그런 사상 선선을 말래두 그래.
승　용　미안헙니다. 내가 버릇이 못 돼서. (인묵의 팔을 잡고) 어디 기운 제끼12)나 해볼까. (인묵일 세우고 덤비라고 하는 포-즈, 인묵은 싫다는 듯 주저앉는다. 다시 이르켜 세우고 후다닥 들어친다. 그리고 하하…… 웃는다)
영　희　(미소를 띄고) 아저씬 팬-니 앨 가지고 그러셔.
승　용　애들이란 몸을 건강히 하고, 정신도 굳굳해야 투쟁력이 생기는 것이요.

　　　여비(女婢) 과자분(菓子盆)을 들고나와 놓는다.

---
12) 힘 겨루기.

여 　 비 　 도련님, 점심 잡수세요. 안방에 차려놨어요.
인 　 묵 　 먹구 십잖어.
여 　 비 　 서방님 점심도 차려요?
승 　 용 　 난 밖에서 먹고 왔어.

　　　여비 나간다.

승 　 용 　 (과자를 집어먹으면서) 인묵인 어느 학교에 지원했읍니까.
영 　 희 　 경기중학에 했는데, 원체 지원자가 많어서 합격될지 의문이에요 아버지가 선생보구 봐달라구 부탁은 했지만……
상 　 용 　 자네 동창생으로 선생질하는 분이 있다지.
승 　 용 　 한 사람 있지요.
상 　 용 　 돈 좀 쓰더라도 부탁하는 게 어때?
승 　 용 　 글세요…… 선생들 가운데 동창들이 있기는 허지만, 부탁할 맘은 없는데요, 게 실력으루 입학해야죠.
영 　 희 　 (인묵에게) 들어가 점심을 먹어. 아침도 두어 술 먹은 게 배곱프지 않으냐, 얼른 먹고 나와 공부해라.

　　　인묵 얼굴을 찡그리고 안방으로 들어간다.

승 　 용 　 형님, 오늘도 전승축하식에 참가하셨지요. 정민을 모아가지고-
상 　 용 　 음- 지금 돌아오는 길이네. (과자를 집어 먹는다)
승 　 용 　 굉장하셨겠군요.
상 　 용 　 남(南)총독 이하 군사령관이 임석한 가운데 경건하게 식을 지냈네, 아마 서울운동장에 그만한 시민이 모히여 보긴 처음일 껄…… 그만큼 우리 조선은 일본에 협력하고 있다는 것을 알겠데……
승 　 용 　 나는 참가하지 않었지만, 소문엔 그렇더군요, 세게 정세와 조선의 현실을 똑바로 보지 못하는 친일파들이 주체가 되어 가지고, 시민들에게 '반연합국' 선전을 했다는 뉴-쓰를 들었읍니다. 머, 천황페하 만세? 전쟁 완수? 필승? 흥! 허우댄 좋지요……
상 　 용 　 자넨 어떻게 생각하구 하는 말인가? 이번 전쟁에 일본이 패전하는 날엔 조선은 서양인의 노예가 되고 말어, 노예가 될 바엔 차라리 동양인이고 오래 친숙한 일본의 종노릇이 낫질 않은가, 그러기에 일본이 이겨야 하네……

승　용　형님, 어지간히 고지식하슈. 일본이 전쟁에 이긴다고 조선민족을 해방식힐 줄 아시우? 그놈들이 도저히 이길 수도 없지만, 이긴다면 고 왜놈의 근성으루 우리 민족을 생으로 죽일 것입니다. 지금 그놈들이 내선일체니 내선동조니 하고 떠드는 것은, 조선민족을 행여 놓칠세라 그 검은 뱃속에 악마가 차있기 때문이랍니다. 형님, 두고 보세요 제 말이 글른 말인가……

상　용　구라파에선 독일이 굉장한 병력으로 영, 불, 쏘 세 나라와 싸우고 있는데, 벌서 불란서와 독일 국경인 마지노선이 끊어저 나갓고, 영경13) 런던에는 매일같이 폭격기가 날러 가서 파괴하고, 또 앞으로 쏘련에게 대하야도 공격할 자세를 취하고 있다니까, 멀지 않어서 모다 떠러저 나갈 것이야. 일본만 하드래도 그 무운이 혁혁한 것은 자네도 신문지상으로 잘 알지 않나.

승　용　형님은 일본신문의 보도를 그대로 꼭 믿습니까? 그들은 저이 국민들이 행여 실망할까 봐서 자국에 유리하도록 거즛선전이랍니다. 허기야 일본이나 독일은 침약주이(침략주의)의 야망으로 오랫동안 무기를 준비했으니, 전쟁 벽두에는 대단한 기세로 침략할 겁니다. 허나 그들은 연합국의 힘이 얼마나 크다는 것을 몰으고 함부로 덤비지요. 인제 보세요. 멀지 않어 팟쇼 수축국가에 대타격이 가할 날이 멀지 않습니다.

상　용　자넨 예언잔가?

승　용　예언자가 아니라, 번연한 사실이 눈앞에 보이니깐 그렇죠. 첫째 독일과 일본은 팟쇼이기 때문에 세계에서 고립하고 있는 것, 둘째론 물자가 없는 것, 셋째는 그 나라의 민중이 전쟁을 원치 않는 것 등을 들 수 있습니다.

상　용　그렇지만, 일본이나 독일의 정치요인들은 전쟁에 이긴다고 확고한 신념을 가지고 있다네.

승　용　그것은 전쟁선동자들의 몽상입니다. 자국민을 기만하는 선전입니다.

상　용　자네는 언제나 자기의 주견만 옳다고 하는 것이 커다란 단점이야……

승　용　그러면 형님은 일본이 이기는 것을 원합니까?

---

13) 英京, 영국 수도.

상 용   나는 전쟁에 승부보다도 시류에 발마춰 사는 게 내 처세술이네.
영 희   구만두세요, 밤낮 맞나기만 하면 말다툼이시니……
승 용   아주머니 그렇습니다. 형님은 공연히 두덮어놓고 신문 선전을 믿기 때문에 과오를 범하고 있습니다.
상 용   내가 무슨 과오를 범하고 있단 말인가?
승 용   형님 생기는 것도 없이 뭐때문에 정회 총대를 맡으셧읍니까, 정민들에게 헌금, 헌납을 강요하고, 근로보국이니, 진용(징용)이니 귀찮은 일을 권하십니까?
상 용   그것은 부청에서 공문이 나오니깐 부득히 하는 일이지, 내가 빚어내 하는 건 아냐.
영 희   글세, 구만 두세요. 형제분이 다툰다고 세상 일이 페이겠어요. 조선은 일본에 꼭 얽매여서 풀릴 도리가 없는데…… 되는 대로 살아야죠. 일본정치에 반대하면 순사한테 주목받고- 글세, 조선사람의 성까지 곤첬는데, 무슨 재주로 일본세력에서 빼서 나겠어요. 그저 죽은 소고기 모양으루 죽으람 죽구, 살람 살구 그것뿐이죠.
승 용   아주머니, 그렇게 실망하서야 되겠습니까. 히망을 갖어야죠. 더욱히 중경에는 대한민국 임시정부가 있어서 국제무대에서 조선독립을 위해서 활약하고 있지 않습니까.
상 용   쉿! 누가 듣겠네, 함부로 그런 소릴 했다간 경치네, 자네는 더욱히 요시찰인이 되여서 형사가 뒤를 따르고 있을넌지 몰라.

　　　　문밖에서 부르는 소리.

외성(外聲)   여보세요.
영 희   누구에요?
외 성   인묵이 있어요. (국민교 생도가 중문에 들어와서 인사를 한다)
영 희   인묵아, 네 동무가 왔다.

　　　　인묵이 안방에서 나온다.

국민교생   인묵아, 사직공원에 안 갈래?
인 묵   (나즌 소리로) 난 갈 수 없어.
국민교생   가쟈, 가아. 아주 자미 있다.

인　묵　시험공불 해야지.
국민교생　그까짓 시험공부 쯤이야 좀 쉬면 어때. 동모들이 기다리고 있는데. 가, 응.
인　묵　아버지가 게셔, 나가면 야단해.
국민교생　그럼 넌 우리 모임에서 빼논는다! (위협한다) 이 자식, 모임에서 빠지면 어떤 처단을 받는지 알지!
인　묵　(어쩔 줄을 모른다)
국민교생　애, 꽁문일 빼지 말구 가자.
인　묵　글세, 내가 가길 싫다는 게 아니라, 아버지가 계셔 못 나가……
국민교생　슬적 빠지는 재간 몰으니? 자식, 그만한 자유도 없냐?
인　묵　그럼, 대문 밖에서 기다려. (동창생을 몬저 내보내고 아버지 앞에 나가) 아버지…… 저 잠깐 다녀오겠어요.
상　용　어떤 놈들이야! 공부를 않 하고 왜들 놀러 댄기는 거냐.
승　용　가만두세요. 동무들이 볼 일이 있어 온 모양인데. 인묵아, 곧 단녀와.
인　묵　(나간다)
영　희　곧 와, 역사공부를 마저 해야지.
인　묵　(나가다가 돌아서서 어머니를 흘긋 보고 무슨 말을 할듯 말듯 하다가 구만 두고 나가 버린다)
상　용　아히가 왜 저럴까, 도모지 집에 들면 이마를 찡그리고 애기조차 하기 싫여하니……
영　희　당신이 넘우 엄하게 굴어서 아히의 명랑성이라든가 엉석이란 것은 도모지 볼 수 없어요, 밤낮 무엇에 찌눌여서 기를 피지 못하고 헐 말도 하지 못하니, 참말 딱해 죽겠어요.
승　용　그건 형님의 가정교육 방침에 결함도 없진 않지만, 결국 제 성격이 그래서겠죠, 좌우간 인묵이 현실에 대하야 불만을 품고 고민하는 것같군요.

　　　　안방에서 조모가 어청어청 나온다. 칠십노인이다. 상용이 한쪽에 비켜앉고 승용이는 조모의 신색을 바라본다. 영희가 부축하야 방석 우에 안친다.

승　용　어머님 뵐 낯이 없읍니다.
조　모　넌 내가 얼마나 속을 태고 있는지 아느냐. 어서 취직을 해서 안

돈14)해라. 나히도 삼십을 바라보는데 장가를 들어 살림을 해야지, 이건 허구헌 날 날펄거리고 뜬 구름처럼 쏴- 다니니……
승　용　때가 오면 안정하지요. 그러나 지금은 형편이 그렇게 못 됩니다.
조　모　때는 무슨 때가 와, 맘 맞는 여자가 있음 혼사부터 하작쿠나. 이 늙은 게 언제 죽을지 몰으는데.
승　용　꽤니 어머님은 나보다도 급해 하셔, 어머님 멀 좀 잡셨어요.
조　모　이 늙개까지 잘 처먹었으니 하누님도 그만 먹으라고 명령이 나렸다. 요샐 통이 먹혀지질 않구, 밤낮 자는 게 일이다.
승　용　봄철이 되면 누구나 잘 조름이 오지요 (하품을 치며 이러선다) 어- 졸리는 걸, 한잠 자야겠군. (유리창을 열고 사랑채로 나간다)
조　모　(혼잣말로) 이상한 꿈이야……
영　희　무슨 꿈을 꾸셨기에?
조　모　낮잠을 자는데 웬 청년이 와서 우리 인묵일 붓잡어 가는구나. 험상구진 사내야, 난 손주를 내노라고 고함을 치다가 깨났구나.
영　희　그래, 못 찾으셨어요? 참 별일인데요. 앗, 인묵아. (갑자기 이러나 문밖으로 내닷는다)
조　모　얘, 어델 가냐?
영　희　(돌아서서) 인묵일 찾으러 가요.
조　모　꿈 얘긴데 어떨나구. 참 웬간이 겁쟁이구나. 흐흐흐……
영　희　그래도 혹시 무슨 사고가 날지 몰라요. 괴-니 마음이 꺼림직해요.
상　용　여보, 거 작작 경망하게 구오. 어머님의 꿈은 허약한 신경에서 생긴 정신착각이 아니요.
영　희　(어쩔 줄을 몰은다)

막.

---

14) 안돈(安頓), 사물이나 주변 따위가 잘 정돈됨. 또는 그렇게 되게 함.

제2장

닷쇠(닷새) 후, 비 나리는 날.
전장과 같은 무대.
마루방에서 둥근 탁자를 사이에 놓고 아버지와 아들이 마조 앉었다. 인묵은 공책에다가 상용이가 부르는 대로 받어 쓴다.

상 용 (교과서를 펴들고) 후지잔, 아소잔.
인 묵 (받어 쓴다)
상 용 (인묵이 쓰는 것을 바라보고) 깨끗이 써라…… 글자가 넘어 잘다, 굵직하게 이쁘게 써야해. 니이다까야마, 하구도-장……
인 묵 (받어 쓴다)
상 용 다 썼느냐? 읽어 봐.
인 묵 후지장, 아소장, 니히다까야마, 하구도-장.
상 용 이것이 일본의 4대 명산이다. 그러니까, 만약 시험문제에 '일본의 명산을 써라' 하면이 4대산을 쓰란 말이야, 알겠니?
인 묵 (잠잠하다)
상 용 우리 일본은 산도 아름답지만, 물도 맑단 말이야, 4대산이 있고 7대강이 흐르기 때문에 경치가 좋아…… 7대강이 어데어데였지?
인 묵 (딴 생각에 잠겨서 아버지가 무슨 말을 했는지 듣지 못해 망서리다가) 후지장, 아소장……
상 용 아니, 4대산 말고 7대강을 대란 말이다.
인 묵 도네가와, 오-륙꼬……
상 용 또 있지, 아침에 내가 가르켜 주지 않었느냐?
인 묵 ……
상 용 벌서 잊었냐? 곰곰히 생각해 봐.
인 묵 ……
상 용 아니, 이 자식아. 아침에 가르킨 것을 벌서 잊었어. 정신차려! (아들의 뺨을 찰각 친다)
인 묵 (눈물이 글성글성하다)
상 용 4대산과 7대강은 시험에 꼭 난다. 말해 봐……
인 묵 (어떨떨해서 눈만 깜박인다)
상 용 이 맹꽁아, 네가 밤낮 읽는 것두 몰으느냐! 옛기! 널 데리고 공부

식히려니 울화가 터져서 죽겠다.
성 삼 (때국이 묻은 옷을 입고 대문 안에 들어슨다) 총대 으른, 계시오니까?
상 용 성삼인가, 무슨 볼일로 왔나?
성 삼 제게 오늘 징용통지가 나왔는데요. 나가야만 합니까?
상 용 징용통지가 나왔어…… 음-
성 삼 종대 으룬께서 아시다십히, 제게는 늙은 부모와 처자가 있읍니다. 제가 징용으루 일본에 가면 누가 제 식구를 벌어 멕입니까? 총대 으른께서 으떻게 징용을 좀 면하게 해줍쇼.
상 용 나로써는 헐 수 없어…… 그러나 우리 나라는 작구 싸우고 있으니까, 병기를 많이 맨들어야 이기지 않겠는가. 우리는 이겨야 하네, 좌우간 자네가 나가면 자네 집일은 될 수 있는 대루 봐줄 테니, 염녀말게.
성 삼 (실망하고) 그럼, 헐 수 없죠……

인숙이가 학교에서 도라온다. 우산을 받고 서서 아버지와 성삼이를 유심히 바라본다.

성 삼 총대 으룬, 전 일본 광도에 가면 살어선 못 올 것을 각오합니다. 뒷일을 잘 부탁합니다.

성삼, 맥없이 퇴장한다.

인 숙 아버지, 성삼이가 가엾어요, 빼주세요.
상 용 네가 참견할 일이 아니야, 그런데 너 학교에서 벌서 오니?
인 숙 네 오늘은 졸업식이 있어서 하급반만 몬저 헤여졌어요.
상 용 졸업식이 있어서……
인 숙 저 아버지, 지금 정회 앞을 지나오는데 정회 서기가 아부질 곧 나오시라구 해요…… 경찰에서 나와서 우리 동내의 방공시설을 조사한대요.
상 용 참 그렇지. 열두시부텀 가가호호를 방문하야 조사하는 것을 잊었구나. (이러슨다) 지금 시계가 몇시냐?
인 숙 열두시 지났을 껄요.
상 용 (모자를 쓰고 단장을 들고 댓돌 위에 나려스면서) 얘, 인숙아. 너

　　　　　인묵일 데리고 시험공부를 식혀라.
인　숙　저두 바뿐데요, 재봉 숙제가 잇어서 낼 받처야만 하겠어요.
상　용　그것은 어머니가 돌아오시면 하구, 인묵일 가르처라, 인제 닷쇄 박게 않 남었다.
인　숙　어머님은 어델 갔어요?
상　용　여러 자모들이 인묵의 졸업반 선생을 모시구 사은회를 한다고 아침에 나갔다.
인　숙　아버지, 비가 나리겠는데 우산을 가지구 가세요.
상　용　(단장을 돌우 놓고 우산을 들고 나간다)
인　숙　(탁자 앞에 앉어서) 인묵아, 몰을 것 있으면 나한테 물어.
인　묵　(묵묵히 앉어서 인숙일 넌즛이 봐라본다)
인　숙　그 책 지리교과서냐? (책을 집어들고 엄숙한 목소리로) 선생님이 뭇는 말을 잘 대답해. (침을 삼키고 슬적 웃는다) 에- 일본의 큰 항구를 아는 대로 말해라-
인　묵　(묵묵이 앉어서 누이의 눈치만 본다)
인　숙　왜 대답을 안 해- 얼른 대답해라, 에헴.
인　묵　(기막힌 듯 쏘아본다)
인　숙　허- 대답 못 하겠냐? 고약헌지고!
인　묵　누나 선생될 자격 있어?
인　숙　허- 선생님께 버르쟁멀없이 그게 무슨 소리냐. 큰 항구를 대라, 안 대면 이거다. (주먹으로 으른다)
인　묵　누나. 난 정말 공부하기 싫여 죽겠어. (책을 빼아서서 건넌방에 던진다)
인　숙　너 공부 않하면 낙재생이 된다. 낙재해 봐, 동내사람이나 너의 동창생들의 손까락질을 받고 멸시를 받는 거야.
인　묵　그러니까 난 그런 창피라든가 손까락질 받지 않는 자유스러운 곳으로 가굪어.
인　숙　머? 아직 머리에 피두 마르지 않은 게 건방진 소릴 말아, 네까진 게 자유가 뭔지 알구 하는 소리냐?
인　묵　머시야, 누나까지 날 깔보기야! 나두 14살이 됐어. 내 자유를 찾을 때가 왔어.
인　숙　그런 되지 못한 건방진 소린 관두구, 시험공부나 해. 낙제쟁이, 꼬리매지15)가 되지말고- 책을 집어와, 어머니가 돌아오시면 일러

밭일 테다.
인 묵 누나, 누나까지 날 들복굴 테야? 날 없우히 역이고 내 자유를 누를 테야?
인 숙 (그 소리에 변색을 한다)
인 묵 조선 사람은 조선 글을 배워야지, 일본 글을 배우라고 강압하면서 자유를 구속하는 것은 왜놈의 악독한 정치야.
인 숙 애, 너두 사회주의자가 되굶으냐, 공부할 때는 공부만 해! 삐뚜러진 생각만 하고 되지 못하게 자유니, 구속이니 하고 재맘대로 날뛰지 말아! 우습다 야.
인 묵 듣기 싫여. 누나두 아버지와 어머니를 닮았어. 제가 공부 잘한다고 부모님의 사랑을 독찾이하고 아주 거만스러워졌어, 난 머리가 둔해, 공부를 못 해, 낙제생이야. 아버지, 어머니 눈에 난 것두 잘 알어, 그갓 놈의 일본 교육- 게다가 시험지옥같은 덴 가굶으지 않어. 배우려구도 않 해! (홀적 이러나서 건넌방으로 들어간다. 장판 우에 잡바저 누어 천정만 뚜러지게 바라본다)
인 숙 (인묵을 쏘아본다) 니 그따위로 공부를 않 하구 장차 무에 될 테냐, 네 장내라는 것도 생각하고 반성해! 난 너를 위해서 진정으로 충고하는 말이다.
인 묵 (도라 누우며) 듣기 싫어. 관둬!
인 숙 (무색하야, 그러나 초전적16) 태도로) 네가 충고하는데, 넌 앙칠먹을 테야! 그렇다면 좋와…… (안방 문을 열고 들어간다)

소간(小間).
인숙이가 불으는 노래 소리 '울밑에선 봉선화'. 인묵은 누워서 훌적거리면서 울다가 불현듯이 이러나, 눈물을 닥고 책상에 마조 않는다. 커다란 종히를 내여놓고 연필을 잡아들고 무엇을 끄적끄적 쓰기 시작한다.

인 묵 (한참 쓰다가 나려 읽는다. 무심히 오읍하는 소리로) 아버지, 어머니! (편지를 다 쓰고 종히를 차곡차곡 접어선 교과서 책에 끼운다. 다시 그 종히를 내어서 끝에다가 몇 자를 쓰다가 다시 머리를 처들고 오읍하는 목소리로) 누나, 내가 잘못했우…… 용서해

---
15) 꼴지.
16) 호전적.

쥬…… 난 누나가 제일 좋와…… 누나, 날 사랑하기 때문에…… 그러나 난……
조 모 (안으로부터 나온다. 마루방애 들어와서) 인묵아.
인 묵 (놀란다. 잽싸게 종히를 접어서 책 쌈에 끼운다)
조 모 너 혼자 있었냐?
인 묵 (돌아앉어 눈물을 흠치고나서) 네……
조 모 그래…… 착하기도 허지, 네 혼자 시험공부를 하는구나…… (방석 우에 앉으면서) 넘우 공부에 열중하지 말어라, 신색이 좋지 못한데. 신경쇠약에 걸릴라.
인 묵 할머니, 전 이번 시험에 뽑힐 것같잖어요. 공부 잘하는 애들만 들게 마련된 그런 시험을 억지루 치구 싶지 않어요. 아버지 어머니는 작구 공부 공부하구 졸으지만, 먹기 싫은 물을 작구 마시라면 마실 수 있겠어요?
조 모 글세 말이다. 너이 부모는 자식에게 대한 욕심이 지나처서, 널 되려 공부를 식히는게 아니라 들복구드구나. 내가 보기에 가엽서…… 사람이란 게 욕심이 많으면 실패하는 법인데……
인 묵 (마루방에 나와서 할머니 무릎 앞에 앉는다) 할머니, 제가 시험에서 낙제하면 정말 똥통소제부가 되우? 정말 쫓겨나우? 아니야! 내가 아버지 어머니 뵐 낯이 있어야 집에 있지……
조 모 애가 원, 망측스러운 말을 다 허는구나, 그 남자애들처럼 좀 활발하구 더펄더펄 사내자식다워야지, 꽁- 해선 못 써, 금년에 떠러지면 내년에 보렴, 세월두 좋와지구, 이럭저럭 몇 해만 지나면 전쟁도 끝나구…… 학교도 많이 세워서 이런 시험 쌈두 없을 게다. 그저 시험에 들구 못 드는 것은 꼭 공부에만 있지 않다드라, 다- 제 운명이지.
인 묵 (할머니 곁에서 조곰 물러 앉으면서) 할머니, 사람이 잘 되구 못 되는 것도 제 운명이지요?
조 모 그렇구 말구…… 모다 운명이지, 죽구 사는 것도 운명이지……
인 묵 (건넌방에 들어가서 아까 편지를 넌 교과서를 들고 나와서) 할머니, 전 졸업사진을 찾으려 학교에 갓다 오겠어요.
조 모 갓다 오렴.
인 묵 (교과서 속에서 편지를 내여들고) 할머니 글 읽을 줄 몰으죠?
조 모 깜악눈이다. 우리 집에선 나만이 무식둥이지……

인 묵 그럼, 할머님도 글 뵈우세요.
조 모 인제 다— 늙어서 내일 죽을지 모래 죽을지 몰으는데 글은 뵈워 뭣 하냐…… 죽기 전에 네가 중학교 모자를 쓴 것이나 보고 갔으면 좋으렷만…… 온, 오늘도 낮잠에 웬 괴상한 몰을 청년이 너하고 같이 가자구 하더구나, 그러니까 네가 힘없이 어청어청 대문으로 그 사나이를 따라가드라. 그래 질겁을 해 소리소리 질르다가 깨여났다.
인 묵 절 데려가요?…… (고개를 떠러트리고 혼잣말로) 그럴 테죠…… 제 맘속에……
조 모 뭐야?
인 묵 아니에요, 할머니 정말 이 편지 보실 줄 몰으시죠. 이 편지를 어머님이 돌아오시면 드리세요.
조 모 무슨 편진데.
인 묵 (주려다가 다시 책장 속에 집어넣고) 아모 것도 아니예요. 제가 있다가 어머니께 직접 들이죠.
조 모 이애가 원, 날 놀리는구나, 흐흐흐. 너두 인재 제법 다 잘았어. 벌서 중학생이 되다니, 흐흐흐……
인 묵 (책을 도루 갔다 놓구 와서 할머니 손을 잡고) 할머니……
조 모 왜 그러니, 이애. 어서 학교에 갔다 오너라, 졸업사진 찾어 와야지.
인 묵 할머니. (눈물이 핑 돌아서) 할머니는 제 맘을 몰으셔. (조모의 손을 낯(낯)에다 문다지면서) 할머니, 전 작구 울고 싶어요. 웬일인지……
조 모 (머리를 쓰다듬어 주면서) 애가 넘우 공부를 열심히 해서 어디 아푼 게로구나, 어디 보자. (머리를 짚어본다) 원 시험공부두 공부지만, 몸이 제일이니라.
인 묵 할머니, 아무 데두 아푸질 않어요. 걱정마세요. 그럼 갔다 오겠어요…… (댓돌 아래에 나려슨다)
조 모 그래라, 얼른 갓다와. 비가 아직두 오는 모양인데 우산 받구 가거라.
인 묵 멀요, 괜찮어요. 막 뛰여갈 걸, 우산 쓰면 오히려 더디고 불편해요. (나가다가 밖에서 돌아오는 어머니와 마조친다)
영 희 애, 어델 가니…… 공부 않하구, 응?

인 묵   학교에 졸업사진 찾으러 가요.
영 희   그건 이후에 찾고, 오늘은 공부를 해라. 앞우루 닷새밖에 없어, 그 닷새가 네 운명을 좌우하는 중대한 날이야, 닷새 동안만 꾹 참구 공부해라!
인 묵   오늘 안 찾으러오문 안 준다구 했어요, 사진사가 씨끄럽다구 그랬는데……
영 희   그까진 사진이야 있든 없든 공부가 제일이지, 중학교에 붙구 볼 일이야, 오늘은 못 간다, 썩 들어가자.
인 묵   (반항한다) 그렇지만 전 가야겠어요, 어머니, 제 자유를 누르지 마세요.
조 모   (마루방에서) 애, 보내라. 사진 생각이 머리에 떠돌아 공부가 되겠냐, 얼른 갓다 오라구 보내라.
영 희   (마지 못해서) 그럼 빨랑빨랑 갓다와. (인묵이 나간다. 영희는 우산을 접고 마루방에 올라선다)
조 모   사은회 잘 차렸드냐.
영 희   네, 우리 자모들이 요리를 맨들어서 대접했어요.
조 모   멀 좀 먹었느냐?
영 희   어디요, 목에 무엇이 걸려서 넘어 안가는 걸요. 우리 인묵이 입학시험 생각나서 요짐 아무 것두 당겨지질 않어요. 사은회서두 선생님 대접보다두 인묵이 일만 맘에 키우고 애가 타서 온…… (비에 젖은 웃저고리를 박구워 입는다)
조 모   치는 아히보담 네가 더하구나.
영 희   정말 그래요. 어디 맘이 초조해서 견델 수가 없군요. 이렇게 자식 공부시키기 힘들어서야, 어디 두번 길르겠어요…… 온, 아버진 공볼 좀 시키지 않구 어데 갔어요.
조 모   정회로 나갔다. 방공설비 조사를 나왔다구…… 경찰에선 왜 그처럼 방공설비를 단속하는 거냐?
영 희   저- 미국비행기가 폭격 오면, 우리 생명을 보호하기 위해서 집집이 방공호를 만들나는 거죠.
조 모   아이구, 세상두 점점 씨끄럽구나. 그래, 우리 집 마루방 아래에 굴을 파는 것두 그때문이냐?
영 희   그럼요, 어머니 비행기가 공습 오게 되면 마루방 밑에 드르가세요.

조　모　그래두 조선 힌옷을 입으면, 폭격을 안 한다드라.
영　희　그건 유언비어예요…… 참 오늘 아저씨 돌아오셨어요.
조　모　안 들왔다. 웨 그러니?
영　희　오늘 아침 신문에 무슨 사건으로 잡혀들어간 모양이든데요……
조　모　무엇이야! 왜 잡혀가?
영　희　자세한 것은 몰라두 유언비어에 걸렸나 봐요……
조　모　저를 어째? 누구 집에서 잡혔다든.
영　희　어데서 단파 수신기를 놓고 미국 샌푸랜씨쓰코의 방송을 듣다가 들켰나 바요.
조　모　걔가 그래서 성화야, 사상단체에 관계하지 말라고 밤낮 일렀건만두……
영　희　그이는 찍하면 경찰에 붓들여 가서 고문을 당하구 진역사리를 실토록 햇건만, 그 사상을 버리지 못 하시니…… 허기야 그이의 사상이야 훌늉하지만 총칼을 가진 놈들을 당하는 수가 나요, 일본놈들의 비위를 마처주지 않으면 죽일야고 드는 걸요.
조　모　저번에두 반년이나 잡혀 드르가서 거이 죽게되서 나와가지군, 또…… 꿈자리가 사납드니 그여쿠 걔가 흉액17)을 당했구나…… 에구, 그 캉캄한 지옥에서 또 모진 형벌을 받으면서 몇 해를 보내겠구나…… (흘으는 눈물을 씻는다)
영　희　어머니, 무슨 꿈이에요?…… 인묵이 앞일도 켕기는 걸요.
조　모　별다른 꿈이 아니라 저번날처럼 꼭같은……
영　희　저번에 그 수상한 청년이 또 인묵일?
조　모　응, 또 나타나서 잡어갔다.
영　희　(몸서리를 치면서) 참 이상하군요, 어머니, 그럼 잠간 학교에 갔다 오겠어요. 인묵일 다리려요. (나간다)
조　모　(멀거니 바라보면서) 이게 모두 웬일이야.

빗소리로 막.

---

17) 흉악한 재앙(凶厄).

제2막

이튿날 밤. 상용의 집 사랑과 정원-
정원은 화초, 수목, 입석 등으로 운치있게 각구워 있다. 실내는 담요, 화류상, 문갑, 평풍(병풍), 족자 등 호화롭게 장치했다. 한편 구석에 산냥총이 세워 있다. 대체로 방은 넓은 편이며, 정면은 유리창- 유리창으로 서울 상점가의 야경이 보인다
누른 국방복에 전투모 쓴 초등학교 선생과 상용이 맞조 앉아서 이야기하고 있는데서 막이 열린다. 두사람 앞에는 차종잔이 놓여있다.

상 용 어제 사진 찾으려 간다고 나간 애가 이때까지 들어오질 않습니다 그려.
선 생 사진은 벌서 졸업식날에 내주었읍니다.
상 용 그놈이 부모를 속였군요. 학교에서는 품행이 어쨌읍니까.
선 생 제 반에선 제일 정직하고 얌전한 아히여서, 전교의 모범생 중에 들었댔지요. 요지음 아마 좋지 못한 동무의 꼬임에 빠져서 놀러간 모양입니다. 아히들이란 쉬히 물들어지니깐요…… 더욱히 인묵이 같이 얌전한 애는 꼬임에 빠지기가 쉽지요.
상 용 내 아들이라고 자랑하는 말이 아니오만, 이때까지 무단히 집을 나가 새여본 일이 없는 앤데, 별일입니다.
선 생 집에 편지라도 써놓은 것 없나요?
상 용 없는 걸요. 동무집이나 거리에 개처럼 도라단니지나 안나 하고, 집사람 전부가 찾으러 떠났습니다.
선 생 오, 그래서 오늘 아침 부인님께서 학교에 와서 동모애들 주소를 적어 갔군요.
상 용 몰으긴 허지만 이놈이 공부허기 싫으니깐, 어느 동무놈의 집에 가서 밤새고 노는지도 몰으지요.
선 생 학교에선 공부하기 싫어하는 눈치는 전혀 없었는데요, 육년 동안 개근까지 하지 않았습니까.
상 용 머리는 좀 활달치 못한 편이지만, 맘은 진실합지요, 내 자식이라고 자랑이 아니라, 참 오늘날까지 집에서 눈을 속여 본 일도 없고, 거짓말 한번도 한 일이 없는 아힙니다.

선 생 그렇습니다. 나도 품행만은 언제나 보증했으니까요, 단지 머리가 팟듯팟듯 하지 못한 게 흠이고, 또 하나는 동모들과 놀기를 싫어하야, 늘 외따루 혼자 놀기를 좋와했지요.

상 용 집에서도 그렇답니다, 고독을 즐겨하구, 식구들과 얘기하기 싫어하고, 늘 제 책상 앞에서 손작란이지요, 그놈이 속으로 무슨 딴 맘을 먹구 방종한 짓을 하리라군 꿈에도 생각질 않았습니다.

조 모 (문을 열고 들어와서 혼자소리같이 중얼거린다) 이 캄캄한 밤에 어데로 가 헤메이고 있는지…… 혹시 못된 생각을 품고 죽지나 않었는지?

상 용 어머님, 온 별말씀을 허십니다.

조 모 어디 못된 놈이 있어 우리 앨 대려갔나 보다…… (한숨을 쉰다)

상 용 고만 상심하시고 들어가세요, 어머님은 요사이 각금 정신착각을 일으키는 것이 큰 병입니다. 들어가 주무세요.

조 모 아니다, 내 요짐 하두 꿈이 흉측스러워서 은근히 걱정하고 있는 터인데…… 꿈도 맞는 수가 있어.

선 생 이 일에 대해서는 우리 교육자에게도 책임이 없다고 볼 수 없습니다. 전쟁 이후 우리 교육자들은 아이들에게 전투정신을 부러넣는 한편, 일본정신에 입각한 교육방침을 이행하고 있지요. 일본 무사도들 앙양하고 가미다나18)의 신을 숭배하는 풍습과 잉군에 충성, 애국심, 이런 것을 전적으로 고취하였지요, 그러나 아동들은 거게 대하야 불만을 품고 오히려 반역심을 품고 있는 것도 잘 압니다. 결국 선생의 강압적인 지도로 이런 불상사를 이르켰습니다.

상 용 천만에요, 내 놈이 불량해서 선생님의 덕화를 받지 않고 방종해졌습지요…… 넘우 상심치 마십시오.

선 생 저두 학교에서 교편을 잡는 것이 싫지만, 별 도리가 없어서 지금까지 물앉어 있지요. (이러스면서) 볼 일이 있어서 가야겠습니다. 그럼, 내일 다시 뵙겠습니다.

상 용 바쁜 중에 이렇게 오서서 황송합니다.

선생은 문밖에 나간다.

---

18) 주4)와 같음. 집 안에 신위(神位)를 모셔 두고 제사 지내는 선반.

상   용   (선생을 전송하고 드러와서) 어머님, 들어가 주무세요, 걱정마시고-
조   모   자네는 아까부터 작구 자라구 하지만 그렇게 쉽사리 잠이 오느냐 말이다. 평상시도 잠이 없어서 밤이면 올뱀이처럼 눈이 초롱초롱한데, 이 밤에 어떻게 잔단 말인냐. (밖을 바라보다가 놀란다) 누가 왔나?
경   관   (칼소리를 내면서 나타난다) 파출소에서 왔습니다. 본서에서 상관의 명령으로 긴급히 볼 일이 있어 찾어왔습니다, 에-또.
상   용   (친절히) 이리 좀 올라오시지요.
경   관   (빡빡한 태도로) 잠깐 용무를 말하겠소. 댁에 홍승용이라구 살지요?
조   모   이 밤중에 그앨 웨 찾는 거요. 걔가 무슨 죄가 있기에……
경   관   (위협한다) 본관이 묻는 말에 대답만 하오. 승용이를 내놔요!
조   모   아니, 그앤 경찰에 가쳐 있지 않소. 그런데 또 찾으니 말이요.
경   관   그건 경찰의 비밀이니 말할 수가 없소. 다만 본관은 우에서 체포령이 나렸으니 체포하려 왔소! 만약 안 내놓으면 가택수색을 할 터이요.
상   용   몇일 전에 나가선 안 도라 왔습니다.
경   관   (방안을 두루 삶이다가 엽총을 보고) 저것은 누구의 것이요?
상   용   제 것입니다. 사냥총인데요.
경   관   (엽총을 집어서 조사해 보고) 면허장 있오?
상   용   네. (문갑 속에서 내여 보인다) 이것은 도지사의 엽총허가장입니다.
경   관   (허가장을 보고 돌여준다) 이 총도 사람을 쏘면 죽으니까, 잘 보관해 두오. (상용 총을 받어서 간직한다)
경   관   (위엄있게) 보관은 조선총독부 이촉 경관이요. 본관을 속이면 중형을 받는단 것도 알 테죠. 홍승용은 댁에 잠복하고 있다는 정보를 받고 왔는데, 속이지 말고 내놋소.
상   용   실상 없는 것을 어떻게 하랍니까.
경   관   그러면 오늘 들린 일도 없오?
상   용   없오이다.
경   관   본관은 당신의 명예와 총대라는 지위를 존중하야 가택수색은 하지 않겠소, 그러니 만약 이후라도 들오거든 곧 나에게 전화를 거

　　　　　오, 내 일홈은 이시구로 순사부장이요.
조　모　나으리, 우리 애가 무슨 죄를 지었는지 그거나 좀 가르켜 주십시요.
경　관　그놈은 아주 비국민의 행위를 했오.
조　모　저를 어째!
경　관　우리도 물론 댁을 주목하고 감시하겠지만, 아까 말한 대로 곧 통지를 해주오, 만약 억이면 알지요? 죄인 음약죄로 처벌을 받는 것을.
상　용　그런데, (매우 난처한 기색으로) 형으로써 아우를 어떻게 집어였습니까?
경　관　형제간에 정의라든가, 인정이란 것은 논할 시기가 아니요, 지금은 비상시국이 아니오. 나라가 위기존망지추19)에 처했는데, 그따위 비국민은 단연 처단해야지요.
상　용　잘 알겠습니다.

　　　경관 퇴장.

조　모　저런 무엄한 놈들, 이 늙은 것보구 반말을 쓰니, 저놈은 제 부모도 없나봐!
상　용　어머니, 자식을 잘못 둔 탓으로 모욕을 받는 것입니다.
조　모　아유! 그저 늙은 게 빨리 죽어야, 이런 꼴 저런 꼴 안 볼 텐데…… (사설을 하면서 퇴장한다)

　　　상용은 방안을 왔다갔다한다. 복잡한 심리에 얽혀서- 때때로 머리를 저으면서 무엇을 부인한다. 영희와 인숙이 드러온다.

상　용　찾었어? (두 사람만이 들어오는 것을 보고 실망한다)
인　숙　찾는다는 게 막연해요, 글세, 넓은 장안에서 어떻게 찾어요.
영　희　사직공원, 장춘단, 할것없이 삿삿치 찾어봤어요 그애가 잘 논다는 동창생 집은 다- 찾어본 걸요…… 없어요.
인　숙　(맥살없이 앉는다) 전 발바닥이 푸푸렀어요……
승　용　(황겁한 태도로 들어와서) 형님…… 전 오늘밤 서울을 떠나야겠

───────────────
19) 존속과 멸망, 또는 생존과 사망이 결정되는 아주 절박한 경우나 시기.

습니다. 여비를 좀 보조해 주십시오.
상 용 (의아한 빛을 띄고) 여비를 내라구?
승 용 전 고문실에서 고문을 받고나서 유치장으로 돌아가는 복도에서 형사놈을 들어치고 뺑손을 쳤습니다, 아마 그놈들이 날 붓잡으려고 눈이 황올해졌을 것입니다. 잡히면 총살, 오늘밤 안으로 멀리 도망을 치렵니다.
상 용 사건은 신문에 발포된 것인가?
승 용 네, 그러나 놈들은 내 배후에 비밀결사가 없나 하고 추궁이 대단해요. 이번 사건은 취조와 고문이 극심합니다.
상 용 전쟁비상시기에 있어 사상 취체는 강도나 살인범 이상으로 심한 것을 자넨 몰란는가, 자중하지 않고 경솔하게 왜 유언비어를 펏드럿나.
승 용 제가 헌 말을 유언비어라고 역이십니까?
상 용 총독부에서는 미국폭격기가 조선을 치려온다고 방공시설을 단속하는데, 자네는 그것을 부인햇으니 유언비어가 아니고 뭔가.
승 용 형님, 상식적으로 생각해 보세요, 미국에선 조선보다 일본 본토를 노리고 태평양에 있는 일본 군사기지를 주목하고 있습니다. 그것을 부쉬면 일본은 와중지설[20]이지요, 폭탄 세례 몇 개만 가하면 두 손을 들게 됩니다.
상 용 허- 당찬은 소리! 아예 다실낭 단파수신기를 듣지 말고, 총독정치를 작작 비난하고, 반전사상의 유언비어를 펴지 말게. 그런 스파이적 행동에 대한 처단이 어떻단 것을 알 테지.
승 용 형님, 총독부 어용신문의 보도를 믿을 때가 아닙니다. 외국 보도에 의하야 세계의 정세를 정확히 알고 앞으로 우리의 갈 길을 밟어야 합니다.
상 용 그나저나 큰일났네. 자네 때문에 경찰은 우리 집을 감시하고 있네.
승 용 나때문에? 그러나 염녀마십시오. 그깟놈이야……
상 용 자넨 곧 떠나야지? 떠나지 않으면……
승 용 뭘, 괜찮어요.
영 희 (우둑허니 앉아서 한숨을 쉬면서) 이놈의 자식이 어데 가서 비를 맞구 도라다니는지? 입학시험이 사흘밖에 안 남었는데, 이런 기막

---

20) 소용돌이 속의 눈.

	힐 데가 어데 있담!
승 용	얌전한 개가 왜 나갔을까? 아주머니 최근 인묵의 동정에 수상한 점은 없었어요?
영 희	없었죠. 별반 말두 없이 그렇다구 언짢은 빛두 없이 먹구 자구 공부하구……
승 용	그것 참 이상한 일입니다 수수꺼기 같은데.
영 희	혹시나 전차에 치지나 않었는지? 차에 치었다면 지금 병원에서 붕대로 전신을 감고 인사불성이 되여 신음하고 있을 거애요, 여보, 내 병원에 찾어가 보겠어요.
상 용	중상을 입었다면 병원에서 벌서 통지가 왔을 것이 아니요, 좌우간 오늘밤도 대문을 걸지 말고 드러오길 기다립시다. 내일 아침까지 안 드러오면 경찰에 수사원을 넣는 수밖에……
승 용	별로 효과가 없을 껍니다. 사상범이라면 눈에 등불을 켜들고 활동하겠지만, 사사일은 찾어줄 꿈도 안 꿀꼐요 혹시 뇌물이나 주면 몰라도
상 용	여보, 그애가 가지고 나간 것은 없오?
영 희	없어요, 비오는데 우산두 안 받구 나간 걸요.
상 용	혹시 돈같은 것은?
영 희	내겐 없었어요, 돈궤는 쇳대를 잠궈 놓지 않어요.
상 용	인숙아, 너하고 별말 없었니?
인 숙	통이 없었어요, 어제 공부를 하자니까 일본 글 배우기가 싫다고 짜증만 내였어요. (쩔눅거리면서 안으로 들어간다)
상 용	…… 내일이구 모래구 들어오겠지. 안 들어올 리가 없어.
영 희	들어오기야 드로오겠지만, 시험이 사흘밖에 안 남었는데요, 어떻게 하면 좋와…… 아이, 속상해. 참말 얘가 안 뜨러오면 전 죽을 테야요, 자식이라고 그게 하나밖에 없는데, 개가 없이 뭘 믿구 어떻게 앞이 허전해서 산단 말이예요, 내가 이 약한 몸에 저 하나 훌륭하게 맨들려구 기를 쓰구 살었어요.
인 숙	(당황한 태도, 눈물어린 표정으로 허둥대고 들어온다) 인묵의 교과서를 무심코 뒤저보니 이런 편지가 있겠지요.
상 용	편지?
영 희	(편지를 인숙의 손으로부터 빼앗듯이 하여 나려읽는다) '아버지 어머니, 용서하십시요, 나는 오늘까지 부모님께 많은 신

세를 졌으나, 그 은혜를 갚지 못하였습니다. 지금 이 집을 떠나는 내 어린 가슴은 무어라 말할 수 없이 죄되는 일 같습니다. 집안에 법을 잘 직히지 않고 배반하는 것은 실로 미안하오나, 나로서는 이 집을 떠나지 않으면 안 되겠습니다. 그것은 부모님도 잘 아시따십히 나는 참 머리가 둔합니다. 그래서 내 실력으로는 시험을 첫대야 백전백패 떠러질 것은 분명합니다. 그래서 내가 시험을 처서 낙제하면 부모님의 정성은 물거품이 되고, 따라서 나는 이 집에 면목이 없어 있을 수 없게 됩니다. 인제 몇일 안 남었는데 열심히 공부를 하면 무엇합니까? 나는 집을 떠나지만, 그것은 나뿐 일이라고는 생각지 않습니다. 단지 부모님과 타협없이 나가는 것이 나뿌다고 역입니다. 용서하십시요.'
 (읽다가 목이 메여서) 넌 날 버리구 갔구나! 인묵아…… 어델 간단 말이냐. (인숙에게) 네가 읽어다구. 난 차마 이 편지를 못 다 읽겠다.

인 숙 (편지를 나려 읽는다)
 나는 이 집을 떠나지만 결코 불량자는 안 되겠습니다. 나는 많은 고생을 하고 좋은 일도 하며 여러가지 경험을 얻어서 나라를 위해 나로써는 하지 않으면 안 된 일, 좋은 일이라고 생각하는 일만을 하겠다는 것은 이 자리에서 맹세하겠습니다. 그러나 아직 나히 어린 나로써는 그런 엄청난 일을 할 수 없으나 몇해 후에는 다른 사람보다도 몇 갑절 한 수 있을 겁니다. 나는 죽어도 부모님의 얼굴을 부끄럽지 않게 하며, 그 은혜를 잊지 않고 장차 훌융하게 되어서, 그리운 이 집에 도라 오겠습니다. 그러나 내가 성공을 못하면 영영 집으로 도라오지 않을 것입니다. (인숙 읽다가 더욱 느껴 운다) 부모님 너무 근심마시고 나를 찾으려고 애를 쓰지 마십시요, 나를 찾을 수도 없겠지만, 찾어서 내 자유를 구속하면서 하기 싫은 공부를 시킨대도 아무런 효과가 없을 것입니다. 아버지, 어머니, 안녕히 계십시요.'

영 희 (가슴을 치면서) 인묵아- 넌 영영 갔구나, 내 앞이 허전해서 어찌 산단 말이냐, 에이, 몹쓸 자식……
인 숙 이것은 제게 준 편지에요.
 '누나에게-
 누나야, 용서해 다구. 내가 집에 있는 동안 한번도 너하구 자미

잇게 놀지 않은 것을 지금 슬프게 생각한다. 지금 네게 이 편지를 쓰면서도 내 눈에는 눈물이 차서 자세히 쓸 수 없구나, 내가 없는 사이에 넌 부모님을 잘 모시고 나를 닮지 말어다구, 나는 죽기를 한하고 성공하여 도라오겠다. 그때까지 잘 있어라.'
(모두 눈물의 홍수다. 인숙은 엉엉 소릴 내여서 운다. 승용은 안경을 벗어 눈물의 흔적을 닦는다)

영 희　아- 세상이 이렇게도 허무할 수가 있담! 외아들을 생리별하다니……

승 용　그놈이 결코 나쁜 맘 먹고 나간 게 아니군요, 누구보다도 제 실력을 잘 알고 제 할 일을 찾어서 사회에 공부하려 나간 것이요.

영 희　이 어미의 간을 이다지도 끓게 하고 나가서 나라를 위해 좋은 일을 하겠다니, 대체 무엇을 한단 말인고? 인묵아.

인 숙　(두 손을 눈에 싸고 허청거름으로 제 방에 들어간다)

영 희　모-든 것이 우리의 욕심이 과한 탓이였소, 아희의 개성을 지나치게 눌러서 우리의 욕심만 채울려고 욱박질을 하는데서, 그애는 반항을 하고 나갔어요.

상 용　…… 여보…… 우리가 아히를 감독하고 공부하라고 쌈 싸우듯한 것은 그애의 장내를 위해 한 것인데, 결과로 보면 그릇된 가정교육이였구려.

승 용　아무에 잘못도 없습니다. 결국 일본교육의 실패였지요, 천진란만한 어린것들에게 시험지옥이란 무서운 쇠사슬에 얽혀서, 단순한 머리에 고민하고 저주하다가 향방 없는 길을 떠나게 된 것입니다. 과연 중학에 붙기 위한 시험인지, 떨구기 위한 시험인지? 이 불상사는 일본놈들이 저야할 책임입니다.

영 희　아이의 잘못은 하나두 없어요, 우리의 잘못이야요 (이러나면서 허공을 잡듯이) 인묵아, 우리가 잘못했다. 용서하고 도라오너라, 인묵아-

조 모　(허둥대고 들어와서) 인묵이가 그여쿠 갔다지. (주먹을 치면서) 늙은것이 눈치가 없었구나, 바로 그 편지를 내게 주다가 도루 넣더니, 그게 하직할 편지였구나. 몹슬 녀석- 내 꿈이 맞었어…… 괴상한 청년이…

승 용　어머니, 과이 상심마세요, 인묵인 집을 탈출했지만 반드시 바른 길을 밟을 것이라고 믿습니다.

조　모　어린 게 어디 가서 이 배급시대에 배 주릴 것을 생각하니 ……
　　　　(눈물을 훔친다)
승　용　형님, 인묵의 탈출은 부패해 가는 이 사회와 이 가정에 대한 일대 충격이라고 생각되지 않습니까? 시드러지고 말러가는 가정에 진리의 삷(싹)이 돋는 것같습니다. 형님! 명예와 지위욕을 차고 대국적 견지에서 우리 민족이 앞으로 살어나갈 길을 정시하고 찾어야 하겠습니다. 형님 아시겠습니까?
상　용　글세……
국민교생　(뛰여 들어와서) 인묵이 간곳을 아렀어요.

　　　　일동 그리로 시선을 던진다.

국민교생　인묵인 오늘 아침 기차 타구 갔어요, 제 동무가 경성역에서 봤대요.
영　희　기차 타구 갔어, 그래, 어느 편으루 가드란 말이냐.
국민교생　잘 몰으겠어요…… 아마 만주방면으루 간다는가 봐요.
상　용　만주로? 뭘 하려 간다든? 넌 알 테지.
국민교생　전 몰라요…… 안녕히 주무세요. (인사하고 나간다)
상　용　그렇다면 인제는 제발로 도라올 때까지 기다릴 수밖에 없구나……
영　희　그때가 10년- 20년, 아- 인묵아, 이 캄캄한 밤중에 어데로 타박타박 가느냐? (엎드러저서 운다)
상　용　(승용을 향하여) 자네두 이 밤 세기 전에 떠나야지. (지패 뭉치를 내여준다)
승　용　형님, 고맙습니다. (그것을 받는다)
조　모　자넨 어데루 가려나?
승　용　서울을 떠나 멀-리. 안녕히 계세요.
경　관　(홀연히 들어와 승용을 잡으려고 한다) 잘 맞났다. 이놈아, 나는 이시꾸로 부장이다. 자- (포승을 내여들고 포박하려고 든다)
승　용　(쏘아보면서) 이 개! 일제의 주구! (경관이 잡으라는 것을 떠다밀고 도망한다)
경　관　이놈아! 게 섰거라! (호각을 불면서 쫓아 나간다)
조　모　(쫓아가는 양을 바라보면서) 늙은 게 얼른 죽어야지, 저 꼴 안 보지…… 우리는 어느때나 맘 놓구 살꼬? 아- 언제나 왜놈의 쇠

사슬을 벗어나노?

막.

제3막

　　6년후. 일본이 패전하고 미군이 진주하든 1945년 9월 9일.
　　1막과 같다. 마루방 정면에 모셔 노았든 가미다나는 없어지고, 그 자리에는 태극기를 달었다. 그밖에 가구 등속의 배치도 다소 변동되었는데, 눈에 띠이는 것은 사진 액연21)에 해외망명투사의 사진이 끼어 있는 것이다.

　　상용이 고이적삼 바람으로 혼자 앉어 조히 노끈을 꼬고 있다. 꼬아서는 노끈 뭉치에 감는다. 그는 행길에서 들려오는 독립행진곡 노래소리에 귀를 기우린다. 그 노래는 정내의 꼬마들이 부르는 노래소리다. 그 소리를 듣고 있는 동안 황홀한 표정에 빛나, 다음 순간에는 심각한 고민의 빛이 얽힌다. 그것은 그가 허공을 향해 초점없이 허멀겋게 뜬 눈동자를 보아도 짐작할 수 있다. 잠시 후에 인숙이가 회사에서 돌아온다. 그는 양장에 파마를 하고 쾌활해 보이며 온전히 청춘의 태가 엿보인다.

인　숙　아버지.
상　용　(머리를 든다)
인　숙　오늘 참말 통쾌했어요.
상　용　무엇이?
인　숙　일인의 직원들이 모다 회사에서 몰려나갔어요.
상　용　일본이 망했으니 저이 나라로 가야지, 조선이 독립된다니까……
인　숙　바로 어끄제까지도 일본은 동양의 맹주라고 뻐티고 세계 강대국의 하나로 자임하든 그놈들이, 패전한 후에는 풀이 죽어서 대강이도 못 드는 꼴이란, 참말 기분이 좋왔어요…… 한편 가엽든데요.
상　용　(혼자 소리같이 중얼거린다) 그 말이 내 신세와 같구나…… 나두 정회총대의 자리를 몰려났으니깐……

---

21) 액자.

인　숙　아니야요…… 우리 회사 사장 이하 주임급의 왜놈 이야기얘요, 글쎄, 그자들이 조선인 직원들을 못 살게 종처럼 부려먹군, 조곰 제 눈에 나면 당장 면직을 식혔지요. 그리구 밤낮 저이 국기에 절을 식히구, 황국신민서사를 읽히구. 무었이나 저이들이 하고저 하든 일은 못 해본 것이 없이 뒤흔들든 그놈들이 일조일석에 망하구, 조선에서 쫓겨가니까 아이쓰크림- 먹듯이 씨원해요, 그래두 고놈들은 통분하다구 책상을 주먹으루 뚜두리면서, '조선만은 내놓고 싶지 않다!'고 울부짖지 않겠어요.

상　용　그럴 테지, 그들이 36년간 잘 먹고 거들거리고 살았으니깐…… 그러나 어째 네가 허는 말이 날더러 꾸짖는 소리같구나.

인　숙　아이, 아버지두. 오해마세요, 왜놈들이 아버지를 전쟁 중에 이용하기 위해서 정회 총대를 식혔죠. 조선사람이 저이 말을 잘 듣지 않으니깐, 인망이 높으신 아버지를 총대로 이용한 게 안요.

상　용　그것은 호이(호의)로 해석한 말이지…… 나는 총대로 앉은 것을 명예로 알고 전쟁 중에 여러 가지 부청에서 지시하는 일을 충실하게 애국반에 전달했으니깐, 일제의 충복이였지 머냐, 친일파라는 소리는 면치 못하게 되였구나……

인　숙　제가 괜한 소릴 해서 아버지의 비유(비위)를 상케해 드렸네, 아버지, 넘우 괴로워 하지 마세요.

상　용　내가 미친 놈이였지, 앞을 못 보고 일본이 꼭 이기는 줄만 알고 …… 일본놈들이 허는 소리가 바른 말인 줄 알고 …… 헌금헌납을 했댔구나.

인　숙　헌금헌납은 아버지뿐인가요. 모두 헌 일인대요, 그놈들이 강제로 식힌 걸요.

상　용　그야 강제였지만. 그러나 난 그것을 선두에 나서서 하고, 또 애국반에 지시했다.

인　숙　모든 게 아버지의 불우라고만 단념하세요, 그리구 그것을 속죄하기 위해 근신하세요.

상　용　그야 근신할 도리밖에 없지…… 양심에 가책으로 인하야 해방 이후 20여일이 지냈건만, 두문불출하구 보고 싶고 듣고 싶은 만세 행렬에도 참가하지 못하고 있잖으냐! (노끈을 꼰다)

인　숙　아버지, 노끈 많이 꼬섰어요?

상　용　이런 뭉치가 네 개는 더 된다. (뭉치를 들어 보이면서 쓴 우슴을

친다)

인 숙   어데다 쓰실내요?
상 용   쓸 대야 없지. 그저 심심허니까 이 즛을 허구 있지.
인 숙   어머닌 오늘두 정거장에 나갔나요.
상 용   인묵이 마중으루 아침에 나간 게 여태 도라오질 않는구나.
인 숙   아이, 어머님두. 구준허셔. 언제 도라올지 몰으는 인묵일 날마다 마중나가시니, 우리 어머니같이 아들을 사랑하는 분두 드물 께야.
상 용   해방 이후 매일이지. 마치 정거장에 취직이나 헌 듯이…… 허허허.
인 숙   오늘이나 돌아왔으면 좋겟어요.
상 용   글세 말이다. 해외에 갓든 동포들이 모두 모두 돌아오는데, 이애는 웬일인지 소식이 없으니, 혹시 객지에서 고생하다가 죽지나 않었는지.
인 숙   사람의 목숨이 그처럼 쉽게 없어지나요…… 저 앞집 성삼이는 일본 광도 무기공장에 징용갓다가, 원자탄을 맛구두 죽지 않구 돌아왔다는 데요. 우리 인묵이는 만주에 갓다니까 별고 없올 꺼야요.
상 용   글세, 집을 떠난 지 6년이나 되지만, 편지도 없고 본 사람도 없으니까 안타깝지 않으냐.

   성삼이 들어온다. 그의 얼골은 원자폭탄에 화상을 받어서 한쪽 눈이 타고 무섭게 부푸러올랐다.

성 삼   총대 어른, 그간 안녕하십니까.
상 용   (성삼을 보고 놀란다) 자넨 성삼이 아닌가…… 얼마나 고생을 했나.
성 삼   네- 원자폭탄에 맞어서 이처럼 화상을 당했지요, 제 얼굴이 무섭지 않읍니까, 허허! 이 꼴루 살어가야만 하니…… 내 안해도 이 얼굴을 보고 무섭다고 질색을 합니다. 차라리 죽었드면 좋왔을 껄, 목숨이 질겨서 살어 왔군요.
상 용   ……
성 삼   총대 어른, 조선이 해방되여 기쁩니다. 누구보다도 우리 노동자는 기쁩니다. 허나 이 얼골로 살어가야만 하니…… 기가 막힘니다. 취직하재도 얼굴 인상이 무서워서 받어주질 않고, 앞으로 어

　　　　 떻개 살아갑니까, 총대 어른, 어데 취직자리라도 알선해 주십시요.
상　용　내가? 난 총대일도 구만 두고 지금 근신중일세.
성　삼　(조소한다) 그렇게도 몰락하섰나요…… 전엔 일본이 이기면 조선 사람도 잘 산다고 허시면서 징용을 가라드니, 오늘날 감상은 어떻습니까? 난 총대 어른의 권유와 경찰이 무서워서 징용을 갓다가 이 꼴이 되고…… 참 우습습니다.
인　숙　(곁에서 듣다가) 여보세요. 저이 아버진 지금 병중에 계십니다. 오늘은 도라가셨다가 다음에 또 오세요.
성　삼　병중이세요? 무슨 병인대요?
인　숙　그것 알어서 뭣하세요?
성　삼　흐흐…… 말 못 하실 병에 걸렸군요…… 그렇다면 몇일 후에 다시 찾어뵙지요, 총대 어른, 제 앞일에 대해서 잘 생각해 주세야 합니다. 꼭 믿습니다. (나간다)
상　용　(얼빠진 듯이) 저 사람이 내게 무엇을 요구하려 왔나…… 공갈?…… 위협?

　　　　 행길에서 애국가 소리- 악대의 우렁찬 연주소리-

인　숙　아버지, 오늘 미군이 진주한대요 미군 환영으로 각 정단(정당), 문화단체에서 시위행열을 하고 지나가요.
상　용　연합군은 악착스러운 일본의 압박에서 우리를 해방식혀 수었으니까 환영을 해야지. 해방의 흥분과 감격- 저 만세소리- 천지를 뒤흔들어 놓는구나……
인　숙　아버지, 손깃대 어데 있어요.
상　용　저 밀창틀 우에 잇너니라.
인　숙　(건넌방에 들어가 기를 들고 나와서) 아버지, 저두 만세 부르려 가겠어요. 환영회 행열에 참가할내요. (행길로 다른박질하야 나간다)

　　　　 애국가 소리 가까워오자 행열에서 여러 사람들이 '조선독립만세-', '연합군승리만세-' 를 부르는 소리가 태풍같이 이러난다.

상　용　(그 소리에 황홀하야 댓돌 아래로 나려가서 두 손을 들고 웨친

다) 조선독립만세! 조선독립만세! (그러나 그것은 일시의 자연발생적 흥분이었다. 다음 순간 심각한 고민의 빛을 띠우고 중얼댄다) 내가 독립만세를 불렀구나…… 이것이 내 소리였나?…… 만세를 부르다니…… 모든 사람은 해방의 기쁨에 얽히여 40년 동안 주렷든 만세의 울화를 목이 터지도록 부르짖것만, 나는, 나는 뼈 것이 부르지 못하는 몸이로구나, 모두가 찬란한 광명을 향해 행진하는데, 나만은 컴컴한 물 속에 깔앉아 있구나…… (그는 마당 우에 쓰러져 흑흑 느껴운다)

승　용　(들어온다. 손에는 태극기를 들었다) 형님, 형님, 이게 웬일이세요? (형을 부측하여 마루방에 올리고) 인자 행길에서 인숙일 맞났는데, 인묵이는 아직 도라오지 않었다죠.

상　용　(머리를 것덕인다)

승　용　난 인묵이가 도라온 줄 알고 잠깐 들렸는데요. 참 이상한데요……

상　용　어데 탐문해 봤나?

승　용　오늘 북지에서 도라온 사람을 맞났지요, 그 사람은 몇일 전에 북경에서 돌아와서 곧 우리 사회협회를 찾아 왔어요, 나는 언제나 중국에서 도라온 동포를 맞나기만 하면 인묵의 소식을 알여고 무러보군 했는데, 마침 그 사람이 인묵이하구 함께 지낸 일이 있답니다.

상　용　우리 인묵이하구? 그렇다면 우리 애도 금명간에 도라오겠구나.

승　용　그 사람 말이 인묵인 그곳에서 공장에 직공으로 다니면서 고학을 했드랍니다. 그리다가 2년 전에, 즉 태평양전쟁이 본격적으로 확대하자, 북경을 떠나서 어느 중국 병대에 조선인의용대로 드러가 일본군과 싸웠답니다.

상　용　우리 인묵이가 싸웠어? …… 그 사람 말대로 의용군에 참가하야 일본군대와 싸웠다면, 얼마나 우리 가문에 영광이냐, 이 애비는 그렇게 되기를 바라마지 않는다. 그러나 전쟁에 참가했다면, 살아 돌아오기는 십중팔구 어려운 일이로구나, 내가 오늘까지 히망을 붙이고 있는 것도, 우리 인묵이가 조선의 아들로 면목을 세우기만 바랄 뿐이였는데.

승　용　인묵이가 집을 떠날 때 일본 교육이 싫다고 떠났으니, 우리 기대에 어그러진 행동은 하지 않었을 것입니다.

상　용　(소간(小間)후) 지금 자네가 하고 있는 사회협회는 뭘 하고 있나?

승　용　위선 급한 문제로 해외에서 들어온 혁명투사들을 원호하야, 그들에게 생활상 필요한 것을 구원해 주는 일과 조선건국사업에 도움이 될 만한 일을 하고 있읍니다.

상　용　자넨 큰일을 하네 그려. 훌늉한 사업을 많이 하게, 나는 과거 일제시대에 정총대 노릇을 한 게 여간한 타격이 아니네.

승　용　형님, 과거를 뉘우치는 것만도 감사합니다. 형님의 과거는 악질적인 친일은 못 되나, 일인들과 타협했다는 것만은 양심에 가책을 받을 일이죠, 허나 앞으로 근신하면서 조선건국에 대하야 물심양면에 걸쳐서 이바지한다면, 속죄가 될 줄 압니다.

상　용　나두 그렇게 하기를 노력하겠으며, 맘으로 결심하고 있네…… 그런데 자네도 정당에 관계하고 있나? 해방 이후 서울에는 무려 50개의 정당이 생겼다든데……

승　용　제가 하고 있는 사회협회는 정당이 아니라, 순전히 조국해방을 위하야 국내에서 반일투쟁을 하다가 감옥에 들어갔든 니와 해외에서 조선혁명을 계획하고 활약하다가 돌아온 혁명가들을 돕고 있읍니다. 그분들에게 집도 마련해 주고, 의복과 음식도 공급하야 의식주에 궁색함이 없게 해서, 안심하고 건국사업에 매진하도록 하려는 것입니다. 그러나, 원체 자력22)이 많이 들어서 만족을 줄 수가 없는 것이 유감입니다.

상　용　그래?…… 그렇다면 나두 사람노릇을 할 수 있을까?

승　용　뭐 말슴이세요?

상　용　차차 두고 얘기하지. 지금은 내 양심이 허락질 않아서, 그리고 자네가 어떻게 역일넌지 몰으니까……

승　용　무슨 말슴인지 허세요. 형제간에 꺼릿길 것이 무엇입니까?

상　용　그보담도 먼저 자네에게 한 마디 뭇고 싶은 것은…… 나의 재산이 얼만지 아는가?

승　용　글세요……

상　용　나는 아버지의 유산은 한푼도 쓰지 않고, 오늘까지 내손으로 벌어서 살어 왔네, 지금 내 수중에 있는 것이 20만원이 있어.

승　용　그렇게 됩니까?

상　용　해방후 이 돈을 어떻게 쓰면 보람있을까 은근히 궁리해왔네, 그러나 쓸 곳도 없고, 또한 일제시대의 생활이 불순했으니까, 뻐젓

---

22) 자력(資力), 물자나 자산 따위를 낼 수 있는 경제적인 능력.

이 쓸 수 없구만.

승　용　그야 형님이 다소 친일적이긴 했으나, 형님의 재산이 일제와 타협해서 저축한 것이 아니고, 아버지의 유산이 아닙니까, 한국23) 당시에 아버지가 번 재물이었으니까, 불순물은 아니지요.

상　용　그야 그렇지, 아버지가 물려준 재산을 아끼고 아끼고 않 썼댔지…… 이것을 해방된 오늘날 건국에 쓴다면 사회에선, 아니 자넨 어떻게 생각하나?

승　용　좋은 일이라고 역입니다. 그러나 형님의 이기적 타산에서 내놓는다면, 사회는 형님을 매장하고야 말 것입니다. 만약 형님이 붉은 마음으로 애국애족의 정신으로, 거룩한 단군의 자손의 한사람으로 조국재건의 미천으로 기부한다면 몰라도, 명예를 탐하고 자기의 죄를 감소하기 위함이라면, 도로혀 우리 건국에 치욕이 될 것입니다.

상　용　알겠네, 나는 내 입장으로 내 진심을 변명할 수 없네…… 내가 오늘날까지 재산을 조곰도 손에 다치지 않은 것은 인묵일 주려고, 인묵에게 고대로 물려주려고 아끼고 간직햇다네.

승　용　(시게를 보고 생각난 듯이) 전 네시에 회합이 있어서 가야겠읍니다. 형님, 인묵이가 도라오면 통지해 주세요.

상　용　무슨 일이 그리 바쁜가. 더 앉어서 건국에 대한 자네의 포부라도 이야기하게 그려. 난 혼자 있으면 쓸쓸하고 괴로워서 견딜 수가 없네, 작구 캉캄한 물속으로 자저드러가는 것같어서.

승　용　형님, 넘우 좁게 생각지 말고, 맘을 활달하게 가지세요. (이러선다)

상　용　무슨 회합인데, 그리 급한가?

승　용　4시에 위원들이 몽여서 장차 해외에서 들어올 우리의 지도자 중경 임시정부 요인을 환영할 협의를 해야겠읍니다.

상　용　김구 주석 이하 임시정부 요인들 말인가, 언제 드르오시나?

승　용　들어오신단 풍설은 들지만, 정작 통지는 받지 못했읍니다. 그러나 일간 드로올 것만은 사실입니다.

상　용　쏘련에 계신 김일성 장군과 미국에 계신 이승만 박사들도 들어오신다는데, 언제 오시는지 뉴-쓰는 없나?

승　용　자세한 것은 몰으지만, 금년 내로 모두 몽이실 겁니다.

---

23) 대한제국.

상　용　그분들은 모두 해외에서 일생을 보내다십이 했으니, 얼마나 고국 산천이 부구 싶으랴.
영　희　(이마애 땀방울이 맺어서 힘없이 들어온다. 전보다 훨신 늙었다)
승　용　아주머니, 인묵이때문에 얼마나 애태십니까?
영　희　눈이 깜-맣게 기다려두 그놈이 도라오지 않는군요. (맥없이 앉는다) 해외에서 도라오는 동포들은 물결치듯 역 내외에 범람하것만, 그놈은 그림자도 안 보여……
상　용　고현 놈, 부모가 기다리는 줄 몰으고 이다지도 속을 태운담!
승　용　넘우 상심치 마세요, 어째피 도라올 것만은 사실이지만, 시간문제죠, 전 바뻐서 가　야겠습니다. (나간다)
영　희　아저씨, 행길에서도 그놈이 없나 찾어보세요. 그놈이 혹시 도라와서도 제 일 보누라구 않 드러올넌지도 몰으니깐요.
승　용　그럼요. (나간다)
상　용　여보, 행길은 굉장하지요?
영　희　네, 거리거리마다, 태극기와 연합국기를 걸고 군중들이 미군을 환영하고 잇어요. 미군이 오늘 아침에 인천에 상륙했는데, 인천서 장갑자동차를 타고 남대문으로 들어오두군요.
상　용　미군이 상륙했다면, 일본놈의 무장해제도 곧 되겠군. 오늘 서울에 입성한다지?
영　희　오늘 3시에 총독부에서 미군사령관 하-찌 중장 이하 여러 장군들이 일본군대 조선대표 총독과 군사령의 항복조인을 받는대요. 그래서 지금 총독부 앞에는 구경군으로 사람 사태를 이루고 있는 걸요.
상　용　그 요살스러운 일장기도 오늘이야 정작 마즈막이겠군!
영　희　그렇겠죠, 하여간 일본이 망하고 조선이 독립한다는 것은 꿈같애요, 이런 기쁜 날에 우리 인묵인 어데서 멀 하고 있는지……
상　용　인묵이 도라오면 헐 애기가 많어…… 어서 와야지……
영　희　무슨 애기부터 하실래요?
상　용　당신도 생각해 보았을지 몰으지만, 인제부터는 우리의 세상이 아니라, 인묵이의 세상이 되었오, 청년들의 세상이란 말요. 그러니까 나는 은퇴하고 인묵이에게 모든 것을 떠맡길가 하오.
영　희　그게 무슨 뜻이에요?
상　용　전에도 당신에게 헌 말이 있지만, 내 재산 전부를 인묵이 일흠으

영　　희　그건 좋은 일이야, 그러나 인묵이가 돌아와야지요, 제 예감엔 인묵이가 영영 도라오지 않을 것만 같애요, 그렇게 된다면 우린 어떻게 살어요.
상　　용　쓸대없는 소릴! 난 인묵이가 훌늉한 투사가 되여서 금명간에 돌아올 것같소…… 승용이 말도 인묵이가 북지에서 의용군에 참가하야, 왜군과 싸우는 것을 본 사람이 잇다는데……
영　　희　그게 참말이예요, 우리 인묵이가 일본군과 싸웠어요? (기뻐한다. 그러나 다음 순간 검은 구름이 얼굴에 가리우듯이 음울해진다) 의용군으로 나섰다면, 필경 죽엇을넌지두 몰라. 죽었다면? 아!
상　　용　별 소리 다하구 있네, 우린 히망을 갖입시다. 우리 인묵인 그렇게 홀가분하게 죽을 자식이 아니야.
영　　희　저두 그렇게 믿구 싶어요. 그러나 …… 그러나 (무서운 환상에 붓잡혀서) 악독한 놈들! 우리 인묵일 죽여…… 인묵아!
상　　용　여보, 고정하우. 정신을 헤트리지 말오…… 하늘이 도웁겟죠. (안해의 손을 잡아 위로한다) 당신이나 나, 기애가 떠난 후 6년 동안 바란 것이 그애의 건강 하나뿐이였는데, 우리의 지성이 하늘에 미처서라도 그애를 보호해줄 것이오.
영　　희　저는 6년 동안 악몽에 시달려서 밤낮으로 참혹한 광경만 그려왔어요, 그러나 어쩐지 오늘은 모든 게 결말이 날 것만 같애요. 결말이 나는 것이 무서워요. 두려운 맘, 아슬아슬한 맘, 참아 결말을 볼 수 없을 것같애요. (운다)
상　　용　(문밖에 귀를 기우리다가 홀연한 목소리로) 저기 무거운 구두 발자국 소리가 나오.
영　　희　(행길쪽에 귀를 모으고) 누구의 발소리가 들리는군요, 혹시?……

　　　　인숙이가 들어온다. 만면에 하색이다.

인　　숙　아버지, 어머니.
상용,영희　(멀거니 처다본다)
인　　숙　놀라지 마세요, 제가 총독부 앞에서 일장기가 나리고 우리 태극기가 휘날리는 것을 바라보구 잇는데, 웬 청년이 곁에서 눈물이 글성글성해서 감격에 넘처 바라보구 있잖어요 그래 유심이 바라

　　　　　　보앗드니 우리 인묵이야요, 인묵이가 왔어요.
인　묵　(홀연히 나타난다. 건강한 청년이다. 군복을 입었다. 그러나 총도 칼도 차지 않았다)
영　희　(왈칵 달려들어서 인묵일 껴안는다) 네가 살어왓구나! 인묵아!

　　　　소간(小間).

인　묵　어머니, 울지 마세요. 웨 우십니까?
영　희　오매간에도 잊지 못하든 내 아들이 돌아왓으니, 가슴이 갓뜩 차서 (늑겨워 운다)
인　묵　(어머니 곁을 떠나서 아버지 앞에 나아가 절을 하고) 아버지, 지금 돌아왔읍니다.
상　용　(애정이 담북한 어조로) 잘 왔다. 내 아들아, 어데서 멀 햇드냐, 그것부터 알구 싶다.
인　묵　아버지 전 광복군에 들어가서 일본군과 싸웠읍니다.
상　용　광복군?
인　묵　네, 중경임시정부 이청천 장군 휘하에서, 아버지 어머니가 길러준 이 몸으로 왜적을 무수히 쳤습니다.
상　용　장하다! 네가 그러럼 큰일을 했으니, 이는 우리 가문의 영광이다. 조국의 자랑이다! 애 인숙아, 아저씨에게 알려 들려라. 인묵이가 돌아왔다고 기별해라. (인숙이 나간다)
인　묵　일본이 항복하자, 우리는 곧 그들을 무장해제를 시키고 중경에 도라가서 있다가, 임시정부 환국선발대로 몬저 나온 것이 이렇게 늦게 왔습니다.
영　희　인묵아, 인제는 내 곁을 떠나지 말어다우.
인　묵　어머님은 아직두 완고하셔. 전 앞으로 조선이 완전독립하는 때는 군인으로써 조국방위를 위해 일생을 받칠까 합니다. 오래동안 나라가 없이 왜적에게 노예의 복종과 착취를 당하든 우리 민족의 나아갈 길은 집엣일보다도 나라 일이 급합니다.
상　용　그것은 네 자유의사에 맡기겟다. 나나 네 어머니는 인제는 네 의사를 막지 못하리라. 여보, 그렇지 않소?
영　희　그야 그렇지만, 또 군인이 되면 내 곁을 떠나게 되질 않어요, 그것이 전 싫어요.

상 용   저런 철따군이 없는 것 봐…… 저애가 군인이 되는 것은 우리 민족을 위해 하는 일이야. 그 일을 막을 궐리는 당신이나 내겐 없다는 것을 알어야 하오. 아하, 우리가 정말 살어온 보람이 잇는 것 같소, 미약한 거나마 나라에 저것이 이바지하게 되니, 얼마나 고맙소. 아까두 말했지만 인제는 우리들이 나설 때가 아니고, 젊은이의 세상이 됏단 말이야. 인묵아, 네가 도라오면 주려든 것이 잇다. (주머니 속에서 도장과 열쇠를 내여서 인묵이 앞에 놓고) 이것은 내 도장이다. 이 열쇠가 금고 열쇠다. 이것을 네게 넹기니 건국사업에 유리하게 써라, 쓰는 데는 네 당숙과 잘 의논해라.

인 묵   아버지. 전 집에 도라온 것은 이런 것을 탐내서 온 것이 아닙니다. 부모님의 맘을 안도식히기 위해서 왔습니다. 아버지께서 건국사업에 쓰십시오.

상 용   인묵아, 난 이 세상에 페인이다. 내 앞에는 염라의 형벌이 가로 노여 있다. 그것은 8·15 전 내 소행이 나 자신을 캉캄한 구렁에 차넣었든 것이다. 도저히 양심이 내게 기회주의적 행동을 허락질 않는다. 자- 받어라. 네가 돌아오면 주려고, 난 오늘까지 맘으로 작정하고 기다렸다.

인 묵   아버지. (감격에 넘처 눈물이 글성글성하다) 그럼, 받겠습니다……

상 용   아! 이러구 보니 무거운 짐을 네에게 뻐서 매낀 셈이로구나. (이러나서) 여보 마누라. 난 고달퍼서 이 몸을 쉬어야만 하겠오, 사랑에 들어가 잘 테니, 당신은 인묵일 데리고 오래 격조[24]했든 회포나 푸시오. (말끝을 맺지 않고 중단한다, 얼굴엔 비창한 표정이 떠돌았다)

영 희   웬일이세요, 얼굴빛이 좋지 못하니?

상 용   아니, 인묵이가 돌아오니 기뿌오. 참말 내 맘은 홀가분해졌오, 나는 장차 평화한 가운데서 살 수 있을 것이오. (태극기를 바라보고 무슨 생각이 났든지 소리를 높여가지고 불은다) 조선독립만세!

영 희   (의아한 눈을 던진다)

인 묵   백번 천번 불러도 싫지 않은 소리는 저 소립니다. 전 고국에 돌아와서 태극기를 들고 만세를 불으는 군중을 보고 막 울었어요.

상 용   조선도 해방되구 장차 독립이 약속되였으니, 우리 3천만의 힘을 몽으면 모두 잘 살 수 잇을 것이다. 화려한 3천리 강토에 자유와

---

24) 隔阻, 멀리 떨어져 있어 서로 통하지 못함.

평화의 꽃이 필 것이야. 아- 내 맘은 만족하다…… (중얼거리면서 사랑 쪽으로 사라진다)

인 묵 (아버지의 뒷 모양을 봐라보다가 어머니를 향해서) 아버진 오늘 기분이 매우 좋으신가 봐요.

영 희 네가 돌아왔으니까 그렇지, 오늘의 아버지의 만족한 표정은 이 근년에 첨 보았다.

인숙이와 승용이가 돌아온다.

승 용 (인묵의 억개를 잡고) 훌늉한 청년이 되엿구나! 헛헛헛.

인 묵 숙부! 해방되여서 얼마나 기쁘십니까. 전 중국에서 일본이 항복 했단 보도를 받고 기뻐서 고만 춤을 추면서 엉엉 울었담니다.

승 용 너만 아니라 나두 감옥 속에서 울었다. 아니 3천만이 모두 울었지.

영 희 인숙아, 사랑에 나가서 아버지를 들어오시라고 해라, 작은아버지가 오셨다구.

인 묵 네. (사랑 쪽으로 나간다)

승 용 중국사람들은 지금 어떠냐?

인 묵 일본이 패전하자 전 중국사람도 우리와 같이 기뻐했읍니다. 길을 가다가도 그들은 우리의 손을 잡고 우는 이도 있었읍니다. 허기야 그들은 쌈중에 패전을 목격하면서도 최후에는 이긴다고 했지만……

사랑 쪽에서 총소리가 들린다.
일동(놀랜다. 그쪽으로 눈을 쏟다.)
침묵.

인 숙 (황겁히 뛰여 나온다) 아버지가 엽총으로 자살했어요.

일동 사랑으로 달여 나간다- 아버지! 여보! 형님! 부르는 소리가 들린다.
간(聞).
인묵과 승용이 나온다. 사랑에선 인숙과 영희의 울음소리가 가늘게 들린다.

인 묵 제가 돌아오자 아버지께서 자살하셨으니, 웬 까닭인지 몰으겠읍

　　　　니다.
승　용　너의 아버지는 고민하고 고민하든 끝에, 천사의 소리가 나는 곳, 동경하든 양심의 나라로 가섰다. 그 얼굴을 보지 못 했느냐? 해말숙한 두 눈가위에 고인 눈물- 조곰도 흘인 점이 없이 거울같이 날아난 참회의 표현을- 그것은 조선의 얼을 찾은 숭고한 표현이었다.
인　묵　숙부, 아버진 약한 사람이였군요. 자식만 사랑할 줄 알고, 왜 조선을 사랑할 줄 몰랐을까요? 숙부, 아버지는 죽엄으로써 과거의 죄상을 지을야고 했지만, 그것은 부자연한 일이 아닐까요?
승　용　아버지의 모-든 친일적 행동은 해방과 함께 쓰러졌다. 우리에게 남은 과업은 나라를 회복하는 일뿐이다. 빛나는 조선 젊은니(이)의 조선을 세움에 있다.

막.

황혼의 마을(1막)

등장인물

김춘삼　　　빈농　45세
그의 처　　　40세
그의 장남　　인해　15세
그의 2남　　인종　12세
리점룡(돌이아버지) 마을의 빈농 45세
허서방　　　마을의 빈농 45세
최서방　　　마을의 빈농 50세
박영감　　　마을의 빈농(원은 자작농) 60세
야학교선생　30세

시
193*년 봄. 황혼때
곳
남선　*촌

무대
고개 우.
마을에서 읍내로 가는 길이 무대 우수, 앞둘어 중앙을 통하야 고개 우에서 좌수로 가는 길과 읍내로 가는 길이 두 갈래로 나노아 있다. 길을 중심삼아 우수는 잔디밭과 숲, 좌수는 비탈이 되여 김춘삼의 집과 뜰을 둘러쌓고 있다.
막이 올으면, 뜰에서 춘삼과 그의 처가 짐을 묶으고 있다. 멀리 떠나는 사람의 옷차림. 고요한 봄날의 저녁밤* 들에서 일하고 있는 농부의 노래소리가 멀리서 들리는 것도 어쩐지 쓸쓸하다.

춘 삼 (짐을 모다 묶어놓고) 요것뿐이오?
처   너무 많어서 걱정이요?
춘 삼 요것밖에 없는가? 흥!
처   성가시롭잔코 좋잖소.
춘 삼 말버릇도 참,
처   생각해보시오. 속도 상하잔켓소…… 남은 모다 제 고장에 두 다리를 펴고 사는데.
춘 삼 또 그 말이야! 우리도 간도에 기사 두 다리가 아니라, 네 활개를 펴고 살면 되잔소. (두 팔을 피고는 하품을 한다) 어듸 마을이나 봐둘까. (길에서 나오며) 뒷날 돌아와서 제 마을도 몰으면 큰일이니까.
처   …… (따라 나온다)
춘 삼 이자들은 왜 안 와?
처   글세요…… 올 때가 됐는데……
춘 삼 선생님이 없어도 곳 도라 오라랫서?
처   그럼요……
춘 삼 그러면 올 텐데, 내 잠간 가 볼가.
처   좀 더 기다립시다!
춘 삼 너무 늦지 않을가?
처   만일 길이 어긋나면 어쩔려구!
춘 삼 그것도 그래……
처   그렇게 신세를 끼친 선생님한테까지 말없이 떠나는 것은 너무 (심하다싶이 보냇지만은)1)
춘 삼 여기서 기다려보지…… (마을을 바라본다)
처   …… (그 길에 앉어 같이 마을을 바라본다)
춘 삼 우리가 다시 도라올 땐 여기도 변해 있을 껄! 저 야학도 벽돌집으로 될난지 몰으겠지.
처   (다른 생각을 하며) 간 밤 꿈에 엄마를 봤서요.
춘 삼 멀리 간다니 리별하러 왔겠지.
처   …… (생각에 잠긴다)
춘 삼 사위를 잘못 봤다구 또 극성을 떨었겠지. 본시 좋아하지는 안했으니까.

---

1) 내용상 지문이 아닌 처의 대사인 듯.

처　　　그만두시오. 죽은 사람을 가지고!
춘　삼　원망해도 헐 수 없지. 낸들 이렇게 될 줄이야 꿈엔들 생각했나 어듸.
처　　　그것도 팔자겠지요.
춘　삼　팔자? …… (담배대를 내며) 돈 세상이라 간도 가서 힘껏 버어라여 도라오면, 장모도 저성(저승)에서도 좋와하겠지
처　　　……
춘　삼　그러치만 그것도 5년 뒷 이야기지.
처　　　5년……
춘　삼　그러치 않으면 10년이 될넌지.
처　　　10년……
춘　삼　(다시 담배를 붙일려다가 처의 꼴을 보고) 또 뭘 생각소?
처　　　(혼자 말없이) 아무래도 여기 있는 것이 좋을 상 싶은데.
춘　삼　또 그 소리군. 인젠 어쩔 수 없는데, 왜 작구 그런 말만 해!
처　　　간도가 그렇게도 먼 곳이라니까, 더구나 아는 사람 하나 업는 그런 곳에 가는 것이 무섭기도 하고, 또
춘　삼　그러케 가기 싫으면 혼자 남어서 살지. 그래서 굶어 죽으면 시원하겠으리.
처　　　내야 이왕 이렇게 되었으니 어떠케 되드래도 무관하지만, 자식들을 생각하니까…… 여긴 그래도 선생님 같으신 분이 게시어 어린 것들도 가르켜주시고 여러 가지 일도 돌봐 주시지만, 그리 가면 누구 한사람 거들어줄 사람도 없을 텐데!
춘　삼　거긴들 사람이 없을라구! 또 거기 가면 자식들은 돈을 주드래도 학교에 보낼랴구 하지 안소. 공부가 좋은 것은 당신보다 난 잘 알고 있소. 당신은 언제나 곡 남의 비위만 상하게 하는구려! (말을 중단하고 이러서면서) 저런, 최서방하구 허서방이 오내.
처　　　인해는요?
춘　삼　안 보이는데!

　　　　최, 허가 달려온다 최는 50가령 일복에 맨발, 허는 45세.

춘　삼　…… (둘을 본다)
허　　　왼일이야?

최   만주에 간다구요?
춘 삼   뭐요? (놀래며) 누가 그래요?
최   밭에서 일하랴니까, 이 허서방이 일러주드군요
허   인해가 그러든데, (집을 보고는) 벌서 짐까지 쌓꾼 그래.
춘 삼   인해가?
허   야학에서 점룡이하구 장기를 두고 있으니까 왔드군. 그래서 비로소 알았지. 어째자구 나한테까지 숨길려고 했어
춘 삼   (별로 관심이 없어서) 떠들고 댕길 것도 없구 해서.
최   그래도 우리한테까지 숨긴 것은 너무 한 걸요.
허   (사방을 살피며) 아니, 그런데 점룡이는 어듸 갔어.
춘 삼   뭐? 점룡이가…
허   점룡이 여기 안 왔든?
춘 삼   안 왔는데? 왜 무슨 일이 있었나?
허   자네가 간다는 말을 듯고 불이 날 듯이 뛰어나가겠지. 그자 성질에 이건 또 싸우고 있는 줄만 알고 왔는데.
춘 삼   점룡이가 알었어?
처   돌이 아버지가요?
허   그러면 점룡이도 몰랐든가? 우린 자네와는 형제보다도 더 친한 사이라서 알고 있는 줄만 알았지
춘 삼   낸들 점룡이한테는 말하려 했지. 더구나 그 친구하군 이곳을 안 떠난다고 언약까지 했는 만큼 말이라두 할려구 했지만, 맞나면 어쩐지 말이 안 나와서……
최   그래서 그 친구가 낯색을 변하여 뛰어 나간 거군요.
춘 삼   그렇게 골을 내든가요?
허   내잔쿠. 그때 그 얼골이란 정말 못 보겠데.
춘 삼   그래…… 점룡인 그때의 그 언약을 믿구 있었으니까…… 그러치만 그렇게까지 골 낼 줄은 몰랐지.
처   (불안스럽게) 어댈 갔을가요?
춘삼,허 …… 잘못했는 걸. (사이)

　　　　인해, 인종 형제가 들어온다.

춘 삼   왜 이렇게 늦었어.

인	해	선생님이 안 계셔서 돌아오시는 걸 기대려었어요.
허		선생님은 돈 때문에 읍내에 갔었다네. 어제 낮에 가셨는데 아직 안 도라오신다구, 부인께서 걱정하시든 걸.
처		…… (난처하야 남편을 본다)
춘	삼	할 수 없군. 간도 가서 인해가 편지로 하지.
최		(인해에게) 허 …… 너 쓸 줄 아늬?
춘	삼	쓴다군 하지만 어떨지요
인	해	선생님께 배웟어요 (최에게) 첫째 안부붙어 쓴데요.
최		음, 그리고?
허		나안테도 보내라, 응?
인	종	아저씨 읽을 줄 아셔요?
최		허허허……
허		(민망하여) 아니 선생님에게 읽어 달라고 하지. 꼭 잊지 말구 보내줘, 응?
인	해	네. 그런데 아버지 왜 안 가서요?
춘	삼	글세, 설설 가볼까. (집으로 들온다)
허		뭐? 지금?
처		그러치만, 돌이 아버지가……
춘	삼	인제 맞낸들 뭘 하나. 괴니 서로 마음만 안 좋지, 별 수 있나?
최		그래도 오늘밤은 같이 노지요. 바쁜 길도 안일꺼고
춘	삼	그럴 틈이 없어요.
허		하로 밤쯤이야 어때? 같이 술이나 한잔 논코 이약이나 하세. 인제 가면 언제 또 맞낼란지 누가 알어.
춘	삼	아니. 오늘 안으로 떠나잔으면 안 되네. 우리만 가는 것이 않이고, 모두 같이 가게 되었으니까.
최		모두라니요.
춘	삼	이민단(移民團)이라나요, 아직 맞내 보지는 않 했지만은 같은 농민이라는군요.
최		그래요. 인해 아버진 이민단에 들었소?
춘	삼	여기선 살 수가 없었서요. 그래서 만주나 가볼가 하고 생각하고 있든 참에, 만주에 갈 농민을 모집하드군요. 그래서 들었지요. 기왕 갈 바에는 혼자 가는 거보다간 여럿이 같이 가는 게 서로 던던하니까요.

허   그건 그러겠지만, 하로밤쯤이야 어떠케 안될가?
최   그 이민단이 오늘밤에 떠납니까?
춘 삼   네, 읍내 정거장에서 모이래요.
허   그러다면 말릴 수도 없군 그래.

　　허, 최 서로 얼골을 본다. 그때 점룡(돌이아버지)이가 설설 들어온다. 한잔 했는지 잔뜩 취해서 거름이 바르잔다(바르지 않다).

허   인제 오는군.
춘 삼   점룡이!
이   …… (힐긋 보고는 그저 앉는다)
허   어덴 갔었드랬어?
이   ……
허   난 또 싸흠이나 한다고 뒤따라 쫓아왔지.
처   돌이아버지…… (벌서 눈물이 난다)
이   …… (눈을 피한다)
허   왜 그러케 뛰어나갔서?
이   시끄러워……
허   아주 취했군.
이   취했으면 어때? 자네 일 않이면 잠잣고 있어! (하며 대든다)
춘 삼   미안허이!
이   뭣이?
춘 삼   자네한테까지 숨길 생각은 없었네. 자네한테 이야이할려고, 자넬 맞내기만 하면 외그런지 말이 안 나오데. 정말이지 이번엔, 이번엔 하며 몇 번 베루윘는지(별렀는지) 몰으네. 그렇지만은 자네 얼골만 보면 목이 맥혀 말이 안 나왔서. 그래서……
이   나 같은 것한테 말하면 뭘 해?
춘 삼   뭐라고?
이   자네 일을 자네 좋도록 하면 됐지, 내가 무슨 상관이야.
춘 삼   그래도 자네하곤 아모데도 안 간다구 언약까지 하구, 또 -
이   언약? 흥! 언약이 뭐야! 나도 갈 작정인데.
춘 삼   (기가 막히여) 아니, 자네는……

그때 박영감이 온다. 상두건에 삼비2)옷. 사람이 많으니 들어오지를 못 한다.

인 해 박영감이 왔어요.
처 정말…… (이러나서 반가히 맞는다)
최 박영감, 왼일이요.
박 네…… 모두 있군요. (술병을 뒤로 숨기며 자리를 찾는다)
박 (한쪽편에 앉으며) 괜찮소? 방해되진 않을가요.
최 괜찮어요.
박 그럼…… (앉는다. 춘삼에게) 간도 가신다구요.
최 야학에서 들었소?
박 네, 마츰 일본 있는 딸년 편지가 왔기에 선생님한테 좀 읽어달라구 갓드니, 그런 말을 하시든군요
처 선생님은?
박 읍내에서 아즉 안 돌아왔었서요.
허 (술병을 본다. 그것을 들고) 아니, 같이 한잔 하실려구?
박 허허허 …… 오늘 떠난다니까……
춘 삼 그런 걱정을 왜 하시오.
박 그레두. (하며 속주머니부터 신문지에 싼 북어 한 마리를 낸다. 그러고 신문지만 차차 접어서 주머니에 넣는다)
허 야 - 이건 아주 갓췄을 걸. 북어군 그래.
박 어젠 망부의 소장3)날이라서 좀 사둔 것이 있었지요.
처 벌서 1년이 되여요. 참 빠르기두 하구나. (하며 그릇을 낸다)

이 말없이 처가 주는 잔에 술을 친다.

허 (먹고는 깜짝 놀래며) 아니, 이건?
최 (역시 먹다가는 박을 보고) 영감, 이 술은?
박 (당황하며) 아니, 읍내서 사온 술이요. 정말 술도가집 술이요
최 이건 정말 오래 간만인대. 아하, 소상이라드니 집에서 담었었소.
박 처, 천만에요…… 그런 말은.

---

2) 삼베.
3) 小祥(사람이 죽은 지 1년 만에 지내는 제사)의 오식인 듯.

이   뭣? (먹어 보고는 박을 본다. 알어채린 듯이) 어떤 술이건 잠잣고 먹어. (춘삼에게) 자넨 왜 안 먹어? 왜 내가 친 술 맛이 없나?

　　최, 허 술잔을 놓고 본다.

박   (영문을 몰으고) 자, 들으시오. 맛이야 없지만은.
춘 삼 (술잔을 놓고) 미안하이.
이   왜 그래?
춘 삼 (이를 처다보다가는 머리를 숙인다) 그러케도 원망하고 있는가? 그러치만 낸들 가고 싶어 가는 것은 않일세. 여기서는 이 이상 더 살 수가 없게 되었고, 또 간도 가면 곳 일할 수 있고, 또 5년이구 10년이구 일만 한다면, 그 땅은 제 것이 된다니까. 나도 같이 갈 염두가 난 것일세.
이   그것이 어쨋단 말이야?
춘 삼 아모리 자네하고 다른 대는 안 간다고 내입으로 맹세는 했지만은, 이 이상 살어갈 수가 없게 되었어. 자넨들 나같이 자식이나 몇 가져보게. 알 것일세.
박   그럼요. 제 땅이 어떤 것인지, 가저본 사람이 안이곤 모르지요.
최   제 땅요?
허   그러치만 이약이가 어째 너무 좋은걸.
최   설마 ……
허   설마가 사람 죽인데요.
박   어쩨든 조심해서요. 지금과 달리 까닥하다간 큰일날 터이니까요.
춘 삼 고생길을 찾어가는 놈이 두려울 것 없어요. 닥치는 대로 할 참입니다.
점 룡[4] 흥! 아주 굉장한 걸.
춘 삼 뭐라구?
점 룡 그세가 굉장하단말이야. 다라나는 놈에게는 좀 아까운걸.
춘 삼 다라난다구? 내가 왜 다라난단 말이야?
점 룡 그러치 뭐야.
춘 삼 아니다. 난 다라나는 건 아니다. 날이 맑은 한낮에 떠떳히 떠나는 거다.

---

[4] 앞에서 '이'라고 표기한 인물과 동일인임. 원작의 표기를 그대로 따름.

점　룡　흥, 그러켔지. 간도에선 자네 온다고 잔채를 베푼다니까.
춘　삼　잔채밥이 탐난다구 하늬. 같은 죽이라두 풀부리를 캐먹구 나무껍질을 띠더 먹는 것보단 그래도 옥수수가 먹구 싶구, 조죽이라도 먹고 싶허이.
점　룡　제길, 역시 죽이로군. 난 또 힌쌀밥이라구.
춘　삼　그만둬!
점　룡　이왕 죽밖에 못 얻어 먹을 테면, 목구녁에 길드린 죽이 잘 넘어간다네.
춘　삼　여기서? 이렇게 낯가죽이 붓드록 죽만 먹구? 낯가죽만 부푼다면 또 몰으지만, 올 가을부터는 소작료를 또 올닌다늬 이번엔 정말 말라 죽을 거야.
점　룡　그까짓 것 안 주면 었떼.
춘　삼　뭐 안 준다구?
점　룡　제 아모리 지주란들 그럼 없는 건 어찌하겠어.
춘　삼　그러면 될 줄 알어?
점　룡　되잔쿠.
춘　삼　된다구?
점　룡　그럼! 여기 있는 들 산 입에 거미줄이야 치일려구.
춘　삼　거미는 자리 보구 친다느냐? 좀 지내바. 자네입인들
점　룡　그런 거미야 조선만 잇을려구. 간도에도 버글버글 하다네. 그러면 어델 가나? 북만을 갈 테야? 아라사를 갈 테야? 차라리 봉래산5)이나 찾어 가보지?
춘　삼　아모데나 좋다면 난 가겠어
점　룡　그런데 마적에게나 맞어 죽지 말게.
춘　삼　뭣이 어째? (왈칵 이러난다. 인해를 보구) 엄마는 어듸 갔어? 엄마를 찾어!
허　　　아니, 왜 이레. (잡는다)
춘　삼　떠날 테니, 엄마를 불러와!
인　해　엄마는 뒤에 울고 있어요.
춘　삼　울러? (하며 갈라는 걸 박, 허가 말린다)
허　　　참게, 참어. (앉춘다)

---
5) 중국 전설에서 나타나는 삼신산(三神山) 가운데 하나로. 동쪽 바다의 가운데에 있으며, 신선이 살고 불로초와 불사약이 있다고 함.

김이식 · 황혼의 마을　63

춘 삼 비러먹을 것이, (앉으며) 울기는 재수없게.
점 룡 사람 마음이면 울겠지, 제 땅을 버리고 뻔뻔스럽게 가는 놈이 이상하지.
춘 삼 …… (불쾌한 듯이 술을 먹는다)
박   참어시오. (말린다)
최   (보기가 딱하여) 그러케까지 말 안 해도 좋을 것을, 인해 아버지 마음도 생각해야지요.
점 룡 …… (완고히 침묵을 직힌다)
박   그러코말구. 떠나는 이의 마음도 참작해야지요. 인해 아버지도 섭섭히 생각마서요. 이것도 모두 친하니까 하는 말이니까요.
처   (뒤겻에서 나와 본다)
허   왜 이레, 미친 사람같이.
점 룡 뭐라구? 뭣이 미첫서? 미첫다는 게 뭐야?
허   …… (뒤에 숨는다)
최   왜 이러시오. 참어시오, 참어.
점 룡 (허를 보고) 망할 자식! 늬가 뭘 안다구 그레. (춘삼을 도라보고) 여보게, 춘삼이!
춘 삼 ? (본다)
점 룡 나는 정말 자네까지 갈 줄은 몰랐어. 다른 놈은 죄다 가드레도, 춘삼이 자네만은 나하구 여기 남고 이땅에서 죽을 줄만 알고 있었지. 그런데 자네마저 가버린다니까…… (목이 맥힌다) 여보게, 자네도 잊잔었지. 작년 홍수머리에 이 마을 사람이 뒤를 이어 이 고개를 넘어 멀리 떠났을 때, 그때에 자네는 이 고개에서 내 손을 잡고 말하지 안었나. 우리는 '무슨 일이 있드래도 여기에 남자. 어떠한 괴로움이 있드래도 여기서 같이 살자'고. 알겠어? 그래서 나는 그때부터 얼마나 마음이 던든하였는지 몰은다. 어떤 자식이 가버려도 아무러치도 않었다. 동생녀석이 떠날 때에도 그러케 섭섭하지 않었다. 자네가 있으니까…… 자네를 생각하니까 믿을 곳이 있었든 때문이다. 그런데 자네마자 이러케 되다니……
춘 삼 (머리를 숙이고 듣고 있다가 괴로운지 술병을 들고 먹을려 한다) 마지막 술잔이다! (술을 친다)
춘 삼 (웃을랴고 애를 쓰며) 너 잘하는 권주가는 어쨋어?
점 룡 오냐, 하마! 너 소원이라면 해주마. (잠잠하고 모다 기대린다. 점

룡 권주가를 한다. 그러나 그것은 소래라기보다 울음 소래같다)

사이.
야학선생(30세가량 된다)이 온다. 어린애들이 '선생님'하고 달려가서 매달린다. 다른 사람들도 이러서서 인사를 한다.

박   (뒤에서 공손히 절을 하며) 선생님, 인제 오시오.
선 생   박영감님도 오셨군요.

모다 앉는다.

선 생   한 상 버렸군요. (앉이며) 돌이 아버지 소리도 오래간만이군요. 자- 계속하시지요. (기침을 한다)

처, 눈물을 딱으며 나온다.

처   선생님…… (말이 맥히고 머리를 숙인다. 치마로서 눈물을 딱는다)
선 생   인해 어머니, 오늘 떠나신다고요!
최   지금 도라오십니까.
선 생   네. 그래서 듯고 쫓어 온 길입니다. 못 맞낼 줄 알었드* ****
춘 삼   일부러 이러케 와주시어 미안합니다.
선 생   별 말씀을. 일즉이 와서 거드러드릴 걸. 집사람은 병이 들어 누어 있고, 난 또 내대로 바빠서 쫓아 댕기니까……
춘 삼   고맙습니다.
점 룡   자, 한잔하시오. (술을 친다)
선 생   송별회입니까?
허   허허허…… 그냥 리별하는 것도 뭐했어요.
선 생   그레요, 그럼 - (한숨에 마신다)
허   (놀래면서) 아니, 선생님 잘하시는군 그래.
선 생   (웃으며) 몸에 병이 있어 안 합니다만은, 오늘은 득별이니까요.
허   허 - 그러시든가요. 항상 술을 먹지 말라고 말리시니까, 못 하시는 줄만 알었서요.
선 생   이레 뵈도 전에는 술고래랍니다.
최   그럼 이후는 술상종을 해야 되겠습니다

선　생　천만에 말슴을.
최　　　허허허…… 우시게(우스게)올시다.
선　생　(춘삼에게) 어떠케 이러케 별안간에 떠나십니까. 아까도 집에서 듯고 놀냇습니다.
춘　삼　역시 같이 가는 것이 좋을가 해서요.
선　생　그럼, 이민단이 오늘 떠납니까. 그래도 오늘이라고 **만주셔도.
춘　삼　뭘 그레 떠들고 댕길 것도 안이라서.
선　생　아모리 그러치만은.
춘　삼　그 말은 그만두십시다. 여테끝 잔뜩 꾸치름(꾸지람)을 들었습니다. 그것보다간 술이나 드시게요. (하고 술을 친다)
박　　　읍내에 가시었다구요? 역시 야학교 일 때문입니까?
선　생　네, 지주되는 김부자한테 갔지요.
춘　삼　김부자집에 왜요?
선　생　야학 때문에 돈을 좀 융통할랴고요.
점　룡　하필 그 욕심쟁이 놈을 찾아갔어요.
선　생　그래도 김부자는 다른 사람하고 달러서, 이 마을 토지는 과히 혼자 가지고 있고, 또 도 평의원이라 그만한 건 말하면 알 줄 알었지요.
춘　삼　그래서? (모두 주의한다)
선　생　헛일했습니다.
점　룡　헛일이라니?
선　생　거절당했서요. 아주 딱잡아 띠든군요. 어제 밤부터 그 집에서 자면서까지 청해 밧는데 전언 안 들든군요.
최　　　그러케 큰 부자가?
점　룡　그것도 내기가 아까웠겠지.
최　　　아모리 그래도 고만한 돈이야!
선　생　돈이 없는 것이 안이라, 내놓키가 실타고 합니다.
춘　삼　뭐라구? 내기가 실타구요!
선　생　(모두 도라보면서) 그자는 '돈이 아쉬운게 안이라 내놓을 필요가 없다'고 딱잘라 말하든군요. 도대체 야학을 채려 어린애들에게 글을 가르키는 게 보기 실타든구요. 여러분이 그 집에 모이는 것이 안 좋다나요.
박　　　그 집에 가는 것이?

선   생   글을 몰라도 농사는 짓는다구요. 농민이 글을 알기 되면 건방져 서 못 쓴다구 합디다.
점   룡   그런 말을 함부로! 그것을 당신이, 소위 선생님이라는 분이 그냥 듣고 있었소?
선   생   낸들 어찌합니까. 그렇타고 싸울 수도 없고.
점   룡   헐 수 없다구요? (선생을 본다)
선   생   그러케 필요하면은 학교에 보내라나
허   학교에? 20리나 되는 대로?
선   생   그러케 모리는 사람인 줄 알었드면, 가지도 안을 것을 괴니 헛수고만 했지요.
점   룡   헐 수 없다고……
처   어떠케 안 되겠습니까?
선   생   글세요……
점   룡   돈이 안 되면 어떠케 됩니까?
선   생   야학을 해산할 수밖에 없습니다.
全   員   뭐요? 야학을 **한다고요?
박   그, 그건 정말입니까?
선   생   (쓸쓸히) 할 수 없습니다. 나도 더 없는 힘을 썼으나 허사가 되고, 이 이상 야학을 지속할 수가 없게 되었습니다. 빚을 갚아야 되니, 지금 집은 팔기로 했습니다.
박   (뛰는 듯이) 안 됩니다. 안 되! 그것은 안됩니다. 선생님, 야학을 팔다니 그건 너무합니다.
춘   삼   선생님, 그것만은 안 됩니다. 야학이 없으면 자식들이 불쌍합니다. 만일 여기서 선생님이 손을 떼신다면, 어린 것들이, 인제 겨우 뭘슬6) 알어 온 어린 것들이, 또 우리 같이 바보가 되고 맙니다. 선생님은 그것을 아십니까.
선   생   압니다. 잘 알고 있습니다.
춘   삼   아신다고요? 잘 아신다고요?
선   생   잘 알고 있습니다. 누구보다도 잘 안다고 믿습니다. 내가 대학을 나와서 이 마을에 자리를 잡고 어린아이들에게 글을 가르킬라는 것도 그것때문이올시다. 무지한 탓으로, 모르는 탓으로, 더욱 고생하고 있는 여러분을 볼 때, 지금부터 크가는 어린동무들만큼은

---
6) 무엇을.

그 무서운 구렁퉁이에서 구해주구 십헛습니다. 나 역시 야학을 문 닷고 싶지 않습니다. 더군다나 여러분들이 내 하는 일을 알어 주시고, 가르켜 주자 알려 주자고 힘을 쓰시는 이판에, 헐어 버린다는 것은 내 개인으로서도 참을 수 없는 일입니다. 자기가 뿌린 씨가 싹을 내고 잘 자라서 겨우 꽃을 필라는 때에 무참히도 뿌러지는 것을 보는 마음은, 농사를 짓는 여러분은 잘 알어주실 껍니다. 나는 그것을 피할려고 돈 될 물건은 전부 돈으로 박구고, 돈 나올 만한 곳은 제다(죄다) 찾어 밧읍니다만은, 결국은 이렇게 되고 말었습니다. 이것도 전부 내가 못난 탓인지, 정말인즉 괴롭습니다…… (비장한 그분이 돈다)

긴 사이.

점 룡 여기까지 와서 그만두다니……
선 생 그렀습니다. 여태까지 비치고7) 다 와서 그만두다니…… 너무나 무력한 내 자신이 정말 밉습니다. 역시 나 같은 것은 아모 소용없는 인간이었어요. 그따위 인간이 뭣을 할려고 덤빈 것이 잘못인가 바요.
박 (울듯이) 야학을? 저 야학을 닷는다고? 안 되요? 안 되지요? 선생님! 저는 논밭 전지를 잃었습니다. 홍수판에 자식까지 죽었습니다. 그런 뒤로는 난, 나는 죽은 놈이 생각할8) 때마다 야학으로 갓습니다. 그래서 그거서 배우는 애들을 내 자식같이 넉이고, 그 애들이 질급게 선생님한테 배우는 것을 구경하며 모든 것을 잊어버린 건데, 그 한 가지 남은 기뿜까지 없어진다니, 늙은 것은 이후 어떠케 해야 되겠습니가. 무슨 재미로 살어가야 되겠습니가.
선 생 …… (한숨을 한다)
춘 삼 흠…… (팔을 끼고 생각에 잠긴다)

사이.

박 (정신을 차리고) 아이, 미안합니다. 늙은 것이 주책없이 떠들어서.

---

7) 빚지고.
8) '생각날'의 오식.

	용서하시오. 이것도 팔자겠지요. 산 놈이야 또 어더게라두 살어가 겠지요.
허	판이 식어버렸군. (권한다)
선 생	그래요. 마츰 이런 자리에서 그 이야기는 다음에 하고, 여러분이 그만큼 리해를 해주시는 것만도 저로서는 만족하겠습니다. 사실 그때 '농군이 왼 글은! 농사만 잘 지이면 되지, 글 같은 건 가르칠 놈이 있으면 집신이라도 삶기겠다'고 하시고, 어린애들을 못 오게 하실 때는 정말 애먹었습니다. 그중에도 (춘삼에게) 인해는 매일가치 머리에 혹을 달고, 몰래 야학에 댕겻스니까요. 허허허 ……
춘 삼	…… (선생을 보다)
허	응, 그러치. 그것 때문에 인해 어머니까 인해편을 들었을 때, 자네가 놀래여 어떠케 할가고 쫓아온 일도 있었어. 생각나잔어?
춘 삼	…… (말없이 허를 본다)
최	그러는 당신은 야학에 갔다고, 어린애를 하로 밤새도록 집에 안 들어가는 일도 있짠었소.
허	허허허 ……
선 생	(시계를 보고) 멧시까지 가야 됩니까.
춘 삼	8시랍니다.
선 생	그러면 아즉 시간이 있지만은 (술병을 흔들어보고) 좀 남었는데, 이것 마자 하고 설설 가보지요. (권한다)
춘 삼	(술잔을 비우고 선생에게 돌린다)
선 생	이러케 술 먹는 것도 마지막인가 바요.
최	그러치도 안켓지요. 이분도 간도서 영주하지는 안을 터이니까요.
허	선생님은 집을 파시면은, 어듸 다른 곳으로 가시럽니까.
선 생	결정은 안 했지만은, 설혹 여기 있드래도 인해 아버지가 도라 오실 때까지 내가 살어 있을란지요.
최	젊은 분이 왜 이러서요.
선 생	젊다 해도 몸이 약하니까…… (쓸슬히 웃는다. 다른 사람들이 깜작 놀랄 때 선생은 이러선다)
선 생	그만 가보지요. (길에 나온다. 뒤따라 모다 이러선다. 춘삼과 점룡은 각각 생각에 잠기고, 고개 우까지)

김이식 · 황혼의 마을 69

멀리서 농부의 노래소리.

선 생 (침묵에 못 견디며) 아…… 참 좋은 날시로군. 저녁노을이 저러케로 붉으니, 내일도 좋겠구나……
처 …… (하늘을 쳐다본다)
허 사람 팔자란 정말 모르는 것이군요. 여긔서 이러케 리별할 줄은 모르고, 옛날에는 여긔서 놀기도 잘 놀었지…… 벌서 몇해나 되나……
처 글세요……
허 우리들은 어째서 이럴가. 그러케 정든 친구들이 하나하나식 떠러저 버리다니.
선 생 (곁에 있는 인해와 인종을 안으며) 너들도 이 마을을 잘 봐두어라. 사람이란 어느 곳을 가드래도 자긔 땅 자긔 나라를 잊어서는 안 되는거야. 그리고 그 나라를 위하야 일을 해야 된다.
인 해 선생님. 나 크면 꼭 나라를 위하야 일하겠어요.
선 생 오냐…… (힘있게 안는다)
인 종 왜 우세요?
선 생 아니야…… 인종이는 긔차를 타니 참 좋겠지?
인 종 응, 그래요. 간도 가면은 힌 쌀밥을 먹는대요.
처 이애는!
인 종 어머니도 그러시잖었수?
선 생 흰 쌀밥……
처 정말 그럴가요.
선 생 (진심으로 묻는 말에 말을 못하고) 글세요…… 그러나 어떠한 일이 있드래도 애들은 공부를 식히세요. 내가 다시 부탁합니다. 이 세상에서는 뭣을 하드래도 알아야 됩니다. 아는 것이 힘입니다. 배워야 삽니다.
처 네…… 선생님은 약하신데 조심하세요.
선 생 네, 고맙습니다.

이때까지 혼자 떠러저 있든 춘삼이 선생에게 온다.

춘 삼 선생님. (하고 주머니에서 조히에 싼 것을 쥐어 준다)

선　생　뭣입니까?
춘　삼　받어주시오.
선　생　이건? (조히를 피어보니 10원짜리 두 장이 떠러진다)
허　　　허! 20원이로군
선　생　(그것을 주어서) 아니, 이건.
춘　삼　차표 사고 남은 것입니다. 적지만은 야학에 써주서요. 그러고 선생님, 어떠케 하시드래도 야학만은 계속해주시오.
선　생　뭐요?
춘　삼　선생님, 아들을 구해주서요. 마을사람을 버리지 마서요. 그 돈은 적지만은 그래도 쓸 때가 있겠지요.
선　생　아니, 이러케 해서야 (돌려 줄라한다)
최　　　당신들이 돈이 필요할 텐데.
춘　삼　왜 안 받습니까?
선　생　이런 돈을 어떠케.
춘　삼　왜요? 내 돈에는 똥이 묻었습니까.
선　생　아니, 별말씀을.
춘　삼　그러면 한 20원을 받었자 소용없단 말씀입니까.
선　생　그런게 안이라, 인해아버지가 더욱 필요할 텐데.
춘　삼　(조용히) 우리가요? 그러치만 우리는 이 꼴을 하구 간도 가는 놈입니다. 그런 자가 20원을 가지고 가본들 뭘 하겠습니까. 그러니 내가 가지고 가는 것보다간 야학때문에 쓸 수 있다면, 더욱 좋지 안습니까. 자! 그러지 마시고 받어주시오.
선　생　이건 너무합니다.
춘　삼　자! 받어두시지요. (쥐인다)
선　생　그러치만, 당신들은?
춘　삼　우리야 이재부터 돈버리하지요. 그리고 이왕 떠나는 판이면, 한없이 떠나는 것이 시원하지요. 허허허……
점　룡　아니, 자네는. -
박　　　고맙소. 고맙소. 고맙습니다.
춘　삼　야학은 그냥 계속 해주시겠습니까?
선　생　네, 하겠습니다.
박　　　정말 해주서야 됩니다.
선　생　하지요. 내일 또 한번 김부자를 찾어서 싸와서라도 받어 오겠습

김이식·황혼의 마을　71

점　룡　니다. 아모리 욕심장이라지만은 당신 이약이를 하면 그만한 건 낼 껍니다.
점　룡　뭐요? 또 그 자식한테로? 선생님, 정신 차리서요. 그자한테 가선 안 되요. 설혹 그 자식이 주드래도 받지 마서요.
선　생　그러치만은?
점　룡　만일 가신다면은, 그런 자식에게 머리를 숙여서까지 받을 테면, 우리집 놈은 안 보내겠소. 그까지(그까짓) 자석에게 은혜를 입는다면, 야학에 불이라도 질로(질러) 버리겠소.
허　　또 고집을 부르내. 아, 어떤 녀석한테라두 받으면 독 안이야.
점　룡　너마자 그따위 생각이야! 요까짓 일도 우리 손으로 못 하니까, 그 자식은 우리를 깔보는 거야. 또 그 자식이 무슨 짓을 하드래도 찍소리 못하고 있어서, (선생에게) 선생님도 언제나 우리 일은 우리 손으로 처결하라 하잔었소. 이번에는, 이번만큼은 우리 손으로, 우리 손으로 하겠서요.
박　　암, 그래야지!
점　룡　우리 손으로 야학은 기어코 계속 직히지요. 빌어먹을 것. 이러케 되면 내 집을 팔어서라도, 소작료를 안 주고 감옥에 갈 망정 긔어코 직히겠소. 그래서 우리가 야학때문에 어떠케 되나, 또 얼마나 건방지게 되는지 보여주겠소!
박　　그러소. 이 친구가 마지막 돈까지 트러 내는데, 우리가 아모 것도 안 한다는 도리가 없어! 두때 밥을 한때로 주리고도 해야지.
선　생　고맙습니다. 여러분이 그러케까지 해주신다면, 나도 다시 생각하겠습니다!
춘　삼　꼭 그러케 해주서요. 그럼 …… (떠날 차림을 한다)
선　생　도중에는 어떠케 하십니까? 밥 같은 것은?
처　　괜찮습니다. 주먹밥을 많이 만들어 가니까요. (봇다리 하나를 보인다)
선　생　어쩌면, 여러분은 …… (감격한다)
춘　삼　날이 저무겠군. 빨리 가야지. (짐을 질나느데, 점룡이가 잡고 놓치 않는다)
춘　삼　왜 이래?
점　룡　……
춘　삼　이 사람, 놓게.

점 룡 ……
춘 삼 놓라니까, 이 사람아!
점 룡 ……
선 생 돌이 아버지!
춘 삼 와 이래! (땡긴다)

　　　　점룡 미러 제친다. 인종이 악 울며 어머니에게 달려 붙는다.

춘 삼 자, 자네는!
점 룡 ……
선 생 왜 이러시요?
점 룡 ……
최　　 기왕 이러케 되었으니 우리 다 같이 웃으며 보냅시다!
허　　 그러치, 웃고 보내세.
최　　 같이 산들 못 먹으면 뭘 해요. 또 이것이 영 리별이 안이고 인해 아버지가 도라올 때도 있을 것이고, 혹시 우리가 또 그곳을 찾어 갈라는지 어떠케 알어요.
점 룡 (업드린 그대로) 어느 놈이고 가고 싶은 놈은 다 가라지. 다 가! 그러치만 안 간다. 난 죽어도 여긔서 죽을 테야. 목을 매어도 내 땅에서 살 테야.
선 생 (달래듯이) 여보시오. 이러시면 이 분은 어떠하겠소. 돌이아버지가 이러시면 점점 떠나기가 괴롭잔습니까. 자, 이러니 우리는 좋은 마음으로 보냅시다. 이후 또 언제나 맛낼지 혹은 영 못 맛낼지도 모러잔소……
점 룡 (군군히 땅만 보고 있다)

　　　　사이.

춘 삼 (단념한 듯이, 짐을 지고 점룡의 덩(등)을 만지며) 자- 잘 있게.
점 룡 (으악! 소리를 치며 벌떡 이러나서는 다라나 버린다)
　　　　침묵의 긴 사이.

춘 삼 (멍하니 서 있다가 목 멘힌 소리로) 선생님…… (본다)
선 생 …… (시선을 피한다)

춘　삼　(마음을 진정 식히고 지개를 진다) 그러면 여러분.
선　생　……(모다 말을 못하고 머리를 숙인다)
선　생　인해아버지!
춘　삼　이번에는 나도 해 보겠습니다. 여러분도 안녕히 게시오. 설마 또 맞낼 날이 있겠지요.

　　　처, 짐을 진다. 그러고도 참아 발이 안 떠러진다. 춘삼이 그것을 제촉하면서 인종의 손을 잡고 고개를 넘어 사라진다. 모다 고개 우에서 전송한다.

선　생　역까지 가보겠소. (하며 뒤를 따라간다)
허　　춘삼이도 가버렸군……
최　　안 보이는군

　　　이때 어린애들의 노래소리가 들린다. 즐거울 때나 슲을 때나 좋아 불으는 노래다.

허　　(최와 내려오며) 또 한 사람이 빠지는군. 해마다 이러케 없어지면, 이 마을은 어떠케 될가.
최　　뒷산 공동묘지 해골에게 직혀 달라지.

　　　어느 틈에 뒤돌아섰는지 숲속에서 점룡이의 흐느끼는 소리가 난다. 둘은 주춤 선다.

허　　돌이아버지 안이요.
최　　아니, 그긔 있었소! (둘은 머리를 숙인다)
박　　(이쪽은 모르고 그냥 모두가 사라진 편을 바라만 보고 있다) 노래를…… 불상한 저애들은 아모 것도 몰으고 노래를 하는구나…… (중얼거린다)

　　　점룡이의 흐느끼는 소래가 더욱 높아진다. 점점 멀어가는 노래 소리를 두고 조용히 막이 내린다.

복사꽃 필 때(전2막)

때
　　1946년 3, 4월경 역사적인 토지 개혁 전후
곳
　　평남 어느 농촌
사람
　　김주사　지주
　　선비　딸
　　박편　소작인
　　꼴지　박의 딸
　　업동　머슴
　　김균식　농촌지도청년
　　칠성　소작인
　　마을사람들 많이!

무대
　　김주사의 집. 바른편으로 처우쳐서 자리잡은 사랑채가 뒤로 뻗어들어 ㄱ자로 몸채를 꺼서 둘러서 이루웠다. 추녀가 금시에 날러갈 듯 높이 솟은 기와집! 사랑채는 향하야 정면 그렇니까 남향을 따라 옆담으로 문을 내엇는데, 꽃***바른 덧문이며, 유리창이 영롱한 미닫이며, 기름기가 윤택한 마루며가 ***때를 도읍는다.
　　외인 편으로는 퇴락한 안즌뱅이 초당이 댕그라니 한간! 일그러진 문갑이며 때에 절은 나무며가 얼마나 날근 집인 걸 말한다.
　　그밖으로 몸채와 한물에 세운 대문. 대문에서 담장이 초당을 끼고 뒤로 구비처 들었다. 사랑과 초당 사이로 넓게 뜰을 사이두워서 다름치고, 한가운데 중문을 어루웠다. 그렇니까 몸채는 그 날러갈 듯 싶은 추녀가 보일 뿐! 그리고 중문 담 안으로 선복숭아 나무 몇 그루가 가지마다 붉은 문을 억음었고 초당 넘어로 마을 지붕들이 바라보인다.
　　막이 열리면 무대 공허한 대로 잠간 사이.

꼴 지 (급히 등장, 초당을 살핀다) 업동이 돼지가 노여났어!
업 동 (쌀푸대를 메고 안에서 등장)
꼴 지 업동이! 돼지가 노여났어!
업 동 머 돼지? (얼른 쌀푸대를 아모렇게나 내려놓는다)
꼴 지 우물께루 갔어……
업 동 (급히 달려나간다)
꼴 지 그눔의 돼지 껄듯하문 우릴 넘어 나와. 봄새가 돼서 그런지……
 (뒤딸아 달려나간다)
선 비 (안에서 나온다. 도터운 안경을 쓰고 몹시 근시다! 쌀푸대를 살피며) 업동이, 업동이…… (두루 살피다가 밖으로 나가며 고함친다) 이게 어디갔어. 업동이, 업동이…… (다시 들어오며, 쩔쩔매고 돌아가다가 하는 수 없이 쌀푸대를 간신히 끌고 밖으로 나간다)

밖에서 도야지가 고래고래 고함치는 소리 들려온다!
사이.

업 동 (등장. 쌀푸대 있는 데를 살피다가 안으로 들어간다)
선 비 (땀을 거두며 등장! 안방을 조심스러히 살핀다)
업 동 (또 쌀푸대를 메구 나온다)
선 비 그건 장가 밋천야?
업 동 ?……
선 비 너 꼴지네하구 도야지 얼러 길르니?
업 동 …… (나갈려고 한다)
선 비 눈치두…… 쌀포댈 여기 던지구 나간담. 그러다 아버지가 보문 어쩔 테야.
업 동 (말없이 퇴장)
선 비 그냥 도야지에 환장을 했어! 바보같은 것! 내가 아버지한테 내쫓기우는 꼴을 볼려구 그러나. (화가 나서 돌아가다가 쌀알이 흐터진 걸 발견하고는 얼른 비짜루를 가져다 쓴다)
업 동 (등장. 마루로 가 안는다) 돈 줘!
선 비 흥, 쌀 잘 날러 줘서 돈줄 재미있겠다.
업 동 준다구 않 그랬어!
선 비 글세, 아버지한테 들키문 어떻걸 테야? 쌀푸대를 내여던지구……

업　동　……
선　비　30원만 받어.
업　동　처음 말데루 50원 줘. 쌀세표대문 넌 공돈이 5000원이나 생기지 않니.
선　비　(기급을 해서) 암말두 말어. (얼른 빗자루를 놓고 주머니에서 돈을 끄내여 준다) 자, 속주머니에 감추워. 다시는 아예 그런 말 입밖에 내지 말어.
업　동　(돈을 받아넣는다)
선　비　쌀 팔었단 말 입밖에 내지 말어.
업　동　으응, (안을 향해 드려서서 비질을 한다)
선　비　(마루에 앉즈며 업동을 이윽히 바라보다가) 너 꼴지네하구 얼러 길르는 돼야지 장가밋천이냐?
업　동　……
선　비　꼴지가 맘에 들데?
업　동　……
선　비　(또 한동안 이윽히 바라보고 있다가) 너 상기 떼마흔단 한집에 지지?
업　동　……
선　비　공불 좀했음 조흘 걸. 다문 소학교라두.
업　동　……
선　비　까막눈이니, 웬만한 데야 장갈 들어 보겐니.
업　동　너이 아버지더러 무러 보렴무나. 난 남에 자식이라구 학교엘 안 보내 주구는 멀……
선　비　아버지두 너무 했어. 우린 다 학교에 갓는데 너만 따놓구……
업　동　난 30년 동안 일루 자랐어. (그만 손을 털고 사랑마루로 가서 털석 주저앉는다)
선　비　하긴 나두 계집애라고 소학교에 밖에 못 간 걸…… (대신 비질을 한다)
김주사　(등장) 허- 저런 망할년 보게. 그게 무슨 비질하는 법이냐. (비를 빼아서 든다) 쓰레질이라 안으루 드려 해야지, 내여 쓸면 제물이 밖으루 나간다, 나가. (드려 쓸며) 흥, 네년까지 이 애비가 못 사는 꼴을 볼려구 들었구나! 그러게 계집년이란 쓸데없어. 이건 시집사리를 갓다오드니 쓰레질까지 그놈에 집을 닮아 왔구나!

선 비 (앵도라져서 마루로 가앉는다)
김주사 (비질을 하다말고) 이것들 점 보게. 너이들이 이 늙은 걸 부려먹는게냐. 애 업동이, 넌 게 앉아서 멀 하구 있니?
업 동 (시름없이 일어나 비를 바꾸어 든다)
김주사 (뜰에 흐터진 쌀알을 발견한다) 이게 웬 쌀이냐, 응. 웬 쌀알이 마당에 널렸어?
업 동 ……
김주사 (업동을 이윽히 노려보다가 선비에게로 간다) 너 이년, 또 쌀 퍼다 팔었구나?
선 비 (기급을 해서 새춤한다)
김주사 쌀을 퍼다 팔었어?
선 비 ……
김주사 넌 너 살 차비만 하는구나. 이 늙은 걸 뜻구 빨어서라두, 너 살 생각만 해.
선 비 쌀 안 팔었어요.
김주사 그럼 이건 웬 쌀이냐?
선 비 ……
김주사 하나두 믿을 놈은 없다. 자식놈들은 평양으로 공부함네 하구 가서는 밤낮 돈만 붓치라지, 계집년은 시집사리는 갖다가 못 살구 쫓겨와서는 인제 저 잘 살 생각만으루 쌀을 퍼다 팔구, 그저 닥치는 데루 후려 넣기만 하구…… 또 이 자식 놈들은 어떠냐. 소작료는 37제라, 종곡을 내라, 비료를 내라, 지세(地稅)다, 수세(水稅)다! 아! 해방이 좋다드니, 그저 놈들은 날 뜨더먹지 못해서 눈들이 뒤집혓구나.
선 비 ……
김주사 글세, 이것아. 넌 왜 시집사리두 못 하구 돌아와서는, 이 애비에게만 성화냐?
선 비 아버지는 왜 날 그런 놈의 집에 시집을 보냈어요. 죽어두 못 간다구 그러는데, 왜 억지루 보냈어요. (그만 우름이 터진다)
김주사 또 시집을 가거라, 이번엔 네 마음대루 가거라. 계집년이란 그저 다문 한 푼이라두 뜨터내게 매련인 걸! 어서 시집을 가야지.
선 비 차라리 왜 날 농사꾼에게 시집을 보내주지 못 했오. 이건 돈량이나 있는 재세[1]루 기생집을 간다, 첩치기를 한다 야단이니, 그 꼴을 보구야 어떻게 산단 말이요.
김주사   나두 모르겠다. 네마음데루 한다는 밖에……
선 비   (더욱 우름이 커지며 않으루 달려 들어간다)
김주사   에-잇, 청승이야. 허구헌 날 저 꼴이야 어떻게 본담! 애, 가서 박편 좀 오라구 그래라.
업 동   예! (나가려다 말고 머뭇거리다가) 저, 쌀겨 한 가마니만 주시우.
김주사   별안간 쌀겨는 또 무엇 하니?
업 동   ……
김주사   우리 돼지두 먹일 게 없어 그러는데, 쌀겨가 어디 있나.
업 동   (더욱 주저하다가) 한 가마니만 주세요.
김주사   너 돼지를 치는 게로구나. 박편네하구 일러 친단 말이 노상 소문만이 않이지?
업 동   ……
김주사   흥, 모두 다 이 늙은 건 따돌릴 궁리들많이로구나.
업 동   ……
김주사   글세, 애 이눔아! 너야 내 집안 식구가 않이냐. 네 일이야 네가 어련히 돌보아 주지 안을라구, 딴 궁리를 한단 말이냐.
업 동   금년엔 나두 따루 농사를 지어야겠어요.
김주사   애, 이눔아! 이 늙은 걸 좀 살려다우. 그래, 그래, 금년 한해만 더 참어다우.
업 동   올엔 나두 따루 농사를 해 볼래요.
김주사   글세, 세월이 예전같애스면이야 이번 봄에는 으레히 장가를 드려주구, 땅두 멧 마지기 떼어주어서 한 살림 채려주지 않었겠니만은, 그눔 소작료는 37제를 해라, 또 무어니 무어니 하구 야단들이니, 이래서야 어디 밋쳐 숨길을 돌릴 새가 없구나.
업 동   강 건너 텃논이나 한뱀이하구 밭을 몇 마지기만 주어요.
김주사   범의 색기를 길렀구나. 그래 소작료가 37제가 됐으니, 너두 따루 나서 너두 한목 쥐여 보자는 뱃심이냐?
업 동   (목이 메여서) 나는 나이 서른이 넘두룩 남의 집 머슴사리나 해야되나요?
김주사   못 주겠다, 못주겠어! 에-잇, 못된 놈들 같으니……
업 동   ……

---

1) 어떤 힘이나 세력 따위를 믿고 교만하게 굶.

김주사 애, 이눔아. 그러지 말구 가서 박편이나 오라구 그래라. 너만이야 어려니 생각해 줄라구, 이 걱정이냐.
업 동 스물만 넘으문 장가를 보내주구 한 살림 채려준다구 그러드니, 스물다섯이 넘어두 래년 봄. 인제 서른이 너머두 또 래년 봄이요?
김주사 글쎄, 집안 사정이 작구만 물려 돌아가서 그렇구나. 아모러나 느 즉이 장가를 들면 살림재미야 톡톡이히 보지 않으리.
업 동 ……
김주사 어서 갖다 오너라.
업 동 (말없이 방안으로 들어갈려고 한다)
김주사 어서 갖다 와아.
업 동 (퉁명스럽게) 난 그냥이라두 나가겠오.
김주사 무어시 엇째? 애, 이눔아! (마루에서 잡어끄러 내려온다) 내가 널 아홉 살때 거두어다 길렀어. 이를테면 내가 네 부모야. 응, 이눔. 지나간 일을 생각해 보아라. 네 애비는 원산개명으루 돈버릴 간다 구 떠났다가 그만 객사를 하구, 네 에미 혼자 널 데리구 일흠두 몰을 병에 걸려 죽지 않었니. 그때 산막 구석에서 송장을 안구 왕 왕 울고 있는 너를 그래두 내가 거두어다 길렀다.
업 동 ……
김주사 애 이눔아! 너두 또 동릿놈들의 충동에 넘었구나?
업 동 난 어머니가 죽은 담부터는 일밖에 몰라요. 선비는 내가 업어 기 르지 않었오. 그때 선비가 읍내 학교에 붓텃을 때두 10리 길을 내가 업고 단니문서 공부를 시켰소.
김주사 그러게 한집안 식구란밖에…… 미욱한 맘 앞세우지 말구 조금만 더 참어라.
업 동 ……
김주사 어서 박편이나 오라구 그래라.
업 동 난 아무래두 따루 나요. (퇴장)
김주사 어-이구, 사람이 웨 저렇게 미욱하기만 한지 몰라. (서성거린다)
김균식 (등장) 김주사 어른, 안녕하십니까.
김주사 ?……
김균식 청을 드릴 일이 있어서 왔습니다.
김주사 내게 또 무슨 청이 있나?
김균식 네에, 제 강습소를 차러 볼려구요. 우리 동네만 해두 학교에 못

다닌 젊은 사람들이 남녀 합치면 백명이 가깝지 않습니까. 그래 우리 민주청년동맹에서 이 사람들을 가르켜 줄려구 하는데, 어디 넓은 방이 있어야지요.

김주사   그래, 우리 사랑방을 내달란 말인가?
김균식   네에, 좀 빌려주셨으면 감사하겠습니다.
김주사   썩 나가게. 인재 집 한간 남은 거 이것마저 빼아슬 작정인가.
김균식   무슨 말씀을 그렇게 하십니까. 우리 동리에서야 이댁밖에 어디 큰집이 있습니까. 김주사께서두 어디 한번 온 동리를 위해서 좋은 일을 해보시구려.
김주사   않 되네, 안 돼.
김균식   눈 뜨구두 깜악눈이 이 동네 젊은이들이 불상하지 않습니까. 지금 동네 젊은이들은 배우구 싶어서 애쓰구 있습니다. 이런 좋은 집을 두구두 집이 없어 배울 수 없다면, 그런 애석한 일이 어디 있겠습니까.
김주사   내어줄 방이 없대두 그래. (사랑방으로 들어가 버린다)
김균식   김주사, 김주사…… (따라 들어간다)
업 동   (등장) 박편이 인제 온대요.
김주사   으응. (이윽고 문 열리며) 쌀알은 말끔이 주어서 안으루 디려 가거라. (문을 닫는다)
업 동   (다시 뜰을 쓰러서 쌀과 쓰레기를 골은다)

    사이.

꼴 지   (저고리를 들고 등장) 업동이, 이거 어머니가 줘.
업 동   (손을 털고 받는다) 이게 웬 저고리야?
꼴 지   한식날 어머니 산수(산소)에 갈 때 입으래.
업 동   참 모래가 한식이로구나.
꼴 지   죽은 어머니를 생해서서[2] 저고리를 한 벌 해주는 거래. 우리 어머니는 너이 어머니하구 어려서 한동네에서 같이 자라나든 때 일을 늘 말슴하신단다.
업 동   딴 염려를 했구나.
꼴 지   난 또 업동이 어머니 젓을 어더 먹구 자랏다는 걸- (방시란히 우

---

2) 생각해서.

업 동   가만있어. (안으로 들어가서 저고리를 가라 입고 옷매무새를 가
         다듬으며 나온다) 엇때? 꼭 맞지?
꼴 지   참 꼭 맞는구나 옥양목 저고리가 그냥 명주 저고리같구나.
업 동   어머니는 새 옷을 해줄 때마다 언제나 입혀보구는 앞뒤로 쓰다듬
         어 보군 했어. 참 우섭지. 그 버릇으루 그런지 새 옷이 생기면 이
         렇게 때없이 입어보구 쓰다듬게 된단 말야. 허허…… (쓸쓸히 웃
         는다)
꼴 지   나두 너의 어머니 모습이 눈어림에 아렴푸시 생각나아.
업 동   어린애가 된 것갓구나. (꼴지와는 등진 편으로 가며) 어머니 다
         음엔 새 옷 입은 걸 봐주는 사람은 꼴지가 처음이야.
꼴 지   품에 꼭 맞는다. (눈에 이슬이 매치며 얼른 다라나 버린다)
업 동   (급히 따르며 빗을 끄낸다) 꼴지……이 머리 빗 가주 가. (대답
         이 업스매 빗과 옷을 더듬다가 다시 하늘을 더듬어 이윽고 서름
         이 치미는 대로 마루로 가 업다진다……)

         잠간 사이.

박 편   (등장) 안에 계신가?
업 동   예. (얼른 이러나 앉으며 얼굴을 가리운다)
박 편   (사랑방 앞으로 가며) 김주사 어른 계십니까?
김주사 (문을 열며) 어서 들어오게. (안으로 고개를 돌리며 고함친다) 않
         된대문 그래. (문이 요란히 소리를 내고 닫친다)
박 편   (황급히 물러난다) 누가 왔나-
업 동   몰르겠는데요.
박 편   (엇절 줄을 모르다가 쓰레기 줍는 데로 간다) 이런 멀정한 쌀알
         이군 그래. (키에 담아 까부린다)
업 동   ……
박 편   그눔의 돼지가 흠썩이 컸어, 천원짜린 됐어. 인제 가을에 가면
         자네 장가 밋천 넉넉하겠데.
업 동   그게 다 꼴지 솜씨죠.
박 편   자네 장가 밋천하게 이번 되지만은 길른 값을 받을 생각않네.
업 동   않되요. 꼴지가 얼마나 애쓰구 길은다구요.

박 편   않이야. 이번 돼지는 자네 장가 밋천이야.
업 동   ……

   문이 확 열리며 김균식 투덜거리며 나온다.

김균식   그만 두시우. 나는 김주사가 온 동리를 다 몰은다고까지 내뼈칠 줄은 몰랐오.
김주사   동리두 동리지만, 내 집까지 내여놓을 순 없어.
김균식   댁에 아들은 지금 전문대학에 공부를 시키고 있읍니다. 그럼 동리 젊은이들이 제 나라 글이라두 배우겠다는 그 마음이 악갑지 않소.
김주사   또 한번 말해두네. 내 집까지 내여놓을 수는 없어.
김균식   그만두시우. (돌아선다)
김주사   박편! 어서 들어오게.
박 편   예에. (키를 간집히고 사랑방으로 조심스러히 드러간다)
김주사   얘! 넌 목(몫)을 마자 해치우렴으나. 거름두 내구 밭가릴 들어서 야지 않겠니. (문을 닫는다)
업 동   예. (다쓸고 나서 비를 간집핀다)
김균식   고약한 늙은이! 업동이 자네는 올에두 또 따루 나지 못하나?
업 동   틀렸어! 웬 쌈인가?
김균식   글세, 우리 민청에 말하든 국어강습소 말일세. 이눔에 늙은이가 집을 않 준다네 그려.
업 동   안돼, 늙은이가 왜 주나.
김균식   지독한 늙은이야 삭구래야 한 셋이서루 안방만두 여섯 방이 않인 가. 사랑방 좀 빌려서 않될 게 뭐람.
업 동   하긴 나갖은 게 공부가 다 무언가.
김균식   그게 무슨 말인가. 어디까지나 배워야지. 우리가 차즐 건 죄다 차 져야 하네.
업 동   ……
김균식   자네두 인제부터는 마음을 좀 단단히 먹게. 자네가 어려슬 때 그 치운 겨울에두 선비를 업구서 읍내 학교에 단이지 않었나. 자네가 유리창 밖에서 남들 공부하는 걸 우두커니 들여다보고 있든 일이 아직 잊치지 않네. 남들은 공부를 하는데 업동이는 웨 공부를 못

할까? 그때 나는 어린 마음에두 이런 생각을 하구는 혼자 안탁가
워했네. 지금두 맞친가지지. 이 집 자식들은 전문대학까지 갓는
데, 온 동리 젊은이들은 제 나라 글 한자 마음놓구 배울 수 없어
서야 될 말인가.

업 동 정(말) 너무 몰으니까 답답해.
김균식 자네는 부모가 업는 아이니까 공부를 못 했네. 그러나 인제 우리
는 잃엇든 부모를 찾은 셈일세. 우리 나라가 해방되었다는 건, 온
백성이 다같이 배우구 다같이 잘 살 수 있게 된 게야. 그러게 소
작료두 37제가 되지 않었나.
업 동 ……
김균식 이번엔 자네두 꼭 따루 나게. 땅을 주지 않는다면 뚜드려 부서대
란 말야.
업 동 참아 그럴 수야 있나. 일년만 더 참으라는 걸.
김균식 그래, 일년만 참어서 자네는 남의 집사리루 서른 고개를 넘겼나.
업 동 ……
김균식 자네두 이번엔 정말 마음을 고슬게 먹게. 그런 납븐 놈의 늙은이
가 어디 있나. 이십여년 동안이나 부려 먹었스면 으레히 장가를
드려서 한 살림 채려줘야 할 텐데, 서른이 넘두룩 내버려두었다가
인제 또 일년을 기다리라니? 그눔에 일년이 삼년을 갈지 오년을
갈지, 누가 알겠나.
업 동 ……
김균식 잘 생각해서 밧작 대들게. 그러구 강습소는 집이 업스면 방아깐
에 서라두 할 테니까, 자네두 내일부터 나오게. (퇴장)
업 동 (홀로 괴로워한다)
동리여인 (등장) 업동이, 장가 드는 게 너구나.
업 동 ……
동리여인 가루방알 붓겠다구 그래서 왔어.
업 동 듯기 싫어요. 홍, 그제 날 놀먹지 못 해서 배가 쏘는 게지.
동리여인 어-이구, 잘못 왔구나. 그리 성낼 게야 있니. 가루방알 붓는데
서 하는 말인데, 그럼 선비가 재가를 하나? 하긴 이눔의 영감이
또 어느 계집앨 녹여대는 판인가? (안으로 사라진다)
업 동 (골돌히 몰려드는 생각을 털며 안방으로 들어간다)
선 비 (안에서 나오며 사랑방을 살피다가 초당으로 가서 문을 연다) 사

랑에 누가 왔나?
업 동　박편. (세간들을 모으고 있다)
선 비　어디 갈련?
업 동　(묵묵하다가) 선비, 너 시집가니!
선 비　망측스리구 그건 무슨 소리야!
업 동　……
선 비　내가 시집을 가든 말든 네가 무슨 참견이야!
업 동　난 다른 데루 나갈래.
선 비　아버지하구 싸웠니!
업 동　……
선 비　그래, 내가 십(시집)가는 건 웨 참견이야!
업 동　(선비를 피해서 나즌 담장에서 그릇가지며를 끄낸다)
선 비　몰랐드니, 살림차비를 아주 착실이 했구나. (마루로 올라 그릇가지를 집어보며) 꽃대접, 깨사발이 여러 쌍이야. 이런, 명주가 몇 필이냐. 이건 모번단3) …… 이불감이로구나. 흐흐 …… 꼴지하구 덮구 잘께나!
업 동　이리 놔 둬. (빼서다 놓는다)
선 비　좀 보면 어때? (또 다른 걸 집는다) 열두색 무명이 다 있구 …… 응큼스리 없는 것 없이 다 작만 했구나.
업 동　……
선 비　너 어느 계집애하구 떡 먹을 의론이 된 게로구나. 응?
업 동　(무섭게 노려본다)
선 비　(시선을 피해서) 아부지하구 싸웠어? 웨 그래? 이거 영문을 알 수 없구나. (사랑방으로 가며) 아부지! 방앗간 집 아주머니가 왔어요.
김주사　(문을 열며)맞즘 됐다. (방을 향해) 그럼 그렇게 하두룩 하게.
선 비　아버지, 업동이가 다른 데루 나간다구 봇짐을 싸요.
김주사　뭐래! 업둥이가 나가다니? (급히 밖으로 나온다) 애, 업동아. 너 또 왜 못나게 이러니?
업 동　……
김주사　나가긴 어디루 나간다구 그래?

---

3) 모본단(模本緞), 무늬가 있는 비단의 일종.

업 동 ……
김주사 응? 너도 그 균식인가 하는 놈의 충동에 넘었구나?
업 동 그럼, 수염이 허영두룩 호레비루 남애 집사리나 할까요.
김주사 또 그 푸념이로구나. 허허 …… 미안하다. 그 동안이야 왜놈들이 전쟁을 하는 통에 공출이다, 보국미다 해서 어디 돌아볼 경황이 있었니. 그런데도 해방이 되다 보니 삼칠제니, 무어니 하구 어수선스럽구나.
업 동 ……
김주사 머 여러 말 할 게 없다. 위선 장가나 들구서 너이 내외간이 우리 집 살림살이를 통 도마터 해주렴으나.
업 동 아니 그럼, 오는 봄에두 따루 나지 못해요.
김주사 글세, 나는 홀몸이요. 선비는 또 아무레두 재가를 해야할 거, 공부간 자식들두 농사일은 못 할게니, 이 집안은 누가 돌보겠니.
업 동 ……
김주사 오는 가을엔 맞침 자리두 혼사나 정했다가 내년 봄쯤 잔치 떡을 먹자구나. 허허 ……
업 동 장가 않 드료. 제 계집마저 남의 집사리를 식어자구 장가드는 개자식이 어디 있겠우.
김주사 남의 집사리라니?
업 동 그럼, 남 좋라구 죽두룩 일이나 하라우? 십여년 동안이나 열흘가리 농사를 나 혼자 해왔오.
김주사 애, 이눔아. 너야 내 자식이 않이냐. 인제 자식놈들에게 상속을 물러줄 때야 너라구 빼어놓겠니. 아무 염려말구 일이나 잘 하렴으나.
업 동 제 주먹으루 버러 먹지요. 엿때 땅마지기나 주어서 한 살림 채려주려니 믿어온 내가 미련하지 ……
김주사 글세, 제자식이라는 밖에 …… 제 에미 장례두 내가 치러 주지 않었니.
업 동 나는 소처럼 일이나 치우는 자식이요. 선비는 계집애래두 학교에 갈 때 그걸 업어다 주구 나 혼자 운동장에서 울었오.
김주사 그 다 집안일이 밥버서 그랬구나. 지난 일은 웨 또 끄집어내면서 그렇니.
업 동 죽을 먹어도 제 살림 제가 해야죠. 자식이 생기면 공부두 식어

	구…… 마음놓구 억지를 한번 써두 제 집이 제 집입니다. (목이 메인다)
김주사	애! 업동아 ……
업 동	그만두시우. 어머니 장례 값으루 이 집에서 서른 고개를 넘겼오. (그만 우름이 터지며 급히 밖으로 나가버린다,)
김주사	업동아! 업동아! (따라나가다 말고 도라선다) 망할 자식 같으니. 그저 미윽해서 탈이란 말이야.
선 비	아부지가 너무 했어요.
김주사	듯기 싫다.
선 비	손(소)가 말인가 부려만 먹지. (내퇴)
김주사	저년이…… (선비를 노리고 섰다)
박 편	(조심스러이 나온다) 업동이가 웨 그럽니까. 이번 우리 일때문이 않이예요?
김주사	아-니 원, 별거들이 다 성화를 식이니, 세상 화가 나서 못 살겠네.
박 편	(머뭇거리다가) 저 김주사 어른, 우리 꼴지는 아직 철두 않든 거 아무래두 김주사 어른을 모실 것 같지가 않어요.
김주사	또 그말인가. 골치 앞어 죽겠네. 여러 말 말구 처음 작정대루 하두룩 하게. 글세, 늙은 건 어더 와야 살림살이두 제대루 돌볼 수 없을 게구. 임자 딸이 비록 나이는 어리지만 미상불 고생사릴 치는 애라 살림살이엔 씻기웠어. 사람이란 배고픈 줄을 알구 재물 악가운 줄을 알어야 해.
박 편	그렇지만……
김주사	임자 소원대루 우리 텃논이나 하구, 농터4)를 두둑히 떼어주어서 한목 살게 않 해주리. 내가 늙어스니 칠보단장이야 하겠나만, 그래두 떡말이나 비저야지 않겠나. 안으루 들어가지, 조용히 의논하세.
박 편	저, 김주사 어른……
김주사	어서 들어가세. (박편을 끌고 내퇴)

칠성을 비롯한 동리 사람들 업동을 앞세우고 등장.

---

4) 농토와 같은 말.

칠 성 이놈의 늙은이 대리갱일 분질러 놔야지. 제 집에서 일하든 사람을 밭 한뙈기 이렇단 말 없이 내여 쫓다니.
업 동 누가 내여 쫓나요. 내가 나갈려는 게죠.
칠 성 아모렇다면…… 제 집에서 잔뼈가 굵은 사람을 그냥 내여 쫓다니, 그럴 법이 세상 어디 있담.
동리사람 업동이가 사람이 좋와서 소아들5) 노름햇지.
칠 성 도시 이놈의 늙은이가 고약해. 소작료를 삼칠제루 한다구 땅을 떠인다니…… 아니, 제놈두 밥 먹구 사는 즘승이지, 농사꾼을 춘경때 밭가리 못 나서게 하는 그런 마른 벼락 마즐 놈을 동리에서 그냥 두어. 다들 들어가세. 이놈에 늙은이, 대가릴 바수어 놓든가 대리갱일을 꺾든가.
동리사람 가만있게. 이렇게 몰려와서 서둘을 게 아니라, 내가 먼저 들어가서 조용히 말해 보는 게 어때? 잘 말해서 않 드르면 그때는 정말 칠성이 자네가 대리갱이라두 분질러 노케 그려.
동리사람 그거 좋을세. 자네가 먼저 들어가 보게.
칠 성 그놈의 늙은이한테 넘어서는 않 되네.
동리사람 염려말게! 김주사 어른 계십니까. (사랑방을 살피다 내퇴)
칠 성 소뿔은 단김에 뺄 걸 그랬어. 바른 말을 한다구 알아들을 영감 같으면, 애당초에 밭을 묵어두 좋다는 말을 감히 했겠나.
동리사람 남분 놈의 늙은이! 밭을 묵이다니. 정말 무서운 걸 몰으는 늙은이야.
동리사람 염려없어. 법에두 밭을 묵이면 않 되게 되어있다는데 그래.
칠 성 그놈에 심사가 고약하단 말이야. 농터는 마음대로 빼슬 수 있는 줄 아나. 37제두 그렇지, 법에서 하라는 일을 김주사가 머게 제가 막는단 말인가
업 동 법에서 나같은 놈에게는 농터를 주게 하는 일은 없나요?
칠 성 법을 기다릴게 있나. 땅을 내라구 오금을 다져야지. 업동이, 참 고생많이 했지. 코 흘릴 때부터 애보개6)루 수모를 받으니, 커서는 열흘가리 농 사꾼으루 소처럼 일이나 치러내구…… 그러구두 서른이 넘두룩 총각으루 내버려두구는 이렇단 말두 없으니…… 그건 업둥이 자네가 못 나서 그래.

---

5) 소의 새끼를 완곡하게 이르는 말로. 매우 비천한 신세를 빗대어 이르는 말.
6) 아이를 돌보는 일을 맡아 하는 사람.

동리사람 업동일 놓쳤다는 열흘가리 농터를 또 소작을 주어야겠으니까 그럴 게 않인가. 삼칠제가 되니까 주엇든 땅두 빼슬려는 판인데……

동리사람 업동이만 불상하지. 왜놈들 때믄 호국미사리루 장가두 못 들드니, 해방이 되니까 또 삼칠제루 해서 땅 한평두 못 얻었네 그려. 하하……

칠 성 업동이는 일을 넘우 잘해서 탈이야. 한 짐에 벼 마흔단짜리가 않인가. 정말 이눔의 앞에는 황소 암소가 없네. 밭가리에두 남이 한 오랑 갈세 세 오랑은 째여 놓거든.

동리사람 정말 업동인 세찬 일꾼이야. 멀루라두 돈을 몽을 놈이야.

동리사람 김주사가 업동이루 해서 돈량이나 뭉지 않았나. 품을 사댄다두는 하지만, 한 집에서 열흘가리 농사가 될 번이나 할 말인가. 정말 업동이는 열 집일을 했네. 그러구두 업동일 한 살림 않 채려준다면, 김주사는 개야 개.

칠 성 업동이, 우리 같이 말을 하세. 땅을 않 주면 그눔의 대가리를 바수어 주어야 해.

동리사람 장가두 드려 달래야지.

칠 성 그만두게. 업동이 잔치는 우리 동리에서 해 주게 그려. 엇때, 덕보! 자네 딸하구 혼사를 맺구말세 그려.

덕 보 그게……

업 동 (그만 방안으로 피한다)

칠 성 늙은 총각이 북그러운 게지. 아하하…… 성남이, 자네 딸은 어때?

동리여인 (안에서 나온다) 여기서두 혼삿말들이요.

칠 성 아주먼네 확실이 업동이 줄 생각은 없오.

동리여인 업동이, 그 돼지…… 애꾸눈이래두 얌전한 사위 맞겠오. (퇴장)

박 편 (안에서 나온다)

칠 성 박편, 우리가 업동이 장가를 들려주세 그려.

박 편 으응. (그만 기가 찔려서 엇쩔 줄을 모른다)

칠 성 박편이야 업동일 길러냇지, 엇때? 꼴지하구 혼사를 맺을 생각은 없나.

박 편 ……

칠 성 마음에 안드나?

박 편 (몹시 당황해서) 우리 꼴지는 다른 데 혼삿말이 있어.

칠　성　다른 데라니?
박　편　인제 차차 알게. 그만 밧버서 가 봐야겠네. (나갈려고 한다)
칠　성　가만있어. 안에서 무슨 말 못 들었나?
박　편　모 못 들었는데!
칠　성　오늘은 요정을 내서 소작료를 46으루 않 하문 농터를 뗀다구 하니, 그야 어디 될 말인가.
박　편　난 밧버서 가봐야겠어. (나갈려고 한다)
칠　성　박편. (따라나가 붓든다) 너 이놈. 김주사하구 무슨 말이 있었구나?
박　편　말은 무슨 말……
칠　성　무엇하러 왔다니!
박　편　……
칠　성　웨 말이 없니? 김주사가 머라구 그랬어?
박　편　난 가봐야겠네. (부리칠려고 한다)

　　　김주사 동리사람 안에서 나온다.

김주사　아-니, 내가 언지 춘경을 나서지 못 하게 했단 말인가?
동리사람　……
김주사　소작료를 덮어놓구 삼칠제루 한다는 것두 그렇지만, 자네들이 볏짚 한단 이렇단 말 업다는 건 괫심해. 하지만 그런 건 내가 도인민위원회 가서 담판을 할 생각이니까. 자네들에게 농사를 지어라 마러라 한 적은 없어.
칠　성　그럼, 거름을 내두 좋단 말이오?
김주사　그런데, 칠성이 자네가 붓치는 논 한배미하구, 치웅이, 덕보, 허선달이 붓치는 밭 한떼기씩은 돌려보내 주어야겠네.
칠　성　머요? 우리 여덟 식구가 돌작밭 삼천평을 내여 놓으면 그 논 이천평에 달려 사는데, 그 논을 내여 놓다니?
김주사　자네들두 알지만, 우리 업동이 놈을 이 봄엔 한 살림 채려줘야겠네.
칠　성　땅이 없어서 업동이는 내 땅을 빼서 줘야겠오?
김주사　자네들 붓치는 땅밖에 묵이는 땅이 어데 있나?
칠　성　듯기 싫소. 업동일 그만큼 부려먹었으면, 김주사의 그 볼편이라두 베어 줘야지. 그래 열흘가지 농터가 적어서 손바닥만큼식 붓치는 우리 땅을 뺏겠단 말이오.
김주사　소작료두 삼칠제라, 그럼 우리 이 큰 살림은 무얼루 지탱하란 말인가.
칠　성　그럼 우리 농사꾼눔들은 굶어 죽으란 말이오?
김주사　내 사정두 딱하지 않은가. 그 땅만은 돌려보내게.
칠　성　못 내놓겠오
동리사람들　안 됩니다, 안 됩니다. (몰려든다)
업　동　김주사 어른, 제가 그냥 나가겠어요.
김주사　그냥 나가다니?
업　동　저야 젊은 놈이 혼자서 어디 간덜 버러먹지야 못 하겠오. 칠성이 아주먼넨 아이들두 많은걸…… 제게 줄 땅이 있으면 동리사람들이 그냥 붓쳐 먹구 살게 해주시우!
칠　성　않 된다. 업동이야 업동이대루 땅을 물러 받어야지. 김주사! 업동이를 한 살림 채려주시오.
김주사　업동아. 네가 나설 자리가 않이야. 어서 안으루 들어가거라.
업　동　아, 나가요. 동리사람들이나 잘 살게 해주시우.
김주사　애, 이눔아. 네게는 따루이 할 말이 있다. 어서 안으루 들어가 있거라.
업　동　그만두시우. 동리사람들을 못 살게 하구까지 땅을 얻구 싶지는 않소.
박　편　칠성이, 이눔을 쥑여주게. (그동안 괴로움의 엇절 줄을 모르다가 그만 엎더지며 우름이 터진다) 모두 다 내가 못난 탓일세.
칠　성　무어시?
김주사　(당황이) 박편!
박　편　내가 쥑일 놈일세. 자네들에 땅은 내가 붓치게 되었든 게야. 내 딸년을 김주사에게루 시집 보내기루 했다네.

　　동리사람들, 더욱이 업동이 눈에는 불꽃이 피어오른다.

칠　성　아니, 자네 딸을 김주사에게 주는 대신 땅을 엇기루 했단 말인가?
박　편　이놈을 죽여주게.

칠 성 (김주사에게 다여든다) 옛기, 이 개같은 놈. 이 늙은 놈아- 어린
       계집을 사오는 값으루 제 소작인의 땅을 빼앗는단 말이냐.
김주사 않이다. 박편에게 그 땅을 주는 게 않이야.
업 동 (그동안 격분에 사뭇처 헤매이다가 담에 꽂친 낫을 뽑아들고 김
       주사에게 달려들어 막 찔으려고 한다) 에-잇.
김주사 (기급을 해서) 업동아!
업 동 (그만 힘이 풀려 낫을 떠러트리며 우름이 터진다) 어머니!

막.

제2막

때
   토지개혁법령 실시 직후.

곳
   전장과 동.

   사랑방 담에는 XX리민주청년동맹 XX청년강습소, XX리농촌위원회 등의
   목간판이 붙었고, 군데군데 토지개혁법령에 대한 것 및 김일성장군 북조
   선임시인민위원회에 대한 포스타-들이 어즈러이 붙었다.
   막이 열리면 청년들의 우렁찬 노랫소리 들려오면서 한동안 무대는 비인
   채로다. 이윽고 김주사 축 느러져서 들어온다.

김주사 (사랑방이며 안방을 살피다가 고함친다) 선비야, 선비야.
김균식 (사랑방 문이 열린다) 우릴 찾었어요?
김주사 선비야! 선비야!
김균식 (마루로 나선다) 언제 오셨어요?
김주사 지금 오는 길일세.
김균식 땅이랑 집은 찾게 되셨어요? 도인민의원회에서는 머라구 그래요?
김주사 그눔이 그눔이지. 그래, 남의 집까지 빼서야 옳단 말인가?

김균식   들어보십시오, 젊은이들의 저 힘찬 노래 소리를! 낫 놓고 기억자를 몰르든 저들이오. (주머니에서 봉함편지를 끄낸다) 자, 이것을 보십시오. 김일성장군께서 보내주신 회답편지요. 이번에 토지를 온 농민에게 나노아 주어서 농민들이 다같이 잘 살게 되었으니, 얼마나 깃브고 감사한지 몰르겠다고. 글세, 우리 국문을 배우기 시작한 지 인제 겨우 한달밖에 않 되는데, 육손이 놈이 제법 감사의 편지를 김장군께 올렸드니, 장군께서는 이렇게 친히 회답편지를 보내왔오.

김주사   ?……

김균식   김장군께서는 십여 성상 해외에서 싸우신 것도 오직 동포를 위함이오, 인제 북조선인민위원회에서 토지개혁을 실시함에도 그것이 잘 실시되어서 온 동포가 한결같이 잘 살기만 바란다고 말슴하셨습니다. 그리고 기억자도 몰르든 사람들이 어느새 국문을 배워서 이렇게 편지를 다 하게 되어스니, 글씨는 비록 서툴으나 글자 한자 한자에서 행복에 넘치는 동포들의 깃븜을 읽으셨다고 써워 있음니다.

김주사   은혜를 모르는 개갓튼 놈! 그놈 원가 놈을 내가 살려주다싶이 했는데, 인제 와서 도인민회에 벼슬자리나 드릿다구 그렇게 사정을 하는데두 들은 체 않구…… 머 민주주의 세상이 돼서 제 마음대루는 할 수 없다든가?

김균식   김주사 어른, 그 썩어빠진 생각을 곳치시오. 새 조선은 한 개인을 위해서 국민을 어기는 그런 어리석은 나라는 않이오.

김주사   듯기 싫다. 윤가 놈두 그러드라. 그래, 나는 내 집에서 쫓겨나야 올탄 말이냐.

김균식   김주사는 지금까지 우리 동리에서 아는 것두 많구 가장 점잔으신 어른으루 모셔온 분이오. 그런데 당신의 아들은 전문대학을 보내면서도 온 동리 젊은이들이 국문이라두 배우게 이 사랑방을 빌려달라고 할 때, 그여히 거절하고 말았오.

김주사   그래, 그 앙가푸리루 날 내여쫓는 겐가?

김균식   말을 삼가시오. 토지개혁은 조선 민족 전체를 위한 신성한 법령이오. 김주사는 소작료가 삼칠제로 되어슬 때도 기를 써서 반대했오. 이번 토지개혁에도 김주사는 반대합니다. 그야 제 땅을 내여놓기란 그리 쉬운 일이 않이겠지요. 그렇지만 김주사두 손수 농사

짓구, 조선사람 전부가 한결같이 잘 살 수 있는 일을 생각하십시오.

김주사 　다같이 잘 살세 그려. 나를 웨 내 집에서 내여쫓는단 말인가.

김균식 　법령은 김주사가 미워서 그렇게 하는 게 않이오. 생각해 보십시오. 김주사는 지금까지 온 동리를 호령하구 행세하구 살어왔오. 그런데 김주사 인제 그 동리사람들과 어깨를 같이 하구 밭가릴 나선다면, 김주사의 마음은 편하겠소. 그리구 동리사람들두 맛찬가지요. 김주사 앞에서는 고개를 못 들고 살어온 동리사람들이 김주사와 한 겨레가 되는 때, 그 마음이 편하겠오. 지난번 민중대회에서 전 면민이 김주사를 반대하였소. 이 집이 탐이 나서 빼앗는 건 않이오. 글 배울 집이 없어서 빼앗는 것두 않이오. 김주사두 이 마당에서 농사꾼이 되시오. 그래서 지주인 김주사를 모르는 농사꾼들의 겨레를 찾어가는 때 비로서 서로 화목한 농사꾼이 될 수 있을 께요.

김주사 　그만들 두어라. 놈들은 모-두 날 미워들 하는구나. (힘없이 초당마루로 가 앉는다) 인제 농사꾼이 되다니……

김균식 　잘 생각하십시오. 해방이 된 오늘, 인제 또 김주사를 떠받들고 하려멕일 어리석은 백성은 한 사람도 없소. (사랑방으로 들어간다)

김주사 　하나 믿었든 윤가 놈두 그 꼴- 아- 이게 민주주의 속이냐. (몹시 괴로워한다)

선　비 　(안에서 나온다) 아버지, 지금 오세요.

김주사 　으응.

선　비 　갓든 일은 어떻게 됐어요?

김주사 　그놈이 그놈이드라. 윤가 놈마저 날 모른다는구나.

선　비 　안으루 들어가지 웨 여기 앉어 계세요.

김주사 　에이, 윤가놈. 이 배은망덕한 놈- 나는 그때 제 놈을 경찰서에 들어간 걸 큰 돈을 색여서까지 구해주엇는데, 인제 와서는 민주주의 속이 돼서 할 수 업다구?

선　비 　지 않이문 남인 걸…… 어서 안으루 들어가요.

김주사 　업동이 안에 있든?

선　비 　예!

김주사 　(어즈러운 생각에서 오래 침묵하다가) 선비, 너 업동이놈에게 재가를 하구 말어라.
선 비 예?
김주사 세상이 이러니, 무어 가릴 게 있니. 그저 일 잘 하는 놈이면 그만이지.
선 비 ……
김주사 선비야!
선 비 ……
김주사 너두 알겠지만, 우리는 이 집에서 오대째나 조상에 뼈를 뭇구 살아왔다. 바루 이 방이 하라버지, 증조 할아버지께 거처하신 방이 않이냐! 우리는 이 조상 집을 직혀야지 제 집에서 못 살구 쫓겨나가다니. 이런 망신이 세상에 어디 있단 말이냐.
선 비 (그만 늦겨 운다)
김주사 선비야! 이집은 업둥이 놈이 살게된 거- 그러니 네가 그놈에게 시집을 가면, 우리가 이 집에서 눌러 살 수 있지 않겠니.
선 비 (더욱 늣긴다)
김주사 제 머슴놈에게 딸자식을 주다니, 옛날 같으면 될 번이나 할 일이냐마는, 세상이 이렇니 과히 흉두 않 집필 게다.
선 비 (그만 안으로 달려드러가 버린다)
김주사 선비야! (따라 드러간다)

　　사랑방에서 업동, 동리청년 2,3이 공책을 제각기 들고 나온다.

동리청년 (공책을 살피며) 업동이 곡우(穀雨)가 언제야?
업 동 (공책을 줄줄이 더듬어서) 3월 스므날 앟야.
동리청년 망종(芒種)은?
업 동 5월 초엿샛날.
동리청년 우리 나라가 해방된 날은?
업 동 자식은- 양력 8월 15일 날두 몰라. 하하…… (일동 따라 웃는다)
동리청년 업동이 놈두 인제 제법 그릴 주 안단 말야.
업 동 글이 좋긴 좋와. 우리 어머니 생일날 제삿날을 잊어버리군 해서, 바람벽에 막대금을 그어두누라구 숨이 찼어.
동리청년 자식, 네 생일은 아니?
업 동 정말 아버지는 **두 생일두 몰으네. (금시에 울상이 된다)

동리청년　업동이, 내일은 앞밭 모종인가?
업　동　으응.
동리청년　최주사 나리가 괜찮쿠만. 앞밭, 뒷밭, 텃논, 앞논하구……고대
　　　　　광실 기와집에 팔자가 늘어졌구나. 허허……
동리청년　(따라 웃으며) 업동이 손바닥에 장금을 쥔 모양이야. 하하……
　　　　　(청년들 퇴장)
업　동　옛기! 자식들! (방안으로 들어가 공책을 두고 나와서 지게를 내여
　　　　놓고 일 갈 차비를 한다)
꼴　지　(등장. 머리를 다소곳한 채 머뭇거리고 섰다)
업　동　(힐긋 바라보고는 지게를 매만지기에만 열중하는 체한다)
꼴　지　저, 업동이!
업　동　업동인 너이 머슴이냐?
꼴　지　(그만 팔앃게 찔려서 엇쩔 줄을 몰은다)
업　동　(지게를 지고 밖으로 나갈려고 한다)
꼴　지　(그만 당황해서 급결에) 내일 소 쓸래? 아버지가 물어봐.
업　동　웨 너이 아버지는 못 온다데?
꼴　지　……
업　동　소 얼러 부릴 것 없이 혼자 쓰라구 그래. 난 주먹으로 밭을 갈
　　　　테다.
꼴　지　아버지는 업동이 네가 먼저 쓰라구 그래. 농민회에서 얼러 부리
　　　　라구 준 걸 우리 혼자 쓰문 되나.
업　동　그눔의 소, 난 일없다. (나갈려고 한다)
꼴　지　(덩달아서 토라지게 소리 찔은다) 농산 않할 테야. 소는 않 쓴다
　　　　게
업　동　드럽다. 그깐 놈의 소 않이면 농사를 못 짓니?
꼴　지　소가 무슨 원수야? 우리가 미우문 밉지…… (운다)
업　동　아버지 보구 가서 그래. 제 딸을 팔아서 얻을려든 텃논을 이번
　　　　내가 부치게 되었다구……
꼴　지　(그만 우름이 복바치며 대문께로 달린다)
업　동　흥, 꼴지 넌 팔자 곳칠 걸 김주사가 땅을 뺏기구 쫓겨나게 돼서
　　　　원통하겠구나.
꼴　지　(홱 도라서 노려보고는 급히 사라진다)
업　동　(일 가기 잊고 어즈러운 생각에서 섰다)

김주사 (안에서 나온다) 애, 업동아. 네게 할 말이 좀 있다.
업 동 ?……
김주사 지게를 벗구 이리 좀 와 앉어라. (먼저 초당마루로 가 앉는다)
업 동 웨 그래요?
김주사 글세, 이리 좀 와 앉어.
업 동 (지게를 벗고 마루로 가 앉는다)
김주사 널 엿때 고생만 식이다가 일이 이렇게 되구 보니, 머라구 할 말이 없다. 내가 인제 이 집에서 쫓겨나는 모양인데, 너는 내 자식인 걸. 이건 정말 생이별을 하게 됐구나.
업 동 ……
김주사 그래 지금 선비하구두 말이 있었지만, 어때 그만 선비하구 혼인을 해버릴 생각은 없니?
업 동 ?……
김주사 그야 한번 출가했는 걸 험잡자면 끝이 있겠니만은, 이게 다 너와에 정리를 끊을 수 없어 하는 말이로구나.
업 동 선비하구야 자격이 되나요. 나따위 무즈레기 농사꾼이……
김주사 그러지 말구…… 이게 다 넣을(너를) 길러낸 정이로구나. 인제 너와 생이별을 해서야 되겠니
업 동 않 돼요. 선비하구는 않 돼요.
김주사 역시 한번 출가 했든애라고 그걸 탓하는구나.
업 동 아녜요. 하지만 왜 그런지 몰라두 정말 선비하구는 않 돼요.
김주사 너 선비를 맞나 볼련. (이러선다)
업 동 싫여요. 그만 두어요.
김주사 너이들이야 무슨 흉허물 있겠니. 어디 가슴을 툭 터놓구 이얘길 해 봐라. (안으로 들어간다)
업 동 싫어요. 싫어요. (엇쩔 줄을 몰르고 헤메이다가 방안으로 들어가 버린다)

　　　　잠간 사이.

선 비 (울면서 나온다. 초당 앞으로 와서 머뭇거리고 섰다)
업 동 선비야! 들어가. 할 말 없어.
선 비 (그대로 울고 섰다)

업　동	(기가 차서 문을 열고 나온다) 웨 나왔어. 선비가 나한테 무슨 할 말이 있어?
선　비	(목이 메여서 간신히) 업동아! 아버지가 불상해! (마루에 엎어지며 운다)
업　동	……
선　비	아버지가 남어 당신만 내세우지, 어디 남이야 돌보는 사람인가. 업동인 서른이 넘은 걸 그냥 버려 두구, 접때두 나보다두 두 살이나 아래인 걸 꼴지를 땅 몇마지기에 박굴려든 망녕두 알아. 그렇지만 인제 노*에 이 동리를 떠나문 어디루 가니?
업　동	다른 데루 가문 농터도 주구, 집두 준다는데 그래.
선　비	그렇게까지 설게야 어떻게 살겠니.
업　동	흥, 나는 살림만 차려주문 만족하구 갔겠다. 서른이 넘두룩 살림을 안 채려주어서 이러구 있었지.
선　비	할 수 없지. 않될 말이야. 아버지는 업동이가 우리 집안을 거두어 주기를 소원이야. 업동아! 이 몸을 맡어주지 못 하겠니? 우리 집안을 구해주렴으나.
업　동	……
선　비	빤히 네가 싫댈 줄두 알아. 아- 내가 밋쳤어! (울음 더욱 커진다)
업　동	제 집이 없으니까 공연히 남에 일에두 울게 돼. 글세, 난 네가 시집 갈 때, 이불짐을 지구 갔다가 울구 왔구나. 이 손등에 흉터를 보아라. 선비를 업구 읍내 학교에 단닐 때 치운 겨울에 손이 얼어 터지구, 또 얼어터지다 못해서 손등에는 이렇게 껌엏게 멍이 들었다.
선　비	누가 그걸 모르니. 업동인 머슴꾼이야, 머슴꾼!
업　동	머슴놈이니 인제 또 너이 집안 식구를 버러 멕이란 말이냐?
선　비	업동인 다 커서두 나한테 꼬집어 뜻기구두 싱그레 웃기만 했어. 힘이 항우구, 일두 잘 하구, 업동이하구 살문 돈뭉구 재미있게 살 줄두 알어.
업　동	그랬으니 내가 언제 선비에게 장가든댔어.
선　비	그만두어. 모두가 팔자인 걸. 나는 벌서 전부다 팔자소관인 걸 알았어.
업　동	난 일밖에 모르는 머슴놈이야. 올엔 한껏 농사를 지어 보겠다.
선　비	(실음 업시 있어서 안으로 들어간다) 모두가 피차인 걸. 아버지

가 몸 상하면 내 손으로 눈을 감기지. (퇴장)
업 동 (저대로 괴롭다가 몸에 힘을 주어 지게를 질 차비를 한다)
칠 성 (등장) 밭에 나갈려나.
업 동 오셧서요. 나무 한짐 해올려구요.
칠 성 잠간 자네한테 의론할 일이 있어 왔네.
업 동 예, 예.
칠 성 박편 말이야 자네두 인젠 속을 풀게. 박편이 자네 발등을 짚어서 꼴지를 드러밀엇든 건 않이야. 모두가 김주사의 잠간7)이구, 당초의 박편은 꼴지를 준다구 승낙두 않했다는걸 그래. 사람이 좀 약하지. 그러니까 이 구렝이 늙은이가 뒤집어 씨울려든 겔세 그려.
업 동 ……
칠 성 꼴지 임자야 어엿하게 업동이 자네가 있지 않은가.
업 동 (짐짓 붓그러워한다)
칠 성 내 중매를 서지.
업 동 ……
칠 성 박편하구는 언짢은 생각 다 풀게. 소두 나와 쓰구.
업 동 내가 머라구 그랬나요.
칠 성 꼴질 맞날 적마다 성화를 식인다문서? 자네 속 간 데를 나두 짐작은 하네. 하하……
업 동 (부끄러워 엇쩔 줄을 몰은다)
김주사 (안방에서 나온다) 애, 업동아. 이리 점 들어오너라.
업 동 ……
칠 성 일이 다 바루 됐어요? 도인민위원회에까지 가시드니……
김주사 자넨 웨 날 잡아먹지 못 해서 야단인가. 나하구 무슨 피맺힌 원수라두 있나. 날 내여쫓자구 들구. 일어선 건두 자네 짖인 줄 아네.
칠 성 그럼 농사꾼의 목줄이 달린 땅을 뺏기게 된 판인데, 가만있겠오.
김주사 이 무슨 앙가푸리냐. 너이들이 지금까지 누구 덕에 살아 왔니.
칠 성 무엇이 엇째요? 그래 김주사가 엿때 누구 덕에 호사를 해온 줄이나 아시우
김주사 5대나 내려오는 조상물림 땅이다. 너이들은 그걸 뜻어 먹구 살아 왔어.

---
7) 潛奸, 남몰래 간사스러운 짓을 함.

칠　성　지금까지 우리 마을 사람들이 김주사네 의붓아들 노릇해 온 줄이나 아시우. 나 기가막혀서, 그래 그 땅 한평에 얼마짜리요. 열평을 몰아서 엽전 한푼짜리 되나마나 할게 않이겠오. 그런 걸 농사를 지여 놓으문 5대 동안의 두구 꾸역꾸역 절반식이나 거두어 가스니…… 그래, 그눔의 땅값은 하늘에 다은 값이요?

김주사　……

칠　성　예, 말을 점 하시오. 김주사를 엽때 누가 호사를 식여 주었오? 이 집은 또 누가 지어주었오!

김주사　그때야 세상이 그랬지, 누가 땅을 사지 말랬든가?

칠　성　인젠 세상이 뒤박였오. 나가시오. 정말 김주사는 보기만 해두 치가 떨리우. 당장 모종판에 볏모를 버려 놓구두, 김주사네 일이라면 온 집안 다 떨어나서 *질을 했오. 김주사두 잘 알지요. 우리 농사꾼 놈들이 일년을 가야 언제 닭 한마리 비린 것 한번 먹어봄니까. 그래두 우리는 일년에두 몇 차렛식 김주사에게는 닭이에 돼지에 가져다 받쳤오.

김주사　인제 와선 별 말을 다하네 그려. 내가 언제 무얼 가져다 달라구 그랬든가?

칠　성　(와딱 성을 내며 달려든다) 예-ㅅ기 이놈! 너 그때 내가 수탉을 가져왔드니, 이런 질긴 고기를 누가 먹느냐구 내 눈앞에서 닭을 땅에다 둘러 메쳤지!

김주사　……

칠　성　그러구두 하늘이 무심할 줄 알었드냐. (대든다) 천백년 갈 줄 알었어.

업　동　(칠성을 밀어낸다) 참으시우, 참아.

칠　성　(물러나며) 흥. 제 자식은 약 한첩 없이 죽이구두, 남에 자식들은 대학교까지 보내주군……

　　　　　면인민위원 뒤따라서 동리 사람들 많이 몰려들어 온다.

면　위　농촌위원회 책임자를 불러주시오.

업　동　예에. (사랑방으로 가서 고함친다) 아주버니……

노　인　(사랑방에서 나온다)

업　동　면위원회에서 나오셨어요.

노　　인　선상님, 이거 어려운 거름 하셨습니다.
면　　위　수고들 하십시다. 헌데 이번 토지개혁 실시에 있어 도인민위원회의 최종 심사가 결정되었기에, 그 통첩을 가지고 왔습니다. (서장을 노인에게 준다)
노　　인　예에.
김주사　전 어떻게 되었습니까? 면에 계신 분이니까 아시는 것두 많으시구…… 점 공정이 판단을 내려주시우.
면　　위　김남훈씨! 이 마을에서는 당신 한 사람이 몰수지주로 결정이 되었습니다.
김주사　예?
면　　위　다른 고장으로 가서 과거는 깨끗이 시쳐 버리고, 새로운 출발을 가저 주시오.
김주사　여보시오. 내가 내 집에 살어서 안될 이유는 무어요?
박　　편　(한편에 웅크리고 섯다가) 김주사! 김주사가 않 떠나면 내가 떠나구 말겠오.

　　　　일동 긴장되여 박편을 주목한다.

박　　편　면주사 나리. 땅이 하두 귀해서 저 김주사에게 내 딸자식을 팔아 먹을려든 놈이오. 하지만 난 끝내 싫다구 했오. 싫다구, 딸자식은 못 내놋는다구 했어요. 그렇지만 나갖은 게 싫다구 하면 무엇합니까. 김주사 마음 하나면 무엇 않 되는게 없는 걸…… 정말 무서워서 못 살겠어요. 김주사가 옆에 있기만 해도 등골이 옷싹한 걸. 또 무슨 호령이 내려지나 않나. 또 무슨 일을 잡어 식이지나 않으려나! 그저 가슴이 조마조마 하다가 그대루 지나치면 그때가 한숨이 나갑니다 그려. 정말 한 자리엔 못 있겠오. 내가 떠나겠오.
김주사　박편! 네놈이 날 그렇게까지 날 미워하는 줄은 몰랐어, 몰랐어.
칠　　성　왜 박편만이야. 온 동리가 네놈 앞에서는 허리를 못 펴구 살았다.
면　　위　조용들 하십시오. 공무를 집행하는 마당이오. 김남훈! 법령에 의해서 전거8)를 명합니다. 어디 희망하는 고장은 없음니까? 없으시다면 우리가 정해 드리겠음니다.

---

8) 轉居, 살던 곳을 떠나 다른 곳으로 옮겨 살다.

노   인   김주사! (서장을 전한다) 가실 곳이 있으면 말씀하시오. 이게 다 동리를 위해서 하는 일입니다 그려.
김주사   마음대루들 하시오. 흥, 농사가 그렇게 쉬운 줄 알구…… 야미루 해도 암모니(아)는 어디서 살 텐구! 그래, 무슨 밋천에 수리조합 물줄기 하나 제게루 댕샹불러! 어디 두구 보자! 너이끼리 그러다는 금년 농사는 반실9)이두 못 거둔다. 반실이두 못 거두구.
칠   성   염려말아! 열석이 나든 데서 스무석은 만들어 놓을라!
김주사   어디 두구 보자! 이놈의 동리가 망해 나가는 걸 보구야 말 테다. (퇴장)
칠   성   저눔의 늙은이가 그냥 악담이야. (따라 들어갈려고 한다)
면   위   (붓잡으며) 참으시우. 쫓겨가는 놈의 마즈막 발악이오. 여러분! 이런 원통할 데가 어디 있음니까. 우리 농민들이 지주 눔을 저이가 않으면 농사도 제대로 못 짓고, 동리가 망하고, 나라가 망할 것처럼, 악담을 하고 있읍니다. 여러분! 우리 농민들이 여기에 대답할 건 무엇이 있겠슴니까?
칠   성   두말할 게 있나요. 열섬 나는데서 스무섬 내야지요.
면   위   옳소. 여러분이 토지를 얻은 깃붐을 오직 증산으루 돌리는데 있소. 지주 놈들이 물러갔기 때문에 우리는 이만큼 더 잘 살구 있다는 것을 보여주워(야) 합니다.
박   편   고맙소이다. 인제는 제 딸자식을 팔지 않구두 농사지여 먹구 살겠오.
칠   성   웨 자식들을 대학교 공부는 못 식일까?
면   위   여러분, 토지개혁 실시는 이로써 완전히 끝을 막었음네다. 인제는 토지를 받으신 여러분이 힘차게 밭가리를 하셔서 한알이라두 더 증산을 하는 문제만이 남었음니다.
　　　　여러분! 여러분은 너무도 오래인 동안 농터에 매워서, 가진 고생을 다 하시다가 인제 제각기 농터의 주인이 되신 여러분. 즐거운 얼굴을 보게 되니 얼마나 깃븐지 모르겠습니다. 그런데 인제 파종을 나선 여러분께 한 말슴 부탁을 올립니다. 우리 조선은 30여년간 왜놈들에게 말할 수 없이 뜻기우고 빨리었읍니다. 더욱이 놈들이 전쟁을 하는 동안은 지독한 강압정책을 써서 쌀알 한톨 남기지 않고 빨아먹고야, 놈들은 인제 물러났습니다. 우리 나라가 해

---

9) 半實, 낟알이나 과일 따위가 절반 정도밖에 여물지 못한 쭉정이를 이르는 북한말.

　　　　방되었다는 것은, 맛치 신접살림을 채린 거와 같은 것임니다. 이를테면 무엇 하나 손에 든 것 없이 좌우간 딴 살림이라고 채려 놓은 것임니다. 그렇니까 없는 게 많고 불편한 게 많습니다. 여러분은 작년에 성출미를 내섰읍니다. 그것은 딴 살림을 나선 우리 삼천만 동포가 먹을 양식도 못 가졌기 따문이었습니다.
　　　　여러분! 못처럼 따루 난 우리의 새 살림사리를 먹을 게 없다든가, 일용품이 없어서 거더 치우게 된다면, 이는 정말 우리 삼천만 가족이 통곡을 해도 임이 도리킬 수 없는 유한이 될 것임니다. 여러분! 김일성 장군께서는 이 새 살림사리를 깨트리지 않고 한층 더 공고히 하기 위하야, 지금 여러 가지로 지도를 내시고 있음니다. 즉, 그 첫재의 일이 이번 토지개혁임니다. 우리 나라가 왜놈들에게서 해방만 되면 무엇함니까. 왜놈들에게 못지 않은 지주놈들이 우리 농민들을 그대로 뜻고 빨어 먹는다면, 우리 새 살림사리는 언제 깨여질는지 알 수 없을 것임니다. 이에 토지개혁은 우리 삼천만 가족이 다같이 골고루 살 수 있는 첫 거름을 지어준 것임니다. 그렇니까 인제는 여러분! 새살림의 가족들이 힘껏 증산을 해서 여러분이 먹을 양식을 풍부이 하는 것만이, 즉 건국의 첫 조목인 것임니다. 여러분은 금년에도 성출미를 내느냐고 뭇습니다. 그것은 여러분에 증산 여부에 달린 것임니다. 우리 삼천만 가족이 다같이 먹고 살 수 있는 양식을 장만할 때, 성출은 할 필요 없는 것임니다. 그러면 우리 조선에는 우리가 먹고도 남을 쌀이 남니다. 인제는 여러분이 한톨이라도 더 쌀을 만들기만 하면, 우리는 궁색한 살림을 않 해도 되는 것임니다.
　　　　여러분! 지금은 파종 때임니다. 우리 건국을 위하야, 새 살림을 위하야, 힘껏 증산을 하야 주십시오. 토지를 받은 우리의 깃븜을 우리 나라 세우는데 받쳐주십시오.
칠　성　힘 모자라 못 하겠소. 농사꾼이야 호밋자루 들구 나서문 한이랑 이라두조목 더 긁게 생겼지요.
김균식　우리 면장동무들이 총동원하여 손 모자라는 일을 도웁기도 하겠습니다.
면　위　＊＊＊＊＊ 힘껏 해 주십시오. 여러분, 그럼 수고들 하십시오. (퇴장)

　　　　동민들 배움(배웅)에 나간다.

동리여인 업동이가 인젠 최주사 나리가 됐구나. 이렇게 큰집을 쓰구……
업 동 (방그레 웃고 도라선다)
동리여인 업동이 너 접때 우물가에서 우리 분이하고 무얼 그러댔니?
업 동 언제?
동리여인 접때 해질 무렵에 말야.
업 동 예에! 손에 가시가 든 걸 뽑아준 거요.
동리여인 망할 년 같으니, 손의 가시는 남의 총각에게 뽑아 달래야 하나. 흐흐……
업 동 바람날가 걱정이요?
동리여인 엇때? 혼사를 맺구 말까?
업 동 난 미욱해서 실타문서요
동리여인 우리 집 놀러와! (퇴장)
업 동 (싱겁게 웃고 섰다)

   칠성 박편을 앞세우고 등장.

칠 성 자! 자네 장인 영감하구 화의하게.
박 편 미안하이. 자네 볼 낯이 없네.
업 동 소는 아주버니가 먼저 쓰세요
칠 성 꼴지는 어떻구?
꼴 지 (급히 달려 들어온다) 업동이, 돼지가 도망갔어.
업 동 어? 어디루? (달려 나간다)
칠 성 하하하…… 박편, 이 봄엔 떡 머거야겠네 그려.
박 편 북그럽네.
칠 성 아! 복사꽃이 활짝 피였네 그려. 김주사네 복사는 해마다 닷말은 실이 따렀다.

막.
(5월 9일)

봄비(전 1막)

때
　　1947년 첫 봄

곳
　　어느 농촌

사람
　　박편
　　그의 아내
　　청남 (그의 아들)
　　김장에
　　꿀지 (김의 딸)
　　동리 여인
　　리위원장
　　면 인민위원회 위원1)

무대
　　상수익으로 김장에네 집. 대문 낡았을 망정 기와집으로 제법 돌각담이 굽어 돌았다. 하수로 박편네 집. 농촌에서 흔히 보는 초당. 숫대 바주를 두르고 부엌이며, 방이며, 광, 오양간 등이 단조로히 배열되었다.
　　상하수 집 사이로 넓은 마당. 마당에는 집낙가리며, 농구 등이 널려 있고, 꽃나무들이 몇 그루 늘어섰다. 상하수로 마당을 저쳐 통하는 행길. 집 뒤로 마을이며 산들이 전망되어 꽤 큰 마을의 한가운데인 것을 말한다

---

1) 인물표에는 없으나, 극의 후반부에 등장함.

막이 열리면 무대는 비인 채로 멀리서 남포소리 들려온다.
사이.
동리여인 하수로 등장. 바주 안을 살핀다.

여 인   아주머니 게시우, 아주머니 게세요.
박의처   (상수로 종이조각을 대견히 들고 등장) 에이구, 아주머니 오셨어요.
여 인   (돌아선다) 어디 다녀오시는 길이오.
박의처   우리 청남이 잔치날 날바지2)를 했어요. 글쎄 예장날3)이 오는 보름달로 나오는데, 잔칫날은 내달 스무엿샛날로 잽히질 않겠소. 우리 그애는 목성인데 며눌아이는 수성이 돼서, 아주 좋다는 군요. 우리 아이가 범의 직성이라서 그런지 잔칫날이 급하기는 하지만, 그렇지 않으면 가을까지 기다려야 한다니, 좀 바쁜들 흠이겠소.
여 인   잘했수. 나찬4) 아이들인 걸.
박의처   글쎄 배필이 아주 좋대요. 우리 아이는 호랑이가 수풀을 만난 격이라는군요. 호호······
여 인   아주머닌 꽃이 폈어. 병정으로 끌려나가서 죽었던 줄만 알았던 아들이 살아오구, 이 봄엔 또 며느리 맞이를 하구······
박의처   잔치만 채리고 나문 한 시름 놓겠소.
여 인   (머뭇거리다가) 그런데 동리 젊은이들이 높윗 물을 끌어서 논을 푼다구 야단들을 치기에 무슨 일인가 했더니, 그게 정말 논이 된다지요?
박의처   네! 글쎄 우리 청남이는 그 일에만 미쳐서 밥도 제때 못 먹는다우.
여 인   청남이가 주관이 되서 한다더군요. (주저하다가) 아주머니는 우리 사정을 잘 알지요. 그 논을 나눌 때 우리도 다문 몇 평이라도 얻게 해줄 수 없을까요?
박의처   땅을 나누는 거야 인민위원회에서 하지, 우리 아이야 무얼 알겠소. 아이가 데면데면 하기만 한 게 정혼을 했대두, 잔칫날을 받는대두, 그저 꿀 먹은 벙어리루 똥 해서 논 푸는 일에만 미쳐서 야단이라니까!

---

2) 날받이, 이사나 결혼 따위의 큰일을 치르기 위하여 길흉을 따져 날을 가려 정하는 일.
3) 혼인 절차 중에서 신랑 집에서 예단과 편지를 신부 집에 보내는 날.
4) 나이가 찬.

여 인   청남이가 주관이 되사 한다는데, 우리 아이두 민청에서 하는 일이라구 그 일에만 밤낮이 없군요.
박의처   우리 아이는 범의 직성이 되서 야단이야. 그저 더펄거리기만 하구, 글쎄 색시 좋은 줄도 모르는군요. 호호……
여 인   (덩달아 웃으며) 아주머니, 땅을 다문 몇 평이라두 얻게 해 주시우.
박의처   네! 말을랑은 해 봅시다. 그 꽃무당은 능청맞기두 하지. 글쎄 이 몸으루 잔치를 하문 첫아들을 보겠다나요. 호호……
여 인   아주번넨 대통 운 텄소. 참 예장은 아주 훌륭하게 차비를 했겠군요.
박의처   (금시에 얼골이 흐려지며) 예장이 다 무어요.
여 인   아주머니가 누구라구 남에게 지게 했겠소.
박의처   (당황히 안으로 들어간다) 이 영감은 상기두 안 내려 왔나?
여 인   저, 아주머니……
박의처   나 좀 들어가 봐야겠소
여 인   그저 땅길 사는 청남이한테 따끈이 다짐을 받어 주시우.
박의처   네, 영감 상기 안 내려 왔소? (문을 소리내여 닫고 내퇴)
여 인   저, 아주머니……(따라 가다 말고 돌아선다) 그저 제 일 아니문 남이란니까! (혀를 차며 퇴장)
박의처   (다시 밖으로 나온다) 이 영감두 또 땅귀신이 들었나. 아이 속상해. 글쎄 이 자식은 쌀 판 돈을 어떻거구, 장가는 안 들 셈인가. (혼자 화가 나서 두리번거린다)
박 편   (등장)
박의처   어떻게 됐소?
박 편   읍네 갔다누만 남포가 모자란다나.
박의처   남포를 사다 터진다, 곡괭일 사온다 하구, 그건 다 무슨 돈으로 하는 게요?
박 편   민청에서 대지.
박의처   민청이 무슨 돈이 있나. 아무래두 그애 하는 꼴이 수상쩍어. 글쎄, 소비조합에서 지난 겨울에 가져 간 쌀값을 상기두 안 준단 말이요?
박 편   거름이나 내야겠군
박의처   그애가 쌀 판 돈으로 그 지랄 하는 게 아니요.

박 편   그애가 설마 어른들 속여서 무슨 일 하겠소.
박의처 어이구, 아는 소리 한다. 그럼 쌀값은 왜 못 받아 온단 말이오.
박 편   (안으로 들어가며) 한 소내기 뿌리문 부중을 나서야 할 텐데……
         거름을 재빠르게 내야겠소.
박의처 아들 장가는 안 보낼라우?
박 편   (들어 가다말고 돌아선다)
박의처 예장은 어떻걸려우. 예장은 오는 보름달날루 날이 났는데.
박 편   이애가 읍내 갔으니까, 오늘이야 돈을 받아오겠지.
박의처 아이, 속상해. 차비는 하나두 안 되구. 그런데 참 잔치는 내달 스
         무엿샛날이 좋다누만.
박 편   한창 바뿐 때로군.
박의처 바쁘다구 아들 장가두 안 보낼까. 내참 우서워서. 글쎄 이 봄으
         루 장가를 들문 첫 아들 보겠다누만. 호호…… (안으로 들어간다)
박 편   (거름 내일 차비를 한다)

        김장에, 동리 여인 떠들며 올라온다.

여 인   아니, 그 집에선 물줄기 끄는 일에 한 자루 나가지두 않았는데,
         하루가릿식이나 주었단 말이에요?
김장에 그러게 말이요. 용건네가 하루가리, 철덕이네두 하루가리, 청남이
         몫으루 천 평.
여 인   우리 아인 밤낮없이 그 일에만 나가붓터 있었는데, 다문 몇 평두
         안 주엇드람.
김장에 흥. 동리 젊은이들이 청남이 녀석의 놈들에 든 줄 모르시우. 민
         청에서 개간사업을 합네 하구는, 저만 땅을 얻지 않었소. (박에게
         로 간다) 너 이놈, 잘 만났다. 이 고현 놈, 네 이놈. (금시에 달려
         들 자세를 한다)
박 편   왜 이러십니까. 무슨 일이 생겼습니까?
김장에 파혼이다, 파혼이야. 아모렁기러서나 내가 네놈과 사둔을 맺는단
         말이냐.
박 편   글쎄, 무슨 일입니까. (버릇처럼 고개를 굽실거린다)
김장에 그럼 장인두 모른다는 놈에게 딸을 주어. 애당초에 우리가 허혼
         편지를 쓸 때에 머라구 말했나. 군용지에 논을 풀게 되면 다문 천

평이라두 얻어 준다구, 분명히 말은 엇구수하게5) 버물어 놓구는……

박 편   ……
김장에   그런데 그 땅은 어떻게 됐나? 오늘 인민위원회에서 땅을 나누는데, 왼통 딴 녀석들만 주어버리니, 도시 어찌된 영문이야.
박 편   벌써 다 나누었습니까?
김장에   흥. 자네 아들놈은 내게다 땅을 주도록 전하기는 커녕 도리여 반대를 하니, 그런 놈을 사위루 맞는단 말인가. 머, 이재민을 새루 들어와서 땅을 못 받은 사람들만 준다구. 나는 받을 만한 자격이 없다니. 청남이놈 제가 나하구 무슨 원수가 있다구, 먼저 나서서 내 발등을 밟는 게야? 그러구두 내 사위야?
박 편   우리 청남이가 머라구 그랬습니까?
김장에   도시 이 청룡골서 우리 김가문을 무시할 수는 없다. 청룡골은 우리 김가문에서 부대를 일쿠구 이만큼 만들었어. 먼젓번 토지개혁 때두 그렇지, 내가 팔을 것구 나섯기에 공평히 나눈 게 아닌가.
박 편   네! (여전히 굽실거린다)
김장에   그러구 자네와 나야 어디 이만저만한 처지인가. 자네가 내 집일을 돌보아주구, 그래 내가 이 집을 지어주구 장가까지 들여서 살게 해주지 않았나. 이게 피맺힌 원수란 말인가?
박 편   무슨 말씀을 그렇게 하십니까?
박의처   (밖으로 나오며 살핀다)
김장에   자네와 나는 그럴 처지가 못 돼. 그런 걸 세상이 좋아져서 사둔까지 맺어주니까, 자네 자식놈은 도리여 나를 못 살게만 한단 말인가.
박의처   저 사둔님. 우리 청남이가 무어 잘못한 게 있습니까?
김장에   글쎄, 내거 머라구 그랬나. 딸자식을 출가시키면 그것의 몫으루 지금 오천평두 잘 안되는데서 천평이나 때어 주어야 하겠으니, 그래서는 내 살림이 골몰하기6)에 이번 새루 개간되는 데를 다문 천평이라두 얻어달라구 했는데, 힘써주기는 커녕 도리어 먼저 들고 일어나서 반대를 해야 옳단 말인가.

---

5) 말이나 이야기가 듣기에 그럴듯한 데가 있다.
6) '고달프다(몸이나 처지가 몹시 고단하다)'의 평안 방언.

박의처 땅을 주는 거야 인민위원회에서 하는 걸, 우리 아이야 무슨 힘이 있겠소.
김장에 이번 개간 사업을 주모했는데 마음만 있으면야 그까짓 것쯤 못해 주겠소. 흥, 염치좋게 제 몫만 타구는, 내가 말하니까 도리어 반대를 해?
박의처 할 수 없이 그랬겠지, 사둔댁이 미워서 그랬겠소
김장에 사둔이 무슨 빌어먹을 사둔이야, 허혼편지는 돌려보내게.
박 편 김장에 어른!
김장에 자네가 자식 낳구 이만큼 살게 된 게 다 내 덕이 아닌가. 그래 인제 땅마지기나 얻어서 잘 살게 되니까, 사둔두 은혜두 모른단 말인가.
박의처 사둔님, 고정하시우. 이애가 들어오면 잘 타일러 봅시다.
김장에 듣기 싫소. 이놈의 집에다 생때같은 내 딸을 줘? 흥, 어림없다. 어림없어!
박의처 아니 그럼, 딸자식을 땅 천 평에다 팔아 먹을려구 그랬소.
김장에 딸자식을 줄 데가 없어서 청남이 놈에게 준단 말이야. 그 빌어먹을 놈한테.
박의처 내 자식이 왜 빌어먹을 놈이야. 김장에 네만 땅이 있나. 우리두 어엿하게 내 땅 가지구 농사한다. 그래 누가 빌어먹을 놈이야.
박 편 이게 왜 이래. (처를 끌어당긴다) 김장에 어른, 이거 안됐습니다. (초조해서 굽실거린다)
박의처 놓아요, 놓아. (뿌리치고 대든다) 그래 누가 빌어먹을 놈이요?
여 인 참으시우. 이거 남부끄러운 일 아니요.
김장에 저런 못된 걸 내가 내 눈으루 보고 박편한테 어더 주었단 말인가.
박의처 정말 시집갈 데가 없어서 이런 놈의 집에 와서 못 놈들한테 수모를 받는담. (남편에게 대든다) 그래, 당신은 골백에 나두 남의 집 빌어먹을 놈이요.
박 편 이거 왜 이러우. 안으루 들어갑시다. (처를 잡아끈다)
박의처 (뿌리치며) 한평생 빌어먹을 놈이야?
김장에 저 꼴이 보기 싫어서두 내 딸은 못 주겠다.
박의처 어이구, 그 잘난 딸 주어두 안 받겠다. 그 집이 아니문 총각 늙을가 걱정인가.

김장에 에미가 저 꼴이니, 저 속에서 나온 자식놈의 심지가 바루 백일
리가 있나.
박의처 제 자식 땅 천 평에 팔아 먹을려는 애비가 부럽지 않구나, 부럽
지 않다.
박 편 여보, 남부끄럽게 왜 이래. 김장에 어른, 미안합니다. (끌고 들어
갈려고 한다)
여 인 어서 들어가 보시우. 사둔간에 싸움이 무슨 싸움이오.
박의처 (뿌리치며 엎어진다) 에이, 못난이. 이런 놈의 집에 시집을 왔으
니 지지리 고생이나 하지, 고생이나 해. (넋두리를 한다)
김장에 그래, 이게 은혜 갚음이냐. 은혜 갚음이야?
위원장 (등장) 왜들 이러시오.
박 편 위원장 어른, 올라오십니까. 이거 동리를 ○여서 죄송합니다.
김장에 자네 잘 왔네. 그래 땅을 나누는데, 나만 따돌려야 인사란 말인
가.
위원장 형님네야 토지 분여를 받지 안었소. 이번은 그때 받지 못한 사람
들만 골라서 주었서요, 청남이두 토지분여 이후에 돌아 왔기 때문
에, 이번에 천 평 받었소.
박의처 자, 이래두 우리가 잘못이오. 우리가 잘못이야?
박 편 가만 있으래두 그래. (항상 초조해서 처를 제재하기에 여념없다)
여 인 우리 아이두 이번 물줄기 고는 일에 밤낮없이 나가 있는데, 그럼
공연히 남의 일만 했단 말이요?
위원장 그다 우리 동리를 위하는 일이 아닙니까. 정말 이번 민청 젊은이
들이 큰 수고를 했습니다.
여 인 글쎄, 동리를 위하는 것도 분수가 있지. 그렇게 도무지 생각이 없
단 말이요.
위원장 멀리 해외에서 고생들을 하다가 돌아온 우리 마을 사람들을 우리
가 구해줘야지, 누가 구합니까. 왜놈들 때는 징용으루 보국대루
헛되인 고생을 한 것을 생각해 보십시오.
김장에 우리같이 큰살림 하던 사람이 그까짓 손바닥만한 땅을 가지구야
어떻게 살란 말인가.
위원장 다문 네 식구서 오천 평 가까이 가져스문 먹구 남지, 왜 그리 욕
심만 내세우시우.
김장에 딸이 출가하문 그저 나가겠나.

박의처   처녀루 늙히지요.
김장에   나하구 무슨 원수야.
박의처   그래, 딸자식을 팔어먹어야 합디까?
박 편   (여전히 제재하기에 초조롭다)
위원장   사둔간에 이게 무슨 일들입니까. 더구나 춘경기에 들어서서 한창 바쁜 때 서로 도와서 한 알이라두 더 거두울 차비를 해야지, 이러구 있을 때입니까.
김장에   나 못한 것 없네. 춘경은 다해 두었겠다, 거름두 다 냈겠다, 내가 뉘게 질 줄 아나.
위원장   옳습니다. 그런 의기루 나와 주셔야죠. 어쨌든 금년에는 평당 근 반은 내야 합니다. 이번 증산 경쟁에 건넌 마을에 졌다가는 무슨 망신입니까.
김장에   염려 말게. 난 누구한테 지구서 살아 온 사람 아닐세. 날더러 땅 마지기나 가지구 있었다구 지주니 머니 하지만, 땅을 파면 농산줄 아나. 땅이라니 사지[7]판 다르고, 진흙판 다르구, 흙이란 색깔에두 상관이 있는 게야. 종자두 그렇지. 묻어 심어 달르구, 뿌러 심어 달른 건데, 농사꾼, 농사꾼야 나만한 농사꾼이 쉬운가. 말할 게 있나, 작년 소출만 해두 우리가 일등이 아닌가.
위원장   참, 박편 이 형님한테 경쟁을 걸어보시죠. 오랫동안 한 집에서 있었으니까 솜씨두 같을 텐데, 한배지개 경쟁을 걸어 넘겨야 하지 않겠소.
김장에   싫네, 싫어. 내기를 걸 데가 없어서 깐놈하구 걸겠나.
위원장   아니 집집마다 경쟁을 걸어야겠어요. 금년이야말루 인민경제계획을 한 갑절은 더 넘겨서 해내야지, 이러구 있을 때가 아닙니다.
김장에   우리 농사 잘 하는 사람들은 땅을 더 주어야 해. 이 동리야 어디 내 손이 안 가다은 데가 있나.
위원장   그 쓸데없는 생각 말구, 있는 땅에서 세배, 네배 더 거두도록 잘 가꿀 생각이나 하시우. 어때우, 두 분이 꼭 마룻씨름[8]감인데 경쟁을 걸어보시죠. 아마 금년부터는 형님이 지기 쉬울 걸요. 박편네는 청남이가 꼈었거든요. 매사가 다 그렇지만 이번 개간 사업을 주동해서 하는 걸 보니까, 조련치[9] 않은 사람입니다. 동리에서는

---

7) 모래흙으로 이루어진 땅.
8) 마루씨름(상씨름), 씨름판에서 결승을 다투는 씨름의 북한말.

　　　　안 된다구 코웃음치는 걸 그냥 우격대서 해내는 데는 정말 놀랍습니다.
여　인　사둔을 무른다든 판인데, 어디 경쟁이 되겠소.
위원장　왠 형님두! 그 왜 어린애들처럼 그러우. 사둔을 물른다는 건 무어구, 설사 물른다면 어디 가서 청남이만 한 사윗감을 구하겠소.
김장에　어이구, 딸 늙일가 걱정인가.
박의처　처녀없어 장가 못 들겠군.
위원장　그러지들 말구, 어서 잰칫떡이나 먹도록 하시우. 그리구 참 비료가 나왓는데, 저녁에 노누도록 합시다.
김장에　얼맛식이나 돌아가겠나.
위원장　글쎄, 아직 풀어보질 안어서 모르겠는데, 저녁 늦게 오시우. 그리구 박편은 기쁜 일이 생겼습니다. 먼젓번 애국미를 헌납한데 대해서 나라에서 이번에 그 감사한 선물로써 비료가 나왔어요. 애국미 한 가마니에 비료가 두 가마니……
김장에　뭐, 두 가마니? 그럼 박편이 비료를 열 가마니나 더한단 말인가.
위원장　네! 그건 지금이라두 가져 가십시오.
박의처　사람이 좋은 일해서 나쁠 데는 없다니까. 우리 청남이가 물이 안나게 졸라대서 애국미 다섯 가마니를 받치지 않었소. 그랬드니 비료를 열 가마니나 주시다니…… 글쎄, 우리네야 무얼 압니까. 우리 나라가 해방돼서 꼭 죽었든 우리 청남이가 꿈처럼 살아 왔는데, 그 은혜를 생각하기루 나라에 쌀 다섯 가마니 받치는 게 아깝겠느냐구. 글쎄, 우리 청남이가 울면서 졸라대군요. 정말이에요, 우리 청남일 천금을 주문 사겠소, 만금을 주문 사겠소. 난 있는 것 다라두 받치자구 그랬수다. 그랬드니 비료까지 주신다니……
　　　　(감격에 울먹인다)
위원장　훌륭한 생각입니다.
김장에　우리보구는 애국미를 내라 말두 없다가 인제 와서 애국미 낸 사람만 특배를 주니, 자네 그 무슨 일을 그렇게 하나. 그래, 나만 망하란 말인가.
위원장　애국미야 어디 내래서 내는 겁니까. 그때 박편네랑 여러 집에서 애국미를 받치는 걸 보구두 형님은 아무 말두 없다가, 인제 와서 무슨 말이요.

---
9) 조련하다. 만만할 정도로 헐하거나 쉽다.

김장에 그만두게, 그만두어. 동리에서는 왼통 날 잡어 먹지 못해서 으르렁거리구……
위원장 비료를 준다니까, 애국미 못 받친 걸 후회하셔서야 되겠소. 정말루 나라를 사랑한다면, 금년 농사를 힘껏 지어 노으시우. 왜 비료만 나와요. 우리나라도 무엇 부러울 것 없이 됩니다.
김장에 다 그만두게. 비료 안치구두 내 남의 배는 지어 노을 테니. 어디두구 보세. (내퇴)
위원장 박편, 그럼 지금 같이 내려갈까요?
박 편 ……
위원장 왜 너무 기뻐서 그럽니까.
박 편 그 많은 건 나 혼자 받어서 되겠소.
위원장 어서 내려갑시다.
여 인 어서 내려가시구려. 정말 ○잡었소.
박 편 (몹시 주저하다가) 그만 동리에서 노나 쓰두록 주구 말지요. 나 혼자 모슨 낯에 받겠소.
박의처 어서 갔다오우. 모처럼 주시는 걸 왜 안 받는다구 그래요.
박 편 어쩨, 계면적은 게……
박의처 영감두 정신이 나갔나?
박 편 (버럭 화를 내서) 우리가 상기두 머슴사리나 하구 있으문, 누가 비료를 한 가마니나 주었겠나.
위원장 자, 어서 갑시다. (박편을 끌고 퇴장. 그 곁에 여인도 따라서 퇴장한다)
박의처 어이구, 천생 바보야. (내퇴)

　　무대 잠깐 공허중.
　　꼴지 빨리 광주리를 이고 안에서 나온다.

김장에 (뒤 따라나온다) 어디 가?
꼴 지 빨래.
김장에 (이윽히 살피다가) 너 이년 광목 바래러 가는구나.
꼴 지 어머님이 바래 오라는데.
김장에 훙, 시집 갈 차비야. (안으로 끌어 드리며) 안 된다. 들여다 두어.
꼴 지 ?……

김장에	집안이야 미여지든 터지든, 그저 저 잘 살 생각만 하구…… 그래, 장인두 모른다는 놈한테라두 가서 너만 잘 살면 그만이냐.
꼴 지	……
김장에	너 청남이 양복10) 해 주었지, 소문이 자자하던구나.
꼴 지	……
김장에	내가 다 안다. 쌀 팔어서는 따루 묶어두고…… 그저 계집년들은 시집사리 생각뿐이야! 천생 내가 무슨 죄가 그리 많어서, 계집년들만 셋식, 넷식 쓸어 나오구…… 다 그만두구, 사내 자식이 다문 하나라두 있으면 좋지 안은가.
꼴 지	(눈치를 살펴서 퇴장할려고 한다)
김장에	썩 안으루 들어가지 못해? 그저 내가 잘못했지. 읍네루 장사꾼에게 했으문 좀 좋왔어.
꼴 지	내 몫으루 오는 땅이 아까워서 그래요.
김장에	너이 계집년들이 시집갈 때마다 뜯어가지구 나가면 내게 남는 게 머냐? 이건 십년 이십년 실컷 파먹구는, 그두 부족해서 집을 나갈 때는 또 뜯어 가지구 나가게 마련이람.
꼴 지	누가 땅 달랬어요.
김장에	그동안 돼지를 길렀으면 돈뎀이 우에 올라 앉었겠다.
꼴 지	나두 일하구 먹었어요. 흥, 언제 공한 밥 먹였땐냐.
김장에	장거리 조이방 집에서두 말이 있는 걸, 내가 청남이 녀석한테 속았구나.
꼴 지	아모렴, 사람없는 땅을 부쳐 먹게 할 것 같어서 그래요. 몫몫이 나온 땅인걸!
김장에	듣기 싫다. 계집년들은 내 집을 망하게 하구 마는구나?
꼴 지	아버진 돈은 모았다 무덤으루 싣구 갈 테예요!
김장에	듣기 싫다. 그저 모두들 나를 잡어먹지 못해서 안달들이 났구나.
꼴 지	아버진 그냥 돈에 환장을 해서,
김장에	엣기, 이 고현 놈. 청남이 그놈한테는 안 된다, 안 돼. 날 못살게만 등망질을 하는 놈!
꼴 지	글세, 아버지한테야 무슨 탁에 땅을 또 준다구 그래요.
김장에	다 그만두어라. 사둔 집이 잘 사는 걸 배 앞어하는 놈에게 딸을 주어.

---

10) 양복.

꼴 지 　난 시집 안 가요, 시집 안 가아. (안으로 들어간다)
김장에 　날 잡아 먹어라. 모두들 날 잡아먹어. (괴로움에서 허위적이고 섰다)

　　　청남이, 동리 청년 갑,을 등장.

청 남 　(청년들에게 꾸램지를 주며) 집에 잠간 들렀다 올라가께, 자네들 먼저 올라가 보게.
청년갑 　그래, 땅 얻은 보고를 하게.
청 남 　나 혼자만 땅을 얻어서 엇찌 자네들한테는 엇찌 미안하이구려.
청년갑 　우리는 먼저 탔는데 미안할 게 있나.
청 남 　그야 그렇지만 두달 동안이나 같이 고생을 하구서는, 나만 땅을 받었으니 말일세.
청년을 　정말 언제 끝 볼 것같지 않으니, 인제 요놈만 다 터지면 되네.
청년갑 　인제 사흘일세, 물줄기가 쾅쾅 구비쳐 오르는 판일세.
청 남 　동 막는 건 아무래두 한두 자루식 동리가 다 떨어 나야겠지.
청년을 　구장두 그런 말을 하데. 우리가 그만큼 고생을 했는데 동리 사람이라구 안 떨어나겠나!
청 남 　아모렇나 옥탑 만평이 떠올랐네. 어서 비나 한 소내기 뿌려다우. 인민위원회에서두 소를 돌려준다니까 갈아만 놓으면 물주기는 드러간다.
청년을 　날세가 물을 먹음은 품이 어찌 한 소내기 뿌릴 것두 같으니 그려.
청년갑 　만평 큰 땅일세. 이 동리는 살꾸 났네.
청년을 　고약한 놈들, 왜놈들은 그 좋은 땅을 군용지라구 묵어 두었드란 말인가.
청 남 　또 있지, 명년엔 건너편 언덕을 갈세. 그것두 오천 평은 나네.
청년갑 　자 그럼, 곧 올라오게. (청년들 퇴장)
청 남 　응. (안으로 들어갈려고 한다)
김장에 　(청남에게로 온다) 너 이놈, 나한테 무슨 피맺힌 원수가 있니?
청 남 　……?
김장에 　위원장한테두 사정을 해볼려구 하는데, 명색이 사위라는 놈이 저이 장인영감이 하는 일에 훼방을 놓아야 옳단 말이냐.

청 남   글세, 장인님이 망신당하는 걸 어떻게 그대루 보구 있을 수가 있어요.
김장에 자네 말이면 될 걸…… 그 땅이야 자네가 일군 땅이 아닌가.
청 남   글세, 땅이야 못 받은 사람들이 받어야지, 한번 받은 사람들이 더 받을 수야 없을 게 아닙니까.
김장에 그래, 우리 동리 땅을 건너마을 사람들은 왜 준단 말이야.
청 남   그분은 만주에서 지난 겨울에 돌아 온 사람이에요.
김장에 글세, 생각을 해보아. 내야 딸만 한 구둘 득실득실하는 걸, 그것들이 다 출가하문 난 무얼 부쳐 먹구 산단 말인가.
청 남   왜 장인님 장모님 몫은 있지 않습니까.
김장에 군용지는 토질이 아주 일등판이겠다, 높엣물이야 삼 년 가물루두 마르지 않겠다, 그까짓 수리조합 논에다 비할가.
청 남   그 땅이 그렇게두 소원이시라면, 제가 받은 땅을 바꿔 드릴 수는 있겠습니다.
김장에 그만두게, 그만두어. (집으로 들어간다)
청 남   장인님…… (따라간다)
김장에 (돌아서며) 어른들과 의논해 보게. 내 딸은 자네에게 줄 수 없어. (내퇴)
청 남   장인님…… (따라가다 말고 돌아선다)
김장에 (다시 나타나며) 사둔간에 잘 살아야 하구 자식들두 잘 살아야지. 그래, 내가 못사는 꼴을 보아야 속이 시원하겠네. (내퇴)
청 남   (차라리 어이가 없어 우두머니 섰다)

　　남포 소리만 고요히 끊었다 잇는다.

박의처 (밖으로 나온다) 읍네서 지금 오는 길이냐.
청 남   네.
박의처 소비조합에 들렸댔니?
청 남   아, 아뇨.
박의처 쌀값 못 받어 왔어?
청 남   ……
박의처 너 쌀값 받어서 이번 공사일 하는데 넣지 않었니?
청 남   염려 마세요. 돈이 그렇게 바뻐요.

박의처 이애가 무슨 소릴 하니. 오는 보름달이 예장날인데, 무어 한 가지나 된 게 있니.
청 남 누가 시집온댔어요.
박의처 그놈의 영감이 머라구 그러데?
청 남 그만두세요. 그 집이 아니면 장가 못 들러 걱정이요.
박의처 이런 망할 놈의 늙은이가 있나. 어른들끼리 싸웠으면 싸웠지, 아이들에게까지 무슨 앙가푸리야. (김의 집으로 건너간다)
청 남 어머니……
박의처 이놈의 영감, 대리갱일 분질러 놔야…… (내퇴)
청 남 (뒤따라가 대문 안을 살핀다)
꼴 지 (밖으로 나오다가 마조친다) 청남이……
청 남 (제 집 마당으로 건너온다)
꼴 지 (따라오며) 우리 아버지가 머라구 그랬어?
청 남 ……
꼴 지 좀 들어가 봐. 그러다는 또 싸우겠구나.
청 남 꼴지는 그래 땅 천 평짜리야?
꼴 지 ……
청 남 우리 어머니까지 나서지 않게, 그 썩어 빠진 머리를 두드려 패주지 못해?
꼴 지 그럼 청남인 우리 아버지를 보구서 장가 들려구 그랬어?
청 남 드럽다. 상전께서 당신의 따님을 머슴꾼놈에게 적선을 하는 게니, 그 보답을 하라는 게야.
꼴 지 ……
청 남 그만두어. 내가 그렇게두, 내가 그렇게두 어리석은 놈인 줄 알았어? 처음 약혼할 때부터 땅을 얻어 달라구 얼려 맞힌 게 우스꽝스러운 일이지.
꼴 지 우리 아버지한테 대들 게지, 왜 나보구 야단이야. (그만 울음이 터진다) 글세, 왜 나보구만 야단이야.
청 남 ……

  거듭 남포 소리만이 한가로이 끊었다 잇는다.

박 편 (비료 가마니를 지고 등장)

청 남 (얼른 아버지를 도와서 비료를 안으로 들러다 두고 나온다)
꼴 지 (그동안 눈물을 닫고 몸자세를 바로 한다) 비료 배급이 나왔서요.
박 편 글세, 이런 고마울 데가 어디 있겠니. 애국미를 받쳤다구 비료를 열 가마니가 상을 주었구나.
꼴 지 네!
박 편 올엔 비료두 풍족하겠다, 정말 밧짝 대들어야 하겠다. 어쩌문 나라에서 우리 농사꾼들을 이렇게까지 위해 주겠니. (박편 퇴장)
꼴 지 (초조해서 저이 집 대문 안을 살피다가 비료 가마니를 메고 들어오는 청남에게로 간다) 그래 우리 아버지는 영 안 만나볼 테야?
청 남 (말없이 안으로 들어간다)
꼴 지 (더욱 초조롭다)
박 편 (또 지고 올라온다) 사둔집에두 이 비료를 나눠다 쓰라구 그래라.
꼴 지 우리두 배급이 나올 텐데요. (그들 부자를 따라서 퇴장)

　　다시 청남, 박편 순서로 비료를 지고 들어온다. 뒤따라서 꼴지 비료 가마니를 안어들고 비틀거리며 간신히 들어온다…… 이윽고 대문턱께를 채 못 가서 그만 엎어지며 가마니가 터지고 비료가 흘려진다.

청 남 (말없이 흘겨보고는 주워 담는다)
박 편 허허…… 그만두라는 데두, 힘에 부친 걸 그랬구나. 아까운 것 말끔히 쓸어 담어라. (퇴장)
꼴 지 (몹시 당황해서 쩔쩔매다가 같이 주워 담는다) 그래, 어떻걸테야. 청남이두 아주 모른 체하구 말 테야?
청 남 난 사둔집까지 줄 땅은 없어.
꼴 지 (빗자루를 가지려 가며 괴로움을 감추어 본다)
박 편 (다시 메고 등장 안에 들여다 두고 나오며) 금년엔 꼭 이왕 모를 하품이나 좀 들지만, 그까짓 줄모에 비하겠니. 위선 비료가 헛가지 않겠다, 아무래두 볏몸이 물에 잠겨서는 벼알이 덜 여문단 말이야.
청 남 네 이랑 모를 해야죠.
박 편 정말 일할 마음이 생긴다. 작년부터는 힘든 줄을 모르겠구나. 허허…… (퇴장)
꼴 지 (비질을 한다) 아버지한테 사정을 해보문 좋은 것두……
청 남 꼴지를 공으루 적선하라구 사정을 해?

꼴 지   그럼 내사 싫어졌어?
청 남   ……
꼴 지   그만 두어. 그대루 영 헤어질 생각인걸, 누가 모를 줄 알구……
청 남   온 마을이 다 즐거운데, 그건 모르구 저만 잘 살자니 된 말이야. 그래 그 앞에 내가 빌어야한단 말이냐
꼴 지   그럼, 난 아버지가 죽으랴면 죽어야 하나.
박의처 (노발대발해서 나온다) 엣기, 더럽다. 더러워. (이 편으로 건너온다) 꼴지 너두 인젠 우리 집에 발길 말아. 생각이 엉큼하지. 그래 제 자식을 밑천으루 땅 장사를 할 배짱이야.
꼴 지   ……
박의처 에이구, 분해라. 우리 아이는 머슴꾼의 자식이다. 머슴꾼의 자식이야.
청 남   어머니……
꼴 지   (그만 울음이 터지며 저이 집으로 달려 들어간다)
박 편   (그동안 또 한 가마니를 나르고 나선) 그만 김장에 소청대루 해 주구 말지.
박의처 머, 청남이 몫으루 나온 땅을 준단 말이요
박 편   그 땅이 아니래두, 작년엔 쌀이 서른 가마니나 나지 않았소.
박의처 저 놈의 집에선 마흔 가마니 팔았답니다.
박 편   아이가 무척 얌전두 한 걸……
박의처 그만한 며느릿감 없을가 걱정이오.
박 편   우리야 그 집 신세를 많이지지 않었소.
박의처 에이구, 저 눈치라니. 우리가 도리여 그 집의 신세를 졌단 말이요.
박 편   사둔간에 리 분리[11]를 가리겠나.
청 남   그만두세요. 장가 들겠다구 제 땅을 남 주겠소.
꼴 지   (울면서 급히 달려 나온다) 죽구 말 테야요, 죽구 말아. (상수로 사라진다)
김장에 (뒤따라 나온다) 죽어라, 죽어.
박 편   (건너가서 말린다) 김장에 어른. 참으시우, 참아.
김장에 고약한 년, 머 제 마음대루 하겠다?
박 편   무어 철이 있습니까.

---

11) 利不利, 이로움과 이롭지 않음.

김장에   저 잘 살구 나 잘 살자는데 애비두 모른다?
박 편   참으라니까요. 무슨 철이 있는 것들입니까. (굽실거린다)
박의처   여보, 이리 건너와요.
김장에   요새 젊은 것들이란 아무 모에두 쓸 데가 없어. 이건 웃사람두 촌수두 없구만.
청 남   (불안해서) 따라가 보십시오. 꼴지가 무슨 일을 저지를지 아십니까?
김장에   죽어라, 모두 다 죽어.

　　　　면 인민위원회 위원 등장.

위 원   안녕하십니까. (청남이와 악수를 하고 일동에게 차례로 인사한다)
박 편   수고로히 나오십니다.
위 원   참 훌륭한 아드님을 두셨습니다. 청남 동무, 큰 수고를 하셨소이다. (다시 악수한다) 공사 현장 구경을 나왔습니다.
청 남   그렇습니까. 그럼 같이 올라가시지요.
위 원   잠깐 그동안의 경위를 말씀 들으니까, 높에서 물줄기를 돌리는 공사는 대규모의 작업이 아니고는 도저히 될 수 없다고 온 동네가 다 반대하는 것을, 청남 동무는 확실한 착안 밑에서 자신을 가지고 정말 고신 분투를 하셨다고 합니다. 그래 겨우 동리 젊은이들의 이해와 후원을 얻어 두달 동안에 만여 평에 토지를 개간할 수 있었다는 것은 정말 놀라운 일인 동시에, 청남 동무의 옳은 착안과 만만한 투지에는 경탄하는 바입니다. 솔직히 말씀드려서, 우리 인민위원회 기술진에서도 그닥 커다란 기대는 못 가지고 있었든 것입니다. 그 점 사과의 말씀을 올립니다. 그래 인민위원회의 후원도 두텁지가 못 했고 동리 사람들의 후원도 못 받음에도, 몇몇 젊은이들의 손에서 개간공사가 완성되었다는 것은, 우리나라 청년들의 의기를 한번 천하에 알릴 수 있는 쾌거리로써도 의의는 큰 것입니다. 더욱이 우리 인민 경제계획 완수를 위하야 온 인민이 분투하고 있는 오늘, 이 마을의 나아가서는 국가 건설에 모범을 보여 준 일로써 그 감격은 큰 것입니다. 그리고 특히 한 말씀 더 드릴 것은, 우리들이 미찰한 탓으로 후원이 적었기 때문에 소용되는 경비를 대였다는 말을 듣고, 저이들은 크게 감격하였습니다.
박의처   너 예장 살라든 돈 거기다 넣었구나. 예이구, 영감두 아무래두 그 돈을 공사판에 드린 것 같다구 그러는 대두 아니라구만 우기 드니······
청 남   어머니, 용서하십쇼. (얼골이 홍당무가 되며 급히 내퇴)
위 원   그 돈이 바루 예장감 보아 올 돈이였습니까.
박의처   네! 글쎄 오는 보름날이 예장 가는 날인데, 소비조합에서 쌀값을 못 받었다는 핑계루 돈을 여태 안 들려 오는군요. 이거 큰일났소. 애장감은 무슨 돈으로 받어오겠소.
위 원   그 돈은 염려마십시오. 공사비용 일절은 인민위원회에서 내겠습니다. 청남 동무가 제 예장돈으로까지 공사비용을 썼다는 데는 더할 수 없이 감격하는 바입니다. 정말 훌륭한 일꾼입니다. 나라에서는 크게 상할 것입니다.
박의처   감사합니다. 에이구, 세상 이렇게 고마울 데가 어디 있드람.
위원장   (꼴지를 잡아 끌고 등장) 형님은 이게 무슨 일이요. 땅을 못 얻었으면 못 얻었지, 한번 맺었든 약혼을 물르는 법두 있소?
김장에   ······
위원장   저 병랑턱으루 기여 오르는 걸 바어 달구 왔소. 내가 마츰 보았기 말이지, 그러다 일이라두 저지르면 어떻건단 말이요.
김장에   엣기, 못난 것. 집안 망신 시키누라구 이 지랄이냐.
위원장   형님은 그 머리를 좀 뜯어 고치시우. 사람이란 체면이 있는 게지, 때 못 얻은 앙가푸리를 자식들에게까지 하다니, 이거 동리 부끄러운 일 아니요.
김장에   누가 머랬나. 때이야 박편이 얻어준다구 장담을 하댓게 다짐을 받어 본 게지.
박 편   김장에 어른이 하두 부탁을 하기에 자식 놈에게 말해 본다구 그랬지, 내가 무슨 수로 장담을 합니까.
김장에   말 말게. 자네말루야 된다구 하지 않었나.
박 편   (참었든 울화가 터진다) 듣기 싫소. 내야 그저 김장에 어른의 말이라면 불 물을 헤아리지 않구 순종해왔지, 언제 한번 거역한 적 없소. 시방두 내 살을 빼먹이래문 그건 하겠소만은, 내 힘으루 안 될 일이야 어떻게 장담하겠소.
박의처   누구 체미에 잽혀 사나, 하라는 대루 하게.

박 편 (소리는 더욱 높아진다) 나는 내 땅이라두 주자구 했소. 내가 죽기로써 김장에 어른의 정리야 잊겟소.
위원장 형님, 돈은 모았다 저승에까지 지구 가겠소. 자식들두 돌보아야죠.
김장에 그래, 나만 도적놈이냐. 나만 도적놈이야.
위원장 그럼, 제 자식이 죽어두 모르지 않소.
김장에 듣기 싫다. 제 자식 귀한 줄 모르는 사람이 어디 있나. 저년 예장으루 광목이 다섯동, 명주가 열 필, 양단 모번단 이불이 열 자리, 비단이니 세루니 해서 옷감두 진설루만 서른 벌이나 넘구, 이래두 자식 생각 안 한단 말이냐.
꼴 지 난 싫어요, 난 싫어. 비단 이불에 진설 옷감으루 밖에 자식을 위할 도리가 없나요?
위원장 형님은 그 성미가 탈이야. 돈 모는 데두 욕심, 돈 쓰는 데두 욕심! 그게 머요.
김장에 내가 잘못 되였든가? 모를 일이다, 모를 일야 …… (괴로움에서 허위적인다)
꼴 지 아버지! (닥어든다) 글세, 마음에 없는 살림이야 어떻게 합니까. 동리에 화합하지 못하야야 어떻게 살아요.
김장에 꼴지야! 넌 그렇게두 괴로웠니. 괴로웠어?
꼴 지 (느껴 운다)
김장에 내가 잘못됐다. 그저 늙으면 죽어야겠구나.
위 원 무선 말입니까. 영감님은 옳게 깨달었습니다. 인제부터는 그 의기를 증산으로 받쳐주십시오
김장에 농사일에 지겠소. 작년 소출은 내가 일등이오
위원장 됐소. 그럼 청남이하구 꼴지하구 떡 먹을 차비나 하구…… 참 싸움두 인제부터는 증산경쟁으로 돌립시다. 어때우, 금년애두 박편을 이길 자신이 있소.
김장에 (통명을 다해서) 날 당할 장사 있나.
박 편 (아까의 울화가 통명으로 바뀌는데서) 해볼 테면 해봅시다. 김장에 어른 겁내서 농사 못 지을까.
박의처 저 사둔님, 아이들 잰치날은 사둔님이 받어 오시겠어요.
김장에 (더욱 통명스럽게) 예장날은 오는 보름날이구, 잔치날은 내달 스무 엿샛날이라문서!

위원장   아하…… (일동 크게 따라 웃는다)
위   원   경사롭습니다. 이렇게 즐거운 가운데서 금년에는 한 근 나던 데
          서 두 근은 거두도록 힘껏 일해주십시오. ,공사장으로 안내해 주
          십시오.
위원장   네. (일동 상수로 퇴장한다. 청남이도 뒤따른다)
꼴   지   (사라지는 그들을 지키고 섰다)

　　　이윽고 흐릿한 하늘에서는 시원스럽게 비가 내리기 시작한다.

꼴   지   (비가 나리는 대로 얼골에 비를 맞으며 한없이 끓어오르는 기쁨
          을 피워본다) 아, 첫비로구나. 첫 비…… 호호…… (마치 실성한
          사람마냥 느닷없이 선웃음이 흐른다. 얼골에 얼골에 이슬이 맺쳐
          흐르는 대로 웃음이 흐른다) 내달 스무엿샛날……

　　　고요히 막.

기관차(1막)

때
　　1948년 8·15를 앞두고

곳
　　기관차 수리공장

사람
　　허성남 (조립반 기공(技工))
　　함순학 (주물반 반장)
　　최원남 (선반반 반장)
　　박윤보 (선반 기공)
　　김정관 (〃)
　　김영호 (기술과장)
　　윤명희 (기중기 운전수)
　　함순녀 (함순학의 누이동생)
　　기관차 직장장
　　조립반 기공장
　　선반기공장
　　공장장
　　검사원
　　기관차운전수
　　기타 남녀 직공 다수!

무대
　　기관차 수리공장 - 콩크리트 건축의 대공장은 사면 벽이 유리문으로 트이엿고, 공장의 한 부분을 잡은 무대 한가운데 노폐(老廢)한 기관차가 가로 놓였다. 기관차는 수리기대(修理機台)인 비-무쟈끼에 실리어 있다. 기관차 주위로는 기관용 파잎, 차륜, 기타 부속품들이 산적해 있고, 한옆 저편 뒤로는 선반 화로 등의 설비가 바라 보인다.
　　공장건축은 공장 안을 받드는 철주(鐵柱)가 적당히 자리 잡아서 얽어져 올라갓고, 철주가 천정에서 기중기대를 일으웠는데, 무대에는 기중기의 꺽쇠가 느러져 있다.

제1장

　하로의 작업이 끝난 어느 날 오후! 기계의 음직임은 멎어 고요한데 남녀 직공들은, 혹은 기관차에, 혹은 기재 낙가리 우에 걸쳐 앉아서, 방금 직장회의를 하는 중이다.
　막이 올으면 회의는 심각한 토론이 버러지고 있다.

직장장　그렇면 8·15 해방 3주년 기념 돌격작업으로는 민청에서 기관차 미지하 1070호 한 대, 일반 작업에서 미까하 두 대, 합 세대를 8·15 전으로 수리 완수하여, 새 국기를 받들고 달리게 할 것을 결정합니다.
일　동　좋소, 좋소! (박수한다)
최원남　직장장 동무! 한가지 제의가 있습니다. (일어선다)
직장장　말씀하십시오
최원남　이번 8·15 기념은 단순히 해방을 경축하는 것이 안일 줄 압니다. 우리는 새로운 헌법을 받았습니다. 인제 8월 25일에는 조선민주주의 인민공화국 대의원 선거가 실시되지 않습니까. 인제 정말루 우리들의 눈앞에는 통일국가를 세우기 위한 좀더 커다란 투쟁이 있어야할 줄 압니다.
일　동　옳소, 옳소! (환호가 올은다)
직장장　어떻게 하면 좋을지 구체적인 제안을 내여 주십시오.
최원남　(기관차를 가르키며) 이 기관차를 곳쳐야 합니다. 기술과장 동무로부터 도제히 곳칠 수가 없다고 하여서 그대루 버려 두엇습니다만, 우리가 이번에야말로 통일자주독립국가를 세우게 되는 마당에, 우리가 있는 힘을 한다면 이것 한 대쯤 더 못 곳칠 리가 없습니다.
일　동　옳소, 옳소!
최원남　이번 차는 특히 우리 최고대의원 선거사업에 쓰도록, 통일국가수립기념호로 8·15 전까지 완수할 것을 제의합니다.
일　동　좋소, 좋소!
함순학　직장장 동무! 최동무의 제의를 찬성합니다. 그리구 이번 수리작업은 특히 시간 외의 애국로동으로 하되, 그 수입은 이번 우리 공장 부근에 신축되는 인민학교 건축비로 바칠 것을 제의합니다.

박윤보   함동무의 제의가 옳소. 우리네 로동자들이 이만큼 뽐내이게 된 오늘 우리 손으로 학교 하나쯤 못 세운대서야 될 말입니까.
일 동   옳소, 옳소! (환호가 올은다)
직장장   어떻습니까, 기술과장 동무!
김영호   될 수 없습니다. 현재 우리가 가지고 있는 자재나 기술로는 도제히 곳칠 수가 없는 것입니다.
최원남   언제는 우리가 자재가 풍부하고 기술이 만족해서 기관차를 수리해 왔습니까.
김영호   우리가 지금까지 수리해온 기관차에 비할 정도가 안입니다.
최원남   우리는 경험을 가지고 있습니다. 먼젓번 전당대회 때에도 그렇게 힘들다던 미까하 117호도 제때에 완수하였을 뿐만 아니라, 오늘까지 무사고로 10,000키로를 주파하고도 가장 성능이 좋다고 칭찬을 받고 있지 않습니까.
김영호   자재가 없는 걸 어떻겁니까?
함순학   만들어야죠. 언제는 있는 걸 썼습니까?
김영호   이번은 불가능합니다.
함순학   저이 주물반에서는 오늘 비스통붓슈를 붓는데 성공했습니다.
김영호   그것도 깍아봐야 합니다. 쇠ㅅ물을 붓는데 버리집이 생기지 안엇다고 단언할 수 있습니까.
함순학   결점이 있다면 곳치면 될 게 아닙니까. 우리는 어디까지나 자신을 가집니다.
김영호   그렇니까 자재나 기술상 형편으로 보아서 8·15 기념으로는 불가능할 뿐만 아니라, 저렇게 로폐한 기관차를 곳치자면 거진 새 차를 만드는 거나 닥지 않는 자재와 기술이 요하는 만큼, 우리 공장으로써는 근본적인 해결이 없이는 도제히 불가능한 일입니다.
　　　　　저 기관차는 첫재 왜놈들이 만주철도용으로 만들엇든 것으로 조선 철도에는 규격이 맞지가 않습니다. 그렇니까 차량을 전부 갈지 안어서는 안 되며, 그러자면 구랑쿠핑, 쟈나루, 비스통붓슈 등을 새로 만들며, 기관 부속만 해도 (서류를 펴들며) 대소 연관, 선부수관, 좌우 주수기, 압력계, 감압변, 공기변, 분배변, 자동제동변, 단독제동변, 기적변, 안전변, 동류, 선류, 주련봉, 동력발전기, 공기압축기, 가바나, 그리고 보히라는 전부 개조를 요하며, 기타 각 기관 부속품 일체와 호-스, 파이프 등을 전부 새로히 갈지 안어

　　　　서는 안 됩니다.
일　동　(잠잠하다)
직장장　여러분의 의견은 어떻습니까?
함순학　우리의 힘으로 될 수 있다고 봅니다. 문제는 연관하고, 구랑쿠핑, 비스통 붓슈가 힘든데, 가장 힘들다는 비스통 붓슈를 주물하기에 성공한 오늘, 무어 무서울 게 없습니다.
김영호　왜놈들도 이 공장에서는 할 렴두[1] 못 하든 일입니다.
함순학　왜놈들이 못 하든 일을 그동안 우리가 성공한 게 얼마나 많습니까.
김영호　정도 문제입니다. 위선 우리에게는 기계설비가 없습니다.
직장장　다른 동무들은 의견이 없습니까?
최원남　물론 힘들 줄은 압니다만, 해보는 게 어떨까요.
직장장　다른 동무들은? 조립반 허성남 동무!
허성남　확실한 계획이 없는 일은 그만둡시다.
공장장　제가 한 말슴 들입니다. 여러분의 의견은 참으로 훌륭합니다. 그러나 기술과장동무의 의견처럼 우리는 공장설비와 자재, 기술에서 아직 부족한 점이 많습니다. 그런 만큼 너무 무리한 계획은 피하는 게 좋을 줄 압니다. 그렇나 통일국가 수립을 선포하면서, 인제 조선민주주의 인민공화국 대의원 선거를 눈앞에 박두한 오늘까지, 우리 공장이 자기의 힘으로 자기의 건설을 못 다했다는 건 정말 가슴 아픈 일입니다. 하물며 여러 동무들은 오늘 이렇게까지 불붓는 애국적 열성을 다하시는데, 공장설비조차 충분치 못한 것은 공장 당국으로써 깊이 자기비판하는 바입니다. 그렇나 명년이면 공장설비는 완전히 됩니다. 많이 뒤떠러젓습니다만, 그때까지 여러분은 있는 힘을 다하야 싸워주시기 바랍니다.
일　동　옳소, 옳소! (환호가 올은다)
직장장　자, 그럼 오늘 회의는 이것으로써 끝마치겠습니다.
일　동　(박수로써 일어서며 떠들면서 흐터진다)
최원남　(상부사람들이 사라지자, 기관차에 올으며 고함친다) 동무들! 이게야 가슴에 불이 타서 살겠소. 그래, 이놈의 화통에다 연기를 뽑아내보지 못 한단 말이오.
기　공　박사선생이 들으면 또 욕먹을 소리야!

---

1) 念頭, 생각의 시초.

최원남 글쎄, 박사선생은 기술, 기술 하지만 그래, 우리가 못한 게 뭐야.
기 공 자, 기관차 검사기게를 발령한 윤령순 동무 올라간다! (한 기공을 떠다민다)
일 동 하하……
기 공 쇠 짤르는 자동기게를 발명한 김락 동무를 소개합니다.
일 동 아하하……
최원남 글세, 우리가 못한 게 머요? 용접봉두 우리 자력으루 만들었겠다, 보히라두 전체 수리를 성공한 게 우리들의 손씨2)가 안이였소…
기 공 기술이 있어야 해, 기술!
최원남 글세, 웨 마음껏 배우게 못 해주느냐 말이오. 웨 마음껏 일을 안 시켜 주느냐 말이오.
기 공 민청에서 특별작업까지 하면서 무슨 걱정이야. 꽝꽝 창안을 해내면 될 게 안이야.
기 공 자, 비스통붓슈의 창안자 함순학 동무의 연설이 있겠습니다. (떠다민다)
함순학 (떠밀리워 기관차에 올으며) 자랑이 아니라, 고심참담하든3) 비스통붓슈를 새로 붓기를 오늘로써 성공했습니다. (웃어대는 동무들을 제재하며) 우리는 이렇게 가진 난관을 뚫러나가며 미끼하 117호까지 만들어 내인 훌륭한 일꾼들입니다. 그런데 기술과장 박사선생께서는 기술, 기술루다 방패를 막어대구는 당장 기관차가 떠난다는데두 기다리라구만 하니, 이런 코트러 막구 답답할 데가 어디 있소.
일 동 아하하……
기 공 (기관차에 뛰여 올으며 기술과장의 흉내를 낸다) 절대로 학리를 떠난 기 술 창안이란 있을 수 없습니다. 먼저 대수 기하로 들어가는데, 일 푸라스 일 이코올 이라!
일 동 아하하……

이러는 동안 공장 앞은 더욱 어즈러우며 흐터진다.

---

2) 솜씨의 평안 방언.
3) 苦心慘憺하다, 몹시 마음을 태우며 애를 쓰면서 걱정하다.

기 공   (차에 올으며) 광고합니다! 써-클 동무들은 직맹 구락부로 모여
           주시오. 연극반, 음악반, 무용반, 8·15 예술축전 참가 연습을 오
           늘부터는 본격적으로 들어갑니다. 한 동무도 빠지지 말아주시오.
일 동   네!

           구석 구석에서 나팔, 북이 울려나고, 노래가 어울리고, 이리하야 어즈러운
           소음은 김일성장군의 노래로 화하며 밖으로 사라진다. 그동안 옷을 박구
           어 입는다든 퇴근차비를 갖추은 기공원들 '박동무!', '김동무!', '리동무!' 들
           을 찾아서 끼리끼리 짝을 지으며, '구경 가세!', '영화가 좋은 게 왔다네
           그려' 등등 마즈막 어수선을 떨며 이윽고 사라진다.
           사이.

최원남   선반 조립반, 주물반 민청동무들의 특별기술전습반은 남어주시
           오. 우리 민청의 특별 작업으로써, 그여히 이놈의 기관차를 움직
           여 놓구야 맙시다.
민청원들 (이에 호응하며 제각기 일터로 사라진다)
최원남   (허성남에게) 조립엔 동무 혼자인가?
허성남   응- (기관차로 가며 일 차비를 한다)
최원남   (모여든 박윤보, 김정관에게) 동무들, 오늘은 고속도 회전을 시험
           해 보세. 엇때 자신있지?
박윤보   염려 말게. 해보세.
최원남   우리 선반이 고속도 회전에만 성공하면, 이 기관차 수리두 8·
           15 전에 문제 없네. 내가 정확한 계산을 따져봤는데 자나루가 하
           루에 한 개 깎든 게 두 개, 구랑쿠퍙이 두 개이든 게 세 개 반,
           차륜이 한 개인 것을 두 개 반, 피스통 봉이 두 개- 엇때, 무서
           운 성과가 아닌가.
김정관   아무래두 바이트가 탈 것 같아.
최원남   바이트는 물리는데 달렸서. 틀림없네. 한 미리 한 미리 정확하게
           박구어 물려보면 실험을 해 주게.
박윤보   응, 반장동무는 오늘 비스통붓슈를 깍어 보겠지?
최원남   그래.
박윤보   자신 있나? 처음하는 일인데-
최원남   주물에서 부어온 걸 우리 선반에서 깍어내지 못한 게 무에 있었
           나? 자식들이 버리집이나 내지 안었으면 다행이겠지.

박윤보   아닌게 아니라, 주물에서 오늘 비스통붓슈 붓는데 성공했다구 뽐내는 데는 정말 몸이 달데.

최원남   지금 회의에서 이 기관차를 수리하자구 기세를 올리는 것두, 다 그 속이 안이야. 하하… (일동 따라 웃는다)

최원남   어디 해 보세. 주물반한테 떠러져서야 될 말인가.

박윤보   해보세. (김정관이와 같이 저편으로 사라진다)

함순학   (등장) 동무들, 구경 안 가려나.

최원남   동무네 신발명품을 선반으루 운반해 줘야지.

함순학   무얼 않인가?

최원남   비스통붓슈 말이야.

함순학   신발명품! 하하… 선반에선 오늘두 기술실험인가?

최원남   너무 뽐내지 말게. 우린 고속도회전이 언제 될 것같지가 않으이 그려.

함순학   무얼 꾸물꾸물들 그러구 있서. 우리처럼 제각 만들어 낼 게지. 비스통붓슈, 하하… 명히 동무! 구-렝[4]을 비스통붓슈 있는 데루 옴겨 주어요, 명히 동무! (기중기연전대 치어다 보며 고함치고, 기중기가 움직이는 편으로 사라진다)

허성남   (전기로에 스위치를 넣는다. 컴컴한 공장 안은 전기로의 화광만이 유난히 빛난다)

최원남   차륜을 끼워 볼려나?

허성남   응. (차륜으로 가며 기중기를 살핀다)

최원남   오늘은 성공해 주게. 우리 선반에서 깍거낸 놈을 조립에서 맞추지두 못 해서야 될 말인가?

허성남   글세, 원체 신품을 해보기는 처음이라서 자신이 없네 그려.

최원남   그까짓 하면 되는 게야. 왜놈들 무서울 것 하나두 없겠데. 하하…

함순학   (비스통붓슈를 실은 기중기 직께에 몸을 싯고 넘어온다. 이윽고 직께는 중간에서 멋는다) 웨 머저? 좀 더 좀 더 선반까지 움직여! 명히 동무! (올려다보며) 무어? 기중기에 사람이 타는 건 작업규률의 위반이라? 그러니 어디 높아서 내려 뛸수가 있소. 잘못했소. 한번만 용서하우. 자, 움직어요. 명히 동무, 명히 동무!

최원남   아하하…… 순학 동무가 한코 걸렸네 그려. 아하하……

---

4) crane.

함순학   명히 동무, 명히 동무!
최원남   한참 뽐내구 도라가드니, 꼴 좋게 됐네. 하하……
함순학   잘못 됐소. 다신 안 그럴 게 돌려줘요. 명히 동무……
최원남   비스통붓슈두 구-렝 우에 올라 앉어서 부어낸 게 아니야.
함순학   염려말게. 동무두 명히 동무 편인가? 명히 동무!
최원남   어쩐지 버리잡이나 나지 안어스면 천만다행이겠네.
함순학   마음대루 놀려먹 게. 명히 동무……
최원남   아하하……
윤명희   (철주 사다리로 내려온다) 순학 동무! 반장 동무가 이게 무슨 짓이예요?
함순학   잘못 됐소. 자기 비판을 차차 할 테니까, 어서 내려줘요.
윤명희   이건 여자라구 깔보는 거예요. 기중기에 사람이 타서는 안 된다는 작업규률을 반장동무가 위반하니, 우리는 일할 수가 없어요.
함순학   잘못 됐소. 공장 안이 하두 캉캄해서 그랬구려.
윤명희   동무의 목숨은 개인의 목숨이 아닙니다. 만일 실수해서 기게가 뒤집피면 동무같은 훌륭한 기술자의 목숨을 누가 감당하겠서요.
함순학   다시는 안 그럴 게 어서 내려주우.
윤명희   이담 또 그르믄 난 몰라요. (다시 사다리로 올은다)
최원남   아하하…… 코가 납작 했네 그려.

   기중기 기관차 뒤로 돌아가서 내리고, 이윽고 함순학 손을 털며 나타난다.

함순학   에-이, 진땀 뺐네.
최원남   점잖치 못하게 그게 머야. 여성 동무 앞에서, 하하……
함순학   하하…… 아닌 게 아니라 망신했는데 그래.
최원남   그래, 동무네 신발명품을 깎는데 구경을 가서야 되겠나?
함순학   아닌 게 아니라 캥기는데.
윤명희   (내려온다)
함순학   미안합니다.
윤명희   이담부터는 주의하세요.
함순학   네에, 하지만 명히 동무, 너무하지 안어요.
윤명희   그게 반장동무의 자기 비판이예요?

함순학   그게 머요. 커-다란 사내를 공중에 달아 놓구!
윤명희   좋아요. 난 회의에다 이 문제를 내어놓을 테예요.
함순학   잘못 됐소. 명히 동무하구는 농두 못 하겠군 그래. 허허…
윤명희   나두 반장동무를 위해서 그러지, 어디 미워서 그래요. 호호……
함순학   고맙소. 명히 동무! 구경 안 가려우?
윤명희   어디요?
함순학   국립극장! 연극이 아주 좋다는군요.
윤명희   그래, 같이 가요.
최원남   부러울제 그려. 그러나 난 선반하구 씨름이나 하겠네. (사라진다)
윤명희   비스통붓슈 깍는 건 도와드리지 않아요.
함순학   내가 있어 도움이 될 게 있소.
윤명희   그만두세요. 동무의 신발명품을 처음 깍는데 걱정두 안 돼요?
함순학   염려마우. 난 언제나 자신 없는 일은 안 하니까!

    선반에서 쇠 깍는 소리 들려온다.

허성남   (기관차에서 나온다) 명히 동무! 미안하지만, 구-렝을 한번만 더 돌려 주구려.
윤명희   (점심그릇을 함에게 주고 사다리로 올은다)
함순학   아주 열심일세 그려.
허성남   비스통붓슈는 염려없겠나?
함순학   웨 걱정이 되나?
허성남   그럼, 걱정 안 돼! 마즈막 성과를 본 담에라야지.
함순학   염려말게. 백파-센트 자신하네.
허성남   옳지 않아. 일을 중도에 팡가치구 구경가는 게 먼가. (움직여 오는 기중기 직께에 손을 저어 섬기며 차륜을 물린다)
함순학   일할 때는 땀이 흠신 나게 하구, 놀 때는 또 통쾌하게 놀아야지. 하하…… 명히 동무! 먼저 나가우. 곳 나와요. (퇴장)
허성남   (손을 저어가며 차륜을 어렵게 섬긴다) 좀 더 좀 더 이편으루, 이편으루…… (이윽고 전로에 차륜을 깊이 불에 잠기도록 손질한다)

    사이.

윤명희 (직께는 다시 움직이고 이윽고 나려온다) 오늘은 허동무 혼자예요?
허성남 네! 김동무는 집에 볼 일이 있어서!
윤명희 기중기는 누가 움직여요?
허성남 선반 동무들이 있는데요.
윤명희 선반 동무들이 저이 일은 안 하구, 허동무 조슈 일을 한대요?
허성남 ……
윤명희 (이윽히 서서 바라보며 생각에 잠겻다가 퇴장.)
허성남 (이글이글 끌어 올으는 불 앞에서 일에만 부산스럽다)

    이윽고 어둠은 기여들고 기관차 앞에 한 자루 전등과 전로가 빛을 내이고, 저편 뒤 로 멀리 선반에서 불빛이 반짝인다.
    사이.
    기차가 떠나는 소리 들려온다.

김영호 (***을 받고 등장) 누구요? (불빛을 빛이여 더듬어 본다) 이건 어떻게 된 야간작업이오?
허성남 우리 민청에서 기술 실험을 해보는 겝니다.
김영호 누구의 승낙을 받었소?
허성남 네, 직장동무께 말슴들였습니다.
김영호 웨 나한텐 말이 없었소? 이건 기술부면에 관한 일인데.
허성남 ……
김영호 선반에서두 기술실험이오?
허성남 네!
김영호 선반 동무들! 최동무! 최동무!
최원남 (등장) 불으셨습니까?
김영호 동무들은 이 기관차를 그여히 살려볼려는 뱃심들이오?
최원남 ……
김영호 동무들의 태도가 옳지 않소. 그야 동무들의 열성에는 탄복합니다만, 기술가의 안목으로 보아서 이 기관차는 도저히 수리할 가능성이 없다는 게 증명됐소. 그런데두 내 눈을 피해 가면서까지 이러는 건 쓸데없는 노력의 랑비에 지나지 않소.
최원남 꼭 이 기관차를 곳치겠다는 게 아닙니다. 인제 몇 가지 남은 기술상의 문제를 이번 8 · 15까지에는 어떻게든 우리의 힘으루 해결

해 볼 결심입니다.
김영호   그래, 어떻게 구체적인 방침을 세웠소?
최원남   실제루 작업을 해보는 길밖에 어디 다른 도리가 있습니까. 연관 작업, 비스통붓슈, 이런 것 몇 가지만 성공하면, 우리 손으루 새 차라두 만들 수 있을게 아니예요.
김영호   정작 그게 어려운 관목이오. 이 공장에서는 왜놈들두 못 하는 일이란 말이야.
최원남   ……
김영호   더구나 나한테는 한마디 말도 없이 이러구 있으니, 원칙이 없이 되는 일이 세상 어디 있소.
최원남   미안합니다. 시간외 작업이라서, 과장 동무께 청하기가 미안해서요.
김영호   이 작업은 중지하시오. 쓸데없는 일입니다.
허성남   과장 동무! 저는 오늘 낮에 새 차륜을 끼우는 일에 두 번이나 실패를 보았습니다. 시간외 작업이라두 해서 보충해야지, 우리 2/4 반기 책임량이 걱정 안입니까.
김영호   그렇다구 이렇게 억지를 써서 될 일이오.
허성남   ……
김영호   동무! 이 전로의 화력이 몇도요?
허성남   XX도!
김영호   다이아 강철이 달아 올으는 시간 경과는 몇 분 몇 초요?
허성남   ……
김영호   그것도 몰으면서 어떻게 혼자서 실험 작업을 한단 말이오.
허성남   이 차바퀴만은 꼭 성공해야겠습니다.
김영호   그동안의 물자의 손해는 누가 감당하겠소?
허성남   ……
김영호   높은 학리에 결부된 기술도, 시설이 완전해야 되는 법이요 동무들두 알지 않소. 본시 이 공장은 건설 도중에 왜놈들이 물러갔구, 왜놈들 때에두 적은 부분품수리나 하든 데가 아니오.
최원남   그렇지만 우리는 우리 손으루 기관차를 수리해 오지 안었습니까.
김영호   그것두 정도가 있단 말이오.
최원남   왜놈 때에 못 하든 일을 우리가 얼마나 많이 창안해 왔습니까. 어려운 일이 생길 때마다, 우리는 그것을 이겨내지 않었어요.

김영호 우리 기술부의 지시에 따라 주시우. 될 만한 일이면 우리 기술부에서 먼저 나설 게 아니오?

허성남 ……

김영호 더구나 지금은 8·15 기념 돌격작업 주간이 아니오. 이렇게 무리를 하다가 건강을 상하면 예정계획은 어떻게 하겠소

최원남 ……

김영호 작업을 중지해 주시우. 그렇다구 동무들의 열성을 몰라서 하는 말이 아니오. 그 열성을 쓸 데다가 써야지, 헛되인 노력의 랑비가 된단 말이오. (퇴장)

최원남 허동무!

허성남 난 이놈의 차박휘를 붙쳐 놓구야 물러나겠네.

최원남 기술과장 동무는 그냥 고집이야. 왜놈들은 저이가 아니면 아모 것두 안 되는 것처럼 행세를 하지 않았나.

허성남 기술과장의 말이 옳아. 주먹구구루야 무에 되겠나. 정말 공부를 해야겠지.

최원남 하지만 박사 선생은 우리 로동자들의 마음을 몰라주어. 그저 일제 때나 같은 줄만 아는 모양이란 말이야.

허성남 사람이 너무 까다로워.

최원남 왜놈들이 물러갈 때, 우리 공장은 두 달이 못가서 문을 닫는다구 장담을 하지 않았나. 그래, 박사 선생두 우리 공장은 문을 닫어야 한단 말인가.

허성남 최동무!

최원남 정말 섭섭해. 우리 로동자들한테는 너무 냉정하단 말이야.

허성남 난 판씨름5)을 해야겠서. 나같이 우둔한 놈이야 작구 해나 봐야지, 별 도리가 있나.

최원남 하세. 호랭이 무서워 산에 못 올으겠나. (급히 퇴장)

허성남 (차륜의 내외륜을 합접(合接)할 차비를 한다)

　　사이.

윤명희 (등장) 운전대에 올라갈까요? (전로를 살핀다)

허성남 왜 구경 안 갔소?

---

5) 상씨름에 나갈 선수를 가리기 위하여 정식으로 판을 벌이고 하는 씨름.

윤명희   혼자 할 테예요?
허성남   (말없이 전로를 지킨다)
윤명희   (그동안 옷을 가라입고 기중기로 올라가 작란처럼 직께를 허의 머리 우으로 도리우도록 끌어 옮겨 대롱거리게 한다)
허성남   (이윽고 고함친다) 오라이! (손을 저어가며 직께의 위치를 조절하여 차륜에 물리운다) 올려! 점 더! 이쪽으루! (차비된 외륜에 물릴려고 하니 바루 되지 않아 애쓴다) 올려! 내려! 왼쪽으루! 바른쪽으루. (한동안 땀을 흘리며 같은 동작을 무수히 되푸리하다가 간신히 맞추어 놓는다) 오라이! (그러고는 합접공작에 바쁘다)

　　　　사이.

윤명희   (내려와서 일하는 양을 지킨다)
허성남   (작업에 열중하다가 그만 실망하며 기구를 던지고 도라선다)
윤명희   또 안됐어요?
허성남   (옆으로 털석 주저앉는다) 난 공장을 그만 둬야겠서!
윤명희   어떻게 됐게 그래요?
허성남   화력이 지나쳤서. 이게 벌서 몇 번채야.
윤명희   다시 해 봐요. 첫술에 배불을라구요.
허성남   선반에선 왜놈들두 못 한다든 차륜 신품을 젝켜 깍거내는데 그래, 나는 그걸 제 틀에 맞추지두 못 한단 말이야.
윤명희   다시 해 봐요. 웨 그렇게 락담부터 앞서우?
허성남   나는 로동자가 아니야. 나같은 게 무슨 자격으루 조립반 기공이란 말인가.
윤명희   다시 새 놈으루 해 봐요. 내 기중기에 올라갈께요. 네? (기중기로 올라간다)

　　　　기차 지나가는 소리 요란하게 들려온다.

허성남   (어즈러운 감정에서 머-하니 앉아 있다)

　　　　이윽고 직께는 허를 불르드시 춤추며 허의 앞에서 대롱거린다.

허성남   (이윽고 결연히 일어서며 다시 새로운 차륜 앞으로 가서 고함친

다) 점 더 내리워! 점 더 점 더… (이윽고 차륜을 달아올린다) 올려! (전로 앞으로 가서 손잘한다) 내리워! 올려! 이편으루! 점 더 점 더 내리워! (차륜을 전로에 잠기게 하고는 손을 든다) 오라이! (전로을 손질하며 열심히 지킨다)

　사이.

김영호　(공장을 휘돌아 오는 길에서 다시 등장) 웨 작업을 아직두 중지 하지 않소?
허성남　……
김영호　(차륜을 살피며) 또 실패를 했구려.
허성남　네에.
김영호　동무 혼자서는 안 될 일입니다. 기술지도원의 지시 밑에서 일을 배우도록 하시오.
허성남　네! 오늘밤만 고대루 일을 시켜 주십시오.
김영호　쓸데없는 노력이오. 래일을 위해서 일즉이 도라가 주무시우.
허성남　……
김영호　요새 기술 강의를 웨 멈추었소. 8·15 기념 돌격작업에 건장에 지장이 있을까 염려해서가 아니오. (갈려고 한다)
허성남　과장 동무!
김영호　(도라선다)
허성남　(주저하다가) 야간공전에 입학지원서를 넣어 볼까 하는데요. 과장 동무 취천서 한 장 써 주실 수 없을까요?
김영호　동무는 소학교 졸업이지?
허성남　네!
김영호　고등수학은?
허성남　아직 초보입니다.
김영호　외국어는?
허성남　……
김영호　(이윽히 생각하다가) 점 더 공장에서 배우시우. 다음 기회에 봅시다. (선반으로 사라진다)
허성남　(김영호가 사라지는 편을 이윽히 직히는 눈에는 더할 수 없는 실망이 흘은다. 이윽고 생각을 털며 다시 전로를 살피고 나서 손을

　　　　　든다. 움직여 오는 직꼐를 잡아서 섬기며 차륜에 물린다) 점 더! 점 더! 이편으루! 오라이! (차륜을 옆으로 움겨서 내려놓는다) 오라이! (다시 차륜 합접 차비를 가다듬고는 전로를 직힌다)
함순학　(등장) 수고하네 그려! 어떻게 됐나? 또 한개 잡아 먹었네 그려.
허성남　(힐끗 쳐다보고는 다시 일에 열중한다)
함순학　이 사람은 그냥 일에 환장을 했군 그래.
윤명희　(내려온다) 어떻게 구경 안 갔서요.
함순학　동무 때문에 나만 망했소. 그때 달려 나가니까 기차가 막 떠난 뒤로군요. 허허……
윤명희　미안합니다. 생각하니까 안 되겠서요. 우리 민청에서 특별 작업을 하는데, 민청원이 구경 다녀서야 되겠어요.
함순학　사실 나두 구경 안 간 게 마음이 개운하우. 더구나 마즈막 성과를 보지 않구는 아무래두 마음이 놓이지 않는군요
윤명희　함동무는 그래서 좋아요. 일두 씨언씨언히 잘 하는데, 잘못두 많구, 또 자기 비판두 씨언씨언하거든요. 허허……
함순학　고맙소. (그동안 옷을 가라입고 나서) 난 꼭 명희 동무같은 마누라를 어더야겠서. 허허…… (선반으로 사라진다)
윤명희　(이윽히 전로를 살피다가) 허동무! 공업전문학교 입학원서 냈서요?
허성남　……
윤명희　(할일 없이 전로를 직힌다)
허성남　지금 이게 몇 도나 돼 뵈우?
윤명희　내가 그걸 어떻게 알아요
허성남　악가는 열도가 지나쳤서. 두 미리나 커졌거든.
윤명희　그래, 학교는 어떻게 됐서요?
허성남　나 같은 놈이 학교가 다 머요.
윤명희　웨 박사 선생이 취천을 못 해준대요?
허성남　……
윤명희　(그래도 이윽히 전로를 직히다가 심심파적으로 콧노래를 불으며 기중기로 올은다)
허성남　(그대로 전로를 직히기에 여념이 없다)
함순녀　(급히 등장) 오빠, 오빠! 우리 오빠 어디 있서요?
소　리　순녀!

순　녀　명히 야단났서. 너이 순영이가 학교에서 엇때 돌아오지 안었구나.
윤명희　(급히 내려온다) 우리 순영이가 어떻게 됐서?
순　녀　글세, 세 아이가 엿때 학교에서 도라오지 안는구나.
윤명희　학교는 알아보았니?
순　녀　학교에랑 파출소에두 알아보구, 부탁두 했는데, 통 알 길이 없어요.
윤명희　길을 헛들었나? 저를 엇쩌문 좋으냐.
순　녀　어서 찾어나가 봐. 지금 동리가 다 떠러났서.
윤명희　학교두 멀어서 그렇다니까. 예서 평양이 얼마야, 십리 길이나 되지 안니.
순　녀　어서 가 봐.
윤명희　일을 어떻거니?
순　녀　내가 할까?
윤명희　자신 있서?
순　녀　오빠 조수를 얼마나 했다구 그래, 나두 구-렁 운전을 배울래.
윤명희　그럼 부탁한다. (황황히 퇴장)
순　녀　실례합니다.
허성남　고맙소.

　　　김영호, 함순학 선반에서 온다.

김영호　동무들은 일을 너무 쉽게 생각한단 말이오. 과학적으루 재여서 한 미리 한 컴마가 틀려두 안 되는 겐데. 주먹구구루 하다니, 그 어디 될 말이오.
함순학　틀을 잘못 다졌서요. 바람이 들어서 버리집이 낫지요.
김영호　래일 분석해 봅시다. 틀을 짜기가 열도를 올리는 거며, 도가니 하나 다루는데두 우연한 게 어데 있소. 과학적인 학리가 필요하단 말이오.
함순학　미안합니다.
김영호　인젠 그만하구 도라가시우.
함순학　과장 동무! 한 가마만 더 부어 보겠습니다.
김영호　과장이 과장 같질 안소. 웨 일르는 말대루 하지 않소?
함순학　이게야 화가 나서 백이겠소. 꼭 자신을 했는데!

김영호　도라들 가시오. 그거 한 개 못 쓰게 되는데 물자의 손해가 얼마나 큰지 아시우?

함순학　……

김영호　돌아들 가시우. (나갈려고 한다)

함순학　과장 동무! (주저하다가) 저이 주물공장부터 짓도록 건축 계획을 곳쳐 주십시오

김영호　건축계획을 곳치다니?

함순학　사실 까놓구 말이지, 저이 주물부는 공장설비가 불완전해서 실패가 많습니다.

김영호　그건 나두 인정합니다.

함순학　정말 화가 나서 저대루는 일을 할 수가 없어요. 도가니 시설두 그렇구 틀을 짜는 것두 맨 땅에다 끄적거려 놓으니, 이게 될 게 머예요. 더구나 집이 바락꾸라서 바람이 고르럽지 안으니, 열도를 항상 평균하게 맞출 수는 도제히 없습니다.

김영호　그렇니까 엄밀한 기술상 계획이 필요하단 말이오.

함순학　지금 공장설비 가지구는 해내는 수가 없습니다.

김영호　그렇지만 공장 증축공사는 명년도 말로 완필할 계획이 아니요.

함순학　주물공장부터 먼저 짓도록 해 주십시오.

김영호　전체 계획을 무시할 수는 없소. 전체 예산 밑에서 하는 겐데. 주물공장을 먼저 짓는다면 물자 시간의 낭비가 얼마나 큰지 아시우?

함순학　주물이 실패하는 낭비는 생각지 않으십니까? 전체 작업에 얼마나 큰 지장을 주어요.

김영호　실패가 없도록 해야죠. 동무는 반장이죠. 그리구 기술지도원은 무얼 하고 있소?

함순학　사람의 힘으룬 안 됩니다.

김영호　공부들을 하시오. 서들러서 많이만 만들려는게 능사는 아니오. (퇴장)

함순학　(이윽히 생각에 잠겼다가) 공장장께 담판을 해야겠어. 지금 저 공장설비루는 도제히 정밀품을 만들 수가 없어.

순　녀　비스통붓슈는 실패예요?

함순학　공장장에게 담판이다. (어즈러움을 털며) 순녀야, 오늘 또 조수를 해라. 끝장을 보구야 말지. 이걸 그래두 있서.

순　녀　안 돼요. 오늘은 허동무 조순데요.
함순학　명히 동무가 있지 않아?
순　녀　집에 갔서요.
허성남　난 좋소. 오빠를 도와드리우.
함순학　아니, 천천히두 좋와. 틀두 짜구 차비를 할 테니까.
순　녀　나같은 것두 세가 나는군요. 호호……
함순학　이번엔 자신 있다. 실패를 하다니 될 말이야. (퇴장)
순　녀　오빠! 나 직장 가를 테요. 구-렝 운전수루! (기중기로 올은다)
허성남　(전로를 직히기에 열중한다)

　　　　선반에서 쇠 깍는 소리만이 유난하게 요란스럽다.

허성남　(여전히 직히고 섯다가 이윽고 급작스러히 손을 들여 고함친다) 오라이! (직께가 급히 내려오는 것을 받어서 조절한다) 점 더 내리워! 점 더! 점 더… 이편으루! 이편으루…… 오라이! (차륜을 말아올려 저편으로 간다) 내리워! 점 더! 점 더! 올려! 내리워……
공장장　(등장하여 이 광경을 살피고는, 배전판으로 가서 스위치를 눌러 공장 안이 낮처럼 밝게 불을 켜고는 웃통을 버서 던지고 달려와 일을 도읍는다)
허성남　올려! 내리워! 점 더! 점 더… 오라이! (직께를 떼이고는 급히 닥어들어 합접 작업을 시작한다)

　　　　사이.

순　녀　(내려와서 일을 직힌다)
공장장　(이윽고 일이 끝나며) 됐네. 이만하면 충분할세.
순　녀　성공이예요?
공장장　허동무, 크게 수고했네.
허성남　(차륜을 살피고 나서) 공장장 동무의 덕분입니다.
공장장　아니, 허동무의 기술은 이제 훌륭할세. 참 젊은 사람들의 의기란 놀라웁단 말이야.
순　녀　허동무가 이것따문에 얼마나 애를 태웠다구요.
허성남　함동무, 고맙소!

공장장 많은 수고를 했네. 인젠 도라가 두 다리 죽 뺏구 쉬이게.
허성남 좀 더 해 보구 싶은데요. 차체에다 다리까지 놔야 안심될 것 같습니다.
공장장 천천히 하지 그래. 내일 일두 있는데 너무 무리하지 말게.
허성남 네!
공장장 선반에서두 그냥 작업을 하는군. 어서 도라가 보게. (저편으로 사라진다)
허성남 네! 순녀 동무, 고맙소.
순 녀 허동무! 기쁘겠습니다.
허성남 (한동안 망서리다가) 순녀 동무! 미안하지만 한번만 더 수고해 주겠소?
순 녀 네! 저는 언제까지나 좋아요.
허성남 고맙소. 그럼 박휘(바퀴)를 달아 봅시다.
순 녀 네 (철주로 올은다)
허성남 (다시 일할 차비를 하며 이윽고 직께가 움직여오자 손을 저어 차륜에 물린다) 오라이! (차륜은 달려올라 기관차 밑으로 간다) 좀 더 좀 더! 내리워! 내리워! 올려! 이쪽으루! 저쪽으루! 내리워! 내리워… 너무 내려왔다. 올려. 올려. 올려…… 앗! (그만 비명을 찔으며 쓰러지자, 차륜은 급히 올라서 위치를 옴기며 이윽고 順 녀 급히 내려온다)
순 녀 몹시 다쳤서요? (끄집어 일으킨다) 에구머니나, 피! (수건을 찌저서 다리를 싸매준다) 어서 병원으루 가요.
허성남 괜찮소. (몸에 힘을 주어 일어나 앉는다) 이맛 걸 가지구 무슨 병원이요.
순 녀 아니예요. 상처가 도지면 어떻걸려구 그래요.
허성남 순녀 동무! 한번만 더 수고해 주우. (일어날려고 한다)
순 녀 안 됩니다. 지금두 제가 서틀어서 실수를 했는데, 또 어떻걸려구 그래요.
허성남 아니오. 내가 실수를 했소.
순 녀 안 돼요. 이 몸을 가지구 어떻게 일을 해요. 어서 병원으루 가요.

　　　공장장, 김영호 등장.

공장장 허동무! 어디 다쳤나?
순 녀 그만 제가 실수를 했서요.
공장장 (다리를 살피며) 그만 도라가라구 그랬는데, 이게 무슨 일인가.
허성남 미안합니다.
공장장 어서 병원으루 가세.
허성남 괜찮습니다. (일어나려고 한다)
순 녀 움직이지 말아요.
김영호 그냥 고집이오. 어서 병원으루 갑시다.
허성남 괜찮아요. 다리를 약간 다친 걸요.
김영호 병원에 가는 것까지 고집이오?
허성남 과장 동무! 일제 때에야 다리가 분질어지기루 언제 병원에 가잔 말 해 봤소?
김영호 ……
허성남 이까짓 걸 가지구 무슨 병원엘 간다구 그래요.
김영호 내가 일제 때부터 있던 기술자라구 해서 동무들이 좋지 않은 감정을 가지구 있는 줄은 아오. 하지만 그것은 편견이오.
허성남 내버려둬 주세요. 내 상처야 내가 더 잘 알 게 아니오.
공장장 정말 괜찮은가?
허성남 네! 나가다 약이나 바르죠.
김영호 공장장 동무! 공장 규률을 엄격하게 세워야지, 이러다는 큰 불상사를 일으키겠소.
공장장 미안하게 됐소. 모든 건 다 내 책임이오.
김영호 대체 시간외에 기공 동무들에게 기계를 맡기는 게 잘못입니다.
공장장 아니, 그건 어떻게 하는 말이오?
김영호 기계 고장, 물자 소모, 불상사나 일으켰지, 하나두 얻는 건 없습니다.
공장장 그럼, 기술 전습을 어떻게 하셨소?
김영호 체계있게 학리부터 배워 올라 와야죠.
공장장 학술 강의두 받지 않소?
김영호 자유주의적 경향이 지나칩니다. 공장기계를 저이 집 세간 다루듯 하는 건 삼갈 일입니다.
허성남 (역정이 나서) 그건 십년이 가야 기계를 맡긴다든 왜놈들의 말버릇이오?

공장장 마음껏 배우게 합시다 그려. 왜놈들 때에야 어디 우리네가 기술을 배울 기회가 있었소.
김영호 기계 물자의 소모는 계산하지 않습니까?
공장장 이건 무슨 말이오? 그래, 로동자들의 배울려는 욕망을 물자가 악가워서 못하게 한단 말이오?
김영호 조직적으루 체계를 세워 가지구 배워야죠.
공장장 그걸 웨 못 했소? 그건 기술 과장의 책임이 아니오?
김영호 ……
공장장 지금 민청원들이 솔선해서 하구 있지 않소. 그걸 웨 기술과에서 앞서며 조직하구 지도하지 못 하느냐 말이오. 오늘 이렇게 실패가 생기는 것은 전혀 기술과의 책임이오.
김영호 지금은 돌격 주간이라서 기술 전습은 못 다한 게 아닙니까.
공장장 그게 로동자들의 심성을 몰른다는 거요. 기술전습이란 딴 게요. 오늘 작업을 웨 지도 못 하느냐 말이오. 동무는 왜놈 때부터 있었다는 말을 노 끄내지만, 있었든게 나쁘게 아니라 그놈들의 방정식을 그대루 되푸리하는 게 좋지 않소.
김영호 ……
공장장 동무는 좋은 기술을 가지구 있으면서두, 그걸 웨 배우구 싶어 가슴이 끓는 로동자들에게 불을 찔러주지 못 한단 말이요. 정말 위대한 발전이 있어야할 오늘이 아니오.
긴영호 (말없다)
공장장 내가 로동자루써 왜놈들에게 시달림을 받아서 그런지, 그저 기계만 보면 배우고 싶습니다
김영호 알겠습니다. 인제부터는 공장장 동무의 지시대로만 쫓으면 되겠습니다 그려. (불만하야 나가버린다)
공장장 김동무! (따라가다 말고 도라서며) 저런 고약한 사람이 있나.
윤명희 (벌서 전부터 등장하야 이편을 살피고 있다)
공장장 (각가스로 기분을 돌리며) 정말 상처는 괜찮은가?
허성남 네! 염녀말구 도라가세요.
공장장 그럼 도라가 편히 쉬이게. (퇴장)
윤명희 다리를 다치셨서요?
허성남 괜찮소.
윤명희 내가 나가서 그랬군요.

순 녀   내가 크게 실수를 했서.
윤명희   아니야, 나때문에 미안하다.
허성남   어린앤 찾었소?
윤명희   네! 글세, 작란에 취해서 길을 헛갈려서 남포 가는 신작로루 뻐덧서요.
허성남   그거 큰일날 번했군요.
윤명희   그러게 말이예요.
허성남   여기두 학교를 지어야겠소. 정말 어린애들 통학은 무리야.
순 녀   명희 동무! 난 주물부에 그냥 있을 테야.
윤명희   웨 그래?
순 녀   (제 생각에만 골몰하다가) 난 재간이 없어.
윤명희   오늘 실수한 것때문에 그래?
순 녀   허동무한테만 미안하게 됐서. 나같은 게 무얼 할라구.
윤명희   이건 무슨 소리야. 누구는 뱃속에서 배워가지구 나왔나. 기술이란 그러는 동안 배우는 게 아니야.
순 녀   아니야. 난 안 돼.
허성남   안 돼는 일이 어디 있서요. 끝장을 봐야지.
윤명희   사람이 웨 그렇게 약해? 순녀는 구-렝 운전수루, 난 또 조립반 용접기술공 어른으루 활개를 펴보자구 약속하구는 그게 머야. 그맛 일 한번 저질럿다구 락담을 해서야 되니?
순 녀   구-렝 운전수! 꿈만 같아.
윤명희   용기를 내요. 못할게 머야.
순 녀   허동무한테 미안해서 어떻거니!
허성남   그런 말 마시우. 도리여 내가 미안하우.
함순학   순녀야, 순녀야… (나타난다)
윤명희   비스통붓슈는 성공이예요?
순 녀   흥, 또 버리집!
윤명희   오호호…… 아주 뽐내구 도라가드니, 말이 아니로군요.
함순학   염녀 마시우. 이번엔 꼭 자신이 있소. (사라진다)
순 녀   언제 자신 없는 때가 있나. (뒤따라 퇴장)
허성남   명히 동무! 한번만 더 수구해주우.
윤명희   안 돼요. 그 몸을 가지구 어떻게 또 한다구 그래요.
허성남   (쩔름거리며 일어난다) 그럼 일을 중도에 버리겠소.

윤명희　(부측하며) 어서 도라가요. 래일은 날이 없소.
허성남　잠간 달기만 하면 될 게 아니오.
윤명희　돌아가요.
허성남　결과를 몰르구야 어떻게 돌아가우?
윤명희　안됩니다. (잡아 끈다)
허성남　밤잠을 못 자구 이 생각만 하구 애를 써야 옳단 말이요.
윤명희　……
허성남　(사다리로 올으려고 한다)
윤명희　그만둬요. (뿌리치는 것을 부측해 밀어내며) 내가 올라가요! (올라간다)
허성남　(다시 일 차비를 한다- 이윽고 직께를 다시 물리고 작업이 시작된다) 올려! 올려! 점 더! 점 더! 내리워! 왼편! 왼편! 내리워- (육중한 차륜을 안고 있는 힘을 다하야 땀을 흘리며 맞추기에 기를 쓰다 못해 손을 들려 숨을 태운다)

　　　기차 소리 어즈럽게 들려온다.
　　　사이.

윤명희　(급히 내려온다) 그만둬요. 몸이 부치는 걸 어떻게 한다구 고집이예요.
허성남　괜찮소! (이윽고 땀을 거두며) 다시!
윤명희　(걱정스러히 올라간다)
허성남　(힘을 주어 차륜에 달라 붓는다) 내리워! 조곰 더! 조곰! 조곰! (이번에 작업이 한층 더 심각해지며, 손길만이 나붓겨서 차륜이 움직이고, 이윽고 차륜은 차체에 붓는다. 쓸어지듯 털석 주저앉으며 숨을 돌려 쉰다)
윤명희　(급히 내려오며 살핀다) 허동무! (눈물이 어린다) 동무두 인젠 훌륭한 기술자예요. (허의 대신 즐거운 눈물이 전광에 번쩍인다)
　　　침묵한 사이.

허성남　(이윽고 기력을 돌리며) 스파나! 네지를 맞춰야지!
윤명희　내가 해요. (재빠르게 커다란 스파나를 돌고 와서 못을 솟는다)

　　　선반에서 떠드는 소리 요란스럽히 들려오며, 이윽고 최원남 새로 깍가 반짝이는 기계 부속을 들고, 좌우해서 선반공들, 뒤따라서 함순학 남매 등이 어즈럽게 달려 나온다.

최원남　성공일세. 고속도 회전은 성공이야!
일　동　(떠든다)
최원남　허동무! 고속도 회전은 성공이야! 어-이, 비스통붓슈!
함순학　염녀말게. 나두 래일까지는 틀림없이 자신이 있네.
최원남　또 래일 자신이야. 아하하……
일　동　……
최원남　허동무! 자네두 성공인가?
윤명희　(스파나를 든 채로 온다) 엇때요. 허동무의 손씨입니다.
최원남　허동무! 훌륭하이.
허성남　고마우이! (윤의 부측을 받아 일어난다)
최원남　이 기관차 수리는 8·15 전으루 염녀없다. 동무들 래일부터 우리는 이 차에 돌격 작업을 시작하세.
일　동　옳소! 돌격 작업이다. (환호가 올은다)
최원남　동무들! 알지, 우리 인민공화국 최고대위원선거 기념호일세. 선거 사업을 위해서, 10만 키로, 20만 키로!
일　동　옳소! 돌격 작업이다!

　　　　일동 환호가 높이 올은다.
　　　　막.

제2장

무대　전장과 동(同).
제1장에서 몇일 후- 들창으로 양광(陽光)이 빛나는 오전,
막이 올으면 들창 밖으로는 건축공사장의 건설의 모습이 웅장하게 바라보이고, 공장은 작업이 분주하다. 선반에서는 쇠 깎는 소리가 수없이 가닥치고 다시 엉키이고, 단야반에서는 쇠를 두드리는 소리 가늘게 육중하게 가닭지고, 철판에 전력으로 못을 솟는 소리 더욱 자즈러지고, 구-렝이 움직이고, 단야반의 풀무불이 멀리 붉게 되어 올으고, 일에 분주한 기공원

어수선스럽게 오가며, 공장 안은 사뭇 어즈럽다.
　　　전장에서 보이는 기관차는 인제 수리되여 체모를 갖추고, 도장(塗裝)까지 되어 방금 옴직일 상 싶은 태세를 갖추었다. 머리에는 민청기(民靑旗)를 꽂아서, 민청의 돌격 작업인 것을 말한다. 기관차에는 기공원들이 붓터서, 혹은 보히라에 불을 넣고, 기관을 손질하고, 혹은 도장이 분주하고, 하기는 차밑에서 산소용접하는 화광이 번쩍이기도 한다.
　　　긴 사이.
　　　허성남, 최원남, 기술지도원 기중기에 비스통에 붓는 기계를 싯고 뒤에서 나온다.

허성남　(손을 저어가며 조절한다) 내리워! 내리워! 조곰 더! 조곰 더! 오라-이ㅅ (여럿이 달려들어 차체에 맞춘다)
공장장　(전보를 들고 등장) 허! 비스통 작업이오?
지도원　네! 척척 들어가 맞는군요.
공장장　성능은 완전하겠소?
지도원　왜놈들의 것보다 더 나을 것 같습니다.
공장장　과시 민청동무들의 열의가 훌륭하오. 그런데 이거 큰일났구려. 비스통붓슈를 재촉하는 전보가 또 이렇게 많이 왔구려.
지도원　신공장이 준공되기까지는 만들 수 없습니다.
공장장　그러게 말이오. (기중기에 제품을 싯고 지나가는 함에게 고함친다) 함동무! 잠간 왔다 가게!
함순학　네! (기중기를 조절하여 뒤로 사라진다)
공장장　이것 좀 보우. 8·15 기념 증산 경쟁엔 신안품(新案品)으로 귀 공장만이 성적을 올릴 생각인가. 비스통붓슈 급히 보내라. 허허……
지도원　허허…… 있구두 안 보내는 줄 아는 모양이죠.
공장장　어디 그뿐이오!
함순학　(달려온다) 불으셨습니까.
공장장　이것 좀 보게. 비스통붓슈는 독점하려는가. 속히 보내라!
지도원　……
공장장　인민공화국을 선포하는 이번 8·15 기념 증산운동엔 우리 로동자의 손으로 된 기계로써 우리의 기관차를 우리의 손으로 만들자. 비스통붓슈 속히 보내라. 허허……
지도원　하하…… 함동무의 인기가 아주 굉장할세 그려.
함순학　지도원 동무! 비스통붓슈를 붓게 해 주십시오.

지도원　안 되네. 8월 말까지만 참게. 신공장이 준공되면, 그때는 얼마든지 부어낼 게 아닌가.
함순학　그렇지만 6대6)공장에서 저렇게 독촉이 오는 걸 보구두 그대루 있어요.
지도원　어디서 부어내겠단 말인가. 그전 실비마저 거더내구, 저렇게 굉장한 공장이 드러서는데, 인제 어디서 붓는다구 그래.
함순학　지금 작업하구 있는 림시작업장에서두 될 수 있습니다.
지도원　안 돼네. 쇠ㅅ물이 철철 흘러 나리는 작업을 섯불리 해서야 되겠나.
함순학　제 기술을 아직두 의심하십니까?
지도원　그런 게 아니야. 만일에 화재라두 일으키면 큰일 아닌가.
함순학　염녀마세요. 자신 있습니다.
공장장　그만두게. 지금 그 설비 가지구는 안 되네.
함순학　지도원 동무! 저를 믿구 시켜주십시오. 8·15 기념은 우리 북조선 7대철도공장이 다같이 해야할 게 아니예요.
지도원　참게. 우리 손으루 이루어 놓은 성과야 어디루 가겠나.
함순학　시켜 주십시오. 저를 그렇게두 못 믿으세요?
최원남　(일손을 놓고 이편으로 온다) 함동무! 또 억지인가?
함순학　글세, 일을 하다 만 것 같아서, 이거야 어디 참겠나.
최원남　그만두게. 기술과장 동무가 그렇게 반대하는 걸 주물공장을 특별공사루 먼저 짓게 결정될 때, 우리는 머라구 약속했나.
함순학　설비가 완전해야 할 줄은 나두 알아. 하지만 원체 일이 바쁘게 되지 안었나.
최원남　그만두게. 자네가 혼자 걱정하지 안어두 좋와.
함순학　동무는 나한테 명녕인가?
최원남　나는 민청작업반 책임자야. 혼자만 웃쭐해서 그러지 말게. (다시 일에 붓는다)
함순학　내가 뽐내는데 머야. (따라갈려고 한다)
공장장　그만두게. 8월 한달만 참으면 될 게 아닌가.
함순학　그만 두시우. 날 이렇게까지두 못 믿어워하는 줄은 몰랐소. (급히 퇴장)
공장장　하하…… 함동무가 미욱할 땐 한량이 없다니까. 어때요, 자신 있

---

6) 아래에는 7대 공장이라는 표현이 나오는데, 둘 중 하나는 오식인 듯.

서요?
지도원 네! 보히라에 불을 넣었습니다.
공장장 (차에 올으며 메-타기를 살피며) 열이 상당히 날래 올읍니다. 불을 넣은 지 꼭 30분인데. (시계를 보며) 증기가 너무 날래 올라서 걱정인 걸요.
공장장 30분이면 새 차와 꼭같은 푼수로군요.
지도원 새 차와 같을 수야 있어요. 아뭇튼 열이 너무 날래 올으는 건 재미없는 현상입니다. (기계들을 음직여 본다)
공장장 (같이 기계들을 실험해 본다) 이상은 없는 것 같군요.
지도원 네! 겉으로 보아서는 몰으겠습니다. 인제 검사기를 대여 보겠서요.
공장장 연관이 문제 아니오? 아모래두 그게 걱정이란 말이오.
지도원 글세, 열이 높은 건 연관이 규격보다 큰데 원인한 것 같기두 합니다.
공장장 석탄이 타는 푼수는 엇때요.
지도원 엇때? 다른 차와 별루히 다름없지?
화 부 네! 같은 회수 넣습니다.
공장장 (차에서 내려오며) 아닌 게 아니라, 가슴이 죄입니다 그려. 이놈만 제대루 음직여 주는 날이면, 우리 북조선의 교통운수는 문제없소.
지도원 성공이라구 믿어서 좋을 것 같습니다.
공장장 미지하 1070호는 오늘 시운전이오. 인제 정오경 교통국에서 나온다는구려.
지도원 이 차두 그때 같이 검사를 받도록 힘써 보겠습니다.
공장장 그럼, 부탁합니다. 어디 우리 공장의 위세를 한번 떨쳐 봅시다. 허허…… (일터를 휘둘아 저편으로 사라진다)

　　기중기는 다시 다른 일터로 가서 짐을 나르고, 또 사람이 박귀고, 짐이 박귀고, 이렇게 작업중 쉬임없이 자기 임무에 움직인다.

최원남 (물러나며) 자, 엇때. 비스통은 물샐틈 없이 들어 맞었지.
기 공   또 선반 기술의 자랑인가, 허허……
지도원 훌륭하이. (기계를 검사하고 나서) 고속도 회전으로써 이렇게 정확하게 깎는다는 건 왜놈들은 생각두 못 하든 일일세.
최원남 해필 왜놈들이오? 이만하면 새 차만 못 하지 않소
늙은기공 (지나가다가 차를 살핀다) 엑쿠, 이 차두 다 됐네 그려.
최원남 미지하 1070은 끝났다죠.
늙은기공 이건 정말 젊은 놈들은 못 당하겠네 그려. 이게 벌서 다 됐단 말인가.
최원남 아저씨, 먼저 끝낸 자랑이오.
늙은기공 미지하에 비하면, 이건 두 대 몫이다. 헐었든 것 아니야. 정말 젊은 놈들은 못 당하겠네.
최원남 같이 검사 받읍시다.
늙은기공 이래노니 우리는 돌격작업이 아니라, 발구락 작업을 했네 그려. 허허…… (퇴장)
윤명희 (얼골에는 방광경(防光鏡)을 쓰고 산소용접기를 들고 차밑에서 기여 나온다. 방광경을 버스며 땀을 씻는다)
최원남 용접은 끝났소?
윤명희 거진 다 됐서요.
최원남 어서 끝내주우. 검사를 맟처 봅시다.
윤명희 용접은 염녀 말아요. 산소가 떠러졌군요. (이편으로 오며 고함친다) 구-렝! 구-렝! 무엇하구 있서, 구-렝! 낮잠을 자나, 구-렝! (이윽고 움직여오는 직께에 손을 저어가며 산소통을 물려 달아 올린다. 움직여가는 산소통을 따라가다가 올라탄다. 기중기는 머저 버린다) 움직여! 어떻게 된 거야! 움직여! 바뿐데 무슨 소리야! 움직여! 움직여! (올려다 보고 고함치기도 그만두고 몰른 체하고 그대로 앉어 있다)
최원남 비스통은 성공이다. 화력을 올려주게.

기관실에서 기계들이 분주히 움직이고, 보이라에는 석탄이 어즈럽게 들어 간다.

순 녀 (기중기에서 내려온다) 명히 동무! 이게 무슨 짓이야?
윤명희 좀 타구 가작구나.
순 녀 썩 내려요. 구-렝을 몰으는 사람두 아니구! 글세 이게 무슨 일이야.

윤명희　제법 운전수가 됐다구 뽐내는 게냐.
순　녀　구-렝에 사람을 태워서는 절대루 안 된다구 가르켜준 사람이 누구야?
윤명희　오호호…… (발딱 내린다) 미안하다. 순녀 동무를 시험해 보누라구 그랬서.
순　녀　아이, 난 그러문 싫드라!
윤명희　훌륭해. 먼저 사람을 안 태우는 기술부터 배워야 일등 운전수란 말이야.
순　녀　흥, 운전수 졸업생이라구 막 뽐을 내는구나.
윤명희　화가 나지?
순　녀　그럼 안 나!
윤명희　미안해. 자 움직여!
순　녀　어디 두구 봐. 한번 골탕을 멕일 테니. (사다리로 올은다)
최원남　자, 부분 수리는 차차하구, 위선 검사를 맞쳐 봅시다.
일　동　좋소! 검사다! 검사다! (각 부분에서 환성이 올으며, 더욱 분주하게 일손을 놀린다)
윤명희　구-렝! 움직여! (기중기를 움직여 저편으로 사라진다)
최원남　어디 실수가 없나 다시 도라봐 주시오…

　　　　일은 한층 부산스럽다.
　　　　잠간 사이.

김영호　(등장) 어떻게 됐소?
최원남　보이라에 불을 넣었습니다.
김영호　불을 넣다니? (보이라로 간다) 그래, 불은 누가 넣으라구 해서 넣었소?
지도원　(그동안 보이라에서 일하다가 나온다) 네, 제가 넣었습니다.
김영호　사전 검사두 하기 전에 불을 넣는단 말이오?
지도원　제가 대강 검사를 했는데, 그만하면 충분할가 싶어서 불을 넣었습니다.
김영호　이런 중대한 일에야 과장의 결재쯤 맡은 게 어떻우?
지도원　……
최원남　과장 동무께 사람을 몇번식이나 보내지 안었습니까.

김영호 기다려 달라구 하지 않었소. 일이 바뻐서 그렇구려.
최원남 한시간이나 기다렸습니다. 마즈막엔 과장 동무가 자리에 안 게시다구 해서 그대루 불을 넣었습니다.
김영호 이건 과장을 무어루 알구 하는 말이오. 그랜 과장이 기관차나 한 대 붓들구 앉았겠소?
지도원 제가 경솔했습니다. 미안합니다. (당황해한다)
김영호 다른 일같으면 이런 말 하지두 않겠소. 이 기관차는 연관이 모두 대용품이니까, 엄밀한 사전 검사가 있어야 한단 말이오.
최원남 (치미는 격분을 못 이겨, 들었든 도구를 내동댕이친다) 과장 동무 혼자 다 맡아 하시오.
김영호 그건 또 어떻게 하는 말이오?
최원남 과장 동무는 독재요. 과장 동무 앞에서는 기를 펼 수가 없으니, 무슨 일을 한단 말이오
김영호 (그만 기가 찔려서 한동안 침묵하다가) 미안하우. 내가 또 지나쳤나보우. 나의 처사가 항상 지나친다구 동무들은 먼젓번 직장대회에 문제를 내여 놓았구, 나두 깊이 자기비판두 한 일입니다만, 이번 일은 성질이 좀 달르다구 생각하우.
지도원 그만 두세요. 서루 바쁜데서 일어난 일 안입니까.
김영호 문제는 파이프가 규격보다 큰 데 있소. 열량이 지나쳐서 각 기관을 잡어 먹는 일이 생기면 어떻게 하겠소. 하물며 그것이 질주 도중에 중요한 기관에 고장이라도 일으킨다면, 그 결과를 생각해 보시우.
최원남 각 기관에 제동편이 달려있지 안습니까. 막구 봅아내구 조절을 하는 데야, 파이프가 크구 적은 게 문제가 아니라구 생각합니다.
김영호 반드시 나쁘다는 건 아니오. 그런 위험성이 있으니까 사전 검사를 엄밀히 하자는 게요
최원남 우리 공장에 기술 지도원은 웨 두었습니까. 지도원이 있는 이상, 지도원에게 안심하구 맡겨야할 일이 아닙니까.
김영호 우리는 완전한 기술자를 못 가졌소.
최원남 동무만이 위대한 기술자요?
김영호 물론 나두 한낫 배우는 사람이오. 그러니까 서로 긴밀한 연락을 가지자는게요
최원남 우리는 합심해서 이만큼이라두 만들어 놓았소. 과장동무만이 따

루 떠러져도라가는 게 아니오?
허성남 (그동안 일에만 열중하다가 벌떡 일어서서 과장에게로 온다) 과장 동무! 이걸 좀 보아주시오. (기관실로 올은다) 화력은 왜놈 때의 새 차와 꼭 같은 도수로 올으고 있습니다. (허겁지겁 다시 내려오며) 과장 동무! 파이프 인찌가 넓은 걸 갈아댄 건 나요. 나는 여기에다 모가지를 내걸었소.
김영호 허동무, 과히 흥분했구려.
허성남 과장 동무는 왜 작구 안 된다구만 합니까. 이거야 안탁가워 살겠소. 웨 안 된다구만 해요? (흥분에 못 이겨 엇쩔 줄을 몰라 한다)
김영호 허동무! 그건 동무의 오해요. 일이란 실수없이 잘 하자는 게 아니오.
허성남 과장 동무가 공업 전문에 취천을 해주신다는 것두 나는 대답하지 못 했소. 나는 이 기관차에다 모가지를 걸었소이다.
윤명희 (그동안 산소통을 날러다가 내려놓고 직혀섰다가, 이편으로 나선다) 허동무! 일이나 해요. 이건 기술과장의 결재를 맡아서 하는 일 아니예요. (다시 차 밑으로 들어가며 불빛을 번쩍인다)
기공들 옳소! 어서 일이나 합시다.
최원남 아니오. 우리는 어디까지나 과장 동무의 지도를 받아야 합니다. 과장 동무! 보이라의 불은 꺼버릴까요?
김영호 (묵어운 침묵에 잠겼다가) 동무들! 미안합니다. 내가 또 어성을 높였습니다. 제 성격이 그렇다구 할까— 너무 지나치게 동무들의 일을 간섭하는 것같은 행동으로 나온 것은 다시 사과합니다. 그렇나 일을 실수없이 하자는 게니까, 오해 마시고 그대루 일을 계속해 주시기 바랍니다.
최원남 보이라의 불은 그대루 두어두 좋을까요?
김영호 네! 이미 넣은 불을 어떻거겠소. 열도를 신중히 검사합시다.
최원남 고맙습니다. 동무들! 그럼 일을 계속해 주시오.
일 동 네! (다시 작업이 시작된다)
김영호 (지도원과 같이 기관실로 올은다)

기계 도라가는 소리만이 요란하다.
사이.
이윽고 저편 구석 들창 밖으로 검은 연기가 심상치 않은 기세로 피여 올은다. 기공원들 '불이다!', '불이다!' 웨치며 달려오고, 곳 기계가 머즈며 제 각기 방화도구들을 들고 밖으로 달려 나간다.

최원남 (이편 기관차에서도 놀라 몰려 나오며) 주물 공장이다! (제각기 달려나간다)
윤명희 (늦게야 차 밑에서 나오며 연기나는 편을 살핀다)
순 녀 (허겁지겁 달려 내려온다) 어디야? 주물 공장 아니야?
윤명희 글세, 몰으겠서.
순 녀 주물공장인가 봐. 우리 오빠가 또 실수를 했으문 어떻거나.
윤명희 가 봐. 내가 공장을 직힐게!
순 녀 또 우리 오빠야. 오빠는 웨 그러는지 몰라. (얼골을 싸쥐고 도라간다)
윤명희 (그대로 살피다가) 불은 껏나부다. 저 봐. 연기가 없어지지 않어.
순 녀 정녕 주물공장이지?
윤명희 심상한가7) 보다. (안심하고 도라선다) 하마터면 큰일날 번했구나.
순 녀 (이윽히 직히고 섯다)

다시 사람들 떠드는 소리 들려오며, 이윽고 기계가 요란한 소리를 내이고 도라 간다.
잠간 사이.
최원남, 함순학, 뒤따라서 기공원들 몰려 나온다.

최원남 함동무는 웨 그렇게 실수가 많은가. 비스통붓슈는 부어서 안 된다구 얼마나 말렸나?
함순학 ……
순 녀 오빠! (닥어들며 쏘아보다가 그만 우름이 복받치며 사다리로 달려 올라가 버린다)
최원남 지금은 민청 돌격주간이야. 최고대위원 선거 기념작업에서 이게 무슨 망신 인가
함순학 미안하이.
최원남 이 공장에 불길이 다었으면, 어떻게 할 번했나. 맞춤 우리 공장 방화설비가 좋았기에 망정이지, 시내에서 소방차가 오기를 기다릴

───────────────
7) 尋常하다. 대수롭지 않고 예사롭다.

데두 못 되지 안나.
함순학 이놈을 쥑여주게!
최원남 함동무는 언제나 까불어서 탈이야. 글세, 주물공장은 특별히 먼저 짓기루 해서 저렇게 공쿠리를 쌓아올리는 판인데, 무에 바빠서 까불구 도라간단 말인가.
함순학 ……
최원남 맘보가 틀려먹었서. 비스통붓슈를 붓는데 성공했다구, 그걸 코에 걸구 단니며 까부는 꼴야 누가 본단 말인가.
기 공 바루 때렸소. (나서며 함의 턱을 벅차게 올려 받친다) 네놈은 반동분자야. 우리 공장을 불태웠으면 어떻게 할 번했니.
일 동 옳소! 자기비판을 해라! 저런 게 다 반장이야. (떠들석하다)
최원남 함동무는 기술 과장한테는 언제가 욕지거리지만, 도시 그게 안돼 먹었서. 되두룩 잘 하게. 되두룩 신중히 하는 건 기술과장에게 배워야 해.
함순학 이놈을 힘껏 두드려 패 주게. 과시 나는 쥑일 놈일세. (엎드리며 늦겨 운다)
최원남 도라가서 일하게. 함동무의 일은 직장회의에서 토론하기루 합시다.
일 동 좋소.

공장장, 김영호 등장

공장장 함동무! 여러 동무들로부터 준렬한 비판이 있었을 줄 아니까, 더 말하지 않네만, 만일 동무의 실수로 말미아마서 우리 공장이 불타 버렸다면, 우리들의 앞길은 어떻게 되었겠나? 깊이 깊이 자기 반성을 해주기 바라네.
함순학 이놈을 교화소루 보내 주시오. 이놈은 열 번 죽어 맛당한 놈이오.
공장장 웨 그렇게 비굴한 생각을 하나. 점 더 건설적인 자기 반성을 가지게. (김영호와 같이 퇴장)
최원남 공장장 동무의 말을 깊이 생각하게. 자 그럼, 동무들! 일을 계속 합시다.
일 동 (제각기 자기 부서로 돌아간다)

함순학   (그대로 엎드려 울다가 이윽고 일어나며 넋없이 안으로 사라진
        다)

기중기는 분주히 움직이고, 기계는 돌아가고, 소리는 요란스럽고, 아모런 일도 없엇든듯, 기공원들 어즈럽게 도라가며 일에 흥이 잠긴다.
사이.
이윽고 정오 싸이렌이 요란히 들려온다. 기계의 움직임은 일제히 머즈며, 기공원들 점심그릇을 들고 뿔뿔이 사라진다.

최원남   검사원 동무가 웨 안 와? 동무들! 우리는 일을 마자 맞치구 점심
        을 먹읍시다.
일 동   좋소. (더욱 일에 바쁘다)

이때 라디오가 울려 나온다.

라디오   동무들, 8·15 기념 돌격작업주간에 있어서 동무들을 얼마나 수
        고를 하십니까. 8월 15일 해방 3주년 기념일도 몇일 남지 안었습
        니다. 그러면 어제까지의 각 반의 작업 성적표를 말씀들이겠습니
        다. 주물반 120퍼센트, 선반반 180퍼-센트, 조립반 130퍼-센트,
        단야반 140퍼-센트, 동무들! 인제 몇일 남지 않은 8·15 기념 돌
        격주간의 생산 경쟁을 각 반 동무들은 애국적 열성으로 불꽃을
        일으켜, 보다 높은 최후의 성과를 거두어 주시기 바랍니다. 동무
        들! 동무들의 피곤을 줄어들이기 위하여 점심시간을 리용하여, 우
        리 직장 음악써-클 동무들의 음악연주를 보내 드리겠습니다. (음
        악 소리가 고요히 흘러나온다)
윤명희   (차 밑에서 나온다) 용접은 죄다 끝났습니다.
최원남   벌써요? (양인 도라가며 살핀다) 여성동무의 솜씨가 상당하군 그
        래. 허허…… (다 살피고 나서) 좋습니다. 수고했소.
순 녀   (시름없이 사다리에서 내려온다)
윤명희   (순녀에게로 간다) 웨 그래? 오빠 일때문에 그래?
순 녀   그럼 머냐. 그게 무슨 망신이야.
윤명희   실수 없는 사람이 어디 있니.
순 녀   난 공장 그만둘까 봐.
윤명희   그건 무슨 소리야?

순 녀 그럼 그 꼴이야 허구한 날 어떻게 보니?
윤명희 깨닷겠지. 이번엔 함동무두 아주 새 사람이 될 줄 알아.
순 녀 ……
윤명희 순녀 동무! 점심 먹어!
순 녀 (보꾸렘지8)를 싸들고 시름없이 나오는 오빠를 발견하고) 오빠!
함순학 ……
윤명희 함동무! 웬일이에요?
함순학 ……
윤명희 작업복은 웨 싸가지구 가요? 공장을 그만둘 생각이예요?
함순학 직맹에 가서 사정해 보겠소. 인제 무슨 면목으루 동무들을 대하겠소. (갈려고 한다)
윤명희 안 돼요. (가로막는다) 공장을 그만두다니, 그게 무슨 말이예요.
함순학 용서하우! (갈려고 한다)
최원남 (살피다가) 함동무!
함순학 (도라선다)
최원남 (닥어가며) 동무는 끝까지 못난 놈이 될 생각인가?
함순학 내 일에는 이 이상 간섭하지 말아 주게.
최원남 함동무!
함순학 난 정말 밋칠 것같네. 나는 내 손으루 우리 공장을 불 붓친 놈이야.
최원남 그러니까 더욱 힘있게 싸워야지. 그대루 공장을 그만둔다면 임이 저질른 잘못을 무엇으로 갚겠나?
함순학 인제 나는 무슨 낯으루 이 공장에 있는다구 그래. 난 가겠네. (갈려고 한다)
최원남 함동무! (붓잡는다) 악가 내 말이 지나쳤든가?
함순학 아니야. (뿌리치고 도라선다) 나는 모든 일에 자신을 잃구 말었서.
최원남 옛기, 못난 자식! (등덜미를 잡아틀어서 낙구챈다) 네놈두 로동자야?
함순학 ……
최원남 우리네가 누구한테 진단 말이냐. 그래 그맛 잘못에 기가 꺽겨서 도망해 나가다니, 그려구두 로동자야?

---

8) 보통이.

함순학 ……
최원남 우리가 왜놈들 밑에서 수모를 받아오든 생각을 해 봐라. 인제 제 공장을 제손으루 세우는 마당에 네놈의 잘못이면 우리 전체의 잘못인데, 네놈 혼자 어디루 간단 말이냐?
함순학 최동무! (우름이 터진다)
최원남 갈려건 같이 가자. (눈물이 맺친다) 우리가 떠나두 우리 공장이 건설될 수 있다면 같이 떠나자!
함순학 최동무! 이놈을 용서하게!
최원남 함동무! (얼싸 안는다) 우리는 왜놈들때 얼싸안구 얼마나 울었나. (양인 우름이 커진다) 함동무! 그러니까 인제 우리는 그여히 우리 손으루 공장을 세우세. 욕을 해두 우리끼리 하구, 울어두 같이 울구, 이건 우리 공장이야.
함순학 고마우이. 이놈을 용서해 주게!
순 녀 오빠! (여자들도 눈물이 어리었다)
윤명희 함동무! 힘껏 해 주세요.
함순학 고맙소.
순 녀 오빠! 식당으루 가요.
함순학 ……
최원남 (눈물을 거두며) 먼저 가게. 우리는 이놈을 맛치구 먹겠네.
함순학 …… (순녀에게 재촉되어 나란히 거러나간다)
최원남 함동무! 지나간 일은 잊어버리게! (벌씬 웃는다)
함순학 (역시 뜨거운 우슴이 벙으러지며 퇴장)
최원남 (이윽히 바라보고 섰다가) 사람 놈은 진짜백이야!
윤명희 참 좋은 사람이예요. 숨길 줄 몰으구 명랑하구!
최원남 좀 까불어서 걱정이라니까!
윤명희 나하구 결혼을 해야겠다든데요.
최원남 그럼 내가 중매를 설까요? 허허…… (다시 일에 붓는다)
윤명희 아이 망측해. (점심 먹으러갈 차비를 한다)

　　사택에 있는 여인들 등장.

윤명희 어머니! 어서 오세요.
어머니 이게 바루 우리 학교를 지어주는 기차냐?

윤명희   네! 인젠 수리두 다 됐서요.
여 인   수고를 하네. 바루 우리 마당 앞에 학교를 지어주니, 얼마나 고마운지 몰르겠다.
윤명희   학교 짓는데 나오셨서요?
여 인   어디 그래두 보구야 있겠는가. 난 벽돌을 삼백장이아 날렀네.
어머니   (차 안을 살피며) 방금 떠날 것같구나.
윤명희   네, 인제 시운전이예요. 어머니! 이 기차가 말이예요. 이번 대의원선거에 선거 사업을 위해서, 우리 북조선엔 어디나 업시 막 달려가는 판이예요.
어머니   한번 같이 타구 돌아봐스면 좋겠다. 호호……
여 인   젊은이들 수고합니다. 학교를 지어주어서 얼마나 고마운지 몰르겠소.
최원남   아주머님들이 학교를 짓누라구 수고를 하십니다.
여 인   우리야 무어 하는 게 있나. 점심두 안 먹구 수고를 하는군.
윤명희   참, 점심 잡수러 가세요, 식당으루!
어머니   오-냐, 그럼 수고들 하시우. (여인들 떠들며 퇴장)
최원남   다녀가세요. (여전히 일에 분주하다)

　　　　기공원들 산소로 바람을 내여 기관검사를 하게된9) 검사기를 들고 나와 검사할 차비를 채린다.

최원남   단단히 부탁하우. 이놈이 실패했다는 우리 민청은 땅으루 들어가는 판이오.
기공원   수고들 합니다.
지도원   (기관실에서 땀을 흘리며 나온다) 자신 있소. 성적 만점이오.

　　　　사이.
　　　　검사원, 기관차 운전수, 공장장, 김영호 등장.

검사원   수고들 하십니다.
지도원   수고로히 나오십니다. (악수한다)
검사원   민청의 젊은 동무들이 이렇게 큰 일을 치렀다니, 더욱 감탄할 일

---

9) 작가 주, 서평양철도공장 노동자의 손으로 창안된 것.

입니다. (최와 악수한다) 동무들, 수고합니다. (주객의 인사가 버러진다) 위선 외양부터 새 차 닥지 않군요.
지도원 검사를 해 주십시오.
검사원 네! 그렇니까 대소 연관, 비스통붓슈, 차륜 구랑쿠펑이 이번엔 완전히 우리의 창안품으로 되었고, 완전히 거죽만 남은 걸 곳첫단 말이죠. (차에 올은다)
지도원 네!
공장장 어떻습니까. 너무 어마어마해서 우리는 자신을 가질 염두두 안 나는군요.
검사원 글세올시다. 운전수 동무! 기관을 조사해 보아 주시오.
운전수 네! (검사기의 스위치를 눌으자, 바람이 드러가는 소리 요란하다)
일 동 (긴장한다)
검사원 (맛치를 들고 각 부분을 뚜다리며 조사한다) 운전수 동무! 특히 연관을 주의해서 보아 주시우.

  기공원들 끼리끼리 몰려 들어온다. 함순학 남매, 윤명희도 나란히 나타난다.
  긴장한 사이.

운전수 (메-타를 살피며 조절하여 본다) 됐소! 신품에 못지 않소.
공장장 정말입니까. 우리는 성능이 너무 좋은 걸 도리여 걱정했는데요.
검사원 (그래도 살피기에 열중하여) 기관을 전부 신품으로 박구었으니까, 신품을 가지는 성능을 내일 게 아니겠소.
공장장 고맙네! 동무들의 힘은 정말루 컸네. (최와 굳게 악수한다)
김영호 (검사원 옆에서 살피다가 내려오며) 정말 크게들 수고했네. 난 인제야 마음을 놓았네. (최와 악수한다. 다시 허성남에게 간다) 허동무, 많은 수고를 했네. (굳게 악수한다)

  검사는 긴장한 가운데 그대로 계속된다.

검사원 (기관실에서 나오며 차체를 뚜드려보며 도라간다)

  기공원들 그제서야 안심된 듯, 긴장이 풀어지며 서로 귓속을 한다.

김영호   (허를 끌어내며 서장을 준다) 허동무! 야간공전 취천장일세. 오늘
        이 마감날이니까, 이 차를 타구가서 입학원서를 제출하고 오게.
허성남   저같은 게 자격이 있을까요?
김영호   훌륭하이. 동무만한 열성과 재능이면 무엇 못할 일이 없겠네.
허성남   (받는다) 고맙습니다.
윤명희   허동무, 내가 다 기뻐요.
허성남   고맙소.
운전수   검사원 동무! 이만하면 충분한 것같습니다. 시운전을 해볼까요.
윤명희   허동무! 어서 옷을 가라입구 와요. 기차가 떠나지 안아요?
허성남   네! (달려간다)
검사원   (그대로 차체 검사에 분주하다가 기관실로 도라온다. 다시 신중
        히 살피고 나서) 됐소. 충분하오. 동무들! 크게 공로를 세웠습니
        다. 먼전번 전당대회에 동무들의 자랑으로 내여놓은 미까하 107
        호는 어렴도 없이 좋은 성능을 발휘할 줄 믿습니다.
일 동   (환호가 올은다. 서로 얼사안고 날뛴다)
검사원   (차에서 내려오며) 어느 동무들이오. 참으로 수고들 했소.
공장장   공장의 최원남 동무!
검사원   수고했소. (악수한다)
공장장   함순학 동무! (수집어하는 걸 끌어내온다) 비스통븟슈 창안자요.
검사원   (악수한다) 동무들의 덕택으로 우리의 교통운수는 장족의 발전이
        약속되었습니다.
일 동   (환성이 올은다)
공장장   허성남 동무! 허성남 동무!
윤명희   인제 옵니다. 잠간 나갔서요.
공장장   윤명히 동무!
검사원   많은 수고 하셨소. (악수한다)
공장장   김명섭 동무! 김익태 동무! 박준길 동무! 최남인 동무!

       한동안 범벅되어 악수한다.

검사원   (이윽고 공장장, 김영호, 지도원까지 악수를 맞치고 차에 올은다)
        동무들! 크게 수고 하셨습니다. 그럼 동무들의 자랑을 국장 동무
        께 전하겠습니다.

허성남　(달려나온다) 그럼 단녀오겠습니다.
김영호　어서 타게.
허성남　고맙습니다. (차에 올은다)
운전수　동무들! 고맙습니다. 저는 이번 최고대의원선거의 빛나는 승리를 위하야 마음껏 달리겠습니다.
일　동　(크게 환호가 올은다)

　　　기차는 길게, 높이 고동을 울리며 움직이기 시작하며,
　　　막.

1948년 8월 2일 작.
1948년 8월 20일, 교통국 예술극단 초공연.

하의도

때
　　1946년 8월 2일

곳
　　전라남도 무안 하의도 오림리 부락

사람
　　김장에
　　그의 아내
　　그의 딸, 꼴지
　　박종창, 꼴지의 약혼남
　　김전배, 동리청년
　　윤구장
　　김계장
　　남, 신한공사원
　　윤, 〃
　　이, 〃
　　김목사, 예수회 목사, 지주
　　목포경찰서 공안과장
　　목포경찰서원 11명
　　하의도 주재소원 5명
　　기타 동리 사람 남녀 노유 다수

무대
　　하수로 김목사의 집 밖 곁채1)로 된 사랑방. 하수익으로 대문을 두어서 두폭다지로 마루를 안은 깨끗한 방이 정좌했다. 원채 돈드린 기와 집이라 외모에도 당당한 풍채를 갖추었다. 상수익으로 김장에네 집!
　　퇴락한 앞채가 한가운데로 대문을 두어서 건넌집을 ○으로 받들고 앉었다. 대문 상수로 흙 떨어진 담이고, 하수편이 낡은 외쪽문을 단 사랑방을 차리었다. 앞채와 안채를 잇는 숫대 바주2)가 담을 이루웠고, 안뜰에 대를 물려오는 늙은 과일나무 몇 그루. 김목사에 집과의 사이로는 마당을 넓게 이루어서 들메나무가 한 그루 서고, 그 뒤로는 낙가리들의 가리여져서 두 집 사이의 거리감을 준다. 두 집 앞으로는 넓은 행길!
　　침 넘어오는 나락이 싱싱하게 피여 올은 푸른 벌이 전망되고, 또 그 넘어로는 푸른 바다가 수평선을 그었다

---

1) 몸채 곁에 딸려 있는 집채.
2) 대, 갈대, 수수깡, 싸리 따위로 발처럼 엮거나 결어서 만든 물건.

막이 열리면 꼴지 자즈러지게 웃으며 하수로 달려 나가다가, 그만 바구니를 내려트리고 뒤따르든 신한공사 남가는 바구니를 주워들며 재미있어 웃는다.

꼴 지 인 줘요.
남   그냥 진한 동백꽃이야.
꼴 지 인 줘요. (한번 더 웃음이 물결친다)
남   아유, 저 눈. 지금 그 눈 모양대루 한번 더 웃어 봐.
꼴 지 몰라아. (날쌔게 달려들어 바구니를 빼앗을려고 한다)
남   (능란하게 손목을 받어 잡으며) 바다에 나두 같이 갈까?
꼴 지 놔요. (손을 뿌리칠려고 한다)
남   꼴지는 갈매기야.
꼴 지 생선 팔아줘요, 네?
남   생선을 쪼아 먹고 사는 갈매기. 허허…… (이러는 동안 나무 밑으로 꼴지를 몰아 넣는다)
꼴 지 아이 숭해. 내가 왜 갈매기야.
남   넌 눈이 어쩌문 그리두 빛나니.
꼴 지 글세, 생선 가져올 게 팔아줘요. 오늘두 백원어치만.
남   그래, 얼마든지 가져와. 생선 참 맛이 있드라.
꼴 지 손님은 생선을 어지간히 좋아 하시나 봐.
남   그럼, 이쁜 아가씨가 가져오는 생선인데, 좀 맛이 있어. (밧짝 더 다가든다)
꼴 지 왜 이래요. (간신히 뿌리치고 물러나며) 오늘두 전복을 한 바구니 가져올게요.
남   그래, 꼴지는 그렇게 돈을 벌어 무엇 하나? 시집 갈 밑천이냐?
꼴 지 소 살래요, 소!
남   소를 사? 허허…… 꼴지는 굴레 벗은 말이야, 허허……
꼴 지 생선 많이 가져올게 팔어 줘요. (달아나듯이 하수로 퇴장)
김계장 (조곰 전부터 김목사네 대문에서 나오다 말고 이 광경을 바라보고 섯다가, 새삼스러히 위엄을 갖추고 나온다) 남군!
남   네?
김계장 우리는 공무를 집행하러 나온 당당한 신한공사 사원이란 긍지를 잊어서는 안 돼
남   네!

김계장 항용 자네는 그게 탈이야. 그까짓 냄새 나는 걸 가지구 무얼 실없이 그러나……
남 ……
김계장 (다시 목소리를 가다듬어서) 아직 목포경찰서에서는 소식이 없나?
남 네! 아직 소식이 없습니다.
김계장 그럼, 이곳 지서다 연락을 취해보게. (시계를 보며) 벌서 4시가 넘었는데 웬일들이야.
남 네!
김계장 놈들이 소작료를 끝까지 내지 않을 배짱인데…… 경찰을 동원하지 않아서는 도저히 받을 가능성이 없네.
남 네, 전화를 걸겠습니다.
김계장 목포경찰서에서는 친히 공안과장이 지휘하여서 경관을 10여명 동원하여 준다고 했으니까. 거기다 이곳 지서의 후원까지 받어 부락마다 샅샅치 뒤져서 위협을 하는 길밖에 없네. 무지한 농민들이란 총부리를 내여대야만 기급을 한단 말야.
남 말할 게 있어요. 놈들이 순사 나리라면 절절 메는 판인 걸요, 하하……
김계장 그럼, 직접 공안과장에게 전화를 걸어서 이렇게 말하게. (남의 귓가에 입을 끌어가며) 하의도 농민 전체는 소작료를 내기는 커냥, 방금 폭동을 일으킬 경향이 농후하다.
남 네?
김계장 이것 봐. 하의도 놈들은 이 섬을 저이가 개간한 땅이래서, 이전 덕전농장 유지 전부를 찾어볼려구들 눈이 뒤집힌 참이니까…… 미상불 소작료가 좀 과하다고는 하지만, 놈들이 소작료를 내지 못한다구 때거릴 쓰는 건, 노상 소작료 문제에만 이유가 붓는 게 아니거든. 소위 놈들의 말을 빌자면, 땅을 찾지 못하는 농민의 억하심정에서 나오는 일이란 말야. 허니까 토지문제가 소작료 문제에 꼬리를 달었기 때문에, 우리 힘으루는 어쩔 수 없는 일이란 말일세. 남군! 사업가란 매양 눈이 밝어야 하네! 이런 일에 섯불리 그러다는 공연히 우리만 책임을 안구 너머지게 될 게니까, 일각을 유예치 말구 무장경관을 동원해서 놈들의 간담이 서늘케 해서 단숨에 빼여버리는 길밖에 없네. 물론 군정청 당국의 방침도 단호한 것이니까, 자네가 뼈를 붓치구 살을 발라서 즉시 무장경관대가 동원되도록, 이 섬의 험악한 공기를 잘 말하게 그려.

남　　네! 그럼 즉시 무장경관대가 출동되도록 전화를 걸겠습니다. (퇴장)

김계장　(이윽히 생각에 잠겼다가 새로운 결의에서 대문 안으로 들어간다)

건뜻 서늘바람이 불어서 구성진 노랫가락이 들려와도 좋다.
사이.
김장에의 아내 키를 들고 밖으로 나온다.

아　내　꼴지야, 꼴지야…… 이년이 요새는 어디를 다니는지 매일 없어지니 일이람. (사위를 두루두루 살피다가 밀북데기를 들추어서 까부린다)

박종창　(등장) 장모님, 안녕하세요.

아　내　어서 오게. 사둔님 병환은 좀 어떠신가?

박종창　그저 그래요.

아　내　그거 걱정이로군.

박종창　(목사 집을 살피며) 신한공사 녀석들이 또 왔다드니, 무슨 말 없어요?

아　내　글세, 아직은 암말두 없다나 보더군.

박종창　소작료는 그대루 받을 모양이죠.

아　내　무언지 야단났다. 소작료는 안 내면 땅을 뺐는다구 성화라는구나.

박종창　저이 땅인감. 땅을 배앗게.

아　내　그러게 말이다. 난 이 집에 시집살이라구 와서는, 그놈의 부대3)를 파일구는 일루 늙지 않었니. 바다녘으루 논 두배마하구, 뒤 밭 한 돼기는 고게 우리 꼴지 증조할아버지 때라더군. 소두 없이 맨주먹으루 한 일이니, 벤벤할 리가 있나. 그래 할아버지는 단명해 인해 도라 가시구, 내가 너이 장인영감하구 둘이서 발꼴이 잽히지두 않은 걸, 또 소도 없이 맨주먹으로 갈구, 또 갈구, 정말 한평생을 매만져서 기름진 논밭을 만들어 놓지를 않었니. 그런 걸 그 도꾸단가 하는 왜놈이 염치좋게 뺏구는 해마다 도지를 받어가드니, 이번엔 신한공사지 하는 녀석들이 또 대드니, 우리나라두 해

---

3) 화전(火田)의 북한말.

172

	방은 됐다면서, 나 원, 이즘 세상일이라 알구두 모르겠드라.
박종창	아모럼 땅이야 뺏겠어요. 도에두 진정서를 내구, 군정청에두 말을 한다구, 그러니까 웃사람들이 알면 바루 가려주겠죠.
아 내	글세다 원!
박종창	신한공사 지두 아랫 녀석들이 나빠요. 닭 마리나 얻어 먹누라구 그러지, 소작료를 하평에 근반두 못 나는 땅에다 두근 반씩이나 짊어지워 놓구는, 삼분의 이랍시구 소출을 몽땅 다 거두어갈 소리를 하니, 그게 먹자는 수작이지 머에요. 저이두 사람인데 정말 그 수량을 다 받어갈 생각이야 하겠어요.
아 내	나 원, 그 사람들이 나와서 꿰꿰 소리를 지르고 다니문, 무서워서 오금을 못 펴겠더라. 심술이 부리부리한 게 꼭 왜놈들이라니까. 하긴 그 아래 달려먹는 녀석들두 왜놈들을 뜸데먹게 군다니까.
박종창	아랫놈들이 더하죠. 장한 벼슬이나 했다구 잔뜩 우쭐해서들. 글세 접때 그녀석들이 소작료를 내라구 처음 건너와슬 때, 전줏집 전배가 우리 섬 사정을 말했다가 죽두룩 얻어 맞지 않었어요.
아 내	참, 그때 그애가 왜 매를 맞었노?
박종창	소작료를 내라거니 못 낸다거니 몇 마디 말댓구를 하니까, 제일 젊은 남가란 녀석이 대뜸 들었든 채죽으로 후려 갈기더군요.
아 내	에이 못된 놈들 같으니……
박종창	종내 굽히지 않구 대들어서 몹시 맞었어요. 그 사람이 대처루 많이 돌아다녀서 아는 게 많거든요.
아 내	원, 어느 세상이나 오문 어떻게나 됐니. 녀석들이 내라는 도지 푼수가 되니?
박종창	몽땅 다섯가마니 낫는데, 다섯가마니를 내라는군요, 허허…… (어이가 없어 한숨 섞어 웃는다)
아 내	우리는 한 가마니 모자라는구나. 감자를 좀 심엇드니 고지서 나온 데는 감자루 적히지 않구, 밀루 적혔다나……
박종창	허허…… 엉터리 없는 놈들…… 수확을 정밀리 조사한다구 그러드니, 감자밭을 밀밭으루 봤나, 허허……
아 내	그래, 이 붓데기라두 까부려서 다문 몇말이라두 거두어 볼까 하구 그런다. 너이 장인영감은 대가리가 열 조각에 나두 못 낸다구 성미를 부리구 그러지만, 또 우리내가 지게 마련이지. 웬걸 그 사

남궁만 • 하의도　173

　　　　람들이 순순히 물러나겠니.
박종창　그럼 제 땅을 제 손으루 갈어 놓구두 남에게 뺏기구 말가요.
아　내　그때 왜놈들한테는 왜 뺏겼댔누. 그때두 섬사람들은 죽어두 땅을 못 내여 놓는다구 아우성을 첫지만, 종내 뺐기구 말지 않었나.
박종창　인젠 제 나라가 되서 안 그럴 거에요. 땅을 뺏기구 농사는 지어서 송두리째 받치문, 이 섬사람들은 제 나라를 찾구두 왼통 굶어 죽게요.
아　내　참 목숨이 질기긴 하드라. 허구헌 날 이러구 사는 걸 그래두 오늘까지 연명은 해왔구나.
박종창　이번엔 웃사람들이 알어 줄 게예요. 우리 섬이야 섬사람들 조상 대대로 갈어 온 걸 세상이 다 아는데, 왜놈들하구 달러서 미국 사람들까지야 모른다구 하겠어요.
아　내　글세다! 너이 이번 부대 일쿤 논은 잘 됐니?
박종창　네! 아주 차지게 된 폼이 석섬은 실히 날 것같아요.
아　내　고생한 보람이 오나 부다. 그놈들이 그것까지야 도지를 내라구 안 하겠지.
박종창　알기나 하나요. 그 논의 치는 무슨 일이 있어두 먹지 않구 쌓아 둘래요. 삼년 소출을 쌓아 둘래요. 중소 한 놈은 되겠어요.
아　내　소! (금시에 눈시울이 뜨거워지며 박을 물끄럼이 바라본다) 세월이 이렇지 않었스문, 너이 잔치두 어서 해야 할 텐데.
박종창　……
아　내　참, 너는 용타. 장가들 바치두 작년 가을내, 올봄내 논을 일구느라구 그 애를 썻구나.
박종창　……
아　내　너이하구 혼사를 맺구는 내 마음이 얼마나 기쁜지 모르겠다. 너야 좀 얌전하니, 꼭 기집애 같다니까. 네게 비하문 우리 꼴지야 반쪽 구실두 못 하지. 이건 세 어른 성미를 닮아서 그런지 말광량이야, 사내 뜸떼먹게 구는군 그래. 그런 딸자식을 가지구 너 같은 얌전한 사위를 맞어서 염치없다.
박종창　……
아　내　참, 넌 생각이 끔직스럽다. 장인영감이 소를 사매야 성례를 시켜 준다니까, 집안두 편치 않은데 소값으루다 논을 일구누라구 그 고생을 했구나.

박종창　(몹시 주저하다가) 저 그 일루 해서 장모님께 여쭐 말씀이 있어서 왔어요.

아　내　……

박종창　어머님 병환은 원체로 환이 되서 날래 나을 것같지두 않구, 제가 혼자서 집안일을 돌볼려니까 몹시 힘이 들어요. 금년부터는 새로 일군 논에서 소출이 나니까, 삼 년 후면 중소 한 놈은 염려 없어요. 장인님은 마흔살에 나두 소를 장만해야 성례를 시켜 준다구 그러지만, 삼 년 안짝에 중소 한 마리는 틀림없으니까, 장모님께서 잘 말슴을 드려서 이번 가을에는 성례를 올리도록 해주세요.

아　내　영감인지 꼭감인지는 왜 그렇게 성미가 괴벽스럽기만 한지. 사위가 얌전해서 정혼을 했으면 성례를 시킬 게지, 소가 무슨 아랑곳이람. 글세, 낸들 얼마나 말을 했겠니. 딸 자식은 자꾸 과년해 가는데, 어서 성례를 시키재두, 이건 무가내루 그저 소를 한 놈 당장 가져다 놓구야 잔치를 한다구 고집이로구나.

박종창　……

아　내　영감은 그냥 소병이 들었어. 이건 밤낮 소! 소! 하구, 딸자식 출가하는 데두 소로군. 이건 딸자식을 그대루 늙일 차비람, 시집을 보내서 잘 살구 못사는 게야 제 팔자지. 딸자식 시집살이에 당신이 무슨 참견이람, 참견이……

박종창　농가에 소는 있어야 해요. 저이두 삼 년 후면 무슨 일 있어두 소를 살 테에요.

아　내　하긴 맨주먹으로 황무지를 갈어 내누라구 무척 고생두 했지. 글세 우리 농터래야 2천 평 남짓한데 그게 미쳐 갈지 못해서 그렇게 된 게 아닌가. 2천 평 가지구는 농량4)이 좀 빳빳해. 그러게 영감은 늘성 그 한탄이라네. 소가 있어스문 5천 평이 넉넉히 갈어슬걸 그랬다구 금시에 또 분해하구, 당신 생전에는 소 한놈 못 매보구 사는 원한으루 해서 아들 자식두 없는 살림에 소 매구 사는 사위라두 맞는다는 게 아닌가. (그만 눈물을 지운다) 저 오양간을 좀 보게. (대문 상수편 뒷담을 가르킨다) 소 없는 오양간! 저게 명색이 허청간5)이래두, 영감 당신 마음에는 어엿하게 오양간이야. 소말뚝을 꽂구 어디서 구했는지, 소구루마두 어더다 두

---

4) 농량(農糧), 농사짓는 동안 먹을 양식
5) 헛간으로 된 집채.

구!

박종창 …… (그만 고개를 돌린다)

아 내 처음 너하구 혼삿말이 났을 때두 영감은 마음이 내켜 하지 않는 걸, 내가 우겨서 했지만…… 미상불 영감두 사위는 마음에 드니까, 소를 사매구서야 성례를 올리기루 다짐을 두구서 약혼이 되지 않었니.

박종창 소는 사요. 정말 무언 못 하구 소는 한 놈 꼭 살 테에요.

김장에 (방금 누구와 헤어지는 길인 듯 그대로 혼자 크게 떠들며, 상수로 등장) 흥, 백번 와서 홀근거려 봐라. 안 된다, 안돼.

박종창 장인님, 안녕하세요.

김장에 음! 자네 왔나! 빌어먹을 놈들, 어디 누가 못 견디나 보자. 대가리가 열조각에 나두 사내 자식이 한번 안 된다구 했으면, 안 되는 게야.

아 내 아니, 또 무슨 일이 생겼어요?

김장에 글세, 그 빌어먹을 놈들이 또 어슬렁 기여나와서는 도지를 안 내면 땅을 빼앗느니, 잡어 가둡느니, 개수작을 핏드리구 다니니 하는 말이지.

아 내 아이, 말을 삼가우. 신한공사 지는 말만 나쁘게 해두 잡어다 가둔다고 그러지 않어요.

김장에 (더욱 퉁명을 다해서) 듣기 싫어. 내 나라 안에서 내 땅을 내라는데, 누가 잡어간단 말야.

아 내 (말대꾸를 할려다 말고 움츠러든다)

김장에 고현놈들 같으니…… (크게 기침을 해서 가래침을 뱉고는 담배를 피여문다) 자네 어머님 병환은 점 그만한가.

박종창 글세, 기침이 자즌 게 더한 것같아요.

김장에 (여전히 퉁명스럽게) 거 로환이로군 그래. 로환에야 약이 있나.

아 내 글세, 이 사람이 그래서 왔구려. 사내 손에 끼니를 끄리구 제때 농사두 지어야 돼, 하니 어디 손이 돌겠소. 하구 또 제일 알른 사람을 돌 볼 사람이 없으니 큰일이유.

김장에 거 야단이로군 그래.

아 내 (남편의 동정을 살펴가며) 저, 이 가을엔 이애를 성례를 이루워 주구 맙시다.

김장에 (양인을 번갈아 노려 보다가 박에게로 간다) 너 소는 작만했니?

박종창   저, 이번 새루 개간한 논 말이예요.
김장에   (소리를 높여서) 소 삿나 말이야.
박종창   글세, 그 논에서 석섬은 실이 나겠어요.
김장에   벼 석섬에야 소 값이 나겠니.
박종창   삼년만 하문 중소 한 마리는……
김장에   그럼 삼년 있다 보자. 삼년 있다가……
아 내   여보!
김장에   사내자식이 한번 한다구 했으면, 대가리가 열 조각에 나두 어여하게 해놔야지.
아 내   그렇지만 사둔님이 몹시 앓는다지 않소.
김장에   임자가 가서 돌봐 주지 그래.
아 내   며누리를 두고 사둔이 갈까.
김장에   듣기 싫여. (박에게 다가든다) 자네한테 또 한번 말해 두네. 우리 섬에서 도무지 고작 가는 내 딸을 데려갈려면, 자네네 어양간에 누렁 황소를 매여놔야 해.
아 내   흥, 그 잘난 딸……
김장에   소 한 마리 몫을 치루워낼 계집은 내 딸밖에 없다. 내 딸밖에 없어.
아 내   그래, 영감은 사람이 죽어두 소밖에 모르우?
김장에   (몹시 격해서) 내가 소가 될 수 있으문 딸네 집을 따라가겠다. (박에게 달려들며) 못난 놈! 소 한 놈두 못 다르란 말이냐.
박종창   무슨 일이 있어두 소는 사요.
김장에   그만두어라. 나는 한 평생을 별러서두 저놈의 오양간에는 빈 말뚝만 꽂쳤다.
아 내   난 소 없이두 잘만 살어왔오. 굶구 헐벗어서두 내외간 금실만 좋으면 게서 더 바랄 데가 없지…… 그럼, 영감이 소 사올 걸 믿구, 내가 이 집에서 늙은 줄 아우. (그만 울음이 터진다)
박종창   그만 두세요. 제가 가문 그만이 아니예요. (몹시 격정되여서 급히 퇴장)
김장에   이 사람 종창이! (따라나가다 말고 토방에 털석 주저 앉는다) 저놈이 또 내 꼴을 닮은 놈이로구나. (한숨)

  침묵.

아　내　(이윽고 눈물을 거두고 나서) 영감! 그것들을 이 가을엔 머리없어 주구 맙시다!
김장에　마음대로 하게. 나두 모르겠네. (담배를 피여 물고 아내를 피해서 서성가리며 쓴 연기를 뽑는다)
아　내　(시무룩한 채로 다시 키질이다)
윤구장　(등장) 김장에 ……
김장에　갓든 일은 어떻게 됐나?
윤구장　시원치가 않어. 출장소에서는 모른다네 그려. 여기 나온 사람들과 타합들 하라고 그러는데……
김장에　그만두게. 또 고개만 굽실거리고 왔네 그려.
윤구장　하긴 신한공사 규칙이 그래서 어쩔 수 없다구, 출장소 소장두 딱 잡아 떼긴 하데.
김장에　엣기, 못난 사람 같으니! 그녀석의 멱살을 잡아 흔들어 주구 오지를 못 해?
윤구장　김목사님에 댁을 가시겠지, 우리 목사님한테 가서라두 사정을 해 보세.
김장에　그만두어. 그눔이 그눔이지. 돈량이나 있누라구 신한공사 놈들을 저이집에 치면서, 그녀석들과 홀○일 치구 다니는 놈, 그럼 놈을 찾어가.
윤구장　아니야. 그분이야 예수교 목사님이시구, 아주 훌륭한 인격자인데, 어디 불공평한 일이야 하겠나.
김장에　흥, 자네나 가보게.
윤구장　더구나 그분이야 미국 장교들과두 어깨를 겻구 다니면서 제대루 쏭얼거리지 않든가. 잘 사정을 도와만 준다면 아주 유력할 겔세.
김장에　자네는 너무 사람이 좋와서 탈이야. 신한공사 출장소 소장놈과 대판 싸움해서라두 단판을 받어 올 게지, 인제 목사가 아랑곳인가.
윤구장　그러지 말구 어서 가보세. 자, 어서 앞서게. 자네는 한 이웃간에 목사님네와 제일 익숙한 사이가 아닌가.
김장에　(앞서 나가며) 도시 자네가 틀렸어. 구장의 직분으로써 대체 동리를 위해서 하는 일이 무언가. 출장소까지 찾어갔단 그냥 돌아온단 말인가.
아　내　(따라 나서며) 영감! 그 성미만 부리지 말구, 좀 온순히 말을 하우.
김장에　에이구, 갓지 않은 걱정.

윤구장   정말 자넨 말을 좀 삼가게.
김장에   목사님 게세요. (윤에게 들어오기를 눈짓하며 양인 내퇴)
아 내   (이편을 이윽히 바라보고 섰다가 안방으로 들어간다)

　　　사이.
　　　꼴지 바구니에 생선을 가득 담어들고 무엇에 쫓기어 헐레벌떡이고 들어온다. 뒤이어서 "저 년을 잡아라", "도적년이야" 고함소리 들리며 뱃사람들려 들어온다. 꼴지 그만 기진하여 돌배나무께서 쓰러지며, 바구니를 끌어안고 그 위에 머리를 박는다.

뱃사람   (달려들어 꼴지를 세차게 밀쳐내며 바구니를 뺏을려고 한다) 이래 내놔! (거듭 밀치며) 이런 망할 년이 있나. 못 내놓을 테야. (또 밀친다) 달경이나 두구서 생선이 없어지기에 수상쩍어 했드니, 멀정하게 기집애 년이 이 짓이야.
꼴 지   버린 걸 주서 왔는데요, 뭐.
뱃사람   이런 뻔뻔스러운 년이 있나. 생선이 흔할 때문 몰라두, 아무 때나 주서 오는 게야. (거듭 밀친다) 아, 그래두 못 내놓을 테야. (더욱 몹시 밀친다)
꼴 지   (밀치우는 대로 바구니를 지켜서 고래를 박고는 감때 질기게 뭉개고 돌아간다)
남　 　 (등장) 머야? (꼴지를 알어보고) 꼴지가 웬일이야?
꼴 지   (남가인 것을 알고는 그만 기급을 해서 낙가리 뒤로 가서 숨는다)
남　 　 왜 그래, 꼴지 …… (뱃사람에게) 웬 놈이냐?
뱃사람   글세, 저것이 생선을 집어 들구 달아납니다 그려.
꼴 지   버린 걸 주서 왔는데, 뭐.
뱃사람   멀정한 생선을 왜 버려?
남　 　 뱃전에서 생선마리나 주서 왔기루 상사지…… 바다 인심이 이렇게 두 고약스러워졌어?
뱃사람   그래두 분수가 있지. 요새는 생선이 바른6) 때 아녜요. 망할 년 같으니, 이 다음 또 그따위 버르쟁이를 했다는 손목아질 비틀어 놓을 테다. (생선 바구니를 들고 갈려고 한다)
남　 　 가만있어. 어린 게 장난으루 그런 걸 되루 빼서 간단 말이야?

───────────────
6) 바르다, 흔하지 아니하거나 충분할 정도에 이르지 못하다는 뜻의 북한말.

뱃사람   작난이 다 무어예요. 저게 훗트루 못 볼 계집애예요. 글세 달경이나 두구서 그냥 바다에 나와 사는군요.
남   나는 신한공사에 있는 사람인데, 저애는 내가 데리구 있는 애야. 날 보아서라두 그대로 돌아가.
뱃사람   안돼요. 단단히 경을 치울 게지만, 계집애가 되서 그냥 가는 줄이나 아슈.
남   (목소리를 높여서) 신한공사를 몰라? 그대루 가라면 가지, 무슨 잔소리야.
뱃사람   글세, 나리야 어디 계시든, 이 생선이야……
남   (새삼스럽게 위엄을 갖추며) 그래, 그 배는 어딧 배야?
뱃사람   목포 어업조합입니다. (그만 움츠러든다)
남   응, 어업조합이면 신한공사 거야. 그대루 돌아가.
뱃사람   그렇지만……
남   그대루 돌아가!
뱃사람   네! (어름거리다가 퇴장.)
남   꼴지 이리와! (꼴지에게로 가며) 꼴지가 아주 재미있는 작난을 하는데 그래, 허허. 재미있어. (손목을 잡으며) 어쩔려구 그래. 내가 아니었으면 큰일날 뻔했지 그래.
꼴 지   (그만 홍당무가 되서 어쩔 줄을 모른다)
남   돈은 무엇에 쓸려구 이런 짓을 해. 오라. 참, 소를 산다구 그랬지. 그래, 소는 무엇해?
꼴 지   농사 짓죠.
남   요렇게 이뿐 색시가 농사를 지어야 하나. 그래 소값은 얼마나 되엿니.
꼴 지   없어요.
남   꼴지 우리 출장소에 와서 일 보지 않을 테야?
꼴 지   무슨 일인데요?
남   신바람7)두 하구, 밥두 짓구!
꼴 지   품싹은 얼마나 줘요?
남   한달에 오백 환쯤 되지만. 꼴지는 이쁘니까 천환 한 장이야 줄 수 있지.
꼴 지   천원! (눈동자는 하늘을 오르며 돈을 계산한다) 일년임 1만2천

---

7) 심부름의 방언.

180

	원이게요.
남	어때, 나하구 같이 가지 않을 테야.
꼴 지	(머뭇거리다가) 그렇지만 못 가요. 집에서 왜 보내 줄라구요.
남	내가 말해 줄까? 그러지 말구 같이 가. (손목을 끌어 당기다가) 아유, 꼴지 손에선 생선비린내가 아주 물쿤하군 그래.
꼴 지	(손목을 뿌리치며) 놓으세요.
남	꼴지! (더욱 바짝 잡아 끌어당기는 서슬에 몸이 부딪히며 낙가리 뒤로 돌아간다)
꼴 지	놓으세요, 놓아요! (소리를 지르며 기급을 해서 달려 나온다)
남	(뒤 따라 나오며) 꼴지, 생선을 안 팔구 갈 테야.
꼴 지	(바구니 앞에서 걸음이 머저진다)
남	(꼴지에게로 가며 지갑에서 백원짜리 한 장을 집어준다) 자! 생선값!
꼴 지	아유, 백원씩이나……
남	저 대문안으루 좀 디려다 주어.
꼴 지	네! (돈을 받어넣고 바구니를 들고 들어간다)
남	(뒤 따라 들어가다가 생선을 쏟고 나오는 꼴지의 볼을 손가락으로 찔러보며) 요건 꼭 갈매기야.
꼴 지	왜 이래요. (남을 피해서 적이 집으로 달아난다)
남	내일 또 생선 가져 와. (사랑방으로 들어간다)
꼴 지	(남을 살피고 안방을 거려보고는 꼬기꼬기 접어서 허리춤에 간잡힌다)
김전배	(등장) 너이 서방 안 왔댔니?
꼴 지	아니.
김전배	이놈을 어디 가애 만나나?
꼴 지	왜 그래?
김전배	글세!
꼴 지	너 배를 탄다구 그러던구나.
김전배	좋지 않아, 너렁청한[8] 바다에 떠서……
꼴 지	농사 일은 어떻거니?
김전배	신한공사 놈들 저이가 하겠지.
꼴 지	접때 그녀석들한테 얻어맞은 원한으루 그러는 게로구나.

---

[8] 탁 트여서 시원스럽게 넓다.

김전배   난 꼴지처럼 이뿐 마누라두 없구, 하하……
꼴 지   아이, 망측스리두……
김전배   이눔이 소를 못 사서 환장을 했다는데, 만날 수가 있나.
꼴 지   너의 솔 팔을려니?
김전배   응, 바다에 나가는 대두 밑천이 들어.
꼴 지   얼마야?
김전배   꼴지가 저의 서방 소 사줄려나?
꼴 지   얼마야?
김전배   만원!
꼴 지   아이, 비싸아.
김전배   너 정말 너의 서방 소 사줄려는 게로구나.
꼴 지   아냐, 저 그런데 누구보구 이런 말 말어. (거듭 망설이다가) 저 소 사는데 보탬이 될까 하구 남몰래 생선을 받어다 팔었서. 아직 두 소값은 어림두 없는 걸, 뭐.
김전배   (감격해서) 흐응, 종창이놈이 여편네 잘 얻었구나.
꼴 지   누구보구 아이예 그런 말 말어. 그랬단 나한테 경을 친다. (주먹을 쥐어 보인다)
김전배   그래, 소 값은 얼마나 모였나?
꼴 지   (열적어서 얼골을 붉혀 웃다가) 3천 원!
김전배   저런! 기집애라구 깔보지 못 하겠구나, 허허.
꼴 지   (또 혼자 실망을 머금어서) 그가짓 3천 원! 아모래두 너의 소는 못 사!
김전배   (계산을 쪼아랴보고) 엣기 모르겠다. 종창이 녀석보구 천원 하나만 더 마련하라구 그래.
꼴 지   (대견해서) 인제 천원만 있으문 되니?
김전배   사실은 우리 소가 4천 원에 빚에 들어가 있어, 농사 짓느라구 저 나룻집에 소를 제 당하구 돈을 돌렸거든. 그래, 만원 하난 부르겠지만, 꼴지가 저의 서방 소를 사준다니, 좀 장한 일이야. 어때? 꼴지가 산대문 8천원에 저 줄 테야.
꼴 지   3천 원하구 또 천원이 있음, 4천 원……
김전배   빚진 돈 4천 원은 꼴지가 차차 벌어서 물거든.
꼴 지   그럼, 4천 원은 언제까지 물어야 하니?
김전배   이자만 물면 언제까지구 물 수 있어. 하긴 이자가 있으니까 8천

　　　　　원이 좀 넘는 셈이로군. 어때 그렇게 할 테야?
꼴　지　천원이 어디 있어야지
김전배　종창이 놈이 돈 천원두 못 마련할 테야. 그 녀석을 만나서 물어
　　　　　볼까?
꼴　지　웬 돈이 있을라구?
김전배　우리 소를 사기만 하문 땡 잡는다. 만원 하난 ○돌없는 소거든.
꼴　지　없을 게야, 저이 어머니는 앓아눕구……
김전배　빚이라두 내지 그래. 어쨌든 내가 만나 보기라두 할까?
꼴　지　그래, 말을 좀 잘해 줘.
김전배　으응, 그럼 내가 가서 그놈을 데리구 오지. (퇴장)
꼴　지　(어즈러운 생각에 잠겨 멍하니 섰다)
아　내　(안에서 나온다) 이것이 너 요새 어딜 밤낮 싸다니니?
꼴　지　(깜짝 놀라 돌아선다)
아　내　글세, 무슨 바람이 맞었어?
꼴　지　……
아　내　누구는 장거리에 생선바구니를 이구 나온 걸 봤다는 말두 있
　　　　　구…… 기집애가 밤낮 나가만 있으니, 너 아무래두 무슨 탈 생겼
　　　　　구나.
꼴　지　등신인가, 방구석에 처박혀 있게.
아　내　애. 글세, 지금 너이 서방이 와서 또 아버지하구 싸우구 갔구나.
꼴　지　왜요?
아　내　또 그눔의 소 타령이지. 글세, 너이 아버지야 소밖에 다른 생각
　　　　　이야 있니?
꼴　지　……
아　내　너이 시어머니는 병환이 더해만 간다는데, 홀애비 살림이 여북하
　　　　　겠니. 이 가을엔 잔치를 해달라구 그렇게 사정을 하는 데두, 이건
　　　　　소가 아니문 막 우기 내는군.
꼴　지　……
아　내　너이 서방두 참다 못해 다 그만 두라구, 성을 내구 가버리구 말
　　　　　었구나.
꼴　지　(울상이 되서) 아버지는 그냥 소에 환장을 했어.
아　내　성미두 왜 그렇게 괴벽하기만 한지.
꼴　지　(밖으로 달려 나간다)

아　내　어디 가?
꼴　지　가볼래요. (급히 퇴장)
아　내　꼴지야! (따라가다 말고 걱정스러히 섯다가 키질하던 것을 간집히고 안으로 들어간다)

　　　　김장에 투덜거리며 앞서고, 윤구장 허리를 굽실거리며 나온다.

김장에　신한공사가 강도질이 아니면 무엔구. 왼통 도적놈들이다.
김계장　영감! (급히 뒤따라 나오며 김장에를 잡아챈다) 이눔의 늙은이, 경찰서에다 집어넣을 테다.
김장에　이건 놓으시오. (뿌리치며) 내가 무슨 죄가 있다구 경찰서에 들어가!
김계장　우리 신한공사를 욕하거나 비평하는 자는 엄벌에 처하는 줄을 몰라?
김장에　흥, 신한공사 지는 남이 말해서는 안 될 죄를 많이 지는 거러군 그래.
김계장　무엇이 어째? (달려들려고 한다)
윤구장　(가로막으며) 나리, 참으시우. 이 사람은 성미가 좀 못 돼서 그렀습니다 그려. (연성 허리를 굽실거리며 김장에를 제제한다) 자네는 어는 앞이라구 그러나. 참게, 참아!
김장에　이건 왜 이래. 대가리가 열 조각이 나두 할 말이야 다 해야지. (윤을 물리치며) 이 섬은 우리 섬사람들이 밭을 갈구 대대손손이 조상의 뼈를 묻고 살아왔소. 이 섬은 어엇하게 우리 섬사람들의 땅이야. 난 정말 그 흔한 소 한 마리 없어서, 맨주먹으로 땅을 갈아서 연명을 해왔소.
윤구장　네헤, 그저 이 황무지를 개간하누라구 우리 섬사람들이 무척 애는 썼습지요.
김계장　그러니까 소작료를 내일 수 없단 말이지?
김장에　어림없소.
김계장　안 내구 백이나 어디 두고보자. (시계를 보며) 조금만 더 있으면 너이 섬놈들에게 훌륭한 대답을 해 주마.
윤구장　도에다 진정서를 넣었습니다. 이 땅문제가 해결될 때까지만 참어 주십시오.

김계장   무슨 꿈같은 수작을 하구 있어. 이 섬은 신한공사의 땅이야. 그리구 사람은 우리 신한공사의 소작인이야.

김장에   옳지, 그때 왜놈두 그러드라. 우리 섬사람들이 무식해서 등기가 잘못된 걸 알구, 몰래 등기를 제 이름에 옮겨 가지구는 어엿하게 등기부에 올은 제 땅이라구, 호령만 하드니…… 그럼, 당신네두 또 왜놈들이요?

윤구장   그저 살펴주십시오. 사실 우리 섬사람들은 억울합니다. 왜놈들이 우리를 속였지요. 그렇지만 인제는 우리두 제 나라를 찾구, 나리는 우리 동포가 아닙니까. 왜놈들에게 속구 뜯기구 하든 우리 섬사람들의 원한을 나리께서 풀어주십시오.

김계장   나라가 해방됐다구, 뭇 놈들이 달려 붙어서 마음대루 땅을 뜯어 논아 가지는 겐 줄 알아?

김장에   그럼, 신한공사에서는 백성들의 땅을 뺏어 드려야 하오?

윤구장   글세, 왜놈들을 물리쳤으면, 왜놈들에게 뺏겼던 백성들의 땅은 백성들에게 찾어주어야 할 게 아닙니까. 머 제가 아는 건 없습니다 만은. 들리는 말에 소련군이 들어온 북조선에서는 농민들에게 제가 가는 땅은 제가 가지게 해주어서, 다같이 잘 살게 됐다구 하지 않습니까.

김계장   닥쳐라. 그런 소리를 함부로 하다는 콩밥 먹는다, 콩밥!

김장에   무엇이 어째? 엣기. 가세, 가. (대들려는 기세를 가까스로 돌리며, 윤구장을 잡어 끌고 간다) 백죄 백성들의 땅을 뺏어가는 도적놈들을 잡어 가두는 딴 세상은 없는지 모르겠네.

김계장   예잇. (달려들어 김장에를 몹시 후려 갈긴다) 네놈의 눈에는 무서운 것도 보이지 않니?

김장에   (딩굴러 간다) 이놈아. 죽여라, 죽여. (벌떡 일어나 대들며) 네놈은 애비두 없는 놈이냐.

윤구장   (굽실거리며 제재한다) 참으시우, 참아. 나리, 그저 소인들을 용서하시우.

김계장   물려라. (윤을 물리치며) 저놈을, 그저…… (대들려고 한다)

김목사   (안에서 나오며 가로막는다) 참으시우. (김장에에게) 이게 무슨 일인가?

김장에   마른 하늘에 생벼락이 내리겠소, 목사님! 저 들에 나무를 보시우. 저 나무가 우리 증조 할아버지때 목사님네하구 우리 두 집에서 얼러 심은 나무요. 목사님 어른이 생존해 계실 때 노 말씀하시지 않었소. 목사님네나 우리 섬사람들이 나무두 심으구, 밭두 갈었다구.

김목사   그러게, 내가 아까부터 순서를 밟으라구 그러지 않았나. 이미 도에두 진정서를 냈고 했으니, 인제 군정청에까지 이 문제가 올라가서 좋게 해결되면 좀 좋은 일인가. 하지만 지금은 이 섬이 신한공사의 소유 농장으로 되여 있으니까, 이분들이 소작료를 받으러 나오는 건 당연한 일이 아닌가.

김장에   도시 그게 안 됐단 말이요. 남의 땅에다 도지를 왜 붙친단 말이요.

김목사   이봐, 위선 소작료를 받쳐 두는 게 어때? 만일 이 농장이 섬사람들의 소유로 증명이 되는 날에는, 받쳤든 소작료를 되루 찾을 수 있을 게 아닌가.

윤구장   글세, 그게 딱 합니다. 소작료를 평당 근 반두 수확이 안 되는 땅에서 두근 반을 잡아 놓구는, 두근 반의 삼분지일을 받치라니. 소출을 죄다 받쳐두, 그 량이 될지 말지 한데. 설사 받치구 난대두, 또 신곡이 날 때까지 무얼 먹구 지냅니까.

김목사   설마 그렇기야 할까. 거짓말은 하늘을 속이는 죄악이야.

김장에   목사님은 제 땅을 가지구 있으니까 아시지요. 그래, 우리 섬에서 평당 두근 반 소출이 납니까? 흥, 신수확을 조사해서 공정하게 소작료를 매운다고 하드니, 감자 심는 밭에 밀 심었다구 나왔습니다.

윤구장   어디 그뿐입니까. 지세니, 수세니, 또 무슨 세금이니, 왜놈들 때에는 이름두 모르는 세금을 우리 농민들더러 내라구 하니, 그건 무얼로 뭅니까. 정말 북조선에 있는 농민들은 참 좋겠어요.

김계장   목사님, 머 여러 말 할 게 없습니다. 우리는 엄연하게 기정방침을 그대로 실시하면 그만이니까요. 이봐, 똑똑히 들어 두어. 하의도는 신한공사의 농장이다. 그리구 소작료는 실수확의 삼분지일, 지세, 수세, 기타 부가세 일절은 지주와 소작인이 반식 부담한다. 그리고 소작 계약 년한은 일개 년. 계약 년한이 끝나기 전에도 신한공사가 좋지 않은 자라고 인정한 자의 땅은 아모 때나 이를 회수할 수 있다. 더구나 소작료를 받치지 아니하는 때는 소작 계약을 해제하는 것은 물론, 계약 불이행죄로 엄벌에 처한다. 또한 우

	리 신한공사에 대하여 좋지 않은 유설을 퍼트리거나 비평을 가하는 때는, 엄중한 처벌을 나린다.
김장에	흥. 계약이니 엄벌이니 하구, 구집지근하게9) 그렇게 있소. 우리 농사꾼들을 끌어다 목을 따구려, 목을 따!
김목사	김장에! 무슨 말을 그렇게 하나. 그게 우리나라를 해방시켜 준 우리 민족의 은인 미국 군정청에 대한 인사인가!
김장에	그래, 우리 농민들을 굶어 죽게만 마련을 시키는 게 해방이오?
김목사	김장에, 말을 삼가지 못할까. 우리 조선민족의 어른이신 이승만 박사와 김구 선생은 우리나라를 위해서 일해서 일해 오신 분이며, 지금도 주야를 가리지 않고 골몰하고 게세오.
윤구장	내헤. 그저 그런 훌륭한 분들이 계셔서 우리나라를 구하구, 우리 섬사람들을 구해 주실 줄 믿습니다. 목사님께서두 말씀을 잘 들여서 우리 땅을 찾도록 힘써주시기 바랍니다. (굽실거린다)
김장에	가세, 가. (윤을 잡어 끌며) 그런 훌륭한 분이 있다면, 우리가 왜 또 땅을 뺏긴단 말인가
김계장	무엇이 어째? (날세게 달려들려고 한다)
김목사	(가로막으며) 참으시우, 참아. 자네는 언제 보아도 그 입이 탈이야.
윤구장	그저 용서하십시오, 용서하십시오. (김장에를 가로막고 굽실거리다가 끌고 내려간다) 이 사람, 왜 자꾸 이러나. 어서 내려가세!
김장에	안 된다, 안 돼. 내 땅을 못 먹는다.
김계장	저놈을…… (달려들려고 한다)
김목사	(막으며) 내버려 두시우. 원체 무지해서 그렇구려.
김계장	이놈, 어디 두구 보자.
김목사	어서 들어갑시다. (양인 내퇴.)
윤구장	자넨 어쩔려구 그러나.
김장에	그럼, 제 땅을 뺏기구두 자네처럼 굽실거려야겠나. 대가리가 열 조각에 나도 할 말이야 해야지.
윤구장	그러나 어떻거문 좋은가. 우리야 무슨 힘이 있나.
김장에	좀 똑똑히 하게. 이 동리가 다 자네한테 달리지 않았나.
윤구장	아모렇나, 하회를 기다려 보세. 그럼 또 오겠네. (퇴장)

---

9) 구질구질하게.

사이.
박종창 김전배 이야기에 골똘하면서 상수로 올라온다.

김전배   소 끌구 시집오는 마누라를 다 얻구, 아모렇나 자네 팔자는 늘어졌네, 허허.
박종창   정말 자네가 날 놀려 먹는 게 아닌가?
김전배   아직 꿈만 같은가, 허허……
박종창   생선장사가 얼마나 남는다구, 어느새 삼천원 식이나 모은단 말인가?
김전배   자넨 인제 소굽비를 잡구두 의심할 겔세, 허허……
박종창   저이 집에서두 그런 눈치는 통 모르는 모양인데……
김전배   그럼 출가도 하기 전에 제 서방 소 사주는 일을 부모 앞에 말하겠나.
박종창   난 꼭 자네 놀림에 든 것만 같네.
김전배   무리두 아니야. 점 기쁜 일인가?
박종창   그두 그렇지만, 자네가 소를 판다는 일두 모를 일이야.
김전배   바다로 떠난다지 않어.
박종창   농사꾼 놈이 농사는 짓다 말구, 바다로는 왜 나간단 말인가?
김전배   (주저하다가 사우를 살피고 나서) 종창이 자네에게만 말하네. 절대 비밀일세. 나는 삼팔선을 넘을려네.
박종창   무어? (놀란다)
김전배   북조선으루 갈래. 여기서야 어디 아니꼬워 살겠나.
박종창   자네 일가집이 평안도에 있다드니, 그리루 갈려나?
김전배   그런 것도 아니야. 이것 좀 봐. 북조선에선 토지법령이 생겨서 농민들이 모두 땅을 노나 가지구, 벌서 밀 보리 거두어 먹지 않었나. 여기서는 신한공사 개자식들이 농민들의 땅까지도 뺏어 갔지만, 거기는 농민들에게 땅을 나노아 주구두, 세금을 통틀어서 소출의 2할 5부를 받치면 그만이네 그려.
박종창   땅은 그냥 나놔줬는데, 도지는 없이 세금만 2할 5부를 받치면 그만이란 말인가?
김전배   그래. 땅이야 농민들의 소유가 됐는데, 소작료가 무슨 소작료야.
박종창   그런데 놈들은 왜 우리들을 빨아먹지 못해서 기를 쓰는 게야. (주먹을 한번 쥐여본다)

김전배   그뿐인가, 노동자는 또 노동법령이 생겨서 편하게 됐구. 여성해방 법령이 발표돼서 남녀 평등권이 법으로까지 서구. 또 왜놈들이 가졌든 산업기관이며, 중요 산업시설 일절은 국유화두 해서, 어느 개인이 범접 못 하게 온 백성들의 이익을 도모하구 있네.

박종창   그 말을 듣구 보니까, 이놈의 신한공사는 정말 도적놈들이로구나. 농사꾼들의 땅을 빼앗다니……

김전배   글쎄, 왜놈을 뜸데먹을 놈들이라니까. 그래 북조선 농민들이 이번 여름에 처음 현물세를 받치는데, 2할 5부인 걸 3할을 넘겨 냈다네 그려.

박종창   안그렇겠나. 나 같으면 너무 기뻐서 먹을 것만 내여 놓구는 다 받치겠네.

김전배   우리가 이전에두 늘 이야기하지 않았나, 김일성장군 말일세.

박종창   응, 그분이 지금 정치를 한다지.

김전배   그래, 그때 왜놈의 신문에도 늘 나지 않았나. 동에 번쩍 서에 번쩍, 왜놈들을 무찔러 싸우니까, 놈들은 군대를 출동시켜 토벌을 하느니, 그러다는 또 죽었다구 헛선전을 하구, 왜놈들이 무척 혼이 난 모양이야.

박종창   오라. 참, 자네는 김일성 장군을 찾어서 백두산으루 간다구 별루지 않었나.

김전배   인젠 정말 김장군을 찾아가게 됐어. 생각해 보게. 마상에서 장검을 휘두르며 그 지독한 왜놈들을 무찔러 나아가면, 그 장쾌한 모양을 나는 생각만 해도 가슴이 터지는 것같아.

박종창   우린 이 꼴을 하구 지냈는데, 왜놈들을 처물린 사람도 있단 말이야.

김전배   김장군이 아니면 안 돼. 당신의 목숨을 내여 놓구 나라를 위해 싸우던 사람이니까. 고국으루 돌아와서두, 온 백성을 위해서 그처럼 훌륭히 일하시거든.

박종창   그래 떠나면 집은 어떻게 할려나?

김전배   이번 농사는 지어야지. 위선 나만 가서 시세를 보구 어떻게 할려네.

박종창   자넨 시원하겠네. 난 어머님이 앓어누워서……

김전배   처음 가면 고생일지 모르지만, 아모러나 여기 같겠나. 난 정말 이놈의 데를 배고파서가 아니라 아니꼬워서 떠나네. 껀듯하면 법령이다 하구 사람들을 얽매여 놓기만 하니, 이게야 답답해서 어떻게 살겠나. 굶어두 좋아. 제 인권을 찾구 맘 편히 살구……
박종창   자넨 그럴 사람이야, 옛날부터……

  이러는 동안 꼴지 하수로 등장하여, 김목사네 대문 안이며 사랑방을 기웃거려본다!

꼴 지   (사랑방 문 앞에서 기웃거리며) 손님 계세요?
남   (문이 열리며 고개가 나온다) 꼴지가 웬일이야. 이리 들어와.

  박, 김 양인 말을 끊고, 이편을 주시한다.

꼴 지   아니 좋아요. 저 물어볼 말이 있어서요.
남   무언데? 들어오래두 그래.
꼴 지   좋아요. (머뭇거리다가) 저 출장소 일을 시켜 주겠어요?
남   정말 올 테야.
꼴 지   네에, 그런데 말이예요. (더욱 주저하다가) 품삯을 한 달 치만 먼저 찾을 수 없을까요.
남   꼴지라면야 얼마든지 주어두 좋지. 하여튼 좀 들어와.
꼴 지   아니 갈래요.
남   돈이 필요하다면서 들어와 일 이야기두 하고, 돈두 가져가야지.
꼴 지   돈이 급해서 그래요. 어서 가봐야겠어요.
남   돈을 덮어놓구 줄 수야 있나. 무슨 일을 어떻게 하는 이애기두 하구…… (마루로 나오며 손목을 잡어끈다) 좀 들어오래두 그래.
꼴 지   내일부터 출장소루 나갈래요. 돈은 인제 주세요.
남   그래 줄게. 좀 들어와. (잡어끈다)
꼴 지   (반항하며) 아니, 가야해요.
남   들어오래두 그래. 돈을 달라면서……
꼴 지   (뿌리쳐 마루에 주저앉으며) 여기서 주세요.
남   왜 그래, 내가 꼴지를 어떻게 할까 봐 그래.
꼴 지   아녜요, 여기서 주세요
남   어서 들어와.
꼴 지   아이, 놓으세요. 왜 이래요.
박종창   (더 참을 수 없어 불쑥 기여 나온다) 꼴지!

양인 그만 기급을 해서 물러난다.

박종창   언제부터 술장사가 됐니?
꼴 지   (그만 어쩔 줄을 모르고 돌배나무 뒤에 가 숨는다)
박종창   흥, 생선장사를 나섯다구 하드니, 뭇놈들하구 이 지랄을 하구 있었구나.
남   무엇이 어째? (이편으로 달려와 박을 밀어내며) 이놈아, 말을 삼가라. 네놈이 날 모욕하는 게냐.
빅종창   당신이 무슨 상관이오. 내 여편네하구 이야기하는데.
남   무어가 어째, 너 지금 머라구 그랬니? 이애가 사정이 딱하다구 그래서, 좋은 일자리를 구해 줄려구 그러든 참인데…… 이 자식, 그게 무슨 수작이야.
박종창   남의 계집을 힐난을 하다가는, 도리여 날더러 큰 소리요.
남   이자식이…… (박의 뺨을 무수히 갈긴다) 이 자식아, 내가 언제 너의 계집을 힐난하데?
꼴 지   (달려들어 말린다) 제가 잘못했어요. 용서해 주세요.
남   물려라! (꼴지를 잡아제치며 박의 멱살을 잡고 내동댕이친다) 이놈아, 내가 누군 줄 알아.
꼴 지   (쓰러지는 박을 달려들어 바로 잡는다)
김전배   (급히 달려와서 남을 보기 좋게 갈긴다) 이 도적놈의 자식아!
남   이 자식이…… (그만 물러나며 어쩔 줄을 모른다)
김전배   똑똑히 봐라. 접때 네놈에게 개새끼 맞듯 맞고만 있던 김전배다. 남의 부녀들을 함부로 힐란하구는, 죄 없는 사람은 왜 또 때리는 게냐. (달려들어 갈긴다. - 갈기고 차고 차고 쓰러지는 걸 다시 밟는다) 어디 우리 농민들의 주먹맛이 어떤가 보아라.
남   (그만 기급을 해서 대문 안으로 달려 들어간다) 이 자식, 어디 두고 보자!
김전배   이 자식이, 쫓겨 가면서 주먹질이야.
박종창   (당황해서) 이 사람, 어서 몸을 피하게. 저놈들이 맞었으니 가만 있겠나.
김전배   좋아! 내가 떠나도 저런 놈들은 목아질 분질러 놓구야 떠난다.
꼴 지   우리 집으로라두 가! 이러구 있다가 어쩔려구 그래. (김을 밀어낸다)

김전배   네놈들이 인젠 하나도 무서울 게 없다. 올려면 언제든지 오너라. (흥분을 이기지 못해 하며 꼴지네 대문 안으로 들어간다)

　　　박, 꼴지도 뒤따라 내려온다.

꼴　지   (그만 느껴 울며) 내가 잘못했어. 소가 중한 생각만 하구……
박종창   (대문 안으로 들어 갈려다 말고 이윽히 노려 본다)
꼴　지   한달 품삯으로 소 값 천원을 준다구, 그래서 갔더랬어.
박종창   듣기 싫다, 드러운 년! 글세, 갈 데가 없어서 신한공사 남가 놈한테 간단 말야. 나 오는 적마다 동리처녀들을 바람을 맞힌다구, 소문이 굉장한 놈 아니야.
꼴　지   (벌덕 일어나) 그럼, 이 가을에두 그대루 넘길 테야?
박종창   생전 장가를 못 들면 말지. 기집애가 못놈들과 히히덕거려.
꼴　지   그럼, 소는 왜 못 사니. 명색이 사내가 소 한 마리 왜 못 마련했어?
박종창   ……
꼴　지   왜 남가놈 뿐이냐. 바닷가에 나가서 뱃놈들한테 별 성화를 다 받으면서 생선을 팔었어. (더욱 느껴 운다)
박종창   ……
꼴　지   그래, 네 주변에 어엿하게 소 한 마리 사볼 테야.
박종창   (그만 돌아서버리고 만다)
꼴　지   아무래두 소는 작만해야 우리 성례는 시켜 줄 걸…… 나두 별 생각을 다해서 생선 장사까지 나섰어, 집에두 몰래. 배에 나가서는 없는 능청을 다해서는 생선을 집어내구…… 그러다 안 된대문 밀치워나구, 심하문 실컷 얻어맞구. 그러군 또 나가구…… (또 울음이 복받친다)
박종창   이건 그저 소가 중해서 장거리루 바구니를 니구 나가서 생선장사를 다 했구먼. (다시 엎드려 운다)

　　　침묵.

박종창   에 농사꾼이 농사를 지어서는 왜 소 한 마리 제대로 매구 살 수가 없는?
꼴　지   (다시 고개를 들며) 그런 걸 왜 우리 아버지한테는 정녕히 소를

사구야 장가를 든다구 그랬어. 왜 소를 산다구 언약을 했어. (그만 악에 받쳐 대든다)
박종창   우리 모두가 신한공사놈들한테 가서 죽여 달라구 그러자, 죽여 달라구 그래. (격정이 되여 오르다 못해 자즈러지며 어쩔 줄을 모르고 헤매인다) 왜놈들한테 잽혀서 죽을 뜸10)을 하구 나니까, 인제는 또 신한공사 놈들이야. 신한공사 놈들!
꼴 지   (다시 엎어지며 운다)

　　붉은 노을이 기여든다
　　동리 아이 "순사들이 왔다", "순사들이 왔어" 고함치며, 상수로 달려들어 온다.

꼴 지   (놀라며 벌떡 일어난다) 무어?
아 이   순사들이 지금 총을 메구 저리를 들어와.
꼴 지   (급히 안으로 들어간다)
윤구장   (황황히 등장) 김장에 있나, 김장에?

　　김, 박, 꼴지 초조해서 나온다.

김전배   아니, 순사들이 왔어요?
윤구장   으응, 이거 웬 영문인질 모르겠다.
박종창   (김에게) 자넨 달아나게.
김전배   아니, 좋와. 무슨 일이 있든지 끝까지 해봐야지.
김장에   (나온다) 웬일들인가?
김전배   글세, 무장경관네가 우리 마을로 들어왔답니다.
김장에   놈들이 끝장을 볼려는 모양이지. 마음대루 하라지. 누가 겁을 낼 줄 알구.
김전배   옳습니다. 놈들이 와서 무슨 위협을 다하드라두 굽혀서는 안 됩니다. 이번엔 졌다가는 영영 놈들의 종이 될 것입니다.
윤구장   누가 오든 사정을 해야지, 너무 거세게 나오지 말게.
김장에   어디 마음대루들 해봐라.
　　일동 긴장한 가운데 침묵한다.

---
10) 땀의 북한말.

　　　　사이

　　　　이윽고 무장 경관대 15명이 공안과장의 인솔로 이·남 두 사람에게 안내
　　　　되여, 하수로 등장. 김목사네 대문 앞에 이르러 군대식의 호령에 따라 멎
　　　　고 휴식한다.
　　　　리민들 더욱 긴장되여 저편을 직히고 섰다. 그러는 동안 상수로는 동리
　　　　사람들 남녀노소가 섞이여 불어간다.

윤　　　(대문 안으로 들어가며) 목포경찰서에서 응원대가 왔습니다.
김계장　(나온다) 수고로히들 오셨습니다. 이거 과장님이 친히 인솔해 나
　　　　오셨군요.
과　장　수고하십니다. (악수한다)

　　　　뒤이어서 김목사, 남 등이 나오며, 제각기 인사한다.

김목사　안으로 좀 들어가시지요.
과　장　좋습니다. 먼저 임무를 수행해야겠습니다. (김계장을 바라보며)
　　　　김선생, 농민들은?
김계장　네, 아직 저기들 모여서 웅성거리고 있습니다.
과　장　그렇면 속히 요정을 짓도록11) 하시지요.
김계장　네.
과　장　우리는 전시법령에 의한 행동을 수행할 권리를 가졌습니다. 마낫
　　　　는 우리 경찰대를 믿어서 조곰도 주저치 마시고 단호히하여 주시
　　　　기 바랍니다.
김계장　네에! (부하에게) 놈들을 부르시오.
남　　　네! (농민들에게로 가며) 이리와. (주저하는 농민들에게 달려들
　　　　기세를 하며) 못 들었어. 썩 이 앞으로 못 와?

　　　　김전배가 선두로 나선다. 농민들 뒤따라서 조심스러히 김목사네 마당으로
　　　　몰려든다.

과　장　(몰려드는 농민들을 이윽히 노려보고 있다가) 그대들은 어디까지
　　　　나 기정방침을 반대할 생각인가?
김전배　이 섬은 전에 사는 농민들의 땅인데, 왜 소작료를 받쳐야 합니

---
11) 요정짓다, 결판을 내어 끝마치다.

        까.
과 장   이 땅이 어째서 섬사람들의 땅이란 말이냐. 이 섬은 엄연히 신한
        공사가 관리하는 농장이다.
김전배   그만 두시오. 그래, 신한공사는 남의 땅을 뺏어서도 저히 농장을
        만듭니까.
과 장   무어시 어째? 네놈은 누구냐?
남   네 저놈이 이 섬사람들에게 소작료를 내지 않도록 선동을 하는
        부량자입니다. 아마 민전12) 계통의 놈인가 합니다.
김전배   닥쳐라. 제 땅에서 나는 곡식을 남에게 줄 그런 어리석은 놈은,
        우리 섬에는 한 사람도 없다.
과 장   물려라. (김을 밀쳐 버린다) 이 마을의 대표는 누구인가? 안 왔
        는가?
윤구장   네 네! 제가 구장입니다. (굽실거린다)
과 장   그래, 이 섬사람들은 모두 다 소작료를 내일 수 없는가?
윤구장   네, 그저 우리 농민들의 딱한 사정을 굽어 살펴 주십시오.
과 장   똑똑히 대답을 해. 소작료를 내겠단 말인가, 못 내겠단 말인가?
윤구장   저야 죽든 살든 내라면 내지오만, 아마 동리사람들은 곤란할 것
        같습니다.
과 장   동리 전부를 대표해서 대답을 해.
윤구장   네, 저 힘들 것같습니다. 그저 불쌍한 놈들을 살려 주십시오.
김계장   무어시, 못 내겠단 말이야? (등을 밀친다)
윤구장   (그만 비틀거리면서도, 여전히 굽실거리며) 네, 내라면 냅죠. 어
        는 영이라 거역이야 하겠습니까만은, 그저 살펴 줍쇼.
김장에   안 된다, 이놈아. 우리 이 마을은 네눔에게 달렸는데, 네눔이 그
        따위 수작을 한단 말이냐.

        농민들 "옳소", "도지는 낼 수 없다", "바른 대루 말하시오", "우리 땅을
        돌려주시오" 등등 한동안 떠들썩한다.

김계장   조용들 하시오. (서류를 뒤적이며) 전라남도 무안군 하의도 오림
        면 부락민 전체는 마땅히 구장 윤창○씨의 말에 복종해야 할 것

---

12) 1946년 북한의 김일성 일파가 노동당 등 제 정파와 사회단체를 규합하여 결성한 '민주주의민족전선;을 가리킴.

이니, 좋지않은 사상에 물들어 여러분은 이를 반대하고 있소. 이는 국가의 질서를 어즈럽히는 행위로 단호히 엄중한 처벌을 해야 할 것이나, 우리 동포를 애끼는 의미에서 나는 한번 더 여러분께 최후의 대답을 묻겠소. 여러분은 이미 소작료 납부고지서를 받었을 것이니. 인제 개별적으로 이름을 불러 물을 테니까, 잘 생각해서 대답해주시오. 먼저 구장 윤창○!

윤구장　네에! (사원들에게 끌리어 앞으로 나선다)
김계장　어떻게 할테요? 부락민 전체를 모범해서 잘 생각해 대답하시오!
윤구장　(주저하다가) 글세, 전 굶어죽는 한이 있드라두, 책임이 중한지라 내라면 내겠습니다.

　　　　농민들 "안 된다", "우린 죽어두 못 낸다", "차라리 우리를 죽여라" 등등 어수선스럽다.

김계장　조용들 하시오. 다음 김복석,
김장에　(다시 사원들에게 끌려 나온다) 난 죽어두 못 내겠소.

　　　　농민들 "옳다", "우리는 죽어두 못 낸다" 등등 다시 어즈럽다.

김계장　조용들 하시오. 그 다음 박영조!
김전배　잠깐 물을 말이 있소. 북조선에선 과연 농민들에게 토지를 나누어 주어서 농민들을 잘 살게 하고, 노동법령이 내리여 노동자들이 또한 잘살게 되었다고 합니다. 그런데 우리 남조선에서는 농민들의 개인소유인 땅까지도 뺏어서 강제로 소작료를 붙이니 이는 웬일입니까.
김계장　물려라. 네 차례가 아니다.
김전배　(다시 대들며) 물론 섬사람들과 신한공사 사이에 일어난 문제는 쌍방의 합의에서 해결을 지어야 할 것인데, 이렇게 무장경관대를 출동시켜서 총부리를 가져다 대고 소작료를 내라는 것은 비겁한 일이요.
김계장　에잇. (김을 몹시 갈긴다)

　　　　신한공사원들 달려들어 김을 끌어낸다. 농민들 "왜 때리느냐", "사람을 친다", "남의 땅을 총으로 뺏을려는 놈들이다", "이건 우리 땅이다", "죽어두 소작료는 못 낸다", "차라리 죽여라", "죽어두 내 땅에서 죽는다"

등등 함성이 들끓어 오른다.

김계장 조용들 하시오.
과 장 …… 탄환 준비.

  경관대 일제히 탄환을 넣는다.

김계장 (공안과장과 귓속을 한다. 이윽고 농민들을 향하야) 오림리 농민들은 소작 계약을 이행치 않는 것으로 인정하고 소작계약을 해재하며, 마땅히 지주의 권리로써 각 가호를 수색해야 양곡 전부를 압수할 것이다.
과 장 (경관대에게) 명령! 인제부터 가택 수색을 하야 양곡을 압수할 것! 만일 공모집행을 방해하는 자가 있으면 단호 응급처벌을 하며. 악질분자에게는 전시 법령에 의하야 발포를 할 것.
경관대 넷. (총을 멘다)

  농민들 "에잇, 도적놈아. 쌀 대신에 이 모가지를 가져 가거라", "죽어두 쌀은 못 내놓는다", "죽여라" 등등 들끓는다.

윤구장 (황황히 부르짓는다) 여러분, 법은 멀구 주먹은 가깝습니다. 이 가을가지 우리가 먹을 양식만 내여놓구는 죄다 받치도록 합시다. 여러분께 구장으로의 마지막 부탁이오.
농민들 옳은 말씀이오. 위선 살구 봅시다. (겨레를 돌아본다)

  농민들 "옳소", "도적마진 줄 알자", "거지를 준 셈 치자" 등등 찬성한다.

윤구장 나리, 살펴줍쇼. 그저 저이들 먹을 양식만 남기고는 죄다 받치겠소이다.
김계장 안 된다. 소작 계약에 의하야 수량 전부를 완납해야 한다.
윤구장 이건 우리 섬사람들의 생사문제입니다. 가을가지 무얼 먹구 농사를 짓습니까. 저 목사님은 우리 사정을 잘 아시니까 말씀을 잘 들여서, 우리 먹을 양식만이라도 남기도록 하여 주십시오. (굽실거린다)
김목사 나는 공무에 참견할 권리가 없소. 그것은 질서를 어지럽히는 일이요.
김장에 목사님, 그럼 우린 굶어 죽어두 모른단 말이오?

    농민들 "도적놈들이다", "죽어두 못 내놓는다" 몹시 어지럽다.

과 장 출동!
경관들 넷. (상수 마을로 내려간다)
농민들 (물밀 듯 쫓겨 내린다)

    경관 대오를 갈라 마을로 김장에네 집으로 밀려들고, 농민들도 혹은 마을로, 혹은 김장에 마당으로 몰려들어 떠든다.

김장에 (대문을 가로 막으며) 못 들어간다. 차라리 날 죽여라.

    경관대 총을 거구로 들어 김장에를 단박에 후려갈겨 쓰러트리고 안으로 들어간다.

꼴 지 아버지. (달려가 이마에 피가 낭자한 아버지를 쓸어안는다)

    농민들 격분된 함성이 올은다.

김전배 (토방에 뛰어 올으며) 여러분! 우리는 이래로 죽고 저래도 죽습니다. 그러니까 저놈들의 총부리에 쓸어질지언정, 우리가 피땀을 흘려 지은 곡식은 놈들이 건드리지 못 하도록 끝까지 지킵시다.
농민들 옳소. (환성이 올으며 들끓는다)
과 장 (대기하고 있든 경관대에게) 쏴!
경 관 (김전배를 향하고 발포한다)
김전배 앗. (쓰러진다) 여러분, 여러분…… (다시 일어나려고 허위적거리다가 다시 쓰러진다)
박종창 전배! 전배! 정신 차려. (김전배를 안으며 흔든다)

    농민들 "와" 하고 급격히 요동한다. 경관들 이여서 발포하고, 혹은 총자루로 농민들을 함부로 후려 갈긴다.

경관들　(대문 안에서 쌀가마니를 들고 나온다)
아　내　안 된다. 이 쌀은 못 가져간다. (달려들어 뺏을려고 한다)
경　관　(총자루로 갈겨 쓰러트린다)
김장에　(벌떡 일어나 쌀가마니 위에 엎드린다) 날 죽여라.
경　관　쏜다. 물려라. (발길로 걷어찬다)
꼴　지　이놈들아, 나마저 죽여라! (휘두르는 총 위로 덮어 대들어간다)
박종창　(꼴지의 광경을 보자 날세게 달려든다) 이 도적놈들아!

　　　셋이 어울려 돌아가다가, 경관 박종창을 떠밀어내며 쓰러지고, 박은 다시 대들려는 순간에 탄환에 맞고 쓰러진다.

꼴　지　(총을 집어들고 정신없이 휘두르며 경관대를 향해 기여 들어간다) 죽여라! 이 도적놈들아!
김장에　(따라 동시해서 이마에 피가 낭자한 대로 경관대에게로 달려든다) 이놈들아, 너이죽고 나 죽자!

　　　격분된 농민들 이에 기세를 얻어 "죽여라" 소리를 지르며, 일제히 달려든다. 이에 경관대는 낭패하여 그만 하수로 물러난다. 이에 농민들의 의기 끓어올라 "와" 하고 함성을 지르며, 경관대를 밀고 하수로 퇴장한다. 그 농민들은 총자루에 쓰러졌다는 다시 대들고 하기를 반복하며 내닷는다. 군데군데 노인들 부녀들 쓰러져 허위적인다. 이윽고 총소리, 고함소리, 비명들은 멀어지며, 무대는 지금까지의 수라장을 잡어삼키는 침묵이 기여든다.

꼴　지　(어느새 총을 내던지고 실성한 사람모양 비틀거리다가 어머니에게로 간다) 어머니! (안어다가 토방에 눕힌다)
박종창　(간신히 몸을 비비적거리며) 꼴지!
꼴　지　(그제서야 알어보고 달려가 끌어안는다) 네가 이게 웬일이냐.
박종창　안 된다. 내 땅이다. (몹시 고민한다)
꼴　지　정신차려, 정신차려. (박을 흔든다)
박종창　(이윽고 평전해지며) 우린 소만 사면 되지? …… (그만 움직임이 없다)
김전배　(간신히 일어나며 농민들이 아우성치는 편을 바라보며 부르짖는다) 여러분! 끝까지 싸워주십시오. 북조선의 농민들과 같이 우리 남조선 농민들에게도 땅을 나놔 주어, 다같이 잘사는 날이 올 때까지 힘껏힘껏 싸워주십시오!

꼴 지 종창아! (몹시 흔든다. 이윽고 숨을 거두운 걸 알자, 가슴 위에 엎어지며 소리 높여 통곡한다) 소는 사지두 못 하는 걸 너만 죽었나, 너만 죽었어. (더욱 느껴 운다. 이윽고 벌떡 일어나 소리나는 편으로 달려가며) 이놈들아, 소 한 마리도 매지 못 하구 농사 짓는 우리네가 불쌍하지두 않니, 불쌍하지도 않아. (그만 느껴 울며 쓰러진다)

아우성 그대로 들리며
막.

홍경래(4막6장)

시대
　　이조 정종 임인(壬寅) 년간
처소
　　평안도 일원

제1막 (교결군웅[1])

인물
  홍경래   ('최도사'라 일컬음)
  우군칙   (산승)
  홍이팔   (우의 제자)
  김택연   (″   )
  심랑   (여승이 된 김의 약혼녀)
  정시   (가산군수)
  군 리속 다수
  수리(首吏)
  도형리 2인
  잡혀가는 농민들
  노파
  월설
  김좌수   (김택연의 부)

무대
  평안도 가산군 산암(山庵)에 자리잡은 청룡사! 무대 한가운데 거실이 4,5 칸 거리로 정좌하였고, 상수로 치우쳐서 하수로 향하고 모으로 앉은 법당! 하수로는 돌각담을 휘우쳐 들러 거실 뒷담으로 도라갔고, 담 한가운데 법당과 정면하여 대문이 났다. 법당이며 거실이며 지붕은 이끼가 푸르렀고, 댓돌 마루 등이 헐리고 단청마저 낡아서 초라한 산사이다. 법당 추녀 밑에는 청룡사란 현판이 붙었고, 거실 기둥들에도 목각 주렴이 색을 잃고 걸려있다. 넓은 마당! 법당은 한층 높아 서너단의 돌층계를 댓돌 앞으로 이루웠고, 돌층계 위에는 비석이며 석조상들이 서 있다. 법당과 거실 사이로 뒷마당으로 통하는 길이 났고, 길 한 어름에 늙은 들메나무 한 구루 마당을 드리웠다. 하수로도 담을 지고 돌아 안방과 통하는 길이 구비 돌았다.
  하늘이 맑은 가을! 지붕 넘어로 만산(滿山)인 상록수 푸르렀고, 단풍이 고웁다.
  막이 열리면 무대 잠깐 공허! 목탁소리 산새소리만이 고요히 흘러 나온다.
  사이.

---

[1] 交結群雄, 여러 영웅들이 서로 사귀어 정을 맺음.

심 랑   (법당에서 나온다. 손에 염주를 만지작이며 하염없다)
홍이팔   (가운데 방에서 마루로 나온다) 지성이십니다.
심 랑   (합장하여 인사한다)
홍이팔   오늘 조수께서 이 절에 행차하신다고 하십니다.
심 랑   (그만 당황해서 머뭇거리다가 대문으로 나간다)
홍이팔   스님!
심 랑   숲쪽으로 몸을 피함이 옳을가 하나이다.
홍이팔   남이 보면 도리여 수상스러운 일! 어서 뒷방으로 몸을 피하시오.
심 랑   ?……
홍이팔   스님! 내일 아침 제가 스님을 묘향산으로 모셔다 드리기로 되었사오이다.
심 랑   묘향산이요?
홍이팔   네! 하기야 묘향산도 오래 계실 곳은 못 되겠습죠. 김생이 오늘 향시에나 입격이 되고, 다시 경사에 올라 식년에 대과급제를 해서 벼슬을 살게 되면, 그때야 스님을 모시며 가게 될 게 아닙니까.
심 랑   양반의 소생은 아랑곳이옵니까. 세도에서 밀려나면 목숨도 없는 세상! 차라리 벼슬이니 세도니 하는 게 무섭습니다.
홍이팔   흑발 홍안의 아가씨가 머리를 깎거 입산수도하거나, 젊은 놈이 마음껏 흉금을 터 보지 못하는 사정이나…… 부질없는 사정이오, 허…… 스님, 어서 안방으로 들어가 보시죠.
심 랑   네! (그대로 묵묵히 섰다)

    잠깐 사이.

월 설   (머리에 천의2)를 깊이 쓰고 등장) 저, 잠깐 말씀을 엿줍겠습니다.
심 랑   네!
월 설   평안도 용강 고을을 어디로 가오리까. 제가 길을 헛들었나 보옵니다.
심 랑   저, 홍선생님 ……
홍이팔   언덕길로 나려가 큰 길에 나서서, 서쪽으로 그냥 가라구 일르십시오. (내퇴)

---

2) 篅衣, 비구니가 입는 통치마.

월 설   네! 감사합니다. 저 미안하지만 냉수 한 그릇만!
심 랑   네. (뒷방으로 돌아가 물을 떠다준다)
월 설   (받아 마신다) 감사합니다. (물대접을 주며) 용강까지 인제 얼마나 더 가면 될까요?
심 랑   저두 이 고장이 처음입니다. 저…… (방안에 물을려고 한다)
월 설   그만 두세요. 또 물어서 가죠. 안녕히 계세요. (심랑을 바라보며 시름없이 도라서 나가다가, 대문가에서 허위적인다)
심 랑   어디 몸이 편찮으세요. (월설에게로 간다)
월 설   안예요! 외로운 길손이 이런 산중에서 아릿다운 스님을 뵈오니 반가워…… (눈물이 비처진다)
심 랑   무슨 사정이신지 고생하십니다.
월 설   이게 다 팔자 소관일지요. 서울을 떠난 지 한 달이 넘습니다.
심 랑   마루에다두 앉으셔서 좀 쉬어 가시죠. (마루로 온다)
월 설   고맙습니다. (앉아서 이윽히 심랑을 바라보다가) 혹 스님께서는 서울서 오시지 않았나요?
심 랑   (당황히) 아, 아뇨.
월 설   아니시겠지…… 스님께서는 서울 심대감 댁 아가씨와 모습이 너무도 같으서서……
심 랑   (몹시 당황한다)
월 설   (멀리 생각을 더듬어서) 벌써 육년 전 심대감께서 세도하실 때 그 아가씨두 제법 색시 꼴이 잽혓대스니까, 지금은 스님처럼 숙성하시구, 모습이 많이 변하기두 했겠죠.
심 랑   서울 어디 사세요?
월 설   교동 김판서댁에 있었서요. 그때 심대감께서 역적도모루 비명에 도라가시기 전까지야 심대감 댁엘 자주 신바람 단녔죠.
심 랑   (그만 몸서리치며 상기된다)
월 설   (더욱 심랑을 뜨더보며) 어쩌면 신통이두 같이 생겼을까?
심 랑   (날카롭게) 그래 용강 고을에는 어떻게 가세요?
월 설   홍경래라는 이를 찾어갑니다. 그이가 서울 과거를 보러 올라 왔군요. 그러니 평안도 상사람이 장원급제라니, 어디 될 말입니까. 김판서댁에 식객 노릇을 하면서 무척 애두 썻지만, 종내 부중[3])이 되고 말었죠. 스님께 부끄러운 말씀입니다만, 저는 그 댁 종사리

---

3) 不中, 화살이나 총알 따위가 과녁을 맞히지 못함.

　　　　　를 하는 신세인지라 그이가 불상하게 생각되는 나머지, 그이를 알
　　　　　구 말었군요. 한번 가면 영 소식두 없을 사람을…… 하기는 그이
　　　　　두 과거에 급제는 안 되구, 뜻 같지 않은 세상에 저 같은 미천한
　　　　　계집을 돌볼 겨를도 없겠죠. (긴 한숨)
심　랑　외로우시겠습니다.
월　설　처음 뵈옵는 이께라두 하소를 하고 나니까, 가슴이 후련한 것같
　　　　　습니다. 정말 이런 산중에서 여인네를 뵈오니 반갑습니다.
심　랑　손님의 수복을 부처님께 빌겠습니다.
월　설　실없이 신세타령을 올려서…… 그럼 …… (일어선다) 안녕히 계
　　　　　세요. (퇴장)
심　랑　안녕히 단녀가세요. (멀끄럼이 바라보고 섯다가 상수편 골방으로
　　　　　들어가 보끄램지4)를 간집혀 들고 나온다)
김택연　(힘없이 등장 - 심랑을 피하여 제 방으로 들어갈려고 한다)
심　랑　(재빠르게 따르며) 도련님……
김택연　(그만 망두석이 되고만다)
심　랑　(살피는 눈에 이슬이 어리며 실망이 물결쳐 고개를 떨어뜨린다)

　　　침묵한 사이.

김택연　미안하오. 그까짓 향시에도 불중만 되는 미련한 놈!
심　랑　(그만 느끼운다)

김택연　글세, 내가 못 맺힌 구가 머람? 경향을 물을 것 없이 벼슬아치
　　　　　놈들은 모두 다 도적놈들이야. 문벌이나 찾고 뇌물질이 대수
　　　　　고……
심　랑　……
김택연　대과급제를 하여 벼슬에 높이 올라, 아가씨를 구하자던 것이……
심　랑　죄 많은 목숨으로 하여 도련님만 헛되이 고생하시나이다.
김택연　(가까이 가며) 글세, 무슨 수루 아가씨를 구해낸단 말이오.
심　랑　도련님, 저는 내일 아침 그 묘향산 암자로 간다고 합니다.
김택연　내일 아침?
심　랑　(결연히 눈물을 거두고 나서) 도련님, 댁으로 돌아가 주세요. 저

―――――――――――――――――
4) 보따리.

206

　　　　도 모든 것을 깨끗이 씻어 버리고, 아침 저녁으로 도련님의 득세 영달이나 빌겠나이다.
김택연　안 될 말씀! 어찌 아가씨를 암자에서 목탁에 읍조려 늙으라 하겠소.
심　랑　도련님, 저는 대역무도한 역적의 딸자식이옵니다. 저로 하여 억울한 누명을 쓰지 마시고, 댁으로 돌아가 주세요.
김택연　아가씨, 웨 그리 비감하시오?
심　랑　도련님은 남의 자식된 도리를 감당하셔야 합니다. 다른 곳에 혼처를 구하시여 기리 영화를 누리어 주세요.
김택연　이 무슨 말이요. 하늘이 무심하오.
심　랑　어버이들께서 매저 주셨든 혼약…… (반지를 허리춤에서 끄내준다) 당돌한 짓이오나 이 반지를 받어 주세요.
김택연　차라리 나도 머리를 깍어 중이 되리다.
심　랑　안예요, 안예요. 저는 이미 이승한 몸! 이 가슴을 더 괴롭히지 마시고, 댁으로 돌아가 주세요. (급히 몸을 돌려 뒷방으로 사라진다)
김택연　아가씨…… (뒤따른다)
홍이팔　(방 안에서 나온다) 김생!
김택연　(그만 멈추어 버린다)
홍이팔　또 섭섭하게 되었죠. 그래
김택연　……
홍이팔　(마루에 앉으며) 그래, 아가씨는 어떻게 할 작정인가?
김택연　(마루로 와 앉으며) 차라리 나도 머리를 깎고 말가보이. 목탁을 치고 염불을 외우고……
홍이팔　자네가 중이 된다고, 아가씨에게 무슨 구원이 되겠나.
김택연　그럼 어떻거면 좋은가. 국법을 어길 수는 없고……
홍이팔　(이윽히 생각에 잠겼다가) 김생! 아가씨를 데리고 깊이 산간으로 들어가 봄이 어떨고. 그 빌어먹을 국법이 미치지 않는 곳에 부대5)를 파고 집을 세우고……
김택연　어디 국법이 밋치지 않는 곳이 있겠나.
홍이팔　더 멀리 국경을 넘어두 좋겠지. 아라사나 오랑캐루……
김택연　정말 이럴 수도 없고, 저럴 수도 없고…… 대체 어떻거면 좋은

---

5) 화전(火田)의 북한말.

가.
홍이팔 그 미련한 꿈에서 깨이게. 사내답게 결패6)를 내이는 게 어때?
김택연 미련한 꿈이라니?
홍이팔 그러면 자네가 장원급제를 하여서 어엿한 벼슬아치가 될 듯싶은가.
김택연 그렇지만 힘껏 적공7)은 해봐야지.
홍이팔 자네가 만일 도세8)를 하는 때의 심대감의 사위로 들어갔다면, 벌서 대과급제를 하였을 것일세. 그러나 낙향한 딸을 얻은 상놈의 자식인 걸 알어야지 않을까.
김택연 그렇다구 청운에 붓친 대장부의 뜻을 굽히는 것두 어리석은 일이겠지.
홍이팔 자네는 그 마음자리부터 곳치게. 심대감은 지금 조정에서 도세하는 무리들과 싸우다가 젓기 때문에, 역적이란 누명을 쓰고 비명에 죽었고, 심지어 그 딸이며 사돈의 팔촌까지도 능지처참을 하라는 어명이 나리지 않었나. 만일 이 싸움에서 심대감이 이겼다면 어떻게 되었을고? 반대로 지금 도세하는 무리들이 몰살을 당하였을 게 안인가. 오매에 사뭇친 이놈의 당쟁! 노론, 소론, 서인이니 남인이니 해서 벼슬아치들이 세도다툼으로 일삼는 당쟁이 없어지지 않는 한, 정사는 바로잽히지 못할 것! 어차피 자네가 벼슬자리를 벌자는 것도 이 나라의 정사를 피로 물들이고, 그 자리 우에서 아가씨의 원수를 갚으며, 영화를 기리 하자는 게 아니겠나.
김택연 말을 삼가게. 나를 그렇게 비겁한 사내루 보나.
홍이팔 그럼 무언가. 제 계집의 원수의 구렁이루 벼슬을 벌자구, 허리를 굽히구 단니는 꼬락선이가 장하단 말인가.
김택연 ……
홍이팔 제길할, 이번에두 또 부중이 나와 붙었을 때, 그놈의 영문 기둥을 분질러 놓지를 못해? 그 뻔뻔스러운 군수놈의 관자노리를 바수어 주지를 못 한단 말인가. (혼자 흥분해서 들먹이며 마당을 거닌다)
김택연 ……

---

6) 우물쭈물하지 않고 결단성 있게 행동하는 패기나 결기를 이르는 북한말.
7) 積功, 많은 힘을 들여 애를 씀.
8) 세도.

208

홍이팔 　그래, 어떻게 할 셈인가. 아가씨를 그대루 묘향산으루 보내겠나?
김택연 　글세, 어떻거면 좋은가. (들메나무를 더듬는다)
홍이팔 　아가씨의 자당께서 돌아가실 때, 자네에게 유언까지 했네. 심씨 가문에서 하나 남은 혈육! 아가씨는 자네만 믿는다고 하지 않었나.
김택연 　딱하이. 내게 힘이 있나, 권세가 있나.
홍이팔 　아라사로 가게, 아라사로!
김택연 　말이 쉽지 천리 외역에 무얼 믿고 가겠나. 더구나 집에서는 그런 말만 해두 펄쩍 뛸 게 아닌가.
홍이팔 　아가씨가 인제 불행해지니가, 꽁문이를 때겠단 말인가. 동리 젊은이들이 다같이 흠모하는 걸, 자네 아버지는 그 장한 좌수벼슬을 내세워서까지 맺었든 혼약이 아니었나.
김택연 　그런 건 안일세. 아가씨의 불행이자 내 불행이겠거늘.
홍이팔 　그렇다면 당장 능지처참을 당하는 아가씨를 보고도, 아라사가 멀단 말인가.
김택연 　차라리 죽고 말어야, 죽고 말어야……
홍이팔 　에잇 못난 자식! (달려들어 갈길려고 한다)
홍경래 　(등장하다가 이 광경을 보고는 날세게 달려들어 제재한다) 멈처라.
홍이팔 　(뿌리치고 달려들려고 한다) 그냥, 저 자식을 ……
홍경래 　이게 무슨 짓이냐. (소리 지르며 지팡이로 가로막는다)
홍이팔 　에잇. (앞을 막는 지팡이를 단숨에 요란한 소리를 내여 꺽어버리고는 엎더진다) 선생님……
홍경래 　속이 후련하겠네. 박달나물세, 하하……
김택연 　(삼가 홍이팔이게로 온다) 홍생!
홍이팔 　물려라. (밀처 버리고 벌떡 일어나 뒷방으로 달려간다)
홍경래 　하하…… 미상불 불덩어리란 말이야.
김택연 　최선생님……
홍경래 　?……
김택연 　저는 또 부중입니다.
홍경래 　허! 거 안됐군 그래. 하기는 나두 명륜당 댓돌 우에 눈물을 뿌리기두 몇 번…… 하염없는 일이지, 하염없는 일이야.
김택연 　과거는 아주 단념함이 옳을까요?

홍경래 (이윽히 눈여겨 보다가) 재산은 얼마나 되나?
김택연 별호히……
홍경래 춘부당께서는 벼슬이라두 지내시나?
김택연 좌수입니다
홍경래 흐응. 김생이 영재는 넘치는 사람인데, 어디 세상이 마음 같은가.
김택연 일세의 문장 우군칙 대사께 배우고 향시에도 못 들다니, 스승 뵈올 낯이 없습니다.
홍경래 김생! 그 마음 돌려 봄이 어떻고? 자고로 상놈이 벼슬을 벌 수 없고, 하물며 우리 서북 사람들이 조정에 영달하기 드물지 않은가. 상사람이란 죄책에서 뇌물질로 아첨질로 설사 진사나 육과(六科)에 급제를 하였다 하드라도, 미관말직으로 몸을 맛치는 외에 별 도리가 없드란 말이야. 좀 너그러히 머리를 들어 살펴보게. 혹 과거에 급제를 하여서도 10년에 출육(出六)9), 20년에 가자(加資)10)하여 종신토록 사적(仕籍)11)에 있어도, 2품 이상에 오른 이가 전무하고, 소위 행직(行職)도 찰방(察訪)이나, 겸춘추(兼春秋)12)나, 말석의 간관(諫官)13)을 하지 않은가.
김택연 그러나 권척(權戚)14)의 자식들은 별시(別試)니, 증광(增廣)15)이니 하고, 마음대로 등과(登科)할 수가 있지 않습니까.
홍경래 세사란 울면 끝이 없는 법! 김생! 노루 마냥 앞놈의 뒤만 따를 요량 말고, 좀 더 너그러히 가슴을 헤쳐 봄이 어떻고?
김택연 그 말슴의 뜻은?
홍경래 장부의 굳은 기개 능히 천지를 흔든다 하지 않았나, 하하…… (방으로 들어 간다)
김택연 (멍하니 섰다 목탁소리 나는 법당을 더듬어, 하늘을 더듬어 섬히 난감하다가 실마리 없는 생각이 얼크려지는 대로 제 방으로 들어가 버린다)

---

9) 조선 시대에 참하(參下)에서 육품으로 승급하던 일.
10) 조선 시대에, 관원들의 임기가 찼거나 근무 성적이 좋은 경우 품계를 올려 주던 일.
11) 士籍, 문벌이 좋은 족적(族籍)?
12) 조선 시대에 다른 관아의 벼슬아치가 겸임하던 춘추관의 사관(史官) 벼슬.
13) 조선 시대에 사간원과 사헌부에 속하여 임금의 잘못을 간(諫)하고 백관(百官)의 비행을 규탄하던 벼슬아치.
14) 권세가 있는 친척.
15) 조선 시대에, 나라에 큰 경사가 있을 때 실시하던 임시 과거 시험.

사이.

우군칙 (이윽고 목탁소리 멎으며 법당에서 나온다. 마루를 살피다가 홍경래의 방으로 간다) 최도사, 벌서 다녀오셨소이까.
홍경래 네! (마루로 나와 앉는다)
우군칙 허허…… 참 가산군수께서 오늘 소사에 행차하신다는구려.
홍경래 허어, 그분의 욕심두 재상감에 진배없군. 부귀영화가 천수만세하시기 부처님게 빌렸다, 허허……
우군칙 (주저하다가) 저, 도사! 잠간 뒷방으로 몸을 파하심이 어떻겠소.
홍경래 웨 제가 있으면 더럼 타오?
우군칙 무슨 말씀이오. 최도사 비록 파립포의에 불우한 선비요만, 그 안광의 영채야 모르겠소. 하두 어수선한 세상이니, 최도사께서는 혹시 관가의 비위에 거슬리는 일이라두 있었을까 싶어서……
홍경래 허허, 넘치는 대접! 묘자리나 보려 단니는 한낮 풍수이요.
우군칙 최도사! 그래, 천년 중사16)를 이룩할 도읍지가 한양 밖에는 없습디까?
홍경래 무어시. (깜작 놀라 벌떡 일어선다)
우군칙 천승의 몸이라. 과히 수모 마오. 도사와 사귀이기 벌서 두 해! 인제 달경을 두어 도사와 침식을 같이 하오만, 비록 천승의 몸이나 도사의 뜻 간 데쯤 몰라서야 될 말이오.
홍경래 대사! 과히 흥분하셨구려. 태평성대에 어이 숨은 뜻이 있을 수 있겠소.
우군칙 백성은 도탄에 들고, 중사는 간신 적자의 무리들로 어즈러우니, 태평성대요.
홍경래 대사! 말슴 삼가오.
우군칙 나는 보았소. 지사로라 일커러 팔도 강산을 편답하는 최도사의 폐부에는 붉은 피가 끓고 있소오리다.
홍경래 허! 내가 이게 뜻 아닌 우국지사로 형세가 되는가 보이다 그려, 허허…… 그래스니 어떻거요. 하염없는 일 않이요.
우군칙 하기야 하염없는 일이죠. 나라가 기울었으니, 일흠 없는 선비의 알 일이겠소, 하하……

---

16) 重事, 중대한 일.

노　파　(조심스러이 대문 안으로 들어오며 기웃거린다)
우군칙　들어오십시오. 수고로히 오십니다.
노　파　(몹시 초조해서) 네, 아니에요. 아모 것두 아닙니다. (홍경래며 사위를 살핀다)
홍경래　(방 안으로 피해 준다)
우군칙　어떻게 오셨나요?
노　파　아모 것두 아니에요, 그저……
우군칙　불공을 오셨나요?
노　파　저…… (거듭 사위를 살피고나서 우에게 가까이 오며, 품에 품었던 커다란 자라를 한 놈 내어 보인다) 대사님, 이게 20년 묵은 자라웨다. 아무보구두 그 말씀마시우. 이게 천만증습 중 아이들 알는 데두 아주 직효랍니다. 글세 막내 자식이 죽을 때두 종내 잡지 않구 길러 온 자라에요.
우군칙　? ……
노　파　(다시 사위를 살피고 나서) 대사님! 글세 이런 변이 세상 어디 있습니까. 오늘 관가에 붓들려 갔수다 그레. 도지를 잇테나 못 받친데다가 말댓구를 했다구, 홍승17)으루 묶어가겠나요.
우군칙　건 안됐습니다.
노　파　농사 밖에 모르는 애를 무슨 죄가 있다구…… 글세, 먹을 양식이나 있나요. 도지를 무얼로 받첩니까.
우군칙　괴로우시겠습니다.
노　파　관가의 일이라, 어디 송사를 갈 데두 없구…… 대사님, 이걸 부처님 앞에 올려서 빌어 줍쇼. 부처님 마음이면 세상 안 될 일이 어다 있습니까.
우군칙　네! 백성의 잘 삶을 위해 아침저녁 염불을 올리옵니다.
노　파　부처님께서야 이 원통한 사정을 굽어 살펴 주시겠지요.
우군칙　관가로 찾어가 사정을 올려 보시죠.
노　파　이걸 부처님께 올려 주시우. 이십년 먹어서 습증, 천만증…… (끄나불에 웨여 달려 자라는 대룽거린다)
우군칙　아, 아니요. 부처님은 그런 걸 받지 않습니다.
노　파　살려 주시우. 아이들은 많구, 그것 하나 일꾼이든 걸……
우군칙　이생은 관가에서 치세하는 것! 어차피 내세의 선도나 빌어 드리

---

17) 紅繩, 붉은 노끈.

리다.
노 파 글세, 흉년은 들어 무얼로 도지는 받칩니까. 부처님, 살려 주슈.
우군칙 부처님은 입이 없구려. 관가로 가보시우. (그만 괴로움에 도라선다)
노 파 나리들은 보기만 해두 치가 떨리는 걸 …… 대사님, 아 자라를 드릴께 살펴 주시우.

  이때 밖에서 말발굽 소리 요란스러우면서 리속 등장.

리 속 원님께서 행차하시오.
우군칙 (대문께로 마중나간다)
노 파 (질겁을 해서 들메나무 뒤로 숨는다)

  군수 정시 수리(首吏), 리속들에게 옹위되어 위세를 갖추어 등장.

우군칙 (읍하여 맞으며) 어려운 거름 하셨나이다. 귀하신 몸이 소사를 찾어주시니 무한한 영광이옵니다.
정 시 오늘은 날세도 좋구려
우군칙 네에, 마냥 봄날이 옵니다. 저, 법당으로 드시지요.
정 시 고맙소, 내야 어디 덕이 있는 몸이오. 대사의 정성으로 부처님께 통찰해 주오. 인제 늙어 그런지 수가 부럽구려, 허허…… 오래 살리란 욕심이 않이라, 기리 백성을 다스려야 하겠고, 백성을 다스림에 또한 덕과 행복이 겸전해야 할 게 않이겠소, 허허……
우군칙 지당하오이다. (정을 모셔 법당을 향한다)

  이때 밖에서 사람들 떠드는 소리 요란스러우면서, 농민 붓들려는 리속들을 뿌리치고 날러들러 부복한다.

농 민 원님께 아뢰오.
정 시 웬 놈이냐?
농 민 지대(地代) 공세(貢税)를 받지치 못하는 백성을 잡어 드리니, 이는 과시 원님께서 분부하신 처사이옵니까
리 속 원님께 아뢰오. 이놈은 힘이 항우와 같사와 포승을 끊고 달어나 왔나이다.

정 시   신성한 법당에 이 무슨 꼴들이냐. 그놈을 썩 끌어내지 못 할까.
농 민   물려라. (부복한 채로 리속들을 거세게 물리쳐 버린다) 흉년이
         들어 백성들은 끼니를 못 끓이옵니다. 굽어 살펴주소서.
정 시   저놈을 썩 끌어 내지 못할까.
리속들   (어릿거리고 미쳐 달려들지 못한다)
농 민   불쌍한 백성들을 살려주오.
정 시   엣기, 무지한 놈. 여기는 신성한 법당이로다. 관가로 가 말하라.
농 민   살펴 주오.
정 시   서북 백성들은 우매하고 그 풍속이 야비하야 참 걱정이로다. 오
         늘 민정을 살피기 위해 오랜만에 나섰드니, 백성들은 두더쥐 같은
         살림을 하면서도 그저 탐욕에만 눈이 어두어 돌아가고, 나라도 상
         전도 몰으니, 그걸 어디 사람이랄 수가 있나. 대사께서는 민정을
         잘 아실 텐데, 어떠시오. 금년의 흉작은 과시 이놈들이 지대도 받
         드릴 수 없을 형편이오?
우군칙   네에, 년래에는 없는 흉작이오라, 백성들의 살림이 몹시 난감한
         줄로 들었사옵니다.
정 시   내 오늘 경사로운 날이로다. 금년은 특히 용서하니 물러가라.
농 민   감사합니다. (읍하고 물러나간다)
우군칙   어서 법당으로…… (정을 모서 내퇴.)

         이윽고 목탁소리 흘러 나온다.

리속들   (그제서야 오금을 펴고 아모데나 앉는다)
리 갑   그놈 심상한 놈이 아닌데 그래.
리 을   장사야. 하마터면 허리 부러질 뻔했네.
리 병   원님두 기수18)를 채인 모양이지, 아주 관대하실 땐……
리 정   세상이 어수스러워, 넓지 넓은 세상에야 별의 별 놈을 다 섞여슬
         게 아닌가.
리 갑   너 이놈, 섯불리 그러단 다리갱이 부러진다.
리 정   아니라 께름직하든 걸!
리 을   세상은 변했느니. 시골 무즈랭들이 관가에서 나왔다면 꼼작 못했
         는데, 인제는 제법 대갈질을 한단 말이야.

───────────────
18) 낌새, 어떤 일을 알아차릴 수 있는 눈치.

리 병   아모렇나 인심은 사나워졌어.
리 갑   누구냐?
노 파   아모것도 아닙니다. 아모것도 아니에요. (더욱 쭐어든다)
리 갑   (노파에게로 간다) 어디서 왔서?
노 파   저, 나리 살려줍쇼. 저이야 무슨 죄가 있습니까.
리 갑   늙은 게 절에 애를 빌러 왔나. (늙은이임에 안심하고 제자리로 올려고 한다)
노 파   저, 나-리
리 갑   ? ……
노 파   이게 20년 묵은 자라입니다. 천만증, 습즘…… 참 신통한 약입지요.
리 갑   정말 20년 묵었어? (자라를 빼서다 대동거려 본다)
노 파   저이 자식놈이 무슨 죄가 있다구…… 나-리 그걸 드릴게, 제 자식만은 돌려보내 주시우.

   이때 밖에서 사람들 떠드는 소리 요란스럽다.

리 속   (등장) 원님께서 포승 지운 놈을 풀어 보냈소?
리 을   정상이 하도 가긍해 용서했소.
리 속   그놈이 딴 놈들까지 충동해서는 딴 놈들두 모두 죽어두 못 간다구 떼거릴 쓰니 야단 아니요.

   포승에 묶이운 농민들 리속들의 억제를 물리치고, 마당으로 들어와 엎드린다.

농민들   살려 주시우.
리 을   썩 물러나지 못할까. (발길로 밀어낸다)
농민들   살려 주시우.
농 민   원님께서는 백성을 구하여 주신답니다.
농민들   살려 주시우.
리속들   그래두 물러나지 못해? (모두 달려들어 끌어낸다)
노 파   (농민들을 살피다가 아들을 찾어낸다) 영득아! (달려들어 쓸어안는다) 영득아 네가 무슨 죄가 있다구…… 나리, 우리 아이가 무슨 죄가 있다구……

리속들 (노파를 물리치고 농민들을 밀어낸다) 썩 못 나갈까, 이놈들!
수 리 (황황이 나온다) 웬일들이냐?
농 민 원님께 아뢰오.
노 파 영득아! (달려든다)
농 민 어머니! (쓸어안는다)
리 갑 물러라. (노파를 끌어낸다)
노 파 영득아! (밀리여 나던 서슬에 리 갑을 알아보고 대든다) 그 자라 안 주시우.
리 갑 물려라. (노파를 밀쳐 버리고 허리를 굽히고 선다) 원님께서 납신다.
리속들 (일제히 허리를 굽히고 정돈한다)
정 시 (역시 황황이 나온다) 웨 이리 소란 스러우냐?
농 민 저이 불쌍한 목숨도 살려주시오. (머리를 쪼아린다)
리 을 아까 그놈을 원님께서 너그러이 용서하여 돌려 보냈드니, 놈이 이놈들까지 충동을 시켜 이 꼴이옵니다.
정 시 (수리에게) 그대는 무엇을 하고 있는가. 당장 그놈을 잡어들이며 이놈들을 어서 글어다 가두라.
수 리 네이, 그 불칙스러운 놈을 잡어 대령하라. (리속들 한무리 "네" 하고 머리를 쪼아려 밖으로 사라진다) 그리고 이놈들은 웨 법당에까지 범남케 하는가.
리속들 (농민들에게 달려들어 잡아 끌어낸다) 썩 못 나갈까.
농민들 (발버둥친다) 살려주시우. 덕이 높으신 원님! 살려주시우. (울부지르며 글려 나간다)
노 파 영득아! (따라간다)
정 시 간밤에 꿈자리가 사납드니, 이 무슨 불길한 일이냐.
우군칙 황송합니다.
정 시 에이, 두더쥐 같은 인생들! 지대두 몰은다, 공조(貢租)두 몰은다. 그래 어명을 거역할 것인가.
수 리 불칙스러운 백성들이오이다.
정 시 나라도 상전도 몰라. 삼강오륜이 있을 법하지두 않은 두더쥐같은 인생들! 에이 괘심한 것들!
우군칙 오래인 동안 왕화[19]가 미치지 못하와, 땅은 황폐하고 백성은 우

---

19) 王化. 임금의 덕행으로 인한 감화.

　　　　　매하여 저 걱정이옵니다. 청컨대 나라의 부강을 복도둠에는 사직
　　　　　의 부드러운 손길이 바삐 미처야 할가 하나이다.
정　　시　그래, 내 정사가 그르쳤단 말이오. (눈이 빛난다)
우군칙　아, 아니올시다. 땅은 황폐하옵고 백성들이 하두 민망하와.
정　　시　다시 오리다. 참 불길스러운 날이로군. (나간다)
우군칙　(따라 나가서) 황송하오이다.

　　　　밖에서 말발굽 소리가 들리고, 이윽고 멀어진다.

홍경래　(마루로 나오며 이윽히 밖을 살핀다)

　　　　사이.

우군칙　(시름없이 들어온다)
홍경래　수고하셨소이다.
우군칙　부끄럽소.
홍경래　호령이 추상20) 같군 그래.
우군칙　어즈러운 세상이오. 글세, 농경은 전가지대본(田家之大本)이 아니
　　　　겠소. 이 땅을 갈아 비옥하게 한 것은 백성들이오. 하기든 백성들
　　　　을 굽어 헤아려 유족한 생활을 베풀어 농경이 날로 성창케는 못
　　　　하고, 이건 백성들만 몰아 족치는구려. 공전(公田)이니 봉지(封
　　　　地)21)니 해서, 쓸만한 땅이면 나라에서 빼아서 올리고!
홍경래　대사께서 경륜이 대단하시군.
우군칙　농전에야 흉년이 들든 굶어죽든, 어명으로 한 번 처매워진 공
　　　　조22)는 배를 갈르드라도 받드려야 하는구려. 기름진 땅이 갈리여
　　　　서 오곡이 무루 녹아야 태평성대하겠거든, 땅은 거츠러만 가고!
　　　　글세, 국초(國初)에 비하여 결수23)가 반이나 줄었다는구요.
홍경래　대사답지 않게 농경에두 조예가 깊으셔, 허허……
우군칙　마음이 어즈럽구려. (안정을 못 하고 거닌다) 참 좋은 것 하나
　　　　보여 드리릿가. (뒷방으로 가서 검을 들고 나온다) 자, 어떠우.

---

20) 秋霜같다, 호령 따위가 위엄이 있고 서슬이 푸르다.
21) 제후의 영토.
22) 貢租, 공물로 바치는 조세.
23) 조선 시대에, 토지세 징수의 기준이 되는 논밭의 면적에 매기던 단위.

홍경래　(받아들며) 흐음! (칼을 뽑아 높이 들어 살핀다) 푸르는 기백이 서렸구려. 과시 명검이로고!
우군칙　백만 수나라 군사를 무찌르던 고구려조의 유품이라면?
홍경래　대사, 이게 웬 게요?
우군칙　가보요! 어미 없는 천종의 자식이라 집에서 쫓겨나올 때, 어버이 대신 그것 한 자루 들고 나왔소. 허허……
홍경래　대사는 병서에두 능통하시더니…… 농경 또한 그만이요! 이런 산사에서 썩기는 아까운 그릇이요. (칼을 더듬기에만 열중한다)
우군칙　시끄러운 세사를 잊자고 깊이 입도하였더니. 역시 티끌은 깊고 먼 곳이 없구려.
홍경래　과시 명검이오.
우군칙　조정은 당폐(黨弊)와 외척의 용사(用事)24), 양반의 폐습이 썩어 빠졌고…… 에이, 외척의 권세를 믿고 조정을 더럽히는 간악한 무리들! 오늘은 이놈, 내일은 저놈!
홍경래　(그대로 칼에만 눈을 주며) 양반들은 먹지도 입지도 않고 사는지, 이건 땅을 갈고 베를 짜면 개 도야지만도 않 넉이는군.
우군칙　머, 두더쥐 같은 인생라든가요. 하하…… (혼자 웃는다)
홍경래　(이러는 동안 마당에 나려 칼 쓰기를 겨냥해 본다)
우군칙　(저대로 거닐며) 땅이 기름지고 나라가 풍성하고, 백성이 영영낙낙 마을마다 웃음이 질어야 겠거든…… 백성들은 오랑캐로, 아라사로 건너가는구려. 정든 제 땅을 버리고 떠나는 백성들의 심중이 하염없소.
홍경래　배불리 먹고 마음 놓아 살 수 있는 곳이 제 땅이겠죠.
우군칙　나라가 없는 백성들! 아! 부질없는 생각이오.
홍경래　(뻗어 나가는 검이 그 각도대로 멈춰지며) 대사, 농경에 종사리하는 백성이 절대수를 차지하고 있소. 도탄에 든 이 백성들! 이것이 한 뭉치가 되는 날, 이들의 원한이 터지는 날! 대사, 생각해 본 적이 있소.
우군칙　그러나 백성은 우매하오.
홍경래　과시 우매하오. 나는 팔도를 편답하였소. 한결같이 우매한 백성들! 그러나 방방곡곡이 오매에 사못친 원한! 나는 보았소. 더욱이 황평도(黃平道)25) 양북 사람들은 강한(强悍)26)하다는 이유로 나

---

24) 권세를 부림.

라에서 버림을 받었소. 이렇게 앙화가 미치지 못하기 사백여 년! 그래 황폐할 대로 황폐한 이 땅에 서리인 원한이야 건드리지 않아 못 터지는 게 아니겠소.

우군칙   최공! (밧짝 닥어들며 홍의 등 뒤로 숨어 갓부게 턱을 드러대인다)
홍경래   대사! 백성과 더불어 피를 같이 할 요량은 안 게시오?
우군칙   그 말슴의 뜻은?
홍경래   피는 정의의 검으로……
우군칙   네……
홍경래   도탄에 든 백성들! 이들의 손에 칼이 들리우는 때! 가히 백만대군이오.
우군칙   옳으신 경륜! (그만 기가 꺾이어 물러난다) 그러나 한낫 천승의 몸이……
홍경래   (닥어들며) 그 허위에 찬 장삼을 벗어 버리시오. 수없이 이 절을 찾는 백성들은 부처님의 입이 열리기만 기다리는 것을 나는 보았소.
우군칙   너무도 벅차구려. 내게 무슨 힘이 있소.
홍경래   그러면 부처님은 백성들을 언제까지나 속여 갈 작정이오?
우군칙   진정 귀신의 우름 소리라도 기다리는 백성들……
홍경래   그 귀에다 쇠북소리를 울리웁시다. 북관은 물론 일단 거사를 일으켜 성부를 무지르고 나아가면, 삼남이 호응하여 일어설 것만은 틀림없소.
우군칙   (드설레이는 가슴에서 하늘을 우르며 헤매인다) 아, 줄을 지어 나는 기러기……
홍경래   대사……
우군칙   ……
홍이팔   (등장) 대사님, 스님께서 잠깐 뵈옵겠다고 합니다.
우군칙   오냐. (이윽고 물러나 검을 들고 내퇴.)
홍이팔   (시름없이 대문 밖으로 나간다)
홍경래   홍생! (뒤따라 간다)

---

25) 황해도, 평안도.
26) 강하고 사나움.

　　　　잠깐 사이.
　　　　도형리 2인 등장

형리갑　이리 오너라.
김택연　(방에서 나온다. 자즈러지게 놀란다)
형리갑　(빈틈없이 경계하며) 여기가, 여기가 청룡사렸다.
김택연　네에. 저, 대사님을 부를가요. (황겁해서 뒷방으로 빠질려고 한
　　　　다)
형리갑　잠깐만…… (김을 붓들 듯이 닥어가며) 여기 심성을 쓴 여승이
　　　　있지?
김택연　없습니다.
형리갑　방년의 여승 말이야.
김택연　저도 외인이라 본 적 없습니다.
형리을　이건 웬놈이야 (김을 밀쳐내며 갑에게 눈짓을 한다) 들어가 봅시
　　　　다. (양인 내퇴)
김택연　(창황해서 어쩔 줄을 몰으고 설레이다가 안으로 달려 들어간다)

　　　　사이.
　　　　형리들 심랑을 홍바를 지워 앞세우고 나온다.

김택연　(황황이 뒤따라 나온다) 아가씨……
형리갑　불려라. (심을 세차게 밀친다)
심　랑　도련님! (그만 주저앉으며 느껴 운다)
형리갑　어서 앞서라. (몹시 잡어 끈다)
심　랑　제게 무슨 죄가 있습니까. 설사 비명에 도라가신 아버님께 죄가
　　　　있다면, 그 딸자식가지 복죄해야 함은 맛당치 않이한가 하오.
형리갑　어명이라. (잡어 일으키며) 썩 앞서지 못할까.
김택연　어명이라니 아가씨가 역적 도모를 하였단 말이오.(달려들려고 한
　　　　다)
형리을　(물리치며) 어명을 거역하느냐?
형리갑　냉큼 앞서지 못할까. (억지로 잡어 끌고 나간다)
심　랑　도련님!
김택연　아가씨…… (밖으로 따라 나간다)

이윽고 밖에서 소란스러운 소리 들려오면서 두 마디 비명이 울린다.

홍이팔   (심랑을 부축하고 들어와 포승을 끌어준다. 뒤따르는 김택연에게) 김생, 어서 아가씨를 모시고 멀리루 달아나 주게.
김택연   그렇지만, 홍생은?……
홍이팔   이러고 있을 때가 아니다. 어서 뒷문으로 달아나게.
형리갑   (이마에 피가 낭자하야 들어오며 홍에게 달려든다)
홍이팔   에잇. (보기 좋게 갈겨 쓰러트린다) 어서 몸을 피하게. 세월이 좋으면 또 만나겠지.
김택연   고마워이. 자, 그럼 ……
심 랑   홍선생님…… (양인 급히 뒷방길로 사라진다)
홍이팔   (그들의 뒤를 따라 사라진다)
형리갑   (뒤따르려고 한다)
홍경래   (날세게 등덜미를 부여잡는다) 지나가든 길손 주저넘은 참견이오만, 그대로 돌아감이 어떠할고?
형리을   (은연중 밧짝 틀어쥐며) 보아하니, 여간한 풋내기는 열백이 대들어도 당치 못할 장사인 모양……
형리갑   못 놓겠느냐? (빠져 날려고 하나, 대수27)가 못 되여 점점 휘여든다)
홍경래   과객의 눈에도 젊은 목숨들이 가련하구려. 그들을 구하면 내세에도 좋을 일…… 자 약소하나 여기 약간한 전량이 있으니, 그대로 돌아가 관가에는 좋도록 말하시오. (품에서 전대(錢帶)를 끄내 그 앞에 던지고는 다시 대문 밖으로 사라진다)
형리갑   (어리둥절해서 머뭇거리며 사위를 살피다가, 전대를 들고 급히 퇴장)
우군칙   (슬며시 나오며 살핀다)

　　잠깐 사이.

김좌수   무언지 큰일 났구려. 원님께서는 벌써 단녀 갔소이까.
우군칙   네! 무슨 일이오?
김좌수   백성들은 마을마다 무리를 지어 일어났소. 글세, 내 집으로 밀려

---
27) 對手. 재주나 힘이 서로 비슷해서 상대가 되는 사람.

　　　　　와서는 죽든 살든 좌수어른의 처사에 달렸다구, 아우성을 치는구려.
우군칙　그것 참 큰일이구려.
김좌수　이러단 크게 소란이 일어날 것 같소. 간신이 몸을 피하였구려.
우군칙　미상불 원님께서는 지나친 일을 하셨소. 흉년은 들어 기아에 헤매이는 백성들을 잡어 가두기까지 하다니……
김좌수　글세, 원님께서 하시는 처사에 어찌는 수는 없고. 좌수 자리에라두 앉었든 게 크게 욕스럽구려.
우군칙　참, 김생은 지금 묘향산으로 떠났소.
김좌수　어떻게 내 자식놈이 떠났소?
우군칙　아니, 그렇게 아니라 도형리놈들이 어떻게 염탐하였는지 홍바를 드리웠구려. 그런걸 젊은 사람들이 떠다메치고, 지금 막 김생이 심랑을 데리고 달아났소.
김좌수　왜 이리 세사는 어즈럽기만 하오.
우군칙　과히 심려 마시오. 무사히 몸을 피하였소.

　　　　　밖에서 사람들 떠드는 소리 점차로 가까워 온다.

우군칙　(귀를 기울이며) 어서 안으로 몸을 피하시오. (**을 앞세워 안으로 들어간다)
홍이팔　잠깐만…… (가로막고 나온다) 두 분 어른의 처사만 바라고 헤매이는 백성들이 불쌍하지도 아니하오. 마땅히 두 분께서는 백성들의 갈 길을 헤아려 주시오.

　　　　　그동안 백성들은 대문 안으로 밀려든다. "여기 있다", "김좌수 어른 여기 있다", "내 자식을 구해내라", "우리 아버지를 찾어 주시오", "우리 형님을 찾어 주시오", "이 목숨을 죽여주오" 등등 요란스럽다.

우군칙　여러분, 고정하시오. 이곳은 신성한 법당이오.
농　민　대사님! 죽게 되었을 때 살 길은 반드시 열리리라 말씀 하시드니, 부처님은 웨 아직두 말이 없습니까.
농　민　관가에서 마저 버림을 받는 무리들이오. 부처님께 만난 하회를 맡깁니다.
농　민　애가 병이 들어도 부처님께 빌어온 인생이외다.

우군칙　여러분! 가난의 봉죽은 나라도 못 당한다고…… 이거 참 난감한 일이로구려.
농　민　잡혀 간 사람들은 나오게 하여 주시오. 객사한 귀신은 젯밥도 못 얻어 먹는답니다.
김좌수　여러분! 돌아들 가시오. 원님께서 하시는 정사를 대사님이나 내가 어떻게 할 도리는 없는 것이오.
농　민　좌수님이 몰으면 누가 압니까. 나달은 누가 받치라고 했소.

　　농민들 아우성이 일어난다.

농　민　좌수님은 잘 아십니다. 없어 못 받친 것도 죄가 됩니까.
농　민　잡혀간 사람들은 노아 주시오.
김좌수　글세, 우리에게 무슨 세도가 있다고 관가에서 하는 일에 참견한단 말이오.
농민들　(다시 아우성이 떠을은다)

　　아까 놓임을 받었든 장정이 불쑥 앞으로 나섯다.

장　정　좌수님! 저이들의 앞장을 서주시오. 관가로 갑시다. 머리가 열 조각에 나도 옳은 건 옳다고 말씀해야 합니다.
농민들　옳소. 관가로 갑시다.
농　민　나랏님 앞이라도 할 말은 해야 합니다.
김좌수　이게 웬일들이오. 이건 섶을 지고 불속으로 뛰여 드는 것이오.
농　민　그럼, 이대로 말라 죽으란 말이오.
농　민　어차피 죽을 바에는 창자를 헤쳐놓고 할 말이나 하고 죽자.
장　정　(김을 잡어 끈다) 앞서시오. 우리 마을 사람들이야 좌수님께 달렸거든, 죽고 살기도 좌수님께 달렸소.
농민들　옳다. 관가로 가자. (한거름 닥어든다)
홍이팔　노형. 옳으신 처사요. (장정의 손을 잡는다) 여러분! 우리가 사느냐. 벼슬아치 놈들이 사느냐 하는 단 한 이길 뿐이오. 그러니까 살고 죽기는 우리 손에 달린 것! 창자를 헤쳐놓고 대들어서 그래도 안 된다면, 어차피 한번 죽기는 마찬가지요. 마즈막 결패를 지웁시다.

농민들　옳소. 옳소.
농　민　놈들의 배는 무쇠 창자인가 칼은 안 들어 갈라구.
농　민　영에다 불은 못 질러.
장　정　(김을 앞세운다) 자, 앞서시오.
홍이팔　여러분, 관가로 갑시다. (앞서 나간다)
농민들　(와! 떠들어 달려 나간다)
우군칙　홍생…… (허겁지겁 달려 나가다 말고 허위적인다)

　　　이윽고 소음은 점차로 멀어진다.

홍경래　(소음을 살피며 등장)
우군칙　최도사! 백성들의 원한 드디어 터졌구려.
홍경래　대사! 제세창생28)하리란 도의는 그 장삼 밑에 들었소?
우군칙　죽여주오. 썩어빠진 장삼이오. (장삼을 벗어버리며 괴로워한다)
홍경래　대사! (손을 잡는다) 갑시다. 제세창생할 때는 왔소.
우군칙　고맙소. 이 미련한 몸덩어리를 받어주오
홍경래　(손에 힘을 주며) 고맙소. 백성들의 원한 성부의 파론을 일고에 무찌르고 나아갈 것이오.

　　　해는 기우러 붉은 노을이 누리에 찬다.

막.

---

28) 濟世蒼生, 이 세상의 모든 백성을 구제함.

제2막 1장 기병(起兵)

시대
　신미 12월

처소
　가산 다복동
인물
　홍경래　(평서대원수)
　김사용　(평서부원수)
　우군칙　(총군사)
　김창시　(부군사)
　이희저　(도총)
　홍이팔　(막장)
　김택연　(　〃　)
　이제초　(　〃　)
　변대언　(　〃　)
　양소유　(　〃　)
　윤후검　(　〃　)
　김대린　(관군 막장)
　이인배　(관군 막장)
　월설
　술장사 여인
　농민 남녀 다수
　군사 다수

무대
　다복동은 대령강을 옆에 끼고 폭은 비록 3,4리에 불과하나, 남북이 20여리에 긍(亘)하는 산곡이다. 좌우에는 나지막한 산이 구릉형으로 연하고, 그 위에는 상시 송림이 무성하다. 동중(洞中)은 내동 외동으로 나누어 잇는데, 인연(人煙)29)이 희소하고, 북으로는 동후(洞後) 수보지(數步地)에 경의대로(京義大路)를 지고 있고, 남으로는 서해에 임하여 있으며, 동으로 재 하나를 넘으면 대령강이여서 해륙의 교통이 매우 편리하고, 은현출몰(隱現出沒)30)이 자유자재한 곳이다.

---

29) 인가에서 불을 때어 나는 연기라는 뜻으로, 사람이 사는 기척 또는 인가를 이르는 말.
30) 사라졌다가 다시 나타남.

곳은 내동(內洞) — 병사(兵舍), 창고, 기타 가옥을 수십간 새로 이루어, 거사의 본거지를 이루었다. 상수로 치우쳐서 대장간! 무대중앙으로 자리 잡은 가옥 한 채. 하수로 뻗어올은 큰 넓은 행길이 집 뒤로 돌아가고, 대장간과 집 사이로도 동내로 뻗은 길이 나서, 이곳은 내동 입구인 것을 말한다. 집 앞으로는 나무가 몇 그루 서고, 뒤로는 동내의 정형(情形)이 전망되고, 만산에 백설이 덮인 겨울!

막이 열리면, 대장간에서는 말굽을 벼르는 풀무, 망치 소리 등이 요란하고, 하수 행길에는 무슨 짐들을 나르기에 분주하다.

홍이팔   (하수 집 뒤에서 분주히 나오다가 다시 돌아보며 고함친다) 저편 안길로 드러가시오, 안길로! (메고 들어오는 짐을 찔러 본다) 이것도 안길로 들어 가시오. (또 다른 짐을 찔러 본다) 이건 언덕길로 오르시오.

농 부   (봇다리를 지고 등장. 머뭇거리다가 홍이 분주하매 대장간으로 간다) 예가 가산 다복동 금점판이웨까? (대장간에서는 일에만 분주하다) 금점판이에요? (거듭 대답이 없으매 어릿거리다가 홍에게로 온다) 예가 금전판이웨까?

홍이팔   네! (대장간 사이길을 가르킨다) 저 안으루 들어 가시우.

농 부   네에, 바루 찾어오긴 했군! (어릿거리다가) 저 고향엔 처자를 두고 왔는데, 그것들을 데려다 같이 살 수 있을까요?

홍이팔   (다시 들어오는 짐을 찔러 보고) 이놈도 언덕길로 오르시오.

농 부   저 안길로 들어가면 틀림 없습니까. (어릿거리다가 내퇴)

홍이팔   네네, (또 다른 짐을 보며) 이건 안길로.

    농민 남녀 5,6명이 어린애를 업고 앞세우고 봇짐을 지고 이고 등장.

농부갑   여기가 다복동 금점이오?

홍이팔   네! 저 안으로들 들어 가시우.

농 부   (맨 뒤 떨어져서 짐을 이고 쩔쩔맨다) 여보, 이 짐…… (그만 짐은 굴러나려 쓸어진다)

농부갑   왜 그래. (짐을 벗어 놓고 그 아내를 부축한다) 정신 채려, 응!

농 부   배가, 배가 …… (비틀고 돌아간다)

홍이팔   (이와 동시해서 짐을 살피기 위해 분주하다) 이건 언덕길로 오르시오.

농민갑　여보시오, 말 좀 합시다.
홍이팔　네, 저 안으루 들어가면 됩니다. (짐을 살피며) 이것두 언덕길로.
농민갑　글세, 여보세요. (홍을 붙들며) 금점 일을 하면 먹구 살만 하웨까?
홍이팔　네, 네, 살림 걱정은 마시우.
농부갑　보시다시피 우리는 농사짓는 놈들이웨다. 금년은 크게 흉년이 들어서 먹구 살 수가 없어 이 생소한 금점판엘 찾어 왔쉐다. 그레 정말 살림 걱정은 없을까요.
홍이팔　네, 염려 마시오. (또 짐을 살피며) 이건 안길로 들어 가시우. (수첩에 적고 그것을 세이고 무척 분주하다)
농　부　아유, 배야…… (몹시 고민한다)
농부갑　(농부 편으로) 덕보 해산 달 아니야?
농부갑　아이는…… 굶어서 그래. (부에게) 냉수라두 마실래?
농부갑　(그냥 홍을 따르며) 이거 부끄러운 청이지만…… 저희가 모두 굶어서 허깃증이 나서 죽겠는데, 들어가면 찬밥이라두 얻어먹을 수 있을까요?
홍이팔　네네, 어서들 들어가 보시우. (또 짐을 살피며) 이놈은 언덕길로!
술장사여인　(술병이며 그릇가지를 이고 들고 또 한 손에는 게사니31)를 매여 들고 등장) 저, 예가 금점판이예요?
농부갑　네!
술장사여인　짐 좀 받어 주소.
농부갑　(짐을 받어 내리운다) 젊은 색시가 금전판엘 무엇하랴 오우!
술장사여인　금점판이 흥정세가 좋다게 술장사를 왔서요.
농부갑　오라, 이게 다 술병이로구만.
농부정　출출한데, 한 잔 쭉 들이켰으면 좋겠다.
술장사여인　(짐들을 간집피며) 돈만 내시구려.
농부정　외상에 한 잔 주시우, 외상에 -
술장사여인　원, 맞나기두 전에 외상이야. 금전판이 흥정세는 좋대두, 저 꼴보기 싫어서 못 살겠네
농부들　하하…… (크게 웃는다)
농부정　청승맞게 게산일 다 안구 오구, 금전판에서 한 백년 살려우.
술장사여인　내 동생이유. 이것두 나처럼 과부라우.

---
31) 게사니, 거위.

농부들　아하하……
농부갑　(그냥 흥을 따르다가 또 짐을 살피며 고함침에 그만 물러나온다) 자, 안으루들 들어가 보세. 먹구 살 수가 낫다네.
농　부　아유, 배야……
술장사여인　(농부에게로 간다) 웨 그래유. 오디가 편치 않아유? (농부의 손, 머리, 배 등을 짚어보고 살핀다) 에구머니나, 이거 큰일낫구먼!
농부갑　허깃증이 나서 그래요.
술장사여인　애기가 나와유, 애기! 저, 어디 방이 없어요?
농부갑　산기가 있어요? (홍에게로 간다) 저, 여보세요.
홍이팔　(짐을 살피며) 이건 안길로 들어가시우.
술장사여인　방이 없어요? (살피다가 홍에게로 간다) 여보세요.
홍이팔　(또 짐을 살피며) 이것두 안길로 들어가시우.
술장사여인　(홍을 잡어 흔든다) 애기가 나와유. 어디 방 없어요?
홍이팔　네?
술장사여인　(홍을 이편으로 끌고 온다) 방금 몸을 풀게 됐는데, 방 한칸 내주세요. (농부를 잡어 일으킨다)
홍이팔　몸을 풀어요? 이 방으로 들어오시우. (방문을 열어 제친다)
술장사여인　산말에 있는 아낙네를 데리구 금전판엘 오다니…… 사내양반들은 모두 돼지만두 못하다니까. (농부를 부축하고 방안으로 들어간다)
일　동　(긴장한다)

　　사이.
　　1막에서 농민들을 이끌고 가던 장정 등장.

장　정　(싱글싱글 웃으며) 금점 일을 한 자리 시켜 주시오.
홍이팔　(이윽히 살피다가) 이게 누구요? (손을 잡는다)
장　정　이거 오랜만이오. 가산 군수놈을 메다 꼰구서 헤여지구는 이게 얼마만이오?
홍이팔　반갑소.
장　정　그래, 백만 대군이 벼슬아치 놈들을 호령할 차비는 다 됐소?
홍이팔　쉬! (농민들을 살핀다)

장　정　다복동에서 금이 난다기에 형들의 일인 줄 알었소.
홍이팔　이렇게 찾어주어 고맙소.
장　정　한목 시켜주시오. 벌써부터 온다는 게 집안 정리가 날래 되야지.
홍이팔　고맙소. 그점 홍선생, 우선생 다 게시니, 들어가 맞나보우. (길을 안내한다)
장　정　그럼, 저녁에 흉금을 털어 봅시다. (퇴장)
술장사여인　(이윽고 방문이 열리며) 무엇을 하구 있어유. 물 끓이구, 그리구 저 이런 두메에 웬걸 먹, 살이야 있을라구…… 어서들 서둘려유. (문을 닫는다)
홍이팔　네. (허겁지겁 부엌으로 들어가다 말고 농부 갑에게) 저리루 들어가면 큰 집이 있으니까, 먹하구 쌀하구 가져 오시우.
농부갑　네! (퇴장)
홍이팔　이거 큰일 낫소 그래. (들어오는 짐을 살피며) 이건 안길로 ……(수첩을 살피며) 황해도에서 온 짐은 이게 마즈막 아니요?
짐　꾼　네!
홍이팔　(수첩에 분주히 산을 놓으며 부엌으로 들어간다)
농부정　아무려나 자내는 대통운 텃네. 길가에서 몸을 풀었으면 어떻게 할 뻔했나, 이 치운 겨울에……
농부갑　집에서 낳었서두 맛찬가지지. 살이 있나 미역이 잇나.
농부갑　정말 죽을 수가 나문, 살 구멍이 열린다드니…… 임자 한시름 놓았네.
농부갑　신미년이 언제난 말성이라데. 밧짝 흉년은 들어 굶어 죽게된 해에 나오는 자식이 바루 되누라구 그러겠나.
농부갑　인심은 웨 이리 흉흉한지 몰라. 제대루 끼니를 끄리는 집이 백 집에 한 집 쉽지 않을 걸세.
농부정　아무래두 세상이 벌꺽 뒤집필려나 보아. 모두 아우성 소리로군.
농부갑　제 고장 버리구 금점판으루 모군길32) 해 먹으러 오는 세상이 그대루 있으면 되겠나. 이여지든 터지든 한번 뒤집혀야지.
농부정　나달이 고렇게두 신통이 말러버리구 만담. 정말 무슨 변고가 있을려는 징조야.
월　설　(등장, 진의를 벗고 깨끗이 채렸다) 저, 주인어른 게십니까.
농부정　주인 양반, 손님 오셨습니다.

---

32) 모군 일, 토목공사.

홍이팔 (연기에 매워 눈을 부비며 나온다)
월　설　저, 여기가……
홍이팔 아, 마츰 잘 됐소. 물 좀 끓여 주시우.
월　설　아니, 저 홍경래라는 분을 뵈오러 왔는데요.
홍이팔 지금 어린애가 막 나오는 판입니다. 자, 어서 들어오시우. (어렴
　　　　할 사이 없이 부엌으로 끌어넣는다)
농부갑 미안합니다. 수고를 끼쳐서……
홍이팔 기쁘겠소. 아무려나 미끈한 사내놈을 나아야지. 하……
농부갑 (쌀가마니, 미역 등 지고 나온다)
홍이팔 (부엌문을 열며) 쌀이 왔소. 국밥도 끓이시우.
월　설　(바가지를 들고 나와 쌀을 퍼 담는다)

　　　　안에서 어린애 우름소리 들려 나온다.

일　동　(긴장한다)
술장사여인 (이윽고 문이 열린다) 애 아버지, 어디 갔수. 사내유, 사내!
홍이팔 됐소. 사내를 낳아야지. (일동 웃음이 흐른다)
술장사여인 애가 끔찍이 크기두 해라. (문을 닫으려다 말고) 참, 국밥은
　　　　어떻거우.
홍이팔 네, 인제 끓입니다.
술장사여인 (쌀가마니를 보고) 어이구, 금점판 홍정세가 다르군. 이런 두
　　　　메에두 미역, 쌀 없는 게 없군 그래. 더운물 떠 들이시우. (문이
　　　　닫긴다)
월　설　네! (부엌으로 들어간다)
농부갑 이사람, 아무튼 기쁘겠지. 첫아들 아닌가. 하하……
농부갑 (일동 웃는다)
홍이팔 자, 그럼 치우실텐데, 숙사루들 들어 가십시오.
농부들 네. (안길로 사라진다)
김택연 (등장) 김좌수 댁에서 짐을 가져 왔습니다.
홍이팔 네, 이리 올려 오십시오. (이윽히 살펴 보다가) 아니, 이게 김생
　　　　아닌가?
김택연 홍생! (손을 잡는다) 이게 얼마만인가.
홍이팔 그래, 그동안 어떻게 지냈나?

김택연 내야 그저 그 꼴이지. 한데 자네가 여기 있는 줄은 뜻밖일세. 그래 홍경래장군은 어떻게 알게 됐나?

홍이팔 청룡사에서 뵈이든 최도사.

김택연 최도사가? 집의 아버님께서 홍장군과 내통이 있어서, 대사를 경륜하시는데 전량과 곡식을 받드리라구 신바람을 왔네마는, 최도사가 바루 홍장군일 줄이야.

홍이팔 우선생두 계시네.

김택연 대사님게서두…… 일은 청룡사에서 비저졌군 그래.

홍이팔 자네 잘 왔네. 우리 같이 어깨를 겯구 나아가세. 가득이나 원한에 찾든 백성들 금년에 대흉년이 들어서 민심은 말이 아니거든. 그래, 우리는 이 기회를 놓치지 않구 만반 준비는 다 되었네. 글세, 군사를 모는 수단으루 다복동에 금이 난다구 선포를 돌렸드니, 굶주린 백성들이 정말 꼬리를 물구 몰려드네.

김택연 나두 대강 그렇게 되는 짐작은 알었네.

홍이팔 부대나 파는 농민들이래두, 한번 총을 메우면 그 의기가 여간한 게 아닐세.

김택연 원체 원한이 컸으니까……

홍이팔 김생, 같이 싸우세.

김택연 고마우이.

홍이팔 참, 아가씨는 어떻게 되었나.

김택연 글세, 묘향산으루 갔다가 거기두 또 못 있게 되여서 다른 곳으루 떠났다는데, 그후의 소식은 통 알 수가 없네 그려.

홍이팔 아가씨두 무척 고생을 하시는군.

김택연 (지극히 급분에 떨며) 싸우세. 약하구 비겁한 놈이지만, 이 몸을 거두어주게.

홍이팔 싸우세. (손을 힘있게 잡는다) 자, 어서 홍장군을 뵈옵세. (양인 내퇴)

이윽고 어둠이 기여든다 달빛이 휘영청 밝다. 그동안 대장간에도 일이 끝나고 일꾼들 한둘씩 사라진다.

대장간노인 (월광에 번뜩이는 검을 들고 밖으로 나온다. 칼을 달빛에 비기여 우러러 본다) 과시 명검이로군! 수나라의 백만 대군을 청천

강에 모라넣은 을지문덕 장군의 검도 이만은 못하여스리라.

소리소리 요란히 들려 오면서.
막.

제2막 2장

무대

거사 본전! 날림집이나 규모를 광대히 한 광실(廣室)이 상수로 치우쳐서 너렁청이 버러졌다. 지초(地礎)를 높여 정면 하수편으로 돌층계를 5,6 단쯤 쌓아올렸고, 상수에서 뻗어 나온 난간이 하수로 구비처 후측으로 굽어들었다. 실내는 안으로 1단 자리를 높여 상좌를 일으우고, 상좌 상수로 내실과 통하는 출입문. 하수로 하좌 돌층계에 어금해서 밖앗(바깥)과 통하는 출입문. 하수편으로는 광장이 넓게 버러지고, 하수*으로 수위문(守衛門). 광장을 이어서 구릉형의 산경(山景)이 가까이 바라본다. 방금 눈이라도 퍼부을 듯싶은 흐릿한 달밤. 광실에는 촛대를 도두어 밝고 수위문에 햇불이 까물거린다.
　막이 오르면 광실에 남군(南軍)막장(幕將) 일동이 군장을 늠름히 갖추어, 상좌를 향하고 열을 지어 위세있게 서있고, 밖에는 수위병이 총을 들고 서있다.

긴 사이.

군　사　(상수로 등장) 대원수 홍경래장군께서 납시오.
막장일동　(일제히 자세를 바로하며 홍을 맞어 경례한다)
홍경래　(대원수장을 갖추어 등장, 막장들에게 흘린 듯 이윽히 바라본다) 허, 그 늠름한 기세 과시 효용을 갖으운(갖춘) 장사들이오. 미상불 천하의 제장의 것이오. 어디 돌아서 보오. (막장들 일제히 돌아선다) 제장이 내닷는 곳 천지는 진동할 것이오. 제장! 각 지대의 준비는 약하하오33)?
막장들　대원수 홍장군의 호령만을 기다리고 있소이다.
홍경래　훈련에 유감은 없을까?
막장들　주야를 가리지 않고 훈련을 쌓었소이다.

---

33) 약하(若何)하다, 여하(如何)하다, 어떠하다.

홍경래　좌익장 홍공.
홍이팔　좌익장 홍이팔. 군사는 비록 농부들의 몸이나, 그 농부들의 불타는 의기는 능히 십년 정세를 이기고 남음이 있을 것이오.
홍경래　우익장 이공!
이제초　우익장 이제초. 호랑이가 내닫는 앞에 더딤이 없도록, 장군께서는 널리 통촉하서이다.
김택연　기대장(技隊長) 김택연. 소장의 대오 또한 농군이나, 기신34)에 더짐은 없은가 하오.
양소유　기대장 양소유. 소장의 대오는 평양 십년 정병의 기대(技隊)! 능히 기병의 앞장을 서 맞당할까 하오.
변대언　기대장 변대언. 소장의 대오도 남에게 떨어짐이 없을까 하오.
윤후검　기대장 윤후검. 군사에게는 기량보다 그 사기가 으뜸일가 하오.
홍경래　제장의 끓어 넘치는 그 기개 과시 마음 든든하오.
막장들　(일제히 칼을 뽑아 하늘 높이 든다) 백성을 위하여 받친 몸! 홍장군의 호령만 기다리나이다.
홍경래　고맙소. 백성들을 위하여 힘껏 싸워주시오. 그러면 물러들 가오.
막장들　(일제히 돌아서 읍하고 하수 뒤뜰로 퇴장.)
홍경래　늠름할시고, 과시 용장들이로군. (막장들이 사라지는 걸 이윽히 바라보는 눈에는 만족한 웃음이 흘은다)
우군칙　(상수 난간으로 황황히 등장) 홍장군! 기병 시기를 이달 안으로 감척35) 올린다는 게 사실이오니까?
홍경래　그것은 부원수 김사용장군의 의견이오. 어떻겠소, 신도회의에서는 임신(壬申) 정월에 기병하기로 경륜이 되었지만, 정작 일을 버려져 놓고 보니까 비밀이 탄로될 위험성이 각각으로 닥어 오는구려.
우군칙　천만 당치않은 말씀. 미비한 병사를 가지고 기병함은 마치 제 손으로 제 부모를 파는 격이오.
홍경래　군기는 물론, 군사 조련도 웬만치 되어 있지 않소? 더구나 군사들의 사기는 볼만 합디다 그려.
우군칙　사기는 있으되 군사들의 정예치가 못하고, 어제까지 호미를 들든 손에 총을 잡은 농부들의 오합지중임을 잊어서는 안 되오.

---

34) 기력과 정신.
35) 監滌, 닦은 상태를 잘 살펴어 검사함.

홍경래　호구책으로 뭉겨진 관군보다는 제 원수를 무찌르고, 제 살림을 찾으려는 농군들이 몇십 갑절 월등할 것이오.

우군칙　그러나 그 기량을 무시할 수는 없는 것, 강계지방의 산포수대(山砲手隊)와 압록강 대강(對江)36)의 병이 반드시 와야 하오.

홍경래　송지렴공들이 원병을 청하러 갔으니까, 우리가 안주성을 치고 들어갈 때쯤 돌아올 것이오.

우군칙　매사는 항상 신중해야 하오. 소식을 기다립시다.

홍경래　그러나 우리의 거사가 미연에 탄로될 화단37)을 걱정하지 않아서는 안 될 것이오.

우군칙　알겠소. 제공의 의견을 들어 봅시다. (급히 퇴장)

홍경래　(골몰한 생각에 잠긴다)

김사용　(하수 뒤뜰로 등장) 대원수 홍장군!

홍경래　아, 북군의 차비는?

김사용　네! 제반 태세는 갖추었소이다.

홍경래　수고하였소.

김사용　농군들이 때를 벗소. 인제 제법 날뛰는 양을 보니, 잠이 안 오는구려, 허허.

홍경래　김장군의 공은 기리 빛날 것이오.

김사용　진정 홍장군은 하늘이 내었나 보오. 금년은 년래에 없는 대흉년이 들어 먹을 것을 찾는 농부들로 군사를 얻기도 수갖우38)했지만, 친하는 또한 물심으로 도움을 주어서 관군 부럽지 않게 준비를 갖추었으니, 이게 다 홍장군의 덕이로구려.

홍경래　김장군! 이게 다 때가 시키는 게요. 수많은 농부들이 죽기를 한사하고 화총을 잡은 것도, 그들의 원한이 그만큼 컸든 연유요. 망중한39) 인사들, 장사아치, 벼슬아치들까지도 물심으로 우리를 도움은 오늘의 세태가 고르롭지 못함을 말함이오.

김사용　물론 그것이 근본이오만, 그것을 이만큼 묶어 놓은 것이 장군의 높으신 덕을 말하는 것이오.

홍경래　매양 창생의 마음이 서글프오.

---

36) 대안(對岸).
37) 禍端, 화를 일으킬 실마리.
38) 수월.
39) 望重하다, 명망이 높다.

군 사 (하수 뒤에서 어릿거리며 나와서 돌층에 앞으로 와서 읍한다)
김사용 (난간으로 나온다) 웬놈이냐?
군 사 북군 군사 김치성이오.
김사용 군료를 어기고 본전을 엿봄은 웬일인가?
군 사 잠깐 고향에 다녀오도록 하여주오.
김사용 군사가 싫어졌는가.
군 사 아닙니다. 가산을 팔어서 살 길을 찾어나왔든 길이오다. 처자가 연명이나 하도록 이 돈을 고향에 성하여40) 주고 와야겠습니다.
김사용 이곳에서 빠져 나가려는 계략이렸다.
군 사 아닙니다. 불쌍한 처자를 살펴주오. (머리를 쪼아린다)
홍경래 (난간으로 나온다) 그대로 고향으로 돌아가라.
군 사 네!
홍경래 불쌍한 처자를 구하러 고향으로 가서 농사를 지으라.
군 사 (몹시 당황하다가 슬며시 퇴장하려고 한다)
김사용 어디로 가는가?
군 사 네, 저 돈은 고향에 보내지 않어도 좋습니다.
김사용 그러면?
군 사 그대로 싸움에 나가겠습니다.
홍경래 처자를 구하라 했거든, 웨 고향으로 돌아가지 않는가?
군 사 제 집까지 팔아먹은 고향에 돌아가면 무엇합니까. 소인의 팔자도 이번 싸움에 달렸소이다.
홍경래 물러가라. 고향에 돈을 보내주도록 할 것이니, 대장에게 부탁하라.
군 사 네! (퇴장)

　　　　한동안 무거운 침묵.

홍경래 김장군, 우리는 크게 책임을 져야하오. 이번 거사에 있어 대흥이 든 것은 천재일우에 호기회였소만은, 살 길을 찾어 헤매이는 저들에게 금전일을 시킨다 속이어서 군무에 당케 한 책임은 큰 것이오. 그야 창생으로하여 영주낙토하도록 하기 위한 사모친 모사이기는 하오만. 그러니까 이 싸움은 기여이 이겨야 하오.

---

40) 온전하게 전하여.

김사용   지당한 말씀! 뜻 아닌 백성들의 충성! 능히 관군을 무찌를 것이오.

홍경래   백성들이 얼마나 곤란에 올으면, 앞을 다투어 무기를 잡고 나선단 말이오. 지금 그 유순한 얼골! 정녕 내 형제요.

김사용   장군, 정말 눈물겨운 일이오. 한 군사가 내 앞에 엎드리며 싸움은 언제나 나가느냐고 조를 때, 나는 펀듯 그가 어느 오막사리에서 늘 보든 얼골인 것처럼 뜨거이 느꼈소.

홍경래   초가삼간을 이루위 단락한 살림이 백성들의 소망이거든! 글세, 내가 어렸을 때 용감 집에서 볏단을 단단이 쌓아 올리면서 아비는 눈물을 흘리는구려. 또 조판서 댁에서는 도지를 받으러 나올게라고 혼자 중얼거리는 걸 보고, 나는 그만 집을 뛰쳐나오고 말았소.

김사용   엣기, 고현놈들. (금시 무엇에 대들 듯이 한걸음 나서며 검을 잡은 손이 떨린다. 이윽고 홍에게 닥어들며) 장군! 당장 군사를 일으킵시다. 문(文)을 숭상하고 무(武)를 멸시하는 세상! 그까짓 만군쯤 대수이겠소.

홍경래   고정하오. (물러가며) 무인은 항상 경동을 삼가야 하오.

김사용   내 신세를 홍장군이 말씀하시는 것같아 피를 끓이는구려.

홍경래   참, 총군사 우장군은 거사변동을 반대하는구려.

김사용   우장군이?

홍경래   군사의 미비함을 드오.

김사용   그것은 청탁41)이고, 우장군은 매양 겁심이 앞서는 분이 아니요?

홍경래   미비함도 사실, 요는 미연에 탄로될 위험성과 군사의 미비함과 그 경중을 바로 기리어 처사를 해야 할 것이오.

김사용   우장군을 만나겠소이다. (나갈려고 한다)

홍경래   김장군! 우리는 항상 동료를 아껴야하오. 우장군 또한 이번 거사로 하여금 백에 하나 그릇됨이 없도록 걱정하는 마음이 아니겠소.

김사용   (그만 기가 꺾이운다) 옳소이다. 홍장군의 높으신 인품에는 항상 머리가 숙이는구려.

홍경래   물론 싸움에 이겨야 할 일도 큰 것이겠지만. 정작 백성을 다스리는 일이 너무도 무거운 짐이오. 농경을 북도두고 모두가 일하고 장사하기를 일으키며, 특히 황무지를 백성들에게 나누어 주어 개

---

41) 핑계.

　　　　　간하여, 우선 백성으로 하여 안주락토케 함으로써, 강토를 풍성히
　　　　　함이 정사의 대본이겠소마는, 그게 어디 쉬운 일이오.
김사용　홍장군이면, 가히 백성이 받들어 모시는 그릇일까 합니다.
홍경래　분에 넘치는 말씀…… 안에 들어 제공을 만나보오.
김사용　네! (상수로 퇴장)
홍경래　(벌서 전부터 눈이 나리기 시작한 하늘을 수연이 바라보고 섰다)

　　사이.

월　설　(상수 집 뒤에서 살며시 나와 실내를 살피다가 돌층계 밑에 부복
　　　　한다) 홍장군께 아뢰오.
홍경래　누구냐?
월　설　서울 김판서댁에서 뵈옵든 월설이옵니다.
홍경래　월설이! (허겁지겁 내려가 부둥켜 일으킨다) 월설이라니, 이게 웬
　　　　일이냐.
월　설　장군, 오랜만에 뵈옵습니다. (사무쳤든 우름이 북받친다)
홍경래　천리 산간에서 만나다니, 이게 웬일이냐.
월　설　서방님께서 그때 서울을 떠나시며 하시든 말씀! 내년 봄이면 꼭
　　　　오시마고 하시든 말씀을 믿기로 삼년. 미련한 계집은 서방님을 뵈
　　　　옵고저 삼년 전에 김판서댁을 빠져나와, 평안으로 왔나이다.
홍경래　너는 나를 아직도 잊지 않고 있었구나. 미안하다. 무척 고생을
　　　　했구나. 그래 그동안은 어디 있었노?
월　설　용강으로, 평양으로, 서방님을 찾어서 팔자에 타고난 하인사리를
　　　　했습죠.-
홍경래　미안하다. 마음은 구름에 떴으니, 제 신작도 바로 못 찾을 때가
　　　　많구나.
월　설　아니요. 인제 뵈오니 천한 년의 모르는 소견에도 서방님의 뜻이
　　　　무엇인지, 김판서 댁에서 가진 수모를 참어 가시며 과거에만 뜻을
　　　　두시든 서방님의 뜻을 인제 이르웠으니……
홍경래　고맙다. 월설이를 다시 만나리라구야……
월　설　서방님께서 이렇게 훌륭히 입신 공명하신 걸 뵈오니, 소녀 인제
　　　　죽어도 유한이 없겠나이다.
홍경래　입신공명이라. 하하…… 사람이 성년하면 그 배필을 두어 부대를

파고 삼간초옥에 깃드려야 하는 게 사람 된 도리가 아니겠느냐 마는, 우리는 그것을 못 가졌고나. 월설이! 그때 김판서댁 뒤뜰에서 꿈같은 앞날을 속삭이든 때가 차라리 그립구나. 김판서니 하는 양반놈들의 손아귀를 벗어나 멀리 산간으로 들어가 땅을 일구고 백년 천년 살자든 때가!

월 설 (그만 느껴 운다)
홍경래 그만 나는 그동안 너를 잊었었다. 하기야 고달픈 주막에서 꿈에 더러 만나기야 했지!
월 설 서방님. 아니, 저 장군님. 이 몸을 종으로 거두어 기리 버리지 말아 주옵소서.
홍경래 (그대로 아득한 꿈속을 더듬어서) 나는 아직도 잊지 않았다. 심산유곡에 깃들인 삼간 초옥!
월 설 (더욱 느껴 운다)
홍경래 월설이, 울지 마오. 참 여기는 어떻게 왔소.
월 설 군대들을 위안하는 가무반에 있나이다.
홍경래 언제 기생이 되었든가?
월 설 아니요, 서방님께 들이든 그 잘난 노래입지요.
홍경래 참, 월설이가 노래를 잘 불렀지. 양반집 풍월…… 하하……
월 설 장군께서는 이 몸을 종으로 거두어 기리 버리지 말아 주옵소서.
홍경래 왜 하필 종이란 말이냐. 바쁜 때이니, 월설이는 그 잘하는 노래로 군사들의 사기를 돋우어 달라.
월 설 황송하옵니다.
홍경래 밤이 깊었으니, 돌아가 쉬어라.
월 설 네! 내일 또 뵈옵겠습니다. (돌아선다)
홍경래 내 숙사까지 다려다 줄까.
월 설 아니요.
홍경래 나같은 사나이를 만나, 월설이는 애꾸진 고생을 하는군. (양인 내퇴)

　　　　상수로 총군사 우군칙, 부군사 김창시, 도총 이희저 등장

김창시 대원수께서는 어디 납시었소?
우군칙 글세, 방금 게시었는데. 아모러나 임신기병을 신미기병으로 변상

　　　　한다42)는 것은 리에 당치않은 말이오
김창시　매양 그렇게 속단키도 어렵겠죠.
우군칙　그럼 이 꼴을 하고서도, 능히 관군을 당할 듯싶소이까.
이희저　미상불 힘들 것같소.
우군칙　승산이 없는 싸움은 자멸의 길이오. 매사는 신중히 해야 하오.
이희저　우장군의 말씀이 지당하오. 군기가 모자라고 훈련이 정예치 못하고……
우군칙　더구나 홍장군께서는 아주 불길스러운 징조가 나타났구려. (목소리를 죽여서) 글세, 간 밤에 홍장군께서 왼팔에 검을 들고, 오른팔에 활을 들고 현몽해 보이던구려.
이희저　왼팔에 검을 들다니?
우군칙　왼손에 검을 잡았으니, 어디 힘을 쓰겠소. 바로 홍장군께서 크게 액운이 든 걸 현몽한 게 아니겠소.
김창시　그렇다면 미상불 좋은 꿈은 아니오.
우군칙　신미년은 그대로 넘겨야 합니다. 그동안 군사 조련이나 충실히 하였다가, 새해를 맞아서 신수풀이를 하고서 건사를 해야 하오.
이희저　옳으신 말씀이오. 천도를 어길 수는 없는 일이오.
김사용　(등장)
우군칙　부원수 김장군께서는 임신 기병을 변상토록 말씀하셨소이까.
김사용　네! 아무래도 다복동의 은신이 길 것같지 못 하구려.
우군칙　그렇다고 스스로 죽을 구멍으로 찾아들 수는 없소이다.
김사용　관군쯤 넌드시 무질러 나아갈 조련은 갖추어 있소.
우군칙　우리 남군은 그렇지가 못 하오.
김사용　우리 북군은 남부러울 것 없소.
김창시　남북을 가르는 것은 옳지 않으신 말씀이오.
김사용　우장군! 매양 더 대함만이 신중한 것은 아니오. 만일 이 다복동이 미연에 관군에게 포위된다면 어떻게 하겠소.
우군칙　고정하시오. 그렇게까지 서둘을 필요는 없는 것이오.
김사용　군기 군사 조련이 넌듯하거든, 인제 무얼 벌르겠소. 선제 속전이 능사요.
우군칙　만에 하나로 헤아려야 하오. 하회를 묻지 않는 시작은 없소.
김사용　우장군은 왜 그리 한번 일어나기를 꺼려하오.

---
42) 變相하다, 모습이나 형상을 변화시키다.

우군칙　그럼, 김장군께서는 왜 그리 서둘르시오. 혹시 겁심이 앞선 게 아니겠소.
김사용　(대든다) 무엇이! 도리여 날더러 겁심이 앞섰다고?
홍경래　(등장) 웨 이리 언성이 높으시오.
김사용　신미 기병을 주장하오.
홍경래　글세, 이렇게 서두르게 아니고, 어디 서서히 상론해봅시다 그려. (자리에 앉은다) 매사는 황용 사리에 어긋남이 없도록 해야할 것. 하물며 거사의 대본을 이루울 기병 시기는 앞뒤를 헤아려 가장 신중히 해야 할 것이오.
우군칙　지당하신 말씀이오.
홍경래　그러면 도총! 위선 군기 조련은 어떠하오.
이희저　군기와 군복은 군기창(軍器廠)에서 만든 것과 각 지방 인사들에게서 보내여 온 것을 치면, 가히 십만 대병 동원에 족하오며, 이를 만병을 거나려 일년 지게는 지탕될 듯싶습니다. 군량 또한 대흉년에도 각처의 동지들이 수로 육로로 보내어줌이 막대하여, 잘하면 반 년분은 족할까 하오. 전곡(錢穀)과 도창(刀槍), 조총을 비롯한 군기(軍器)를 보내어 온 각 지방을 말씀들이오면, 개천, 정주, 봉산, 중화, 평양, 철산, 송도, 의주, 영변, 용천, 황주, 자산, 순안, 박천, 재령 가산, 선천, 곽산, 태천, 용성, 위원, 초산, 창성, 강계, 그밖에 강원도, 함경도, 황해도 각처에서 보내어 왔사온데, 대원수께서는 친히 살펴 주옵시기 바라나이다. (자리 밑에 문서를 받들인다)
홍경래　(받어서 살피며) 가상할 일이오. 이는 매양 제공의 덕이 높은 보람이겠소. 이렇듯 각처에서 망중한 인사들이 물심을 아끼지 않어 호응할진데, 미상불 앞길이 헤아려지는 것 같구려. 허허……
이희저　겨우 반년지계를 가져 만족타 할 수 없소웨다.
홍경래　그 마음이 가상타 할 것이오. 백성들의 마음이 이럴진대, 어째서 일각인들 유예하겠소.
우군칙　반년지계를 가져 기병을 병상43)함은 천부당 만부당 한 일이오.
홍경래　기병 후에도 군기 조련은 계속해야 하오. 아니 승세를 타서 백성들의 도움은 더욱 클 것이며, 관군을 무찌름으로써 군기 군량은 더욱 크게 얻을 수 있을 터이니, 도총 이공은 한층 더 두서44)를

---

43) 변상.

가리어 힘쓰셔야겠소.
이희저 네!
홍경래 이공! 신도(薪島) 혈실(穴室)45)의 주철은 얼마나 진섭46)되었소?
이희저 첫 계략대로 위선 거사에 필요한 돈은 부었소이다. 기병 후에라도 주전 역시 계속할 수 있을 것이니, 돈은 염려 없을 것이오.
홍경래 군사 훈련은?
우군칙 원시가 농부들의 오합지중 인질이 정예치 못한 데다가, 훈련 또한 부족하여 여간한 훈련이 없이는, 기병키 힘들 것이오.
김사용 비록 정예치는 못 하나 그 의기는 가히 충천하오며, 더욱이 각 대오마다 용장(勇將)이 달렸으니 틈이 버러지지는 않을가 하오.
홍경래 군사들의 의기가 능히 효용을 낳을 것이나, 또한 군사 훈련이 정예치 못함은 효용을 꺽을 수도 있는 일……
우군칙 지당한 말씀이오
홍경래 허니까 강계 지방의 산포수로 이루어진 압록강 연안의 원병을 반드시 청하여야 하며, 압록강 대안의 호병도 청하여 오지 않아서는 안될 것이오. 우공! 호병과 산포수대를 청하러 간 송지겸공들의 소식은 아직 없소?
우군칙 네! 잘해야 지금쯤 압록강 연안에 도달하였을 것이옵니다.
김사용 원병은 안주성에서 회동키로 된 것이오니, 다시 송공에게 전갈을 보내는 한편, 거사를 서들음이 옳을가 하오.
홍경래 원병의 정형을 몰으고는 기병하기가 힘들 것이오. 그 지도를 펴시오. (지도를 가르키며) 이 지대에서 이렇게 압록강 연안을 가로막아, 위선 관군이 청나라에 원병을 청하지 못 하도록 하며, 남북군이 각기 남북 향하야 먼저 북편을 무찌르고, 양군은 안주성에서 회동해야할 것이오. 그러자면 기필코 원군이 필요하오.
김사용 원군을 얻음에는 송공만 믿을 게 아니라, 군사를 일으켜 북향하여서 길을 열어 놓음이 더욱 수월할 것이오.
홍경래 그도 옳은 말씀! 그러면 부원수 김장군은 거사를 밝울데(바꿀데) 대한 의견을 말씀하시오
김사용 지금 걸인으로, 혹은 필묵행상으로 변장을 하고, 각처로 떠나간

---
44) 일의 차례나 짜임새.
45) 굴속에 만든 방.
46) 진척.

우리 군사들은 지방의 내응하는 동지들과 암호로 연락을 취하고
있다가, 명령만 내리면 각기 담당한 지방에서 일제히 기병하여,
그 지방을 점령하도록 만반 준비는 다 되었습니다. 그 점으로 각
처에서는 거사준비가 커다랗게 설비되고 있자와, 아무래도 관군에
게 염탐될 우려가 많사옵니다. 그러하오니 손자의 병법에도 적에
게 허실을 찔리으면, 한수 깔려드는 것이라 가르켜 있사옵거든,
충분타 할 수는 없으나 우리 준비도 둘레는 잡혔사오니, 기병 시
기를 자춰서 적의 허를 무질러, 선수를 듦이 득채47)일가 하오.

홍경래 그도 리를 찾은 말씀이오. 그러면 제공의 의견은 어떠하오?
일 동 기병함이 옳은 것이오.
우군칙 지금의 군사를 갖어서는 도저히 기병할 수는 없소이다.
이희저 원악(워낙) 차대지사48)임에 좀 더 신중히 함이 옳을가 하오.
홍경래 훈련이 부족함은 실전에서 보충할 수도 있는 일! 우장군, 급기야
일어서 봄이 어떠할고?
우군칙 홍장군! 간 밤에 꿈자리가 좋지 않소이다. 장군께서는 왼편 손에
검을 쥐고, 오른손에 활을 들어 현몽되었소. 이는 장군과 이번 기
병의 흉조를 아르킴이오니, 새해를 맞어 신수푸리를 한 다음, 기
병을 해야 맛당할 것이오.
일 동 (몹시 긴장되며 서로 얼골들만 바라본다)
김사용 한낫 꿈조각이 무서워 대사를 꺾겠소.
우군칙 천륜은 어길 수 없소.
홍경래 됐소. (벌떡 일어선다) 기병을 변상합시다.
일 동 네? (더욱 의아해 한다)
홍경래 실없는 꿈이오만 역시 길몽에는 틀림없소. 나는 본시 왼쪽 팔을
더 잘 쓰오.
일 동 네! (희안해 한다)
우군칙 그거 정말이오니까?
홍경래 생사를 같이 하면서 아직 그것도 모르시오. 저번 날 달려드는 산
돼지를 어느 팔로 찍었다고 생각하오.
김사용 정녕 왼쪽 팔이었소이다.
홍경래 과시 길몽이오. 허허 …… 자, 그러면 오는 20일에는 기병하기로

---

47) 득책, 좋은 계책.
48) 중차대지사의 오식인 듯.

　　　　　하오. 때를 얻은 거사요
우군칙　과시 때를 얻었소이다.
일　동　과시 옳으신 경륜이오.
홍경래　그러면 처음 작전대로, 제장은 군비를 서둘러 주오. 내가 남군을 맡아 우군칙공이 이에 따르게 하며, 북군은 부원수 김사용공이 영솔하여, 부군사 김창시공이 수행하오. 남군은 가산, 정주, 박천, 태천, 용성, 송림을 무찔러, 안주성까지 진격할 것이니, 북군은 부원수 김공이 변장을 하고 곽산에 대기하고 있다가, 20일 밤 야습을 하여 룡한산성을 빼앗은 후 선천을 진공하여, 다시 동림과 서림의 양 산성을 함락시키고, 철산까지 가서는 김창시공과 두 갈래로 나누어 양책과 용천을 동시에 공발하고, 다시 북상하여 의주를 무찔러 위선 북변의 환을 막으며, 특히 산포수대와 호병이 들어올 길을 열어 놓아야 하오.
　　　　연후에 다시 연락을 하여 평양성을 무찔으거든, 곧 부원수 김공이 압록강 연안으로 가서 송지렴공을 도와, 산포수대의 원병이 일각을 다투어 안주성으로 오도록 하시오.
김사용　과시 옳으신 책략입니다.
제　장　그대로 쫓겠소이다.
홍경래　그러면 부군사 김창시공이 각처에 파송된 군사들에게 이를 전갈하며, 김사용공은 북군에서 가장 호용한 장사 셋을 뽑아, 압록강 연안으로 밤을 도와 말을 달리게 하오.
양　장　네! (급히 퇴장)

　　　　멀리서 말 발굽소리 점차 가까워지며, 안주성 관군 막장 김대린, 이인배는 걸인을 포승지워 끌고 등장.

수위병　왠 놈이냐?
김대린　안주성 관군 막장 김대린 홍장군께 전갈해야 할 일이 있어 왔으니, 전갈하라.
수위병　무엇이 관군? (총을 댄다)
김대린　잠깐만 홍장군께 꼭 전갈해야 할 일이 있어 왔으니. 그리 전갈하라.
수위병　(안으로 올라 읍한다) 사령 아뢰오. 관군이 홍장군께 인섭[49]을

                청하옵니다.
우군칙   무엇이 관군? (칼자루를 잡는다) 당장 묶어서 가두어라.
일 동   (더욱이 놀래며 의아해 한다)
수위병   네! (나갈려고 한다)
홍경래   (생각에 잠겼다가) 잠깐 이리로 들도록 하라.
수위병   네!
우군칙   놈들이 어떤 일을 할는지 모를 일! 대원수께서는 친히 만나심을
        삼가야 옳을가 하오.
홍경래   괜찮소. 어서 들게 하라.
수위병   네! (관군을 안내하고 다시 나간다)
김대린   안주성 관군 막장 김대린 아뢰오. 소관들은 항상 관군이 부정하
        매 불만을 품고 있던 중, 덕이 높으신 홍장군께서 이번 슬기로운
        거사를 일으키심에 감복한 바 있어 찾어 왔사오니, 널리 통촉하소
        서.
이인배   관군 막장 이인배 아뢰오. 은덕이 높으신 홍장군의 은총을 바라
        마지 않나이다. (양 장 부복하여 머리를 쪼아린다)
홍경래   그 옆에 엎드린 거지는 누구인고?
김대린   황송하오. 평양 대동관 폭파의 사명을 띠고 파송되었든 홍장군의
        부하……
우군칙   무엇이 우리 군사가?
김대린   황송하오. (포승을 풀어준다)
우군칙   에잇. (칼을 뽑아 달려든다)
홍경래   멈추오.
군 사   이 몸을 죽여주오. (머리를 쪼아린다)
홍경래   어찌된 일인고? 연유를 낮낮이 말하여 보라.
군 사   이 몸을 죽여주오. 분부대로 12월 15일 야반을 기하여 대동관을
        화약으로 퍼파(폭파)시키고, 그 소동하는 틈을 타서 관가에 불을
        지르고 평양감사를 살해하려고 하였사오나, 공교롭게도 대동관에
        매장하였든 화약의 도화선이 우설수(雨雪水)에 젖어서 소정한 시
        각보다 늦어서, 이튿날 새벽에야 폭발되었사옵니다. 그러하오니
        불소동도 대단치 않사옵고, 또 다른 일도 수행할 여지가 없을 뿐
        아니오라, 저이들은 지금 이분들에게 잡힌 몸이 되고 말었나이다.

---

49) 인간적인 교섭을 의미하는 듯.

우군칙   그래 열 번 죽어도 비밀은 지켜야겠거늘, 우리 본영군을 적군에게 알으킴은 웬일인가?
군 사   이 분들이 소인들을 관가로 끌어가지 않고, 도리여 대원수 홍장군의 막하로 오기를 청하더이다. 그래 사실을 감추었으나 남은 동지들을 다시 기회를 보아 거사를 하도록 놓아주고, 소인만은 가산 고을까지 끌고 오기에 미련한 생각에 같이 들어왔나이다. 이 몸을 죽여주옵소서.
김대린   황송하오나, 장군의 군사에게 줄을 지워옴을 용서하옵소서. 하도 완강히 항거하옵고, 또한 보는 눈이 두려워 뜻 아닌 줄을 지웠나이다.
홍경래   그대들은 이곳 일을 어떻게 염탐하였든가?
김대린   장군의 군사가 가산 사람인 것과 가산 다복동에서 때 아닌 금점이 생겼다는 소식을 이르워……
홍경래   그대들 외에 이 일을 짐작하는 사람이 또 있는가?
김대린   없사옵니다.
홍경래   수고하였소. 물러가 편이 쉬어라.
군 사   황송하옵니다.
홍경래   그러면 그대들도 막사로 들어 쉬이시오.
김대린   소관들의 뜻을 용허하시옵니까50).
홍경래   고맙소. 의로운 일을 위해 영화를 버리고 오심에 애오라지 감사할 뿐이오.
김대린,이인배   황송하옵니다. (머리를 쪼아리고 군사에게 안내되어 퇴장.)
제 장   (몹시 놀란다)
우군칙   장군, 어떻게 하시는 처사이옵니까?
홍경래   그들은 이미 독안에 든 쥐. 그들이 진심으로 래투하여51) 준다면, 게서 더 좋은 일은 없을 것이고. 만일 흑심이 보이는 때에는, 한 칼에 베이면 그만일 것! 어떻소, 제공의 의견은?
제 장   지당하신 처사인가 하오.
홍경래   (자리를 일어나 난간에 나아가 소요한다) 대동관 모사는 크게 실패를 보았구려.
우군칙   오는 20일까지도 비밀을 지탱키 힘들기 하오.

---

50) 용허하다, 허락하여 너그럽게 받아들이다.
51) 來投하다, 와서 항복하다.

멀리서 말발굽소리 점차로 가차워지며, 군사 숨이 가뻐서 등장.

수위병 누구냐? (햇불을 들어 살핀다)
군 사 선천 군사 계정대 본영 지급히 전갈하오.
홍경래 웬일이냐?
군 사 아, 대원수 홍장군! (돌층계 앞으로가 부복한다) 선천군사 계정대 어제 아침 선천, 곽산, 박천 세 골의 모사는 고만 탈로되어, 동지들이 관가에 잡혀였나이다.
홍경래 무엇이, 잡혔다니. 그래, 그 뒷일은?
군 사 잡힌 동지들이 우리 일을 전부 토사52)하고 말었나이다.
홍경래 토사를 하다니 …… 급히 제장을 부르오.
우군칙 네! 사령, 장공들을 모셔 대령하라.
소 리 네!
우군칙 이 불칙스러운 놈들! (난간으로 달려나오며) 죽기로서 토사를 하다니.
군 사 관군이 뒤달린 듯하오니 선처하옵소서.
홍경래 막사로 들어가 쉬어라.
군 사 네! (퇴장)
홍경래 도총 군사들을 모으시고, 그리고 곧 출동될 수 있도록 만반준비를 갖추어 주시오.
이희저 네! (내퇴)

김사용, 김창시 황급히 등장.

우군칙 (그들을 맞으며) 큰 변고가 났소이다. 선천, 곽산, 박천 세 고을의 모사는 그만 탄로가 났다는구려.
김사용·김창시 세 고을이? (몹시 놀란다)
홍경래 (자리로 오며) 알겠소!
제 장 ……?
홍경래 (도리여 제 생각에만 골돌하면서) 부원수 김사용공의 의견은?
김사용 ……
홍경래 총군사 우군칙공?

---

52) 토설과 같은 뜻. 숨겼던 사실을 비로소 밝히어 말함.

우군칙   ……
홍경래   부군사 김창시공?
김창시   ……
이희저   (등장) 군사는 대오를 갖추어 출동되었소이다.
우군칙   길몽을 얻은 거사에 오늘 내일이 있겠소이까.
홍경래   길몽을 얻었으니 외로운 일은 아니요. 우리의 외로운 일은 관군 놈들을 그다지도 잡어 삼키지 못해 날뛰는 꼬락서니를 볼 때, 제장은 울화가 치밀지도 않소. (칼을 뽑아든다) 장부의 옳은 손에 칼을 들어 맹세하오. 나아갑시다. 백성들을 구함에 때를 찾고 곳을 가릴 것은 아니오.
제 장   옳소. 천하를 무찔러 나아갑시다. (칼을 뽑아든다)

멀리 가까이 소라소리 열 갈래 스무 갈래 서스로히 들려온다.

홍경래   때는 왔소. 오늘 미명을 기하여 거사를 할 것이오. 그러면 제장은 진공함에 있어 급격물실하여53), 오늘의 급작스러운 기병을 화전위복의 작전으로 나아가 주기 바라오.
제 장   명심하나이다.
홍경래   그러면 주안상을 들이게 하오.
우군칙   네. 사령, 주안상을 들이라.
소 리   네!

멀리서 군가 유창히 들려온다.

홍경래   김공! 북군은 이 길로 군사를 거느리고, 곽산 고을로 바삐 말을 달리어 변장하고 매복하였다가, 야습으로 능한산성을 점령하여 주시오.
김사용   네!
홍경래   김공! 산포수대의 원병을 얻는 걸 명심하여 주오.
김사용   명심하옵니다.
사 령   (술상을 들어 받친다)
홍경래   (상을 그대로 들고 서게 하야 친히 술을 따른다) 우공, 이 손을

---

53) 急擊勿失하다, 급하게 쳐서 때를 놓치지 말아야 하다.

　　　　　베여주오.
우군칙　(칼을 들어 손을 가벼이 베여준다)
홍경래　(잔에 피를 받는다) 우리는 이미 나라에 받친 몸! 도탄에 든 이
　　　　 나라 백성을 위하여, 피를 나누어 호반의 가슴에 서리인 맹세를
　　　　 가다듬는 것이오.
제　장　(따라 일어선다)

　　광장에는 멀리 가까이 호령소리 어지럽고, 군사들 반장들의 호령으로 대
　오를 지어 몰려든다. 총, 도, 창, 궁(弓) 등 무장을 갖추고 국기(國旗), 군
　기(軍旗), 대기(隊旗) 열을 따라 바람에 휘날린다. 이윽고 군사들의 소음
　은 어즈러웁고, 광장이 미여지게 대오를 느리워 몰려들어, 멀리 가까이
　어즈럽든 군가는 화창된다. 선두로 장사들이 느러서고, 그 앞으로 국기,
　남북대군기, 평서부원수기, 총부군사기 등이 배열된다.
　　안에서는 충성을 맹세하고 무운을 비는 절차가 의식을 갖추어 행진된다.
　부원수를 비롯하여 차례로 술을 마셔 맹세를 짓고. 부원수의 잔으로 홍장
　군이 끝으로 잔을 들자, 일동 칼을 뽑아 높이 들어 절차는 끝난다. 밖의
　소음으로 하여 말은 들리지 않는다. 밖에서 군가 하절이 끝날 무렵, 대원
　수단은 난간에 오른다.
　　군사들 환호한다. 막장의 호령으로 군례를 올리고, 칼을 뽑아 원수단은
　답례한다. (주 군복은 총히 청색이고, 계급은 흥배에 홍단(紅緞)을 부쳐
　구별하고, 관은 장관(將官)은 전립(戰笠), 또는 호피관(虎皮冠)을 썼으며,
　군사는 총히 홍건(紅巾)을 썼다)

홍경래　(칼을 꽂으며) 형제여! 인제 소향54)의 성부55)를 일고에 무찌를
　　　　 때는 왔소. (군사들 환호한다) 형제여! 지금 국정은 심히 탁란하
　　　　 여, 조정에는 당쟁의 폐습과 외척의 용사가 날로 심하여 가고, 간
　　　　 신적자들은 사리사복을 채우기에만 눈이 어두었고, 백성들은 도탄
　　　　 에 빠져 허덕이고 있소. (아우성 소리) 형제여! 그러면 도탄에 든
　　　　 백성들을 구하여, 우리나라로 하여 안주락토를 건설할 자 과시 그
　　　　 누구인가? 그것은 다른 아무도 아닌 형제들, 이 나라의 백성인 여
　　　　 러분의 두 어깨에 달린 것입니다. (다시 환호성) 형제여! 형제들
　　　　 은 고향에 굶주린 부모처자를 남기고 왔소. 그러면 그 부모형제를
　　　　 구하여내일 사람은 누구인가? 그것은 곧 여러분 형제들이오. (환

---

54) 所向, 향하여 가는 곳.
55) 城府.

호성) 형제여! 그러므로 사리사복에만 눈이 어두어 백성들을 도탄에 들게 한 간신적자의 무리를 무찌르고, 여러분의 부모처자를 구하고, 우리 동족이 안주락토할 기름진 땅을 얻을 때까지 우리는 싸웁시다.

군사들 　으아! (손에 무기를, 군기를 높이 들어 부르짖는다)

막.

제3막 1장 (진공(進攻))

무대

　　송림성 군영. 상수로 대청이 넓게 버러졌고, 하수로 담을 높이 쌓아 대문이 또한 육중하다.
　　하수 후측으로 뜰을 사이 두고 ㄱ자로 꺾이운 안채의 추녀가 정면 측면이 어울려 바라보인다. (전장에서 광실의 난간을 뜯고, 광장이 담, 대문, 안채 등을 가설한 차람이다,)

　　캄캄한 밤. 총소리, 고함소리, 아우성 등 소음이 어즈러우며 막이 올라, 촛불을 도두어 대청에는 군수 안절부절하고, 하수 담장 넘어로는 화광이 충천하고, 소음은 더욱 어즈럽다.
　　사이.

막　장　(급히 달러 들어와 읍한다) 원님께 아뢰오. 홍경래 대군은 드디어 남문을 깨틀었나이다.
군　수　남문을…… 우리 군사는 무엇을 하고 있는 게냐.
막　장　삼면은 포위되고, 인제 북문밖에 열린 곳이 없사오니, 일각을 다투어 빠져나감이 옳을까 하나이다.
군　수　엣기, 못난 놈들! 일개 역도의 무리를 물리치지 못 하드란 말인가.
막　장　황송하옵니다. 홍경래군은 가는 곳마다 백성들이 도와줌으로, 관군은 뜻하지 않는 실패를 보오며, 관군이 홍경래군으로 투신하는 자 또한 많사오이다.
군 수　백성들이 왜 그 도적놈들을 돕는단 말인고?
막 장　놈들은 백성들을 해치지 않을뿐더러, 가는 곳마다 창미56)를 열어 나누어 주는 등, 백성들을 헤아림이 극진하니까, 무지몽매한 백성들은 그 수단에 넘어 날뜀이라 들리옵니다.
군 수　안주성에서는 왜 아직 원군을 보내지 않는고?
막 장　아뢰옵기 황송하오나, 일단 후퇴하였다가 후일을 기함이 옳을가 하나이다.

　　　　살이 두 셋 고리를 물고 날러와 기둥에 박힌다.

군 수　그러면 안주성으로 퇴진하오.
막 장　네! (급히 퇴장)
군 수　(어쩔 줄 모르고 설레인다) 안에 아무도 없느냐.
사 령　(등장) 불러 게시옵니까.
군 수　창감57)을 부르라.
사 령　네! (내퇴)
창 감　(급히 등장) 창감 이도영, 대령하였나이다.
군 수　곡간에 든 물건은 북문으로 실어 내도록 하오.
창 감　네! (퇴장하려고 한다)
군 수　잠깐! 곡간에는 무엇무엇 있는지 일러 보오.
창 감　백미 2만석, 전대는 만량, 꾸리가 서른이 토리옵고58), 청나라 비단이 백공단, 흑공단, 당공단, 법단, 모번단……

　　　　탄환이 폭발되는 소리 요란스러우며, 안채에 불이 일어난다. 군수의 처첩들, 몸종들 '불이야', '불이야', '대감 마님' '대감 마님' 등등 아우성들 치며, 상하수로 수십 명의 여인군이 혹은 옷을 입으며, 혹은 머리를 흐트린 채로 밀려 나온다.

군 수　(그만 여인들에게 당황하며) 빠져 나가라.
여인들　대감마님…… 불이야…… (어쩔 줄 모르고 대청으로 마당으로 맴

---

56) 倉米, 쌀 창고에 저장하던 쌀.
57) 倉監, 조선 후기에, 유향소에 둔 향원(鄕員).
58) 뜻을 알 수 없음.

　　　　도리한다)
군　수　북문으로, 북문으로 빠져 나가라.
여인들　대감마님 …… 불이야
창　감　명주, 필묵, 약재, 놋기병……
군　수　북문으로 나가라! 창감은 왜 물건을 실리지 않는가.
창　감　네, 네! (허겁지겁 퇴장하려고 한다)
군　수　창감 쌀뎀이에는 불을 찌르라.
창　감　네! (퇴장)

　　탄환이 날러와 폭발되며, 무대는 캄캄하여진다. 밖에서 급작스러이 고함소리 요란스러우며, 홍경래군이 관군을 밀고 와- 소리를 지르며 달려든다. 총성, 어즈러이 날르는 불꽃, 비명 등 무대는 한동안 어즈럽다가 소음은 점차로 후퇴되며, 이번엔 햇불들이 어즈러이 나들어 스산스럽다. 이윽고 '군수는 반드시 사로잡으라'는 호령을 내리우는 홍이팔의 얼골이 나타났다가 사라지기도 한다.
　　사이.
　　이윽고 무대는 고요하여지며, 안채가 타는 화광에 얼른거리는 그림자를 또 한 그림자가 더듬다가 칼을 들어 친다. 한 그림자는 비명을 지르고 쓰러진다.

홍이팔　(군사에게 햇불을 들리워 지나다가 고함친다) 누구냐?
농　부　이 몸을 죽여주오.
홍이팔　(햇불을 들어 밝히게 한다. 엎드린 농부와 군수의 시체를 살피며) 웬 놈이냐?
농　부　죽여주오. 아비의 원수 군수놈을 이 손으로 하수하였나이다[59].
홍이팔　얼골을 들라. (얼골을 살피며) 농사일을 하는가?
농　부　네! 철천지 한을 풀어 인제 죽어 여한이 없나이다. 대사를 그릇친 죄인을 죽여주오.
홍이팔　그 기개 장하다. 물러가라.
농　부　황송합니다. (머리를 쪼아려 퇴장)

　　밖에서 소라[60] 소리, 유량이[61] 올으고, 환호성이 높이 오른다.

---

[59] 下手하다, 손을 대어 사람을 죽이다.
[60] 소라의 껍데기로 만든 옛 군악기인 나각을 말함.
[61] 유량하다, 음악 소리가 맑으며 또렷하다.

군 사 (등장) 평서대원수 홍장군께서 납시오.
홍이팔 선봉장 홍이팔, 송림성은 완전히 점령되었나이다.
홍경래 수고하였소.
홍이팔 본영을 말끔이 가시여 '요로대관62)들은 죄다 붓들어 하옥시켰사오나, 정작 사로잡어야 할 군수는 미처 불찰하와, 원을 품었든 농부에게 하수되었나이다.
홍경래 군수 죽었음이 확실한가.
홍이팔 네, 시신이 여기 있사옵니다.
홍경래 (살피고 나서) 물러가라.
홍이팔 네! 시신을 내어가라.
군 사 네! (시체를 들고 나간다)
김택연 (말굽소리 요란스러우며, 이윽고 급히 등장) 북진일로(北進一路) 김택연 북문으로 퇴각하는 관군을 성밖에 매복하였다가, 일거에 무찔러 몰살시켰나이다.
홍경래 수고하였소. 이로서 송림성 또한 장중에 들었으니, 각기 성을 잘 지켜 쉬이도록 하오.
일 동 네!
홍경래 그리고 관속배들을 문초하여, 놈들의 죄상과 관군의 동정을 염탐하며, 곡간을 열어 백성들에게 베풀고, 군사들에게도 술을 내어 피로를 풀도록 하오. 그러되 북변의 견성 안주성을 지척에 두었으니, 과음은 금하며 파수를 엄중히 하오.
일 동 네!
홍이팔 홍장군, 이길로 안주성까지 드려침이 어떠하리까? 군사를 일으킨지 불과 닷새 동안에 가산, 정주, 박천, 귀성, 태천, 송림을 파죽의 세로 무찔렀사옵거든, 인제 여세를 몰아 안주성까지 진공함이 군사들의 함기에도 크게 도움이 될가 하나이다.
홍경래 북군의 기별을 모르고는 섯불리 진공할 수 없소. 더욱이 안주성은 청천강을 가로놓아 북변의 견성임을 자랑하는 적군의 본영이오.
홍이팔 그러하옵기 지금 안주성이 비인 틈을 타서……
홍경래 물러가오. 북군의 소식이 있는 대로 다시 분부가 있을 것이니, 그리 아오.

---

62) 영향력이 있는 중요한 자리나 지위에 있는 사람과 높은 벼슬아치.

일 동   네! (퇴장)
홍경래   내실로 인도하라.
호위병   네! (상수 내실로 홍을 인도하여 퇴장)

　　　　무대 공허. 이윽고 동녘이 터온다

우군칙   (정시를 비롯한 관속배들을 포승지워 군사들에게 앞세우고 등장.)
군 사   부군사 우장군, 대령하였나이다.
홍경래   (등장) 우장군, 수고하였소.
우군칙   선봉을 맡은 홍장군이야말로 수고하셨소이다. 가산, 정주, 박천, 귀성, 태천, 5군은 우리 군사로 잘 수비되었삽고, 민심은 진무되어63) 창미를 열어 백성들은 즐거웁소이다.
홍경래   수고하였소. 어서 오르시오. (우의 손길을 잡어 대청으로 올린다)
우군칙   (올라가 앉으며) 홍장군! 백성들을 우매하게만 생각했든 내가 부끄럽소. 우리 군사가 들어가기만 하면 백성들은 돌팔매를 처서라도 관군 놈들을 해치우고, 심지어 부녀자들까지도 물을 길어준다, 밥을 지어준다, 정말 신명을 받쳐 돕는구려.
홍경래   우장군, 우리의 어깨가 너무도 무겁구려. 백성의 복낙은 우리 손에 달린 것……
우군칙   백성들의 기개 능히 하늘을 찌를 것이오. 참 요직대관들은 묶어 대령하였소이다. (군사에게) 놈들을 이 앞으로 꿀어 앉치라.
군 사   네! (정시들을 대령한다)
우군칙   네 이 정가 놈, 고개를 들라.
정 시   황송하오이다.
우군칙   무지몽매하고 더럽기 짝이 없는 백성들을 무엇에 비할 것인가. 네놈이 정사에 있을 때 말버릇대로 아뢰여 보라.
정 시   황송하오이다. 죄 많은 소관이 슬기로운 백성들의 일을 감히 입에 올릴 수 있사오리까.
우군칙   슬기로운 백성?……
정 시   우로 받들 줄만 알었고, 아래로 살필 줄은 몰랐든 소관의 죄는 만 번 죽어 마땅하오이다.

---

63) 안정되고 어루만져져 달래지다.

우군칙　엣기, 두더지 같은 인생!
정　시　네? (놀라서 올려다본다)
우군칙　가까이 보라. 청룡사 주지 우군칙!
정　시　대사!
우군칙　두더쥐 같은 인생이라! 하하……
정　시　대감! 소관의 죄를 굽어 살피옵소서.
우군칙　엣기, 더러운 것! 그 추상같은 호령은 어디로 갔든고?
정　시　대감께서 높으신 은덕을 베푸시기만 바라옵니다. (더욱 머리를 쪼아린다)
우군칙　나는 네놈의 말대로 두더쥐 같은 인생이로다. 그러면은 두더쥐 앞에 목숨을 비는 네놈의 꼬락서니는 과시 무엇에 비할 것인가.
정　시　대감, 통촉하옵소서.
우군칙　이놈을 끌어다 하옥시키라.
군　사　네! (정시들을 끌어 일으킨다)
정　시　대감, 대감…… (허덕이며 퇴장)

막.

제3막 2장

무대
　　1장으로부터 수 일후! 어즈럽든 무대는 말끔이 가시이고 한낮의 양광(陽光)이 화창하다.
　　막이 열리면 뜰에는 군사들 원을 그려 둘러 앉어 씨름에 흥겹고, 성민들 쌀자루를 이고 지고 뒤뜰에서 대문으로 분주히 왕래한다. 씨름판에서는 씨름이 한판 넘어가며 대소(大笑). 밖에서 막이 시작된다. 진 군사가 물러나자, 다른 군사 달려든다.

군　사　자, 달려들어. 달려들어.
이긴군사　가만 숨이나 좀 돌리세그려.
여　인　(김택연에게로 오며) 정말 얼마나 고마운지 모르겠소웨다. 쌀을 이렇게나 놓아주니, 정말 우리는 죽을 걸 살어납네다.

김택연 고마울 게 있습니까. 이게 다 백성들이 지은 쌀인 걸요.
여 인 그래도 관가에서야 그런 걸 알아주었나요.
김택연 관가에서 나쁜 짓을 해왔습죠.
여 인 정말 이 은혜는 무얼로 갚어야 할지…… 홍장군님께 감사하다구 여쭈어 주시우.
김택연 네.
여 인 글세, 연 3년 재앙이 돌면, 홍성64) 쓰시는 어른이 나와서 백성들을 구하리라구 하드니, 홍장수님이 바로 우리를 구해 주셨다니까요. 헤헤헤…… 그럼 홍장수님께 인사나 여쭈어 주시우.
김택연 네!
여 인 (쌀자루로 가서 니고 갈 차비를 하는데, 마침 경장(輕裝)을 산뜻하게 차리고 나오는 홍경래에게) 쌀자루 좀 니어주시우.
홍경래 네! (쌀자루를 냉큼 들어 니워준다)
여 인 (퇴장)

씨름판에서는 또 씨름이 어울려 한동안 겨루다가 승패가 난다.

홍경래 (씨름판으로 가며) 자, 오늘도 나를 이길 사람이 없소?
군 사 (이긴 군사에게) 이번엔 홍장군일세. 어디 대들어 봐.
이긴군사 어렴있나. 안 됩니다, 안 돼요. (어름어름 물러난다)
홍경래 자, 대들어. 그래, 오늘도 날 이길 사람이 없단 말인가? 자, 누구든지 대들어.
군 사 (불쑥 나선다) 자, 한배지개65).
홍경래 옳지, 대들어. (서로 틀어쥔다) 오늘은 자신이 있나.
군 사 오늘은 만만히 봤단 좀 힘들 걸요. (이윽고 씨름은 어루어진다)

한동안 승패를 겨루어 으르렁거리고 돌아간다. 군사들 '씨름장군', '씨름장군'을 외우며 군사의 편들을 든다. 이윽고 홍경래 보기좋게 넘어간다. 군사들 '으아' 하고 환호가 오르며, '씨름장군', '씨름장군'을 높여 군사를 추켜준다.

홍경래 (털고 일어나) 창졸간에 이 무슨 망신이람. 허허…… 하루사이에

---
64) 洪姓.
65) 汗背, 등에 땀을 흘리다.

　　　　　　씨름이 부쩍 늘었는데 그래.
이긴군사　미안합니다.
군사들　(웃음이 터진다)
김택연　이놈의 별호가 씨름장군입니다.
홍경래　훌륭한 장사일세. 허, 오늘은 크게 실수를 했군. 허허……
군사들　(유쾌하게 따라 웃는다)

　　　소라 소리 들려온다.

군사들　('점심이다' 소리치며 뒤뜰로 달려 들어간다)
여　인　(대문 안으로 들어오며 제일 뒤떨어져 들어가는 군사에게) 여보세요. 여기서 쌀을 줍니까?
군　사　네! 강섯집 아주머니 아니예요.
여　인　아이구머니나, 이게 누군가!
군　사　아주머니, 안녕하셨습니까.
여　인　이거 몰라보게 됐네 그려. (군장을 더듬어 보며) 자네가 이렇게 훌륭하게 될 줄이야……
군　사　그동안 고생들 하셨습니다.
여　인　그래, 집에는 가보았나.
군　사　네!
여　인　어머님께서는 얼마나 반가워 할지 모르겠네. 자네가 떠난 간 후로는 소식이 없어서, 꼭 죽은 게라구 날마다 걱정을 하더니……
군　사　인제 우리 백성들도 마음 편히 살 날이 올 것입니다.
여　인　글세, 홍장수님께서는 쌀을 다 나누어 주시니, 이 얼마나 고마운 일인가. 관가에도 그런 어른들이 계셔주었으면 좀 좋겠나.
군　사　인제 머지 않아서 그렇게 됩니다.
여　인　에이구나, 조곰치두 농사꾼 티가 안 나네 그려. (홀린 듯이 더듬는다)
군　사　이 싸움이 끝나면 또 농사를 지어야죠. 마음 놓고 농사지어 살 수 있는 이 우리내의 소망이 아닙니까.
여　인　정말 홍장수로 해서 우리는 살았네. 지난 날을 생각하면……
군　사　올해는 눈이 많이 오는 폼이 풍년이 들겠군요.
여　인　올해야 풍년이 들어야지. 관가에서두 모두 다 쫓겨나구, 올해야

         지어만 놓으면 내꺼 아닌가.
군 사 들어가서 쌀을 받으십시오. (양인 퇴장)
         잠간 사이.
         밖에서 사람들 떠드는 소리 들려오면서, 송림군수의 처첩 3인 군사에게
         끌려 들어오고, 달려드는 군중을 밀어내며 대문을 닫는다.

김택연 군사, 웨 이리 소란하오?
군 사 백성들은 이 여인들을 내여 놓으라 아우성입니다.
김택연 제 집으로 돌아가라 놓아 주었거든, 왜 돌아 왔는가?
처, 첩 (읍한다) 널리 살피소서.
군 사 원의 저 첩년들을 살려 둘 수는 없다고, 백성들은 아우성입니다.
김택연 고현 것들! 백성들을 얼마나 괴롭혔기에, 인제 이 꼴들인가.
처, 첩 널리 살피소서.

         밖에서 떠드는 소리 다시 들린다.

김택연 엣기, 박살할 것들! 끌어다 하옥시켜라.
처, 첩 살려 주옵소서.
군 사 (여인들을 끄집어 일으킨다)
처, 첩 살려 주옵소서.
김택연 백성들의 고혈을 짜서 피등피등해진 그 드러운 몸덩어리는 능지
         처참을 해서 마땅하리라.
처, 첩 살려 주옵소서.
군 사 앞서지 못 할가. (여인들을 이끌어 앞세운다)
홍경래 (여인들을 가로 막으며 등장) 이 여인들은 왜 다시 돌아왔는가?
김택연 백성들은 이 드러운 몸덩어리들마저 죽여주옵기 소망이옵니다.
처, 첩 장군께서는 너그러이 살펴 주옵소서.
김택연 능지처참을 해서 마땅하리다.
홍경래 청천강을 건너서 안주성으로 들어가도록 호위하여 주라.
김택연 홍장군!
홍경래 어서 분부대로 하라.
군 사 네!
처, 첩 황송하옵니다. (군사에게 이끌려 퇴장)
홍경래 (유유히 자리로 오른다)

김택연   장군께서는 너무도 관대한 처사인가 하옵니다.
홍경래   심대감이 역적도모를 하였다면, 그 딸 심랑에게 무슨 죄가 있을고?
김택연   네?
홍경래   어즈러운 싸움터이니, 어느새 심랑의 일을 잊었구려. 허허……
김택연   그와는 사정이 판이하옵니다.
홍경래   죄인이라 그 오족을 멸하는 처사 옳지 아니하오.
김택연   과시 감복하옵니다.
홍경래   김생! 인제 싸움에는 자신이 생겼소.
김택연   네! 지난날이 부끄럽소이다.
홍경래   허허…… 과거에 장원급제하여 높이 벼슬에 오르시라는 꿈! 허허…… 김생도 인제 훌륭한 토반66)이 되었소.
김택연   부끄럽소이다.
홍경래   때때로 꿈속에라도 심랑을 만나겠구려.
김택연   제게는 오직 싸움 있을 뿐입니다. (눈물이 어린다)
홍경래   미상불 외로운 일이오.

   그동안 아까 들어가는 여인이며 성민들 쌀자루를 이고 지고 퇴장.
   말발굽소리 요란스러우며, 홍이팔 급히 등장.

홍이팔   선봉장 홍이팔! 전갈하오. 안주성에는 급작스러이 관군의 움직임이 어즈럽사온대, 이는 어젯밤 5진영(鎭營)67) 군사들이 안주성으로 합세를 할 것이라 정탐군사의 전갈이옵니다.
홍경래   무엇이? 오진영 군사가 어제 저녁에야 합세를 하다니? 부군사 우장군의 전갈은 벌써 사흘 전에 합세 되었다 하였거든, 어는 것이 옳은 염탐인가?
홍이팔   산봉에 오르면, 관군의 움직임이 눈 아래 바라보이나이다.
홍경래   우장군을 부르라.
군 사   네! (내퇴)
홍이팔   더욱이 관군에서는 병사 이해승, 목사 조경영들로 하여 관하 제

---

66) 土班, 여러 대를 이어서 그 지방에서 붙박이로 사는 양반.
67) 조선 시대에, 각 도의 감영(監營)이나 병영(兵營), 수영(水營)의 관할하에 군사적으로 중요한 지점에 둔 군영.

군을 모으게 움직이고 있는 양으로 보아, 안주성을 방비함에 끌이는 게 아니라, 자칫 일대 공세로 나올 징후가 보이나이다.

홍경래 아뿔사! 때를 놓쳤구나.
우군칙 (등장) 부르셨소이까.
홍경래 오진영 군사가 어젯밤에 합세를 하였다니, 웬일이오?
우군칙 그렇지 않소. 염탐군사를 밤마다 보내었거든, 그동안 안주성이 비어 있을 리 없소.
홍이팔 안주성은 그동안 비어 있었소. 관군에서 온 김대린들의 말을 믿어야 할 것이었소.
우군칙 그들의 말만을 믿어서 옳은 것일까.
홍경래 관군은 병사 이해승이 영솔하고 있다니, 잘해야 어제나 합세를 하였을 것이오.
우군칙 이해승이?
홍이팔 산봉에 올라보시오. 지금 관군은 공세로 나올 듯 왕성이 움직이고 있소.
우군칙 그러면 내 계략이 그릇되었든가? (커다란 실망에서 허위적인다)
홍이팔 언제라도 북군을 기다릴 게 없이 일거에 안주성을 몰아치고, 단숨에 평양성까지 무찔러 나아감이 옳을가 하오.
홍경래 커다란 실책이오. 북군과의 연락이 뜻하지 않게 늦은 것도 뼈아픈 일거든…… 안주성까지는 나아가야 할 것이오.
홍이팔 장군! 지금에라도……
우군칙 이미 늦은 일이니, 북군을 기다림이 옳을가 하오.
홍경래 (결연히) 제장은 곧 출군 준비를 하여 주오.
양장(兩將) 네!
홍경래 안주성을 무찔르느냐, 송림성이 먹히우느냐는 청천강을 먼저 건너는 편에 달렸소. 서진(西陣), 남진, 북진, 3로로 강을 건느되, 선견대를 앞세워 적의 허실을 찔러 건너도록 하오.
양 장 네! (나갈려고 한다)

　　말 발굽소리 요란스러우며, 김대린 이인배 급히 등장.

김대린 서진(西陣)일로(一路) 김대린 전갈하오. 관군은 청천강 상류로 도강한 듯 서원을 격하기 10리 허에 있나이다.

홍경래 (일동 몹시 놀란다) 벌서 관군이 강을 건넜다.
김대린 선견대인 듯 대단치는 안사옵니다. 구진영 군사가 합세를 하였다고는 하오나, 군세가 대단치는 안사오니, 인제라도 강을 건너 급격물실68) 속전즉결69)함이 상책일가 하나이다. 인제도 시일을 천국하면 관군에서는 경영병(京營兵)을 마지하여 군세를 북돋을 기회를 얻게 되는 것이니, 장군의 호령이 내리기만 아뢰오.
홍경래 이미 때는 늦소. 각진 방비는 튼튼하오?
일 동 네!
홍경래 특히 남진에 군사를 모으시오. 서진으로 선견대를 보냈을 때는, 필시 남진으로 대기하여 강을 건널 것이오.
김대린 아직 그럴 차비는 못 되었을가 하옵니다.
홍경래 곧 나아가 방비를 튼튼히 하여 주오.
일 동 네!

　　멀리서 총소리 고함소리 등이 들려온다. 멀리 가까이 소라 소리 오른다.

일 동 (놀라서 귀를 기울인다)
이인배 (저편으로 가 살피며) 남진인가 하옵니다.
홍경래 관군은 벌서 강을 건너지 않었소?

　　일동 긴장한 침묵이 흐른다. 이윽고 말발굽소리 가까워지며 군사 급히 등장.

군 사 남진군사 전갈하오. 관군은 3로로 분하여 청천강으로 건너 송림성에 박도하였나이다.
일 동 (몹시 놀란다)
군 사 이에 우리 진에서는 윤후검, 변대언 양소유 진이 각기 막어 싸우고 있사오며, 홍이팔 진이 후방에서 독전하고 있나이다.
홍경래 관군의 군세는?
군 사 네, 1,000을 가까이 세이옵니다. 이는 선견대인 듯 후방이 두려올가 하나이다.

---

68) 急擊勿失, 급하게 쳐서 때를 놓치지 말아야 함
69) 速戰卽決, 싸움을 오래 끌지 아니하고 빨리 몰아쳐 이기고 짐을 결정함

홍경래 (눈을 감어 생각한다)
김대린 장군! 서북진을 합세하여 적을 일거에 무찌름이 어떠하릿가.
이인배 구진영 군사가 가세를 올리기 전에 무찔러 버림이 특책일가 하나이다.
홍경래 (이윽고) 제공은 각기 서북진을 굳게 지키시오. 그리고 남군 각 진은 후퇴함이 없이 적군을 막어 싸우며, 홍이팔공 진은 위선 후방에서 독전을 하되, 자군 전세를 알리도록 하오.
일 동 네! (급히 퇴장)

김대린, 이인배 그대로 머뭇거리고 섰다.

홍경래 제공은 미안함이 있소
양 장 아, 아니옵니다. (물러난다)
홍경래 남진의 전세는 우려할 것 없소. 군사의 동요함이 없도록 하여 각기 진을 굳게 .(내퇴)
양 장 네! (한동안 무거운 침묵에 눌렸다가 시선이 마주친다)
이인배 이 일을 어떻게 하면 좋소. 관군은 공세로 나왔구려 .
김대린 구진영 군사가 합세를 하였으니, 공세로 나올 것은 정한 일이오.
이인배 큰일났소. 홍경래군이 오진영 전군을 막어낼 수는 없을 게요.
김대린 북군이 오면 되지.
이인배 벌서 때는 늦었소. 싸움은 눈앞에 벌어졌는데, 어느 하가70)에 북군을 기다린단 말이오.
김대린 단숨에 안주성까지 밀어내야 하는 건데. 이건 꼭 부군사 우장군이 반대를 하여 성사가 늦었소.
이인배 우리가 경솔한 짓을 했소. 관군에 있을 게지, 이까짓 홍경래군엔 왜 왔단 말이오.
김대린 인제 후회는 무엇하오.
이인배 그러게 내가 처음 뭐라고 그랬소. 대세를 좀 더 관망해서 거취를 결단하자고. 그러는데 김공이 서둘러서 투항을 해오고는, 인제 이 꼴이니……
김대린 과히 심려마오. 관군이 공세로 나왔다고 해서, 당장 홍경래군이 패전을 한 건 아니니까.

---
70) 何暇, 어느 겨를.

이인배   패전만 하고 보면 벌써 우리들의 운명은 돌이킬 수 없소. 역적 능지처참 알지요. 이놈의 목이……

김대린   그 경망한 소리 삼가오. 싸움마당의 일승일패는 호반의 상사71)요.

이인배   홍장군은 관상이 틀렸소. 인당(印堂)72)은 넓은데 하관73)이 너무 빠르거든. 아무래도 관대를 둘은 위인은 못돼. 흥, 입신공명을 하자구 변절을 했다가, 역적으로 몰려 죽다니……

김대린   순무영(巡撫營)74) 본군이 온다고 해서, 곧 패전하리라고 생각지는 마오. 홍장군은 도탄에 든 백성들을 정예병으로 거느리고 있는 것이오.

이인배   흥, 전승을 하니까 말이지. 한번 물러만 보우. 오합지중이란 쥐구멍을 찾노라고 야단들일 테니……

김대린   사람의 흥망이야 하늘이 아는 것! 어찌됐든 힘껏 싸워나 봅시다그려.

이인배   안 되오. 이대로 있다가 개주검을 할 수 없소.

김대린   그러니 어떻게 하면 좋단 말이오.

이인배   (주저하다가 결연히 김에게로 가서 한동안 귓속한다)

김대린   (펄쩍 뛰며 놀란다) 그야, 안 될 말이오.

이인배   그럼 개주검을 해야 옳단 말이오?

김대린   죽이기는 아까운 사람이야. 썩어빠진 이 나라의 사직을 능히 바로 ***은 홍장군뿐이야!

이인배   쓸데없는 생각말구, 녀석의 목을 짤러 가지고 안주성으로 돌아가서, 장공속죄(將功贖罪)75)를 하는 밖에 우리가 살아날 길은 없소.

김대린   쉬, 여기가 어디라구…… 진영으로 나갑시다. (양인 퇴장)

      총소리, 함성 등 더욱 높다. 말발굽소리 요란스러우며 군사 급등장.

군사(軍使)   북군 군사가 대령하였나이다.

군사(軍士)   (등장) 무엇이오.

---

71) 군인들에게는 늘상 있는 일.
72) 관상에서 양쪽 눈썹 사이를 이르는 말. 이것이 넓으면 소년등과를 한다고 함.
73) 下觀, 광대뼈를 중심으로 얼굴의 아래쪽 턱 부분.
74) 조선 시대에 반란과 전시의 군무를 맡아보던 임시 벼슬인 순무사가 임시로 거느린 진영.
75) 죄지은 사람이 공을 세워 그 대가로 죄를 면함.

군 사   북군 군사, 홍장군께 전갈이 있소.
군 사   (퇴장)
홍경래   (이윽고 퇴장76)) 오, 북군 김장군의 사자인가. 그래 북군의 전세는?
군 사   북군 김장군께서는 지난 18일 곽산고을을 야습으로 무찌르고 능한산성을 빼앗은 후 선천을 진공하고, 이어서 동림과 서림 양 산성을 함락시키고, 철산을 구비 돌아 양책을 공격하고, 용천읍을 점령한 다음, 다시 북상하여 의주성을 무질렀나이다.
홍경래   장하시고- 그런데 산포수대의 원병은?
군 사   의주성을 차지하는 길로 부군사 김창시장군께서 압록강 연안으로 떠났사옵니다. 부원수 김사용장군의 서장을 올리나이다. (서장을 받드린다)
홍경래   (받아들며) 과연 나는 새로군! 북군의 영화 기리할진저! (읽기를 마치고 생각에 잠겼다가, 상으로 가서 답신을 써서 군사에게 전한다) 급히 김장군께 전하라.
군 사   (받으며) 네! (읍하고 급히 퇴장. 말굽소리 사라진다)
홍경래   북변의 화는 막았도다. 인제 산포수대와 호병만이 오면, 오직 성부를 향한 한가닥일뿐이로다.
군사(軍使) (말굽소리 요란스러우며 급히 등장) 군사 아뢰오. 남진 삼로 변대언 진이 무너졌나이다.
홍경래   무엇이?
군 사   네!
홍경래   홍이팔공을 급히 대령하도록 하라.
군 사   네! (급히 퇴장, 사라지는 말발굽소리)
홍경래   (한동안 전세에 귀를 귀우리다가 내퇴)

　　이인배 김대린 발소리를 쥐어 슬며시 등장. 사위를 살피며 조심스러히 대청에 오른다. 다시 사위를 살피고 나서 서로 눈짓을 하고는, 일제히 칼을 뽑아들고 내실로 기여든다.

　　소음만이 어스러운 긴 사이
　　이윽고 내실에서 비명이 울으며, 이어서 김대린 이인배 차례로 달려나온

---

76) 내용상 등장이 맞음.

다. 뒤따라서 관을 벗겨지고 핏발이 낭자한 홍경래 날세게 달려나와 이인배를 베인다. 이때 밖에서 말굽소리 요란스러우며, 홍이팔 달려들어 김대린을 섭수 있게77) 베인다.

홍이팔　에잇, 간악한 놈! (발길로 밀어버린다)
우군칙　(황황히 달려나온다) 장군!
홍경래　장군! (우와 동시에 읍한다)
홍경래　경상이오. (수건으로 이마의 상처를 막는다)
우군칙　들어가 누으서이다.
홍경래　제공, 북군은 의주성을 무찔렀소.
우군칙,홍이팔　(일동에) 벌써 의주성을?
홍경래　이 송림전을 어떻게 하면 좋겠소.
우군칙　안되옵니다. 홍장군의 불상시78)는 엄비79)에 붙이며, 상처가 완쾌하기까지는 군사를 일으킬 수 없소이다.
홍경래　그러면 정주성으로 후퇴하오.
우군칙,홍이팔　네! (읍한다)

막.

제4막 역사(歷史)

무대
　　정주성 동북향인 서장대에 자리잡은 산루(山樓). 상수로 댓돌을 높이 쌓아 본전이 정좌하고, 상수 후측 마당을 본전에서 구비 돌아 고층 거루(巨樓)가 높이 솟았다. 그 뒤로는 멀리 성벽이 감돌앗고, 하수편으로 북문이 바라보인다. 본전에는 난간을 두어 상하수와 실내로 통하게 되고, 그 앞으로는 넓은 마당! 마당에는 고목이 몇그루 서고, 하수로 넓게 마당을 사이 두어 감돌아 온 성벽이 지척에 보인다. 홍경래군이 전장(前場)에서 정주성에 농성(籠城) 약 4개월 후. 인제 만경(滿景)은 생기롭게 푸르는 익년

---

77) 솜씨 있게. 섭수, 수단의 평안도 방언.
78) 불상사의 오식인 듯.
79) 엄비의 오식인 듯. 嚴秘, 매우 굳게 지켜야 할 비밀.

(翌年) 4월 중순!

해질 무렵 난간에는 홍경래, 우군칙, 이희저 등이 앉고, 댓돌에 막장들이 나란이 서고, 마당에 군사들은 널려 앉아, 풍악도 유랑히 가무가 슬겁다80). 요란스러운 군가 한동안 들려오다가 막이 오르면, 군사들 합창에 맞초아 춤이 흥겨웁다.
이윽고 살이 날려와 기둥에 박힌다.
일동 놀라서 가무가 끊지고 군사 급히 달려가 종의쪽이 달린 살을 뽑아 홍에게 받드린다.

홍경래 　(받으며) 가무를 계속하라.

　　　　군사들 가무를 계속한다.

홍경래 　(살에서 종의쪼각을 뽑아 펴보고는 아무렇게나 꾸겨 버리고, 다시 가무에 흥겨워한다)

　　　　소라 소리 들려온다. 이 동안 가무는 절(節)을 맺어 끝난다.

우군칙 　(그동안 초조하여 안절부절하고 앉았다가 홍에게 닥어든다) 장군, 저녁시간이옵니다.
홍경래 　진정 군사들은 즐거웁구려.
우군칙 　(일어서며) 오늘은 심히 유쾌한 놀이였도다. 인제 저녁 시각이니, 각기 대오로 물러 가라.

　　　　멀리 가까이 반장의 호령이 올라 군사들 취립하여81) 예를 올리고 열을 지어 퇴장! 뒤이어서 악공들 악기를 거두어 퇴장하려고 한다.

홍경래 　자리는 그대로 두라.
악　공 　네! (악공들 예하고 퇴장)
우군칙 　(군사들이 사라지기를 초조히 기다리고 섰다가 급히 닥어온다) 장군! 군에서 온 글발은?

―――――――――――
80) 집이나 세간 따위가 겉으로 보기보다는 속이 꽤 너르다. 혹은 마음씨가 너그럽고 미덥다.
81) 취립(聚立)하다, 여러 사람이 한데 모여 서다.

홍경래   놈들은 항복을 하라는구려. 인제 항복을 하면 역모를 한 죄가 가벼우려니와, 이에 응치 않는 때는 최후의 공격을 하리라 위협을 해왔소.

우군칙   장군, 당장 성문을 열어 마즈막 승패를 겨름이 마땅할까 하오.

홍경래   오늘이 결전을 버릴 때는 아니오.

우군칙   송림에서 패전한 우리 군사는 정주성으로 후퇴하여 농성한 지 벌써 넉달! 인제 군량은 떨어지고 우물마저 말러버려, 게다가 성중에는 모진 병까지 돌아 군사들의 사기는 꺽이우고 피로하였소. 장군! 아직도 소식이 없는 북군을 믿을 바도 못되는 일! 그래 무엇을 기다려 예서 더 멀미82)를 하야 하오.

홍경래   승산이 없이는 싸홈은 일으킬 수 없소. 물론 아직도 소식이 없는 북군이 믿어워 지지는 않으나, 좋은 계략이 만들어 질 때를 기다려 봅시다.

우군칙   차라리 승패는 뒤에 두고 장부의 의기를 다하여 한껏 싸워보고 싶소이다.

홍경래   백성들을 헛되이 마시오. 만약 북군과의 연락이 된다면 적군과 당당히 결전을 겨루려니와, 그렇지 않으면 산읍(山邑)으로 출주(出走)하여 후일의 권토중래를 기함이 옳을 것이오.

이희저   지당한 말씀이오이다.

홍이팔   (급히 등장) 동문진(東門陣) 홍이팔 전갈하오.

홍경래   적군의 정세는?

홍이팔   정부에서는 대경실색하여 이요헌으로 순무영을 서울에 두게 하고, 처음 박기풍이 순무중군이였으나 후에 유효원이 대지83)하여, 경영병(京營兵) 1000여명을 이끌고 내려와 방금 성 북문을 지키고 있사오며, 평안병사 또한 관하병 2000여명을 거느리여, 각 읍 군수들이 수백명씩 거느리여 동남간을 지키옵니다. 그리고 특고84)를 올리나이다. 의주지방에서 허이, 김견신이란 자들이 의병을 일으켜 우리 북군을 처처에서 무찌르고, 허이란 자가 우림장(羽林將)이 되여 지금 서문을 지키고 있사옵니다.

홍경래   우리 북군이 전멸된 게 사실인가?

---

82) 진저리가 나도록 싫어짐.
83) 대치인 듯.
84) 특별 보고를 의미하는 듯.

홍이팔 네! 격파 당한 것은 사실이오나, 그 뒷일은 알 길이 없나이다.
우군칙 (칼을 뽑아 부복한다) 장군! 이 목을 걸어 마지막 승패를 결하사이다.
홍경래 우장군! 고정하시오.
우군칙 (할 일 없이 일어난다) 아 넉달 동안의 농성! 목이 타오, 목이……
홍경래 도총! 인제 군량은 얼마나 남았소?
이희저 단 사흘 동안을 지탱키 어려울까 하나이다.
홍경래 성민들의 정형은?
이희저 태반 끼니를 못 끄리오며 우물마저 말렀나이다. 더욱이 아녀자들뿐이 성중에 머물렀삽거든 모진 병이 돌아 걱정이옵니다.
홍경래 전세는 불리하게 되었소. (이윽히 생각에 잠겼다가) 그렇면 오늘 밤 야음을 타서 그들을 성밖으로 피난시키도록 하오. 인제 곳 전갈을 나리도록 하오.
이희저 네! (퇴장)
우군칙 (괴로움에 헤매이다가 다시 와락 달려들어 부복한다) 장군! 최후의 결전을…… 그렇지 않으면 이 목을 짤러주오.
홍경래 우장군!
우군칙 죽여주오.
홍경래 그래, 백에 하나 승산이 있소?
우군칙 차라리 결전을…… 장부다운 죽음을……
홍경래 비겁하오. (이윽히 격분을 가다듬으며) 제공. 그래, 우리가 죽음으로써 일을 면할 수가 있소. 그래 섯불리 개죽엄을 한다면, 우리를 뒤따르는 수많은 백성들의 아우성은 그 무엇으로 감당할 테오?
제 장 ……
홍경래 제공, 우리는 이 성을 빠져나가야 하오. 그래서 산읍으로 깊이 출주하였다가 후일을 도모하는 것이오.
제 장 지당한 경륜이옵니다.
홍경래 그러면 제공은 인제 야습전[85])으로 나아가주오. 이 성을 빠져 나아갈 길을 열어야 하는 것이오.
제 장 넷.

---

85) 야간습격 전투.

홍경래   그러면 동문진 홍이팔공이 순무대진을 겁략(劫略)86)하고, 김택연 북문진이 평안병사진을, 변대언진이 동문진을, 양소유, 윤후검, 양진(兩陣)이 의병이란 무리들을 각기 무찔르되, 너무 깊이 들어가지 말고, 적을 혼란케 하여 길을 여는 전략을 앞세우도록 하오.

제 장   네! 곧 출진을 차비하겠나이다. (상수로 퇴장)

우군칙   장군, 이 몸을 출진케 하여주오. 우리 북군의 원수 의병이란 무리들을 이 칼로 무찌르고야 말겠소이다.

홍경래   우장군! 고정하오. 싸움은 인제부터 시작이오.

우군칙   장군! 얼마나 괴롭소이까. 장군의 심중이 헤아려지는구려.

홍경래   (우의 손을 잡으며) 우장군! 누구보다도 신중하는 우장군이 왜 이리 경솔하오? 왜 그리 마음 변했소.

우군칙   때는 이미 기울었소. 아! 송림전의 실패! 부끄럽소. 이 몸을 죽여주오.

홍경래   송림전의 실패를 뉘우칠 줄 아시거든, 그것을 돌이킬만한 작전으로 나아가 주시오.

우군칙   우리에게 무엇이 있소. 북군마저 전멸된 오늘…… 차라리 마지막 결전이……

홍경래   일승일패는 호반의 상사…… 효용한87) 장사에게는 천만의 인고가 소중하오.

우군칙   자신이 없구려, 자신이……

홍경래   의지를 좀 더 굳건히 가다듬으시오. 이복자식의 설움으로 염불을 읍조리다가 인제 싸움터에 나선 우장군은, 겨우 두 고비를 넘기지 못하여 마음을 꺾다니…… 그래, 그것은 역시 한낱 도승의 본색을 탄로함이오?

우군칙   옳소, 나는 한낱 도승의 몸이오.

홍경래   고정하시오. 어려운 고비는 인제부터 시작이오. (내퇴)

우군칙   때는 이미 기울엇다. 아니, 나는 나의 운명에 지치고 말었구나. 아! 목이 탄다. (괴로움에서 허위적인다)

    이윽고 어둠이 기여든다.

---

86) 위협을 하거나 폭력을 써서 강제로 빼앗음.
87) 사납고 날쌔다.

군 사 (실내에 난간에 촛불을 켠다)

사이.

군 사 (등장) 남문군사 아뢰오. 북군수령 부원수 김사용 장군께서 대령하였나이다.
우군칙 (황황히 나온다) 김장군께서?……
김사용 (전신이 피투성이가 되어 군사들에게 부축되여, 등장)
우군칙 (허겁지겁 달려나가 부축한다) 김장군!
홍경래 (뒤이어 나오며) 김공!
우군칙 (김을 난간으로 부축해 올린다) 이게 왠일이오니까?
홍경래 (손길을 잡어 올리며) 김공!
김사용 용서하오. (몹시 숨이 가쁘다)
홍경래 북군은 어떻게 되었소. 전말을 말씀하오.
김사용 대원수 홍장군……
홍경래 말씀하오.
김사용 (가까스로 숨을 돌리며) 의주지방에서는 탐욕배의 무리들이 관군에 붙어서 백성들을 몰아내어, 관군은 합세를 하지 않았겠소. 그만 여기에 넘었소이다 그려. 그래, 할 수 없이 양책관에서 뻣대이다가, 선천의 돌림성에 퇴진하여 두어 달 동안 지탕되었으나, 동림성 또한 적군에게 함락되어, 부끄럽게도 이 몸만이 간신히 빠져나왔소이다.
홍경래 그렇면 산포수대의 원병은 어떻게 되었소?
김사용 다 틀어졌소.
홍경래 (그만 물러나며 허물어지는 마음을 겉잡을 수 없어 한다)
김사용 김창시공은 원병을 일으키기 위하여 압록강 상류지방으로 가는 길에, 위선 창성의 호윤조를 찾어 가다가 귀성지방에서 조문형이란 자에게 사살되었소.
우군칙 김창시공이?
김사용 그리고 송지겸은 산포수대를 몬다고 가지고 갔던 막대한 군자금을 사용에만 질탕이 쓰다가, 송림성의 패보를 듣자 도리어 그 군자금으로 병사를 일으켰으며, 초산 강계지방의 동지들도 송림 패보를 들은 후에는 형세만 관망하다가 종적을 감추어 버렸소이다.
우군칙   엣기, 간악한 무리들…… (벌떡 일어서 칼자루를 잡으며 치를 떤다)
홍경래   내가 덕이 없음이냐. 동지들까지 나를 버리다니……
우군칙   오지도 않을 원병…… 그때 안주성을 넘어야 할 것을! 미욱한 이 몸을 열 번 죽어 마땅하오.
김사용   부끄럽소이다. 이 몸을 죽여주오.
우군칙   상처가 대단하오이다. 안으로 드서이다. (부축하고 내퇴)
홍경래   (만상이 어즈러운 가운데 오히려 석화처럼 정립하여 한 곳을 의시한다)

　　　사이.
　　　여인들 떠들어 몰려 들어온다.

군　사   (달려나와 가로 막는다) 웬 일들이오. 물려들 나시오.
여　인   홍장수님께 뵈옵겠습니다.
여　인   우리들 어디로 가란 말이오. (여인들 그냥 밀고 들어 올려고 하며 몹시 떠든다)
군　사   조용하시오. (여인들을 밀어낸다)
이희저   (등장) 성민들은 갈 곳이 없어 홍장군의 은덕만 바라고 있나이다.
여　인   (달려 들어와 부복한다) 저희 불쌍한 것들을 살려주시오.
홍경래   (그제서야 어즈러운 생각을 털고 나며) 웬 일들이오?
여　인   저희들은 갈 곳이 없소웨다. 제 집에 있게 하여 주오.
홍경래   이 정주성에는 인제 크게 싸움이 벌어질 것이오. 피란들 하오.
여　인   갈 곳이 없소웨다. (여인들 소리소리 부르짓는다)
여　인   이 봄도 가뭄이 들어 나달순이 말랐소웨다. 어디루 가 구걸질두 못 하옵네다.
여　인   장수님 덕분에 다문 몇 달이라도 잘 지냈소웨다.
심　랑   대원수 홍장군게 아뢰오. 이번 싸움에 지애비는 나섰삽거든 그 가솔들이 어디로 가오리까. 비록 나약한 계집의 몸이오나 싸움에 도움이 될 길이 있사오면, 성중에 머물게 하여 주옵소서.
여　인   치맛자락에 돌이라도 나르게 하여 주시오.
이희저   옳소. 그런 의기라면 돌 한덩이라도 능히 관군 한 놈은 당할 것

홍경래	이니, 그대로 도움이 받음이 어떠하리까. (생각에 잠겼다가) 그렇면 늙은이와 어린애들은 도총 이공이 따로이 피난시키게 하고, 젊은 아낙들로 돌을 주어 각 성문마다 쌓게 하오. 속히 도총에게 전갈하라.
이희저	네! (여인들을 앞서 퇴장)
여인들	감사하외다. 장수님…… (머리를 쪼아려 소리소리 부르짓으며 퇴장한다)
홍경래	(나가는 심랑을 붙은다) 그대는 심랑이 아닌가?
심 랑	(돌아선다) 누구시온지?
홍경래	청룡사에서 맞났든 최도사……
심 랑	장군…… (부복한다)
홍경래	그동안 얼마나 고생되였소. 그대에게 맞나게 할 사람이 있으니, 물러나 잠깐 기다려라.
심 랑	(의아해서 물러난다)

　　막장들 군장을 갓추고 등장하야 예한다.

홍이팔	각진 진공 차비는 되었나이다.
우군칙	(황황히 달려나온다) 홍장군! 부원수 김사용 장군은 그만 운명하였소.
홍경래	김장군이…… (칼을 뽑아 침례한다)
일 동	(이에 따른다)
우군칙	홍장군, 이 몸을 출진케 하여주오! 이러다는 정말 미칠 것같소이다.
홍경래	(이윽고 칼을 거두며) 그렇면 홍이팔을 수행하여 울적이라도 푸시오.
우군칙	그여만 놈들의 모가지를 이 칼끝에 꽂아가지고야 돌아오겠소.
홍경래	오늘의 작전은 불의를 찌를 것이니, 흔적을 감추어 나아가오. 그리고 홍이팔공은 후방에서 독전을 하는 한편, 길이 열리는 대로 군사들이 출성할 차비를 하여 주오.
막장들	죽기로써 적을 무찌르겠나이다.
홍경래	제공의 효용함이 무궁할 지로다. (막장들의 예를 받어 내퇴)
막장들	(급히 퇴장을 하며, 홍이팔은 상평(上平)로88) 든다)

심 랑   (그동안 김택연을 알아보고 달려든다) 도련님!
김택연   아가씨…… (손을 잡는다)
심 랑   (그만 울음이 터진다)
김택연   정주성에 계셨드라니, 웬일이오니까?
심 랑   (더욱 느낀다)
김택연   아가씨 그동안 얼마나 고생되었소이까.
심 랑   (간산이 울음을 억제하며) 싸움에 가시는 어른께 눈물을 보여 죄송하옵니다. 전승하여 돌아오신 다음 다시 뵈옵고, 소녀의 신상을 서서히 말씀 드리겠나이다. 그럼, 어서 출진 하사이다.
김택연   네! 그럼 다녀오겠소. (예하고 달려나가다 말고 돌아선다) 아가씨……
심 랑   도련님…… (다시 느껴 운다)

    만월이 휘영청 밝어온다.
    사이.

홍이팔   (급히 나오다가 발을 멈춘다) 김공! 혹시 이 분이 아가씨가 아닌가?
심 랑   홍선생님!
홍이팔   아가씨, 이게 웬일오니까.
심 랑   뜻 없이 흘려 다니는 몸! 이렇게 여러분을 다시 뵈옵게 되니 반갑습니다.
홍이팔   아가씨, 어느새 머리가 칠 같으셨군요
심 랑   (고개를 숙인다) 어서 출진하사이다.
홍이팔   그럼, 다시 뵙겠소이다. (퇴장)
김택연   홍생!
홍이팔   ……?
김택연   왜 그런지 가슴이 더 설레이네 그려.
홍이팔   아가씨를 만나드니, 급기야 효용이 꺾임이 아닌가?
김택연   부질없는 말, 우리의 운명을 구하는 싸움이 아닌가.
홍이팔   옳다! 혈로를 열어 이번 싸움에서 권토중래의 대계는 서야만 하네.

---

88) 상수(上手)의 오식인 듯.

김택연   오냐! 오늘이야말로 그놈 평안병사의 목을 잘려오구야 말 테다.
홍이팔   부탁하네! (손을 잡는다)
김택연   아가씨…… (어지러운 흥분에서 달려 나간다)
심 랑   도련님…… (달려 나가다 말고 느껴 운다! 이윽고 눈물을 거두며 댓돌 앞으로 간다) 잠깐 홍장군께 뵈옵게 하여 주소서.
홍경래   (나온다) 오, 심랑인가.
심 랑   들자온대, 군사에는 가무를 하는 기녀들이 있다 하옵기, 소녀 비록 재조는 없사오나 가무로 군사들을 받들도록 하여 주실 수 없사오리까?
홍경래   기녀들은 인제 퇴성하오. 마지막 결전을 어루는 마당 심랑도 군사를 멀리함이 좋을 것이오.
심 랑   그러면 군사들을 도와 기리 따를 길은 없사오리까.
홍경래   (생각에 잠겼다가) 그 대답은 김택연공이 할 것이니, 위선 그대로 물러가오.
심 랑   널리 헤아려 주소서. (퇴장)
군 사   (악공들을 인도하여 등장) 악공들, 대령하였나이다
홍경래   적진에 귀가 소란하도록, 북을 높이 울려 가무를 베풀라.
이희저   아니, 대사를 일으키는 마당에 때 아닌 가무가 웬일이오니까?
홍경래   적군은 항상 우리 성중에 귀를 기울이고 있소. 적군을 불의에 무찔르자면……
이희저   책략으로……
홍경래   더욱이 우리 성중의 곤핍함을 보여서는 안 되오.
이희저   과시 훌륭한 계책이옵니다.
홍경래   여인들로 하여 돌을 줍게 하였소?
이희저   네! 앞을 다투어 성문마다 돌을 높이 쌓고 있사옵니다.
홍경래   만약 우리 군사가 물리여 전군이 성벽에 다다랐을 때는 돌의 옷듬이 없을 것이니, 후비군으로 하여 돌을 굴려 진멸토록 홍이팔공에게 전갈하오.
이희저   네! (퇴장)
홍경래   어서 북을 울리라.

  그동안 준비되어 풍악 우러 나온다. 기녀들 춤과 노래에 어우러져 나온다.

긴 사이.
이윽고 가무는 끝나며 기녀들 상수로 사라진다.

홍경래 왜 이리 노래는 수심에 가득 찾는고? 좀 더 용장한 음률을 하라.
       (주- 수심가 이때로부터 전래되었다고 한다. 현상윤(玄相允))

       다시 용장한 음률이 벌어지며 기녀들 이번엔 검무로 나온다. 이때 멀리서
       총소리, 고함소리 등이 들려온다. 가무는 그칠려고 한다

홍경래 계속하라.

       가무는 가무대로, 소음은 소음대로 계속한다. 성벽에는 군사들이 분주히
       움직이기 시작한다. 긴 사이.

홍경래 (싸움에는 아주 무관심한 듯 가무에만 흥겨워 앉았다가, 이윽고
       검무 끝날 무렵을 해서 댓돌을 나려서며 칼을 뽑아 기녀들과 바
       꾸어 한층 더 용장한 검무를 시작한다)

       긴 사이.

홍이팔 (급히 등장) 녹전군 홍이팔 전갈하오. 북문진은 우장군이 선봉이
       되여 순무대진을 일거에 무찔러, 황황히 달아나는 적병을 모조리
       베이고 있사오며, 동문진 김택연군 역시 양익으로 포위하여 적군
       을 보기 좋게 진멸중이오며,
홍경래 (검무는 그대로 구비돌다)
홍경래 의병진은?
홍이팔 의병진은 제일 먼저 뚫어졌소이다. 역시 오합지중이라 적수가 안
       되는 듯, 지금 알알이 골라서 베이는 듯한 동정이옵니다.
홍경래 그 놈의 수괴를 잡어야 하오.
홍이팔 그리고 동남진 또한 양소유 윤후검 양진이 동남으로 잘 어올려
       서, 적진을 무찌르는 중이옵니다.
홍경래 장하오. 그러나 우장군이 걱정이오. 아무튼 적진에 너무 깊이 들
       어가지 않도록 하되, 전세가 어지간하면 회군토록 하시오.
홍이팔 네! (퇴장)

춤은 더욱 고조되어, 날려들어 기둥에 박히는 살을 베여버리는 것으로 홍의 춤이 끝나면서, 기녀들 홍의 의기를 받은 용장한 검무가 다시 벌어진다.
긴 사이.
총소리 등은 점차로 사라져간다. 이윽고 검무는 끝나며 기녀들 열을 지어 홍을 향해 읍한다.

홍경래　수고하였소. 그대들은 가무로 우리 군사들의 으기를 도두어 주었고, 또한 난중에 헤매이는 백성들에게 진무함이 컸도다. 그러나 인제 싸움은 마지막 승패를 겨룰 때는 왔다. 이 싸움이 끝날 때까지 이 성을 벗어나 안주할 고장을 찾아가 달라. 후일 그대들의 공을 크게 상함이 있으리라.
월　설　홍장군께 아뢰오. 비록 나약한 계집의 몸이나, 이번 싸움에 도움이 될 일을 시켜 주실 수는 없사옵니까.
홍경래　못할 일! 이 정주성은 각각으로 위험이 닥쳐오고 있으니, 어서 몸을 물리여 성 밖으로 빠져 나가라.
기　녀　홍장군께 아뢰오. 군사를 모을 때부터 이 싸움을 같이 한 저의들이오매, 죽음을 또한 같이함이 마땅할까 하나이다.
홍경래　기특하다. 그러나 군사의 일이란 멀미할 수 없는 것이니, 물러가라. (군사에게) 이들을 성밖까지 바라다주라.
군　사　네!
홍경래　내 항상 검무를 즐기어 춤을 조련하였드니, 이번 춤이 그대들을 보내는 마지막 인사였구나.
월　설　홍장군…… (울음이 터진다)

기녀들 군사에게 인도되어 퇴장한다.

월　설　(다시 달려 들어와 엎드린다) 홍장군……
홍경래　그대로 물러가라.
월　설　장군의 말굽소리 철리를 더듬어 따르겠나이다. (우는 채로 퇴장)
홍경래　(눈을 감아 휘연이 섰다)

이윽고 소라 소리 요란스러이 들려오며, 말굽소리, 호령소리, 떠드는 소리 부산스러우며, 양소유 윤후검 등장.

양소유   동남진 양소유 전갈하오. 의병이란 무리들을 일거에 무찔러 생환한 자 한 놈도 없이 전멸식였나이다.
윤후검   동남진 윤후검 전갈하오. 우림장 윤이의 목을 잘라 남문에 걸었나이다.
홍경래   수고하였소. 더욱이 사욕을 채우기 위하여 백성을 모함한 자들을 한 칼에 무찔렀으니, 가상할 일이오
양소유,윤후검   황송하옵니다.

　　홍이팔, 뒤이어 변대언 등장.

홍이팔   북문진 홍이팔 전갈하오. 순무대진을 무찔러 선봉대는 전멸시켰나이다. 그러나 선봉대는 아직 돌아오지 않았나이다.
변대언   남문진 변대언 전갈하오. 남문진 또한 허리를 풀었든 적진이 수습키 전에 전멸시켰나이다.
홍경래   수고들 하였소. 우리 군사에는 상함이 없었는가?
홍이팔   우장군의 선봉대와 김택연진이 아직 돌아오지 않았나이다.
홍경래   우장군이 걱정이오.

　　사이.

우군칙   (전신에 피가 낭자하여 비틀거리며 간산이 들어와 쓰러진다) 홍장군! 적진을 여지없이 무찔러 버렸사오나, 펑안병사의 목을 베이오지 못함이 유한이오.
홍경래   우장군!
우군칙   대원수 홍장군…… (그만 절명한다)
홍이팔   우장군! (달려들어 흔든다)
일 동   우장군! (닥어든다)
홍이팔   (눈을 감기고 일어선다) 총군사 우군칙장군 전사하였나이다.
일 동   (침례한다)
홍경래   우공! 아깝소!
홍이팔   우선생…… (다시 쓰러지며 느껴 운다)
홍경래   날이 밝기를 기다려 군례에 의하야 장사하라.
일 동   네!

군   사   (안으로 들어가 것89)을 들고 나온다)
홍경래   그동안 김택연진은 어떻게 되었는가?
홍이팔   아직 소식이 없소이다.
    시신을 것에 담고 군기를 덮어 예를 올리고, 사장(四將)이 한가닥씩 것을 들어 안뜰로 감돌아 사라진다. 그동안 홍수장(洪首將) 칼을 뽑아 예한다. 이윽고 시신이 사라지자 칼을 꽂으며 침통한 침묵에 잠긴다.
    사이.

군   사   (급히 등장) 북문진 군사 전갈하오. 북문진은 회군치 못하고, 방금 북문 밖에서 격전이 벌어지고 있소이다.

    막장들 나온다.

홍경래   북문진이 고전에 빠진 모양이오 동남진 양소유공, 이를 도와 곧 출진하오.
양소유   네! (군사와 더불어 급히 퇴장)
홍경래   제공의 공훈으로 우리에게는 이 성을 빠져 나아갈 길이 열리었소.
홍이팔   출주할 방향은 어디로 정하리까?
홍경래   압록강 연안으로- 제공, 효용할 군사들만 추리어 권토중래의 대계를 세우는 것이오.
일   동   네.
홍경래   산포수대와 어울려 정예군사를 기르며, 호병(胡兵)90)의 원군까지 얻도록 하여 오늘의 설욕을 하며 성부(城府)91)를 뭇찔러 나아가야 하오.
일   동   지당한 계략이옵니다.
이희저   (등장) 홍장군! 사흘 동안의 군량 군기는 대충 되있사오며, 성민들은 제 각기 앞을 다투어 돌을 주서 모으고 있사옵니다.
홍경래   군기 군량은 곧 말에 실어 출성할 차비를 하오. 그리고 제공은 북문진의 전세를 살피며 성을 굳게 지키시오. 만일 적군이 성벽으로 기여들면 석전으로 나아가도록 하오.

---

89) 들것의 평안 방언.
90) 중국 오랑캐의 병사.
91) 성시(城市), 성으로 둘러싸인 도시.

일 동 네!
홍경래 제공! 우리 싸홈은 인류 천도를 다시 하는 가장 어려운 싸움이오. 그러니까 일희 일비함이 없이 항상 대의명분을 지켜야 하오. 네가 죽으면 내가 하고. 내가 죽으면 네가 해서, 최후의 한 사람이 남을 때까지, 아니 우리가 못하면 우리 자손들이…… 백성들의 가슴 속에 사무친 원한이 풀릴 때까지는, 끝일라야 끝일 수 없는 싸움이오. 그러니까 제공은 이 대의명분을 받들어 끈기있게 싸워주기 바라오.
일 동 명심하겠나이다.
홍경래 그러면 제공을 곧 출성할 차비를 하여주오.
막장들 네! (등장)
홍경래 (이윽히 섰다가 내퇴)

　　수많은 여인들 치맛자락에 돌을 모으며 지나간다. 월설이도 섞었다.
　　사이.
　　이번에는 심랑도 지나간다. 홍이팔 분주히 지나다가 심랑과 마주친다.

심 랑 홍장군!
홍이팔 아가씨……
심 랑 김선생께서는?
홍이팔 아직 북문 밖에서 싸우고 있습니다.
심 랑 저, 인제 출성을 한다지요.
홍이팔 네! 압록강 연안으로 ……
심 랑 새망 없는92) 생각이오나, 김생께서는 혹시 무슨 별고라도.
홍이팔 아닙니다. 그는 기여히 살아 돌아옵니다.
심 랑 (이윽고 결연히 일어서며) 홍장군! 비록 여자의 몸이오나, 이 몸을 군사에 받아줄 수는 없사오리까? (더욱 크게 운다)
홍이팔 고맙소. 김생을 도와 힘껏 싸워주오.

　　이때 천지를 진동하는 대폭음이 일어나며, 성 북문의 일부가 허물어지며 화광이 일어난다.

---

92) 새망스럽다, 방정맞다, 경망스럽다의 북한말.

홍이팔　(몹시 놀라며 상수 북문을 살핀다)

　　군사들 황황히 북문으로 달려간다.

홍경래　(급히 등장) 왠일이냐.
군　사　(달려나가다 선다) 북문이 터진가 보옵니다. (퇴장)
홍경래　유황 냄새로구나. (뒤따라 나온 홍이팔에게) 적군은 화약으로 성
　　　　을 깨뜨린 모양이오. 우공은 속히 나아가 성벽에 기여오르는 적군
　　　　을 돌을 굴려 무찌르게 하며, 효용한 군사들은 남문으로 빠져 나
　　　　가게 하오.
홍이팔　네! (급히 퇴장)

　　소라 소리 요란히 일어나며, 홍군(洪軍)이 움직이는 소음이 들려오며, 멀리서 총소리, 고함소리 등이 일어난다.

김택연　(이마에 피가 흐르며 급히 등장) 홍장군! 적군은 항도를 모고 화
　　　　약을 묻어 북문을 깨뜨렸나이다.
홍경래　왜 그것을 미연에 발각치 못 하였는고?
김택연　출진하자 곧 발각하여 최후까지 싸웠으나, 먼저 파두었든 항도에
　　　　까지는 힘이 미치지 못 하였나이다.
홍경래　수고하였소. 김공! 곧 남문으로 출성할 차비를 하오.
김택연　네! (퇴장하려고 한다)
심　랑　도련님!
김택연　아가씨…… 어서 이 성을 빠져 나갑시다. (양인 퇴장)

　　군사들, 돌을 치맛자락에 안은 여인들 황황히 북문으로 달려간다.

홍경래　(초조히 전세를 관망하고 있다)

　　이윽고 소음이 더욱 가까워지며, 소라 소리 요란히 들려온다.

홍경래　(그만 실망하여 안으로 들어, 검 창 등 무기를 튼튼히 하고 나온
　　　　다)

이윽고 자즈러지는 총소리, 비명, 아우성이 들끓으며, 홍경래 하수로 나가려고 할 무렵에 관군 선견대(先遣隊) '와' 소리를 지르며 돌입한다.

홍경래　(홍군이 여지없이 밀리여 나매 칼을 뽑아 검무를 하듯 휘둘러 군(軍)을 베인다)

한동안 홍군, 관군이 뒤섞여 어즈럽다가 홍군이 관군에게 밀려나고, 홍경래 뒤따르며 모조리 베여 관군을 산란시킨다.

홍경래　(이윽고 유환(流丸)에 맞어 소리 지르며 몸을 비틀어 고민한다)

　　소음은 하수로 멀어진다. 홍이팔 이희저 황황히 등장.

홍이팔　적군은 성중으로 처들어 왔사오며, 과군93)을 가지어서는 막아낼 도리가 없을까 하나이다.
홍경래　(가까스로 상처를 감추어 정색하며) 제공, 속히 정예한 군사를 이끌어 남문으로 퇴각하오.
홍이팔　대세는 이미 기울었사오이다. 장군께서 선봉이 되어 주옵소서.
양　장　장군께서 납시어 주옵소서.
홍경래　나는 뒷감당을 하며 서서히 나아갈 것이니, 홍이팔공이 선봉으로 퇴각하오.
홍이팔　네! (대청에 올라 칼을 뽑아 호령한다) 각 진은 남문으로 퇴각하라. (다시 뛰어 나려 제장과 더불어 퇴장하며 뒤에서는 소라 소리, 아우성이 오르고, 군사들 누각 뒤로 빠져나간다. 여인들, 혹은 심랑이 아우성치며 달려 나가기도 한다)
홍경래　(제장이 물러날 때) 홍공!
홍이팔　(돌아선다)
홍경래　마지막 부탁이 ……
홍이팔　장군! 피가 …… (그만 엎어진다)

　　소음이 멀어질 때까지 긴 침묵이 흐른다.

---
93) 寡軍, 숫자가 적은 군대를 의미하는 듯.

홍경래   홍경래 백성들을 두고 어이 홀로 죽을 수 있겠소. 죽을래야 죽을 수 없는 우리들, 죽을라야 죽을 수 없는 백성들이…… 이것이 이 싸움의 대의명분이거든…… 홍공, 부탁하오. 제공은 어울려 권토중래의 대계를 꾸며주오.

홍이팔   끝까지 장군을 모시겠나이다. (머리를 쪼아린다)

홍경래   물러가오.

홍이팔   장군…… (이윽고 결연히 일어난다) 원수는 이 칼로 갚겠나이다. 장군, 적군을 무찔러 정주성을 다시 찾는 날, 장군께서는 저의들을 맞어주소서. (몸을 날려 퇴장)

홍경래   (한걸음 나며) 제공! 도탄에 든 백성들의 곤욕94)이 풀릴 때까지 힘껏 싸워주오. (그동안의 극도한 긴장이 일시에 풀리며, 그러나 몸자세를 꾸기는 법 없이 급각도로 마치 거목이 넘어가듯 쓸어진다)

월   설   (피난민들 속에 끼여 지나가다가 홍을 발견하고 달려든다) 마방님95)…… (흔든다. 이윽고 시름없이 일어선다) 서방님! 산간에 땅을 일구어 백년 천년 살자는 말씀! 서방님 말씀조차 속절없이 야속하오이다. (다시 안으며 느껴 운다)

   관군이 밀려드는 소음이 요란스러우며 하기는 홍경래군의 우렁찬 군가가 들려오는 듯한 환각이 일면서 고요히 막.

---

94) 困辱, 심한 모욕. 또는 참기 힘든 일.
95) 서방님의 오식인 듯.

산의 감정(전 一 막)

때
    1949년 신춘
곳
    함남 백두산삼림 철도공사장에 위치한 어떤 밀림지대
사람
    김영감   벌목장 운반부
    영수   그의 아들, 인민군대전사
    영복   그의 딸
    혜산집   사둔 마누라
    김성실   동리처녀
    리윤삼   벌목부, 직업동맹초급단체책임자
    신명규   벌목부, 민청초급단체책임자
    벌목로농자들 많이
    동리 여인들 많이

무대
  백두산 산림철도가 구비쳐 들어가야 할 여느 밀림지대, 무대 전면은 원시림으로 덮이인 산체로 둘러싸여 있다. 향하여 상수편으로 치우쳐서 김영감네 집. 구비쳐 흘러내린 산비탈에 조고마한 공지를 얻어서 짚은 초당이다. 집은 ㄱ자로 되었는데 향하여 정면한 것이 살림방이고 하수편을 향한 것이 부엌이다. 방에는 두쪽문 부엌에는 외쪽문 방앞에는 토방이 아담하고, 담에는 벌목용구들이 걸려 있다. 부엌 옆담 앞으로는 싸리바주를 옆에 둘러서 장독대를 이루었다. 하수편을 향한 방 옆담에는 건물에 알맞게 통나무 연통이 솟았다. 집뒤에서 뻗어내려온 산비탈은 산으로 올으는 행길이다. 또한 하수편에서 마주 뻗어내려온 산비탈은 저편 산으로 올으는 행길을 이루었다. 그리고 하수편 산비탈 저면으로는 거꾸로 경사를 이루어 마을로 향하는 행길을 이루었다. 그렇니까 이 세 가닥 행길이 합접하는 어름에 마당을 이루어 김영감네 생활이 버려지게 한다.
마당과 산비탈을 어름하는 군데군데에는 고목이 두어서너 구루 적당히 자리를 잡아서 서 있다. 바람넘어로는 그악한 산봉이 첩첩이 들어섰다. 비탈길이 합접하는 위치를 가름해서 멀리 산봉 사이로 하늘이 트이었고 하늘밑으로 골작이를 일으우면서 양편으로 산봉이 고개를 겨루었다. 만산에는 백설이 덮히인 신춘-
봄인 양 날세도 따사로운 어느날 오후, 막이 올으면 김영감 마당에다 장작불을 피워 놓고 소발구(박휘대신 썰매로 한 우차) 틀을 깍고 있고, 멀리서는 남포 터지는 소리가 간간이 들려온다-
사이.
이윽고 멀리서 '어-이', '어-이' 하고 여자의 고함소리 들려온다-

김영감 (일손을 멈추고 귀를 기우린다)

　　각가이서 '어-이', '어-이' 하고 화답하는 남자의 고함소리 들려오며, 이윽고 벌목부 갑, 을 상수 비탈에서 달려 내려온다―

벌목부갑 (산골작이를 내려다보며) 소발구가 넘어갔군 그래.
벌목부을 저런 바보가 있나, 평지에서 소발구를 넘긴단 말인가.
벌목부갑 주릿재 고개를 낮추니까 섭섭한 모양이로군 그래. 허허……
김영감　평지에서 소발구를 넘기다니 그게 누구야? (비탈로 달려 올라가 살핀다)
벌목부을 여자같군 그래.
벌목부갑 여자가 무슨 소발구를 끈단 말인가?
김영감　여자구 남자구 저만 고개에서 소발구를 넘기다니, 우리 산판엔 그런 법 없네.
벌목부갑 자, 어서 내려가 보세.
김영감　자네들이나 가보게. 나두 수릿재 고개에서 소다리를 꺽근 놈이 할 말은 없네만, 저런 건 산판 일꾼이 아니야.
소　리　어-이 어이.
벌목부을 그냥 찾네그려, 어서 가보세. (양인 급히 퇴장한다. '어-이', '어-이' 하고 화답하는 소리 점차로 멀어지며 이윽고 사라진다)
김영감　(그대로 이윽히 살피다가 중얼거리며 일자리로 돌아와 다시 일을 계속한다) 소는 산판 사람들의 생명이야. 저런 게 다 밥을 먹구 산단 말인가?

　　잠간 사이.

리윤삼　(하수 비탈길로 등장, 남포소리 나는 곳을 바라보다가 도라서며) 굉장하군 그래, 어룡골 쌍바우가 냅다 터져나갑니다 그려.
김영감　(일손을 멈추고 성급히 맞바다 나오며) 사무소에서 오는 길인가?
리윤삼　네!
김영감　그래 머라구 그러든가?
리윤삼　그야 염려있습니까? 김영감이야 모범로동자이겠다, 더구나 인민군대의 아버지이시겠다, 무엇 못해두 김영감네 소는 사주어야겠다구 걱정들을 합디다.

김영감 이사람 내일이 장날 안인가.
리윤삼 그렇게야 날래 됩니까. 수속을 밟을려면 아무래두 일주일은 걸려야겠다는군요.
김영감 옛기, 그만두게. 아직두 일주일이나 번둥번둥 놀구 있으란 말인가. (일자리로 간다)
리윤삼 절차를 밟어야 하는 걸 어떻겁니까, 과히 염려 마세요. 백두산 삼림철도 부설공사야 우리 어룡동 산판사람들의 손에 달리다싶이 한 겐데! 사무소에서두 김영감 걱정이 여간 안이드라니까요
김영감 남들은 벌써 백평은 날렀서, 이러다는 작년에 소다리 꺽근 푼수두 못하구말지 않겠나.
리윤삼 영감님 솜씨쯤 하구야 염려 있습니까, 작년엔 소다릴 꺽구두 150파-센트가 안입니까.
김영감 그까짓 150파-센트가 대수인가, 금년엔 그 배는 싫어야 겨우 소 값이나 되겠단 말이야.
리윤삼 염려 마세요. 그놈의 수릿재고개를 낮추는 공사는 오늘루 끝나지 않습니까, 지금까지 여(열) 바리[1] 하든 거면 인젠 넉넉잡구 열두 바리는 할 거란 말씀이에요.
김영감 수릿재 고개가 낮아져스니 무엇하나, 소가 있어야지.
리윤삼 원, 이렇게두 성미가 바쁘시다구야, 수릿재고개를 낮추는 공사로써, 우리 어룡골이 통틀어서 작년의 배를 초과달성하는 과업을 내여세우게 됐어요.
김영감 그렇게, 나만 더 답답하지 않는가. 어떻게 소를 변통해 주게.
리윤삼 몇일만 더 참으세요. (소발구틀을 살피며) 이건 보통 참나무이로군요. 굉장한(굉장히) 여물었군.
김영감 인제 소만 있으면 금년도 □이량의 배는 염려 없대두그래.
리윤삼 고목나무 아니예요?
김영감 시악골 뒷재에 서있는 산신나무일세.
리윤삼 옳지. 누가 베었나 했드니, 영감님이 손을 대였군요.
김영감 웨 배가 압픈가.
리윤삼 김영감은 못 당하겠다니까. 허허……
김영감 여기다가 손만 데워보란 말이야, 그까짓 수릿재고개가 높아서 걱정이겠나? 에-이구, 답답해. (일손을 잡다 말고) 이사람, 나 돈 만

---

[1] 마소의 등에 잔뜩 실은 짐을 세는 단위.

원 하나만 동리에서 돌려줄 수 없겠나?
리윤삼　댁에서 소를 사게요?
김영감　그러는 게 좋을 것같아. 글쎄 사람이란 체면이 있는 건데, 내가 무슨 낯으루 나라에서 소 사주기를 바라겠다.
리윤삼　사람이란 실수가 없을라구요. 그 눈보라 모라치는 날 수릿재고개루 소발구를 모라올려스니 할 수 없는 일이였지요.
김영감　아니야, 제 소라구는 하지만 나라 앞에 이게 얼마나 북그러운 일인가. 소를 사준다구는 합네만은, 그걸 받는다는 게 정작 잘못이란 말이야.
리윤삼　그건 옳으신 생각입니다. 국가의 물자를 액기는 정신이 항상 앞서야죠. 영감님의 열성은 좋은데, 그 눈보라 속으루 소발구를 몰아간다는 게 영감님의 고집이라니까요. 허허……
김영감　내가 쥑일 놈이야, 소다리를 꺽다니…… (우울한 생각에 잠긴다)
리윤삼　아무렇나 소 걱정은 마세요. 사실은 영감님의 일에 대해서는 오늘 저녁 직맹회의에다 내여 놓을까 합니다.
김영감　직맹회의에서 어떻게겠단 말인가?
리윤삼　영감님은 당당한 인민군대의 아버님이 아니십니까, 그렇니까 어려운 일이 있을 때는 응당 우리가 원호를 해드려야죠.
김영감　그런 소리 말게, 그런 소리 할려건 우리 집엔 발길두 말게.
리윤삼　글세, 소 걱정은 마세요. (퇴장)
김영감　이사람아! 내가 머 남의 도움이나 받자구 자식을 인민군대에 보낸 줄 아나. (따라간다)
리윤삼(의 소리) 글세, 염려마세요.
김영감　이 사람, 이 사람, 윤삼이 (따라서 퇴장)

　　　영복 성실 떠들며 하수비탈길로 등장. 그들은 남자용 방한 차부웃저고리를 입고, 방한모를 쓰고, 손에는 소책죽을 들었다-

영　복　아무렇나 소가 상하지 않기가 다행이다. 소다리를 분질렀슴 어떻걸 번했다니.
성　실　(울상이 되어서) 난 아무래두 현장일은 못할 것같아.
영　복　호호…… 그게 머냐, 넘어가는 소발구를 붓들 생각은 못 하구, 찔찔 울면서 벌벌 떨구만 섯는 꼬락선이라니, 오호호…………

성 실 아무래두 난 못해. 시방두 영복이가 밋처 손을 써주지 안었음, 소다리를 분질렀지 별 수 있니.

영 복 아직 서틀려서 그래요. 소를 겁내니까 그렇거든. 인젠 나는 소발 구를 끌래두 끌겠드라.

성 실 그게 힘들어, 소를 다룰 줄 알아야 현장일은 할 수 있어.

영 복 이게 무슨 비겁한 소리야, 이리와 불이나 쬐. (성실을 끌어다 장작불을 쬐이게 한다) 이봐, 도시 성실이는 소를 무서워하는 게 틀렸어. 그까짓 소가 무서울 게 머야, 악가 소가 갈갤 때두 말이야, 대뜸 달려들어서 코고리를 밧짝 틀어잡구는 여무지게 채쭉바람을 내야한단 말이야, 채쭉이 쇳소리를 내구 날라드는데야 소란 놈이 어느 앞이라구 대가리질을 할 줄 알어. (말하는 동안 엉성 채쭉으로 쇳소리를 내여보인다)

성 실 영복이는 참 용외야, 나는 그럴 요량이 통 나지를 안는걸.

영 복 그리고 첫재두 몸을 액겨서는 안돼. 고개턱이문 같이 소가 돼서 멍게를 받들어 밀어주구, 길감 사나운데선 등으루 소허리를 받들어 주구- 정말 소가 돼야한단 말이야. 하긴 소처럼 유순하구 으젓한 즘승이 세상 어디 있니. 난 시방두 어떨 땐 소를 물끄럼이 바라보구는 눈물지우는 때가 있서. 길감이나 사나운 날 수릿재 그 강파라운2) 고개를 그냥 매질루다 넘기는 걸 보면, 소란 놈은 쓰다 달다 말없이 숨만 하늘에 다서 주인을 물끄럼이 바라보는구나, 그럼 눈물이 왈칵 쏘다진다니까. (성실을 힘껏 쓸어안는다)

성 실 (이윽히 생각에 잠겼다가) 영복아! 아무래두 날, 잡일루 돌려줘.

영 복 이건 무슨 소리야. 우리는 백두산 삼림철도의 건설일꾼들이야. 그래 김장군의 신년사를 받들어서 우리는 머라구 맹세했어?

성 실 ……

영 복 소발구를 넘긴 게야 그 사람의 잘못이지. 네가 밋처 손을 도웁지 못한 게 머가 그리 큰 잘못이라구, 그렇게까지 락담을 해서야 그게 어디 북조선 여성이야?

성 실 미안해.

영 복 성실동무! 난 여성동맹 책임자루써 말해둬, 성실동무는 여성동맹 간사루, 한글학교 선생으루, 우리 부락의 지도일꾼이야, 지도일꾼이 모범을 보이지는 못 하구, 도리여 남이 다 하는 일두 못 한다

---

2) '가파르다(산이나 길이 몹시 비탈지다)'의 함경도 방언.

	면, 그래 우리 맹원들이 머라구 그럴 테야. (파묻는 성실의 얼굴을 억지로 추켜든다)
성 실	아이, 너무 그렇니까 고개를 못 들겠구나.
영 복	명년인 얼만지 알어, 1950년도야, 지금이 어느 때라구 남자들한테 질 생각만 해서야, 될 말이야.
성 실	영복동무! 미안해, 나두 소가 될 테야, 영복동무한테 저서야 될 말이야.
영 복	암, 우리 성실이가 지긴 웨 진단 말이냐.
성 실	할 테야, 나두 소가 될 테야.
영 복	(성실을 얼사 안는다) 해야지, 난 이래서 영실3)이가 좋드라. 호호……
김영감	(마을에서 올라온다)

두 처녀 얼른 물러나 새츰한다.

성 실	아저씨, 안녕하세요.
김영감	현장 일꾼이 소발구가 넘어가는 걸 보구두 그대루 멍청하니 섯단 말이냐.
성 실	(그만 북그러워 다라난다) 영복아, 난 먼저 산판으루 간다. (퇴장)
김영감	그래, 소는 상하지 않았니?
영 복	네! (주머니에서 편지를 꺼낸다) 오빠한테서 편지가 왔어요.
김영감	으응, 소를 죅이구 자식놈 볼 낯두 없다.
영 복	아버지 읽어 보세요. (편지를 준다)
김영감	니가 읽으럼.
영 복	(봉투를 뜨더 읽는다) 아버님, 그동안 안녕하시지요. 새해를 맞으며 아버님의 수복을 빌어 마지 안습니다. 저는 아버님이 항상 걱정을 들어주시는 덕택으로 몸 튼튼히 군무에 충실하고 있음니다. 아버지, 신문을 통하여 백두산 삼림철도 부설공사는 년간계획을 넘처 맞추고, 새해를 맞이하여 김일성수상 신년사를 받들어 건설 일꾼의 결의도 새로히 제2년째로 돌입하였다는 것을 알었음니다. 백두산 그악하게 솟아오른 산봉마다 첩첩이 들어선 원시림을 개

---

3) 성실의 오식.

발하기 위하야, 산림철도는 허산주령(혐산준령)을 꿰뚫고 들어가다니, 이 얼마나 장쾌한 일입니까. 아버님, 저는 항상 내 고향과 아버님과 고향의 벌목노동자들의 일을 우리 동무들에게 자랑하고 있읍니다. 그리고 제가 백두산 산판일꾼의 아들인 걸 자랑합니다. 우리 고향 산골작이에도 기차는 달리고, 아버님의 손에서 실리여지는 백두산의 자연 부원은 조국건설과 경제□□에 커다란 공헌을 하리라 생각할 때. 정말 벌목로동자들의 신성하고도 엄숙한 임무 앞에 머리를 숙이지 안을수 없읍니다. 아버님, 아버님은 여전히 동리에서도 웃뜸가는 소발구 일군으로 증산 경쟁에서 첫손 꼽피는 성적으로 년간 계획완수에 승리하였으리라 믿습니다. 아버님, 제가 군대로 떠나올 때 아버님이 하시든 말씀은 제 군무생활에 신조가 되고 있습니다. '나라를 위해서 제일 충실하며 웃뜸가는 일꾼이 되자'. '이 애비에게 져서는 안 된다' 하시든 말씀- 그래 저는 힘껏 일했습니다. 이렇게 일하는 동안 아버님의 말씀은 항상, 저를 채쭉질하여 주어서 지난번 검열에 있어서, 우수한 성적으로 모범이 되었다 하야, 직속장관으로부터 표창을 받었읍니다. (읽기를 멈추고 기쁨이 흘은다) 아버지. 오빠가 표창을 받었다는군요

김영감 (기쁨과 계면쩍음과 교착되어 한동안 어색스럽다가) 어서 앞을 읽어라.

영 복 상부의 지시를 언제나 제 시간에 누구보다 정확하게 실행하며, 군대의 생명인 군사규률을 선봉적으로 집행하며, 동지들을 사랑하며, 자기 구분대의 체력과 학습을 보장발전시킴에 노력하였고, 국가재산을 애호절약하며, 이렇게 함으로써 모든 동무들에게 모범이 되었든 것이라고, 직속장관으로부터 칭찬을 받었을 때, 얼골은 뜨겁고 가슴은 뛰였읍니다.

김영감 자식놈에게두 지다니, 이게 무슨 꼴이람.

영 복 이리하야 저는 명예의 포창 휴가까지 받게 되어, 오는 15일이면 고향의 땅을 밟게 되었읍니다. 아버지, 휴가를 받어서 돌아온다는군요.

김영감 자식놈이라두 그만큼 했다니, 행결 마음이 노인다.

영 복 바루 오늘이 15일이예요, 뻐-스에 바루 올랐음, 인젠 거인 도라올 때가 됐어요.

김영감　자식놈을 대할 면목두 없다.
영　복　아버님, 우리 인민군대는 일흠 그대로 인민을 위하는 군대입니다. 전체 인민들이 조국의 건설과 경제 발전을 위하야 총돌격하고 있는 이때에, 우리들도 조국의 보위와 인민들의 복리를 위하야, 맹렬한 전투훈련과 보다 높은 학습을 통하야 심신을 단련하고 있읍니다. 아버님, 아버님은 우리의 고향 산판을 직혀 주십시오, 저는 인민군대의 전사로써 충성을 다하겠습니다. 이렇게 포창 제각기가 제자리를 직히는데, 우리 조선을 약탈하려는 미제국주의자들과 놈들의 비호 밑에 조국을 팔아먹으려는 민족역도배들의 발악쯤 무어 무서우리까, 날로 치열하여 가고 있는 남반부의 인민항쟁을 생각할 때 문뜩 주먹이 붉은 쥐여집니다.
　　　　그리고 정복(영복)아, 너 역시 늙으신 아버님을 모시고 가사를 돌보는 한편, 네가 맡은 바 일을 충실히 하고 있을 줄 믿는다. 너 역시 효성을 다하는 자식이 되며, 동리를 모범하는 일꾼이 되기에 조곰도 게을리 하여서는 안된다는 걸 항상 명심하여라. 참, 학교를 신축하였다니 얼마나 기쁜지 몰르겠다. 우리 민청에서 계획하온 대로 뒷산의 깨돌로 모양도 아담하게 양관을 지었다니, 민청 동무들에게 축하의 인사를 전하여다고. 그리고, 우리 집을 인민군대의 집이라 하야 동리에서 많은 도움을 받고 있다니, 얼마나 송구스러운지 몰으겠다. 동리사람들에게 이 오빠의 감사하는 마음까지 합하여 네가 인사를 들여다고. 그러면 조국건설을 위하여 분투하는 전체인민과, 아버님에게 못지 않게 싸울 것을 맹세하면서, 이만 붓을 놓읍니다. (읽기를 맞치고 편지를 거두어 넣는다) 오빠는 딴사람이 됐어요, 얼마나 훌륭해졌을까?
김영감　내가 미욱한 놈인지, 소다리를 꺽다니-
영　복　아버지! 소 잃은 생각은 그만하세요.
김영감　래일 장거리에 가서 소를 사와야겠다.
영　복　머, 먹을 걸 채려야겠어요.
김영감　(어즈러운 생각을 털고 일어서며) 닭이나 한 마리 잡으렴.
영　복　그럼 소발구를 끌어다 두구 오겠어요. (급히 퇴장)
김영감　(다시 일을 계속한다)

　　　　리윤삼, 신명규 떠들며 마을길에서 등장.

신명규 글쎄, 영복동무를 우리 마을에서 떠나게 할 수는 없어요

리윤삼 저 집 사정두 딱하지 않은가. 윤수가 혼자 나가서 있을 수두 없는 일이야.

김영감 왜들 그렇나?

신명규 아저씨, 수고하십니다.

리윤삼 글쎄, 이자가 딱하게 됐군요. 윤수가 이번 혜산 공사구루 가게 되지 않았서요. 그래 가기 전에 성례를 올려야겠다는군요.

신명규 글쎄, 안 됀대두 그래요. 영복이가 갑짝이 떠나면 그래, 여맹사업은 누가 봅니까, 성인학교 맡을 사람두 없고, 소발구만 해두 그렇지, 영복동무가 선봉 지도자 안이요.

리윤삼 그야 누가 모루나. 글쎄, 윤수가 말입니다. 혜산 나가서 혼자 있을 수두 없구, 그래 이왕 나가는 바에는 성례를 '일으우구서 영복이를 데리구 가스면 하는데-. 영감님, 생각은 었대요?

김영감 ……

신명규 영복동무가 나가면 당장 아저씨두 야단 안이오.

리윤삼 글쎄, 그것두 걱정이란 말이야, 그렇게 되면 영감님 일에두 적지 않은 지장이 있을 거란 말이야.

신명규 영복동무는 보낼 수가 없어요. 우리동내에 하나밖에 없는 지도일꾼인데도 말입니까.

김영감 보내겠네, 나 위해서 딸자식 집에서 늙히겠나.

신명규 늙힌다는 게 안이에요. 새해부터는 모든 사업을 붓쩍 추켜올리는 판 안입니까. 그러니까 그동안 새 지도일꾼두 양성하구, 아저씨두 우리 동내에서 불편 없도록 모실 만큼 주선이 된 담에, 명년쯤 결혼식을 하는 게 좋겠단 말이에요.

김영감 내 걱정은 말게, 그리구 동리 일두 그렇지, 큰 소가 나가면 작은 소가 큰 소 노릇 한다구, 다른 사람에게 맡기란 말이야.

신명규 글쎄, 아직은 그럴 만한 사정이 못 된다니까요.

리윤삼 성실이랑 여맹에두 몇몇 동무가 있지 않은가.

신명규 그 동무들은 한글학교 선생밖에 안돼요. 혜산강습소에서 강습을 받은 동무는 영복동무 하나 안이요.

리윤삼 그거 큰일일세 그려.

신명규 글쎄, 우리 어룡골 세 부락에 70여 가호에서 한글학교 성인학교 사업을 영복동무가 책임을 맡었는데, 인제 훌쩍 가버리면 어떻겁

니까, 더구나 인젠 1950년도에 실시되는 의무교육제를 앞두구 금년의 신학년도 준비사업은 아주 굉장히 버러질 판인데, 영복동무 같은 유능한 일꾼을 보내서는 안 됩니다.

리윤삼　저편에서두, 공사 때문에 사람들이 급작스러히 몰여드는지라, 지도일꾼이 무척 모자라는 모양인데. 그리구 윤수의 입장두 딱하단 말이야. 철도공사 기술자루 중대한 책임을 맡구 뽀펴가는 판인데, 생활이 안정되야할 게 안인가?

신명규　혜산 공사구에는 합숙설비가 완전한데 무슨 걱정이예요. 대체 윤수동무의 태도가 틀렸서요. 그래 저만 편하자구 홀로 게신 장인영감을 버리구 간다는 법이 어디 있서요. 아저씨네는 인민군대의 가족이 안입니까, 인민군대의 가족을 원호하는 입장에서두 안됐서요.

김영감　이건 무슨 소리야, 딸 시집보내는데 인민군대는 웨 들추는 게야. 이예 다시는 그런소리 말게.

리윤삼　이 문제는 역시 당사자간에 해결하십시요.

신명규　안됩니다. 동리 전체의 문제인데, 어떻게 방임할 수가 있단 말이예요.

리윤삼　난 그만 수릿재 공사장에 나가 봐야겠소. 영감님, 이 문제는 신중히 생각하셔서 처결하십시요.(퇴장)

김영감　생각은 무슨 생각이야, 딸 시집보내야지.

신명규　난 영복동무를 만나겠오.(퇴장)

김영감　(이윽히 생각에 잠겼다가, 소발구채를 메고 마을로 퇴장)

　　한동안 남포 소리만이 끊었다 잇는다.

영　복　(동태며 찬거리를 받어들고 등장하야 정지로 들어간다. 이윽고 일저고리를 벗고 방한모를 벗어 양색빛갈 저고리가 혈색좋은 얼굴에 어울려 제법 아름다운 색시태를 갖추어 밖으로 나와, 비탈길이며를 살피다가 장작 무데기를 한아름 안고 다시 정지로 들어간다)

김영감　(등장하야 소발구틀을 또 한짝 메고 가려다가 정지문을 열어본다)

영　복　오빠가 아직 보이지 안어요?

김영감　……
영　복　해가 기울었는데 웨 엿때 안 올까?
김영감　영복이 너, 혜산으루 가야겠다.
영　복　네?
김영감　윤수를 딸아 가야지.
영　복　……
김영감　일간 날 받아서 잔치를 하자구 그러드라. (소발구채를 메일려고 한다)
영　복　아버지!
김영감　(도라선다)
영　복　저, 그렇게 급작스러히 갈 수는 없어요.
김영감　다 안다. 두말 말구 어서 가두룩 해라.
영　복　글세, 여맹사업이랑 동리 일을 버리구 떠날 수는 없어요.
김영감　너 안이면 일꾼 없겠다구 걱정이냐.
영　복　……
김영감　계집애가 커스면 시집을 가게 마련이지. 이건 무슨 소리야.
영　복　가, 가면 아버지는 혼자서 어떻게 할테예요.
김영감　……
영　복　끼니는 누가 끄려주구, 빨래는 누가 빨아준단 말이예요.
김영감　내 걱정은 말래두 그래, 아모럼 내가 평생 딸의 시중이나 받구 살겠니.
영　복　글세, 전 아무래두 그렇게 날래 떠날 수는 없어요.
김영감　뭇소리4) 말구 어서 머리 얹두룩 해라. 난, 에미 없이두 널 강보에 싸서 길렀다. 웨 내 손으루 밥지어 먹은게 한두 해뿐이냐. 넌, 에미의 무덤두 없어. 하기야 우리가 무산서 여기까지 한고개 한고개 쫓끼여 들어오는 동안, 우리는 우리 조상의 무덤두 잃구 말지 않었니, 우리야 세상 무엇 있어서 살어온 사람들이냐. 어떻거면 왜놈들때 극성을 해서 모시는 산신바가지두 몰르구 지내온 우리 집이야. 그렇기루 난, 너이들을 에미손 없이 길렀다.
영　복　아버지…… (그만 늦겨 운다)
김영감　인제 무슨 걱정이냐. 나라는 흥성하다, 옛날 인심과는 달리 동리에서는 서로 도와주겠다. 정말 난 인제 죽어두 한이 없을 세상을

---

4) 뭇소리, 여러 사람이 이러니저러니 하는 말.

　　　　　맞났다.
영　복　(더욱 늦겨 운다)
김영감　딸자식이라니 시집가서 아들딸 낳구 잘 살아야 그게 부모에게두 락이지! 글쎄, 내가 무슨 걱정이란 말이야. (소발구틀로 와서 메일 차비를 하며) 닭이나 한 마리 잡아라.
영　복　(각가스로 눈물을 거두며) 소비조합에서 돼지고기랑 찬거리를 받아 왔어요.
김영감　잡으래두 그래, 너두 인제 떠날 게구, 그까짓 닭은 두었다 나 혼자 먹겠니. (소발구 틀을 메고 퇴장)
영　복　(그만 북받치는 울음을 깨물기에 한동안 괴롭다가, 토방에서 모이 박아지를 들고 집뒤로 돌아간다)

　　사이.

영　복　(닭을 잡아안고 정지로 들어간다)

　　사이.
　　이윽고 굴뚝에서는 연기가 피어올은다.

성　실　(꿀이든 단지를 들고 등장) 영복아.
영　복　(문을 열고 고개를 내어민다)
성　실　이건 저녁이냐, 점심이냐?
영　복　그래, 또 소발구 넘어가는 걸 멍청하니 보구만 섯지 않었니?
성　실　그럼, 나는 머 늘상 실수나 하는 사람인 줄 알어.
영　복　악가 소발구 넘기구 찔찔 울든 생각 안 나. 호호…… (나죽히 웃는다)
성　실　애는, 그럼 난 싫드라, 참 난 오늘 영복동무한테 배운 게 커서. 소발구가 들어오면 몸 내여놓구 대들어서는, '이리루 부리시요', '이리 끌어들이시오' 고함치면서 소코뿌리를 잡아끌어 단니면, 글쎄 소란 놈은 으젓하게 냄라을 썩 잘 듯는구나.
영　복　그봐, 소발구란 소하고 한맘 한뜻이 돼야 하는 게야.
성　실　정말이야, 소란 놈두 눈치가 빼어하단 말이야.
영　복　그건 머냐.
성　실　꿀이야, 아버지 대접하라구-

영 복 아이, 이건 웨 가져왔니.
성 실 무산 할머니가 한통 가지고 왔서.
영 복 미안하고나. (받어드린다) 아버지가 좋아하시겠다.
성 실 너의 아버지는 기침이 있다고, 너이 집에부터 가져왔다.
영 복 고맙다, 참 오늘 우리 집에서 점심 같이 해.
성 실 웬일이야? (정지를 살피다가) 닭을 다 잡는고나.
영 복 (밖으로 나오며 각별히) 오늘 우리 오빠가 오신다.
성 실 영수가?
영 복 애는 인민군대더러 영수가 머냐. 편지 왔다, 표창을 받어서 특별 휴가를 받었다는구나.
성 실 표창을 받어, 아이, 넌 좋겠다. 그런 훌륭한 오빠를 두어서-
영 복 그동안 몰라보게 변해슬게야, 훈련을 받구 학습을 받구, 게다가 어였하게 군복을 입구- 아이, 어서 봐슴 좋겠네.
성 실 우리같은 건 시골댁기라구 눈겨듭떠 보지두 않겠다 애, 산판에 있을 때두 아주 늠늠했는데, 군복까지 입구 오면-. 아이, 어마어마해.
영 복 웨 어때 안을까?
성 실 무언지 난 걱정거리가 한 가지 생겼다 애.
영 복 무언데?
성 실 막상 만남 머라구 그러니. 어려서부터 '영수야', '밥먹었니' 하든 판에 글세 머라구 불러야 좋아?
영 복 영수동무! 그동안 얼마나 수고를 하셨습니까, 그러지, 호호……
성 실 아이, 속상해. 북그러워서 그런 말을 어떻게 하니. 호호……
영 복 북그럽긴 머가 북그러워, 성실이는 당당한 여성동맹 지도일꾼이 아니야.
성 실 무척 변했을 게야.
영 복 오빠두 왜놈들 때는 무척 고생을 했서. 그게 바루 45년도로구나, 징병에 걸닌 걸 도망을 쳐서 상삼봉에 숨어 있지 안었니, 그런 걸 내가 매일 나물캐려 가는체하고는 밥을 날러다 주었구나.
성 실 에-이, 그때 생각을함, 칡뿌리 신세 지든 게 진절머리가 난다.
영 복 글세, 놈들에게 붓들리기라두 함 어떻거겠느냐구 걱정을 했드니 말이야. 오빠는 아모렇지두 않게 이렇게 말하겠지. 산에두 다 생각이 있는 게라구. 그래, 지는 저를 낳아준 이 산들이 직혀준다는 게야. 그래, 밤이면 밤마다 별을 세인다는 거야. 얼마나 안타까우면, 밤이면 밤마다 별을 세이구 있었겠니. (눈물 지운다)

성 실　그때 영수는 우리 조선이 해방됨, 군대가 되겠다구 결심을 했담서.

영 복　그게 무슨 말인 줄 알어? 왜놈들 때두 김장군께서는 왜놈들을 믓찔러서 싸우지 않었어, 그때 우리 산판사람들은 김장군만 오시기를 기대라지 않었어. 그때 보천보에두 김장군은 오셨구나. 오빠는 얼마나 안타까이 김장군을 기대렸겠니, 그래, 오빠는 이 산을 지킨다는 게야.

성 실　그게 인민군대의 마음 아니야.

영 복　나 어제밤 꿈꾸었어. 글세, 오빠가 말이야. 군복을 입었는데 오바 자락을 더흘거리면서 산골작이루 나는 듯이 내려오는구나, 그래 나는 '영수야!', '영수야!' 하면서 쫓아가질 않었겠니.

성 실　가만, 누가 들로지 않어? 영수야! 영수야! 하는 것같구나. (언덕으로 올라가 살핀다) 영수야! 영수야!

산울림　영수야! 영수야!

영 복　(따라 올라가 살피며) 아니야. 산울림이야. (두 처녀 합쳐서) 영수야! 영수야!

산울림　영수야! 영수야!

두처녀　(얼골을 마주보며) 호호……

소 리　영수가 온다, 영수가 온다……

성 실　아무래두 누가 찾는 것같아, (고함친다) 영수야!

소 리　영수가 온다, 영수가 온다……

성 실　가만, 저게 머냐? 사람들이 올라오는구나. 가만 있서, 인민군대 안이야?

영 복　정말 우리 오빠야. 오빠! 오빠! (달려 나간다)

성 실　(그만 기급을 해서 토방으로 달려 내려온다)

소 리　(상수에서) 어-이, 어-이.

소 리　(하수에서) 어-이, 어-이.

벌목부　(이윽고 고함치며 달려 올라온다) 인민군대에 가있는 영수가 돌아오네. 영수!

소 리　어-이, 어-이.

벌목부　영수가 돌아왔서, 영수!

소　　리　(점차로 각가워지며) 어-이, 어-이.

　　　이윽고 김영수, 신명규 벌목부들 담소하며 등장한다. 과일상자며를 동리 사람들이 받어들고, 영수는 지구의(地球儀)를 싸서 들었다.

영　복　오빠는 참 변했서. 우리 오빠같지 않은걸.
영　수　옛기, 망할 것-
영　복　오빠, 성실이예요,
신명규　성실동무가 웨 쥐구멍을 못 찾아서 야단이야, 하하…… (정지로 밀려드는 걸 잡어 끌어낸다)
영　복　성실아, 인사해.
영　수　성실동무! 그동안 동리를 위해서 얼마나 수고를 했어요.
성　실　(부끄러워 엇쩔 줄 모른다)

　　　상수에서 벌목부들 '영수가 왔다', '영수다' 떠들며 내려온다.

벌목부　영수, 이게 얼마만인가. 몰라보게 변햇네 그려.
영　수　두찬이, 잘있었나. (악수. 다시 여럿을 향하야 거수경래를 한다) 동무들 동리를 위해서 그동안 얼마나 수고를 하셨습니까, 모두들 튼튼하십니다 그려.
벌목부　참, 훌륭하이. 영수가 이렇게두 훌륭한 군인이 되다니!
벌목부　이번에 표창까지 밧엇다면서! 참, 자넨 우리동리의 자랑일세.
벌목부　얼마나 잘 배윗스면 이리두 변한단 말인가. 늠늠하구5) 끌끌한6) 게 일등군인일세.
영　수　고맙습니다. 동무들 덕분에 군무에 충실하고 있었습니다.
벌목부　영수가 산판사람인 줄은 깜짝같이 몰르겠네, 엇쩨 같이 서기가 어마어마 하이 그려. 허허허……
일　동　허허……
영　수　우리 인민군대는 모두다 저와 같은 근로인민들의 자제분들입니다.
신명규　난 마음이 한껏 기쁠세, 우리 민청에서 동무같은 훌륭한 인민군

---
5) 늠름하다.
6) 마음이 맑고 바르고 깨끗하다.

　　　　　대 전사를 내엿다는 건 우리 민청의 커다란 자랑일세.
영　수　고마우이. (굳은 악수. 집을 살피며) 니영을 새로 했구나. 벽두
　　　　　새루 발르구.
영　복　동리에서 모두 수고를 헤주었어요.
영　수　(거수경례를 한다) 고맙습니다. 홀로 게신 아버님을 위해서 이렇
　　　　　게 도와 주시니, 무어라구 감사의 말씀을 올려스면 좋을지 몰르겠
　　　　　습니다.
벌목부　원, 별말을 다 하네.
일　동　(떠든다)
영　수　고향에 도라와서 여러분들의 씩씩한 모습을 보니, 얼마나 기뿐지
　　　　　몰르겠습니다. 동리는 몰라보게 변했습니다. 모두 건설이구 새 기
　　　　　분입니다 그려, 참, 학교를 새루 지었다는데 어디인가.
신명규　(언덕으로 올라 가르킨다) 바루 저기일세.
영　수　(살피며) 허- 굉장할세 그려. 화강석 양관이라니 정말 큰 일들을
　　　　　했네.
신명규　저-기를 보게. 철로공사는 지금 쌍바우께서 남포질이 한창일세.
영　수　아, 돌덤이들이 곤두박질을 해서 뛰여올으네 그려, 이런 험산준
　　　　　령을 뚫고까지 철도가 들어온다, 정말 우리의 민주역량은 장쾌한
　　　　　것일세.
신명규　벌서 혜산에서 14키로, 가림리에서 압록강 쪽으루가 서른두키로
　　　　　나 나갓단 늙늙하밀이야, 이 푼수로 하면 예정보다는 훨신 전에
　　　　　완수될 걸세.
영　수　수고들 하네, 우리 백두산의 부원7)을 왜놈들두 헐어먹을려다 못
　　　　　먹구 쫒겨간 곳이 아닌가.
벌목부　놈들두 칙량을 햇드랬어.
신명규　우리 백두산이야 김장군께서 놈들을 끊임없이 뭇 찔른 성산인데
　　　　　될 말인가, 백두산은 대대손손이 찍어내두 언제 끝일 줄 몰르는
　　　　　밀림지대가 600여만 립방메-터일세.
영　수　동무들! 김장군께서는 끝까지 이 백두산을 직히시며 왜놈들을 뭇
　　　　　찔러 싸웠습니다. 김장군이 지니신 애국심- 그것이야말로 우리
　　　　　조국을 건지고, 부강하게 하는 단 한 가닭의 길이라는 걸, 정작
　　　　　백두산에 올으면서 나는 더욱 가슴 뜨겁게 늣깁니다.

---

7) 富源, 경제적 부를 생산할 수 있는 근원이나 천연자원.

신명규 옳은 말일세, 요새 나는 저 남포 소리를 들을 때마다 김장군의 위대하심을 생각하군 하네.

일동 감격에 잠긴다. 남포 소리만이 끊었다 있는다.

김영감 (등장)
영 수 (얼른 내려와 아버지 앞으로 가며, 거수경례를 한다) 아버지, 제가 돌아왔 습니다.
김영감 몸이나 튼튼히 잘 있었니.
영 수 네, 몸 튼튼히 군무에 충실하다가, 이번 휴가를 받어서 돌아왔습니다.
김영감 (토방으로 가며) 배나 곺으지 않데?
영 수 원 아버지두 배가 웨 곺으겠습니까. 집에 있을때 보다는 몸중량이 한관이나 더 늘었습니다.
김영감 어서 들어가 얘기들이나 하지.
벌목부 잇다 저녁에 오겠습니다.
벌목부 저녁에 와서는 인민군대 얘기를 단단히 들어야겠군.
벌목부 아저씨, 기쁘시겠습니다.
벌목부 김영감이 어릿어릿하는 품이 제 아들같지 않은 모양이지. 허허……
일 동 허허……
벌목부 그럼 저녁에 울게, 재미있는 얘기나 밤새 들려주게.
영 수 네! 그럼 저녁에들 놀러오세요.
일 동 네, 네. (떠들며 퇴장)
영 수 (지구의를 영복에게 준다) 이건 특별히 네게다 줄려구 사 온 선물이다.
영 복 이게, 머예요. (조이를 뺏긴다)
영 수 영실이는 교육사업에 열중한다니까. 지구의를 사왔서.
영 복 어마니나, 이쁘게두 생겼네.
신명규 잘 만들었네 그려, 이게 교육성에서 이번 새루 만든 게라지.
영 수 으응. 일 잘해야 한다.
영 복 염려 말아요. 여기가 바루 조선이야. 여기가 모스크바- (지구의를 뺑그르르 돌려놓고 기뻐한다)

김영감　어서 방안으루들 들어가렴으나, 애, 국 끄리는 건 어떻게 됐니, 자, 어서들 들어가게.

　　김영수, 신명규 방으로 들고, 김성실 영복 부엌으로. 김영감 마당에 흐러진 일감을 잘 살피고는 방안으로 들어간다. 이윽고 해는 저물고 붉은 노을이 누리에 숨어든다.

혜산집　(등장하야 살피며 정지로 온다) 아가, 아가 있니.
영　복　(나온다) 어머님 오셨어요.
혜산집　아버님 게시냐.
영　복　네! 오빠가 돌아오셨어요.
혜산집　영수가 왔어. 내가 맞츰 잘 왔구나.
영　복　어서 들어가 보세요.
혜산집　오냐, 참 훌륭히 됐겠다— 참, 이런 말을 네게다 먼저 해서 좋을지 엇쩔지 몰르겠다만, 하기야 요새 시체루야, 당자들의 마음을 일러주지 안느냐. 그래, 너한테 의론하는 말인데. 어떨까, 윤수는 이번 혜산으루 나가는 김에 성례를 올리구 같이 나가스면 하는 생각인데—
영　복　……
혜산집　예서 혜산이야 수백리 상거 아니냐. 그래 군잡스리 갓다가 또 와서 성례를 올리구, 이사를 가기두 폐라울 거란 말이야.
영　복　……
혜산집　하구 또, 윤수가 가는 일은 크게 책임을 맡구 가는 일인데, 노상 홀아비루 뜨내기 살림을 한대서야 일손이 바루 잽피겠니, 그래 시접살림에, 새 일감을 들구 나서면, 행결 일손이 펼 거란 말이로구나.
영　복　……
혜산집　윤수 말이 아까 너두 나가면, 할 일이 여간할 게 아니라구 그러드라, 어떠냐? 남편을 돕구, 거기 일두 돕구, 같이 나가두룩 하쟈.
영　복　글세, 그렇게 당장은 떠날 수가 없을 것같아요.
혜산집　그야 누가 몰르니, 너두 홀아버님 모시구, 여간 딱한 사정일 줄두 알지만, 그렇다구 네가 아버님을 기리 모실 배 못 되구— 이왕 떠날 바에는 지금 가주어스면 윤수는 허리를 펼 게 아니냐.
영　복　아버지 일두 일이지만, 동리일 때문에 그래요, 학교일이랑 당장은

　　　　　놓을 수가 없어요.
혜산집　너 아니면 사람 없겠니, 딴 걱정 말구 어서 같이 가도록 하자.
영　복　……
신명규　(악가부터 밖으로 나와서 지키고 섰다가 마당으로 나온다) 영복 동무, 동무의 사정은 다 들었어요. 그래 어떻게 할 생각입니까?
영　복　……
신명규　글세, 동무가 떠나서는 우리 동리의 사업은 아주 말이 아닌데, 좀 더 수고를 해줄 수 없어요?
영　복　……
신명규　아주머니, 참 사정이 딱합니다. 결혼식은 명년쯤 하기루 하시죠.
혜산집　에이구, 딴 말을 하네. 우리 윤수의 처지두 좀 생각해 주게.
신명규　글세, 남의 결혼문제에까지 간섭하는 것같애서 미안합니다만, 동리의 사업이 딱해서 자연 이런 말씀을 올리게 됩니다 그래.
혜산집　동리에 그만 일할 사람 없겠나. 그러지 말구 딴 사람을 골라 주게.
신명규　물론 지금까지 지도일꾼 양성사업을 게을리 해온 건 아니지만, 아직 그럴만한 차비가 되어 있지 못 합니다. 길어서 일년만 더 참어 주시우.
혜산집　그런 말 말게. 뭇처럼 혜산으루 가게된 걸, 못 가게 되는 꼴을 볼려구 그러나.
신명규　그럼, 윤수더러 부탁하겠습니다. 설마 윤수야 제 동리 사정을 몰른다구 하겠어요.
혜산집　아예 그런 말 말게, 자네가 정말 혜산으루는 못 가구마는 꼴을 볼려구 들었네 그려.
신명규　아주머니, 너무 제 발등만 들여다보지 말구, 좀 더 널리 동리. 전체를 돌보아 주세요, 그리구 조곰치는 사둔집의 처지두 생각을 하셔야죠, 사둔영감은 늙은이가 홀몸이 아닙니까, 더구나 우리나라를 직혀주는 인민군대의 가족이란 말씀이예요, 윤수는 말할 것두 없지만, 아주머님두 인민군대 가족을 원호하는 마음에서라두 어디 그럴 수가 있습니까.
혜산집　나두 그만한 건 아네, 자네들은 무어 동리의 사업이니 엇쩌니 하구 떠들지만, 영복이만두 그렇지, 홀아버지 떨어지기 싫어서 그러는 줄 알아. 그럼, 머 나는 그런 사정은 알지두 못 하구, 생각두

　　　　없어서 그러는 줄 아나.
신명규　말씀을 삼가세요. 영복동무의 일은 개인간의 일이 아닙니다. 윤수를 맞나겠습니다. (퇴장)
혜산집　저 사람이 엇쩔려구 그래, 나두 며누리 맞어가면 사둔집 도울려는 사람이야, (허겁지겁 딸아가다가 그만 할 수 없이 도라선다) 영복이, 너두 그렇지. 아버지 걱정에 혼사를 밀우는 법이 어디 있단 말이냐?
김영감　(악가부터 나와서 직히고 섯다가 마당으로 나온다) 난 딸자식 데리구 있자구 하지 안었소. 그래, 날 제 욕심에 딸자식 제 집에서 늙힐려는 늙은이루 알었읍디까.
혜산집　원 사둔님두, 그런 게 아니예요. 아가이 아버님 걱정을 하기에 내라두 사둔댁을 도웁자는 말이 아닙니까?
김영감　그만두시우. 나, 사둔집 신세지자구 하지 안었소.
혜산집　사둔님, 찾어오든 길이웨다, 글세, 우리 윤수가 이번에 혜산으루 가게 되서……
김영감　말은 다 들었오, 데려갈려건 아무 때라두 데려가시우.
혜산집　글세, 좀 좋은 세상입니까. 이런 산골애까지 쫒겨 들어올 때는 정말 죽는것만 같으니. 글세, 다시 혜산땅을 밟구 살게 됐으니 이 얼마나 기쁜 일입니까. 그렇지만 사둔댁에선 한끝 섭섭하기두 하시겠구. 그래, 의론차루 오든 길이웨다.
김영감　좋쉐다. 난 딸의 신세두 사둔댁 신세두 안 질 사람이니, 마음대루 데려가라니까요.
혜산집　아니, 사둔님은 웨 그리 어성을 높이구 그러십니까, 이게 다 좋두록 의론 쫓아 하자는 게 아닙니까.
김영감　그래서 어린것들 앞에서 별 못할 말이 없단 말이오, 글세, 내가 머랫다구 딸자식 출가하는데, 내가 입새에 올은단 말이오.
혜산집　그야 아드님두 인민군대에 가구……
김영감　나, 사둔댁 덕 보자구 자식놈 인민군대에 보내지 안었오.
혜산집　알겠소이다. 아드님이 인민군대에랑 가구 훌륭하게 되니까, 인젠 우리같은 건 맛차워 보이지 안는단 말씀이로군요.
김영감　그건 또 무슨 말이오.
혜산집　그만두세요, 너무들 이러지 마시우.
김영감　도리여 날더러 너무 한다구요?

영 복   아버지……
혜산집   너무 하는 게 아니면 머요. (퇴장할려고 한다)
영 복   어머님, 참으세요. (붓잡는다)
혜산집   그만둬라. (뿌리친다) 우리가 너같은 훌륭한 며누리야 데리구 가겠니. (퇴장)
영 복   어머님…… (따라간다)
김영감   원 저런, 코트러 막구 답답한 늙은이가 있나. (따라간다)
영 복   (도라서며 막는다) 아버지, 참으세요.
김영감   에-이, 가슴이야. (화가 치밀어 엇쩔 줄 모르다가 상수로 퇴장)
영 복   (눈물 지운다)
성 실   (정지에서 나온다) 영복아!
영 복   글세, 난 어떻검 좋으냐.
성 실   참, 딱하구나. 안 갈 수두 없구, 갈 수두 없구-
영 복   성실아, 너 내대신 동리 일을 맡어줄 수 없겠니?
성 실   안돼애. 내가 어떻게 그렇게 큰일을 맡니?
영 복   아무래두 난 갈 수가 없어, 제일 아버지 일이 걱정인 걸.
성 실   아버지 시중이야 우리 여맹에서 맡으면 되지만, 그래두 영복인 떠날 수가 없어, 아무래두 동리 일을 맡을 사람은 없는 걸 머.
영 복   아이, 속상해. 아버지 소는 내가 어떻게 해서든 사들일려구 하든 걸, 그것두 허사가 되구 마는가 보구나.
성 실   영복아, 소는 우리 여맹에서 맡작구나. 인민군대 가족 원호사업이야 우리 여맹이 주동이 돼야할 게 아니야.
영 복   안돼, 소 쥑인 사람에게 원호사업이 무슨 원호사업이냐, 나라에서 소 사준다는 것두 우리 집 일이지만 난 반대야. 그래 돈을 못아오든 걸, 인제 겨우 3000원을 놓으니까, 일이 이렇게 되구 마는구나.
성 실   영복아, 그건 네 고집이다. 누구보다두 열성적으루 일을 위해서 나섯다가 그렇게 된 젠데, 웨 원호를 받을 수가 없단 말이냐.
영 복   성실아, 정말 그런 말은 다시는 말어다우.
성 실   넌 너이 집 일이니까, 그러는 게야.
영 복   아니야, 소 쥑인 건 나쁜 일이야.
성 실   (이윽히 생각에 잠겼다가) 나, 집에 잠간 단녀올 테야.
영 복   웨 그래, 무슨 생각을 하구 그래?

성 실 글세, 단녀올 테야. (급히 퇴장)
영 복 성실아, 성실아. …… (따라가다 말고 괴로운 대로 허위적인다)
영 수 (방안에서 조용히 나와서 영복이의 억깨를 두드린다) 영복아……
영 복 ……
영 수 영복아, 너는 윤수를 따라서 혜산으루 가거라.
영 복 네?
영 수 영복이가 가는 게 우리 동리를 위해서나, 우리 두 집을 다 위해서 좋은 일이야.
영 복 ……
영 수 영복이 마음은 내가 잘 알아, 이 산판을 위하구, 우리 아버지를 위하구.
영 복 오빠는 편지에 머라구 했어요, 아버지를 모시구 동리를 위해서 힘껏 일하라구 하지 안었어요.
영 수 두말 말구, 혜산으루 가도록 해라.
영 복 (이윽히 쏘아보다가 방으로 들어가 지구의를 들고 나온다) 오빠, 이건 웨 사다 주었오? 난 오빠의 마음을 잘 알아요, 그래, 난 내나 잘 살기 위해서 일두, 부모두 모두 버리구 떠나가야 한단 말이에요?
영 수 여자란 출가를 하면, 그때는 시집을 위하구 그 동리를 위해서 살아야지.
영 복 당장이 동리 일이 곤란한 걸 어떻게 해요?
영 수 그건 네가 주제넘은 생각이다, 네가 없으면, 또 후진들이 나올 수 있다는 걸 아라야지.
영 복 그건 우리 동리 사정을 잘 모르는 말이예요.
영 수 그게 그릇된 사업 작풍에서 나오는 그릇된 생각이야, 혜산으루 가거라. 거기는 더 큰 사업들이 너를 기대리구 있지 안으냐.
영 복 ……
영 복 (토방에 주저 앉으며 괴로워한다)
영 수 영복아, 아직두 모르겠니.
영 복 나는 이 동리를 떠나구 싶지 아니요, (벌떡 일어나 달려나간다)
영 수 그게 좁은 생각이야, 낡은 생각이야.
성 실 (급히 등장) 영복아!
영 복 성실아. 글세, 우리 오빠두 혜산으루 가라는구나.

성 실 네가 우리 동리는 떠나서는 안 돼. 영복이 오빠! 영복이가 떠나서는 안 돼요.
영 수 ……
성 실 영복이가 떠나다니 안 돼요, 안돼, 영복아! 이 돈을 소 사는데 보태 써다우. (돈뭉치를 내여준다)
영 복 아니, 이건 웬 돈이냐?
성 실 글세, 받어주어.
영 복 그만두어. 성실이, 너 시집갈 때 보탤려구 모아두든 돈이로구나.
성 실 글세, 받어두어. 두래두 그래. (억지로 쥐여준다)
영 복 싫여, 난 못 받아. (뿌리치고 다라난다)
성 실 영복아! 영복아…… (따라 나간다)
영 수 성실동무! (돈 이애기가 괴로워서 지구의만 할일없이 돌리고 있다가 나온다)
성 실 (도라선다)
영 수 성실동무의 그 마음은 훌륭합니다. 그러나, 우리가 그 돈을 어떻게 받겠오.
성 실 ……
영 수 성실동무, 동무는 이 마을의 훌륭한 지도일꾼입니다. 그리구 영복이는 또 새로운 임무를 위해서 떠나가야만 합니다. 그러니까, 성실동무가 이 마을의 사업을 맡어 주십시오.
성 실 아니예요. 저는 그럴 자격이 없어요.
영 수 이걸 받으세요. (지구의를 안겨준다) 이건 내 누이동생에게 줄 것이 앟이라, 동무가 받어야할 선물입니다.
성 실 아니예요. 저……

성실이 지구의를 들고, 당황할 때 리윤삼이 선두로 서서 벌목로동자들 손에 손에 곡괭이, 삽, 목기, 톱 등 쟁기를 메고 상수 비탈길에서 떠들며 내려온다.

리윤삼 그동안 많은 수고들을 했습니다. 그 강파랍든 수릿재를 반이나 낫추었으니, 얼마나 기쁜지 모르겠습니다.
벌목부 이를 데 있습니까, 김영감이 조곰만 더 참었드면 소다리를 꺽지 안는 걸 그랫단 말이예요.
일 동 하하……

리윤삼 인제부터는 인민경제계획을 300파-센트 완수루 나아갑시다. 2개
       년계획 완결에는 삼림철도에다 원목을 꽝꽝 실어내잔 말이예요.
일 동 옳소! 옳소!
영 수 여러분! 많은 수고들을 하십니다.
벌목부 이거 영수로군 그래.
벌목부 몰라보게 되었네 그래.
벌목부 훌륭한 군인이 되었네 그려.(등등 서로 인사를 하기에 어수선스
       럽다)

       신명규 영복을 다리고 등장. 뒤따라서 동리여인들 등장.

신명규 영수동무! 역시 누이동생은 혜산으루 보내야 하겠나?
영 수 보내야지. 난 보내는 것이 가장 합당한 일이라구 생각하네.
신명규 여러분! 영복동무가 혜산으루 가게된 것은 여러분두 잘 아는 일
       입니다. 그래, 영복동무가 가드라두 우리 동리 일은 여러분이 감
       당해 나갈 수 있겠습니까?
일 동 않 됩니다, 가서는 않 됩니다. (몹시 떠든다)
영 수 잠간 말씀들입니다, 우리는 그동안 많은 사업을 해왔읍니다, 그
       런데 오늘 내 누이동생이 떠난다구 해서, 동리의 사업을 감당할
       만한 인재가 없다고 생각하는 것은 그릇된 생각이라고 아니할 수
       없읍니다, 조국이 부르는 대로 우리는 유능한 일꾼들을 보내야 합
       니다, 그러면 또 새 일꾼이 나와서 그 일을 맡게 되고, 이래서 우
       리 나라의 건설사업은 날로 흥성하며, 새로운 지도일꾼들이 배출
       되여 나올 것이 안입니까.
일 동 ......
영 수 나는 결코 우리 동리에 새로운 지도일꾼이 없다고 생각지 않습니
       다. 도리여 내 누이동생이 있음으로 해서, 새로운 일꾼들이 기를
       펴고 나오지 못하는 것이라고 생각합니다, 인제 성실동무에게 뭇
       읍니다, 동무는 내 누이동생과 같이 일하며 같이 배워왔읍니다.
       그런데도 내 누이동생을 대신해서 사업을 책임질 수 없다는 것은
       어떻게 된 일입니까?
성 실 ......
영 수 성실동무! 내 누이동생에게는 혜산공사구에서 커다란 사업들이

|||기대리구 있읍니다. 그렇니까 선배는 더 큰 사업장으로 가고, 그러므로 해서 새 일꾼이 다시 마을의 사업을 감당하는 것이 가장 올바른 사업 작풍이며, 이것이 저이 동리만이 잘 되게 하겠다는 그릇된 생각이 아니고, 진정으로 조국을 위하는 길이 아니겠읍니까.

벌목부 영수동무의 말이 옳습니다. 큰 소가 나가면 작은 소가 큰 소 구실한다는 말이 있지 안습니까.

영 수 그리고 여러분은 우리 아버지 일을 걱정해 주십니다. 물론 그 본뜻은 감사합니다만, 이것도 반드시 옳은 생각이라고 생각지는 안습니다. 내가 군대에 가 있구 내 누이동생이 시집을 가기로니 그래, 아버지가 그다지도 불편한 게 무었이겠습니까. 설사 당분간 끼니를 손수 끄린다기로니, 그게 그다지도 불행할 건 무었이겠읍니까, 지금 어디 제 자식만 자식이라고 눈을 부루뜨고 사는 세상입니까. 온 동리가 다 자식이구, 어버이구, 한 겨례가 되어서 모두 일동 즐거우며, 하물며 저이 아버님은 여러분들의 뜨거운 원호 가운데 한껏 행복하거든, 내 누이동생이 출가하는데 문제가 될 것은 당초에 없을 것이 아닙니까.

일 동 옳소! 옳소!

성 실 (지구의를 안은 대로 앞으로 나온다) 제가 영복동무를 대신해서 우리 동리의 일을 맡어보겠습니다.

일 동 (박수와 환성이 일어난다)

성 실 저는 아모 것도 모릅니다. 그렇치만 저는 영복동무만 너무 믿은 것을 크게 뉘웃치면서, 제 힘 자라는 데까지는 기를 쓰구 일하겠습니다. 그리구, 영복동무가 가면 홀로 게신 아버님은 어떻게 하나 걱정만 했지, 우리 동리의 아버님으로 저이들이 모시여 들일 것을 밋처 생각지 못했음을 북그럽게 생각합니다. 그래, 저는 영복의 아버님을 영복이를 대신하여 모시여 들이겠습니다. 그보다두 우리 여성동맹에서는 이런 원호사업을 널리 일으켜야 하겠습니다.

일 동 옳소! 옳소!

영 복 (성실을 쓸어안는다) 성실아, 고맙다!

신명규 고맙습니다. 여러분의 의기가 이럴진대, 우리들의 앞에는 무엇 무서울 게 없겠습니다.

성 실 그리구 영복이 아버님은 지난번 소를 잃었습니다. 지금 사무소에

서 소를 사준다고 합니다만, 이것은 나라에다 맡길 것이 아니고,
　　　　인민군대 가족에 대한 원호사업으로써, 우리가 소를 사주는 것이
　　　　옳은 일이라고 생각합니다. 그래, 저는 못아두엇든 돈 삼천원을
　　　　받치겠습니다. (돈을 신에게 준다)
일　동　옳소! 옳소! (환호가 일어난다)
혜산집　(앞으로 나온다) 이 못된 것을 용서하십시오, 이 자리에서 무얼
　　　　감추겠오. 영수는 인민군대 군인으루 훌륭히 되고, 영복이는 동리
　　　　의 지도일꾼이 되구. 그래 우리같은 건 나지라 보는 거라구, 언짢
　　　　게 생각했습니다. 그런데 시방 보니 여러분은 그렇게두 동리를 위
　　　　하구, 나라를 위하는데는 이 못된 것의 눈도 트이는 것 같습니다.
　　　　이 못된 것을 용서하십시오. (엎드려 운다)
영　복　(붓짭어 일으킨다) 어머니……
벌목부　우리는 영복이를 보냅시다. 그리구 김영감네 일을 우리가 도와야
　　　　하겠습니다.
리윤삼　비단 김영감네뿐 아니라, 우리 조국을 직혀주는 인민군대를 위해
　　　　서 마음으로 노력으로 원호사업을 크게 잃으킬 것을 제의합니다.
일　동　옳소! 옳소!
신명규　영수동무, 우리 동리사람들의 이 뜨거운 마음을 받아주기 바라
　　　　네.
영　수　(앞으로 나와서 경례한다) 고맙습니다. 여러분의 마음이 이다지
　　　　도 뜨거울 진대, 저는 마음 놓고 군무에 충실하겠습니다.
일　동　인민군대 만세! 인민군대 만세!
영　수　(만세소리 가운데 거수경례를 하고 있다)
일　동　커다란 감격 가운데, 김영감의 감격은 눈물로 나타나는 대로 고요
　　　　히 막.

1949년 1월.

녹두장군(전3막4장)

인물
    전봉준(全琒準)   별명, 녹두장군
    그의 모친
    조성국(曺成國)   녹두장군 문하생, 15,6세 된 초립동
    최옥분(崔玉芬)   조(曺)가 련모하는 관노의 여식
    옥분모
    정익서(鄭益瑞)   동학군
    최시중(崔時中)   동리노인, 전봉준을 崇拜한다.
    박동진(朴東鎭)   대원군 밀사
    정인덕(鄭寅德)
    손화중(孫花中)   동학군 접장
    김개남(金介男)
    김원직(金元稙)   참모장
    손병희(孫秉熙)   해월선생의 수제자
    김문현(金文鉉)   전라감사
    이승우(李勝宇)   홍주영장
    이용태(李容泰)   안찰사
    최영연(崔永年)   사마(司馬)
    향   월(香月)   감사 수청기생
    강삼용(姜三龍)   향월의 오라비
    외, 촌부, 농민, 동학군, 관군, 왜병, 감영영리, 형리, 사슈, 집장사령, 급창 등

제1막

태인 동곡에 있는 전봉준의 집.
갑오년, 정월 중순 어느 날 저녁나절이다.

무대

정면이 대청이고 왼편으로 두간 장방, 마루에서 방으로 드나드는 장지문이 있고, 앞으로 미닫이가 달렸다. 마루에는 뒷창문이 있어 안으로 출입할 수 있다. 대청 바른편 쪽으로 대문이 붙고, 조금 떨어져서 바른편 구석에 개울물을 건너는 조고마한 다리가 놓여 있고, 다릿목에 수양버들이 한그루 서있다. 집 뒤는 계곡이요, 왼편은 야산인데 산기슭 밑으로 죽림이 ★★하다. 방문 앞에 오줌장군 하나가 놓였다. 전봉준은 이 사랑에 서당을 내고 동리아이들에게 글을 가르치고 있다. 막이 열리면 방안에서 아이들 글읽는 소리 유장하게 들린다. 천자, 동몽선습, 소학, 맹자 같은 것을 배우는 아이들이다.
마루에는 정익서와 동리노인 최시중이 장죽에 담배를 피어물고 우두커니 글읽는 소리를 듣고 앉아 있다.
옥분이 다리를 건너온다. 사람 눈을 피하는듯 뒤를 돌아다보면서 대문 앞까지 와서는 몸을 숨기고 대청을 가만히 엿본 다음, 대문 안으로 들어서면서 일부러 목청을 높여 '마님 안녕하세요' 하고 인사하는 소리 들린다.

전봉준, 방에서 대청으로 나온다. 머리에 정자관을 썼다.
아이들 글읽는소리 그친다.
초립 쓴 미소년 성국과 뒷머리 따어내린 학동 두셋이 옆에 책을 끼고 노끈으로 얽은 점심망태를 들고 나온다.

전 　(조에게) 얘 성국아, 넌 게 남어 있거라. (하고, 벽을 등지고 자기 자리에 앉는다)
조 　예.

다른 학동들, 대청에 내려서서 '선생님 물러갑니다' 하고, 인사한 다음 퇴장.

정 　읍내에서는 꽤들 들성거리는 모양인데 이대로 가다가는 고부(古阜)서도 민란이 나고는 말껄요.

박로아 · 녹두장군　311

노 인 　알 수 없지, 대체 군수 조병갑(趙秉甲)이란 자가 로색이 너무 심하거던…… 만석보 물세만 하드래도 그렇지, 작년같이 물이 언제고 논귀에 철철 넘치게 비가 잘 온 해에 누가 봇물을 한 방울이나 당겨다 썼어야지 물세고 그 빌어먹는 거고 갖다 바치지…… 그런 걸 글쎄, 숫제 상답 한마지기에 두말, 하답 한마지기에 한말씩 물라니, 이런 기막힌 일도 있소?

전 　그러게 홍수에 만석보가 터졌을 때도 백성들이 제 밥 싸가지고 다니면서 부역을 했으니, 정작 따지고 보면 그 보는 백성들의 보지, 관가의 소유물은 아니지요.

노 인 　암, 그렇다 뿐이겠소. 내 말이 그 말이라니까, 원이라면 일군의 어른인데, 백성들을 보호하고 효유해서 잘 살게 할 방침을 세워주어야 그게 정사지, 이렇게 백성들 등짝을 베껴서 제 배만 채려 들어서야 관속 이외에는 제대로 배겨날 놈은 한 놈도 없어요.

정 　노인장 말씀이 꼭 옳은 말씀이오. 그러니까 민란이 일어나는 게지요. 이래도 죽고 저래도 죽기는 매일반이니, 원수나 갚고 죽자는 게 아닙니까.

노 인 　허기야 그렇지만, 그러니 또 뭘 하오. 애매한 백성들만 죽을 곡경을 당했지 별 수가 있소. 소문에 들으니, 나주, 정읍, 강진, 상주, 안동 등지에서도 민란이 일어났다는데, 동학군이 많이 관계했다해서 인제는 누구든지 잡아다가 동학군으로 치죄를 하고 가산을 몰수한다니, 백성들 베껴 먹는데 이거 좋은 핑계꺼리 생기지 않았소.

정 　(흥분해서 전에게) 선생님, 언제까지 참고 있어야합니까. 선생님이 말씀하시는 그 시기는 언제나 옵니까. 도탄에 빠져서 갈 바를 모르고 있는 백성들을 본체만체 하시고, 서당에 파묻혀서 공자맹자나 찾고 세월을 보내시렵니까.

전 　아직 내가 기다리는 시기는 오지 않았소…… 뿌리를 빼야하오. 뿌리를…… 어찌 민란의 근원이 동학교도에 있겠소. 시방 일국의 정사가 몇 사람 민씨의 장중에 들어가, 매관매직하고 백성을 토색해서 그 탐학무도한 악정의 결과가 백일지하에 들어났거늘, 이 천하대세를 감히 막을 자 누구란 말요.

정 　(그 위엄에 눌린 듯 아무 말이 없다)

노 인 　(탄식하듯) 옳은 말씀이오.

전   두분, 잠깐 방으로 들어갑시다. 내 긴히 할 말이 있으니……
정,노인   예……

　　세 사람 방으로 들어간다.
　　옥분이 조금 전부터 대문 밖에 나와서 대청을 기웃거린다. 이야기에 열중해서 아무도 모른다. 노인이 얼른 눈치를 챈다. 조와 눈이 맞아서 조가 소피를 보는 척하고 내려와서 오줌장군 앞으로 간다 옥분이 얼른 버드나무 밑에 가서 기다린다. 조가 그의 옆으로 가서 마주선다.

조   (언성을 낮추어서) 내 아까 목소리 듣고 너 온 줄 알았지……
옥 분   (가만히) 나 온줄 아시라고 일부러 소리를 질렀지 뭐……
조   그런 줄 나도 알어.
옥 분   그런데, 왜 도련님은 안 가시고 입때 남아 있소? 글을 잘못 외서 벌을 서시오?
조   애, 듣기 싫다. 네 눈에 내가 그런 무대1)로 보이냐?
옥 분   아이 참, 내가 뭐 정말로 그랬나 봐…
조   왜 찾아왔어, 그런데……
옥 분   도련님이 보구 싶어서 찾아 왔지요.
조   응, 알었다. 너 내 좋아하는 송편을 빚어온 게로구나. 속은 뭘 넣었어? 어디 내놔봐. 한개 먹잣구나. (하고, 옥분이 들고 있는 보재기를 뺏으려 한다)
옥 분   아이, 오늘은 아니애요. 이건 새로 지은 내 옷이애요. (하고, 보재기를 뒤로 감추면서) 도련님을 다시는 못 보게 될 것같애서 찾아왔다오.
조   뭐야? 다시는 못 보다니…… 인제 오래잖아 나한테 시집오면, 서로 싫도록 볼 텐데 그게 또 무슨 소리냐.
옥 분   그렇지만, 그것은 도련님 혼잣 생각이애요…… 나도 요새 가만히 생각해 봤지만…… 도련님은 뚜렷한 양반의 자제시고, 나는 천한 관노의 딸이라 귀천을 캐고 문벌을 밝히는 세상에 어찌 들어내놓고 혼인을 할 수가 있겠소. 또 그리고, 도련님 부모님께서 허락하실 리도 만무하지 않어요? (눈물을 지우면서) 나는 할 수 없이 가요……

---

1) 어리석은 바보.

조　　애야, 사람의 인정에 반상이 있으며, 사람의 오륜에 양반 상놈이 있겠느냐. 내라고 또 무슨 그리 두드러진 양반이란 말이야. 한껏 해야 조진사 손주요, 글배우는 서당강아지다. 네가 가긴 어딜 간 단 말이냐.

옥 분　……

조　　죽는단 말이냐, 그럼……

옥 분　(돌아서서 고개를 옆으로 흔든다)

조　　그럼?……

옥 분　여기서 긴 얘기 할수 없으니, 어서 하직하고 나오세요. 우리가 남몰래 늘 만나는 뒷동산으로 나오시오. 내 먼저 가서 기두릴 테니요……

조　　응, 그래라 그럼…… 참, 선생님이 나는 남아있으라 하셨는데, 어떻게……

옥 분　아따 무슨 핑계도 못하시오? 난 모르겠소. 안 오시면 다시는 못 볼 줄 아시오. (하고 종종걸음으로 퇴장)

조　　(멍하니 서서 옥분이 간 곳을 바라보며) 이거 야단났군…… 무슨 일이 어긋난 모양인데……

전　　(밖을 내다보고 부른다) 애 성국아. 게 있느냐?

조　　(깜짝 놀라) 예, (하고, 대청으로 뛰어간다)

전　　(마루에 나와 앉으며) 내 앞에 와 앉어라…… (노인, 문턱에 앉아 내다본다)

조　　예, (선생 앞에 가서 무릎을 꿇고)

전　　오늘은 네 강을 좀 받겠다.

조　　예?…… (안절부절한다)

전　　(조의 얼굴을 바라보면서) 맹자(孟子) 곡속장(觳觫章)을 한번 외봐라.

조　　(울 듯한 표정을 하고) 예…… 저어, 선생님……

전　　무슨 말이냐.

조　　예, 아니올시다 외지요…… (낭낭한 음성으로 외운다)
　　　曰, 若寡人者도 可以保民乎哉이까 曰可하니이다. 曰何由로 知吾의 可也니꼬 曰臣聞之 胡齕호니 曰王이 坐於堂上이러시날有牽牛而過堂下者러니 王이 見之하시고 曰牛는 何之요 對曰將以釁種이니이다 王曰舍之하라 吾不忍其觳觫若無罪而就死地하노라 對曰然

則廢釁鐘與이까 曰何可廢也리오 以羊易之라하사 소니不識케이다 有諸이까……

전　그만…… 그럼, 觳觫若無罪而就死地²⁾란 뜻을 말해 봐라.

조　예, 소가 무서워하면서 아무 죄도 없이 죽으러 간다는 뜻이올시다.

전　응, 그렇다…… 성국아. 시방 우리 조선백성들이 그 소와 같은 것이다. 아무 죄 없이 잡혀가고, 매 맞고, 재산을 뺐기고 죽고 하는 게 조선 백성이다.

조　(건성으로) 예, 꼭 그렇습니다.

전　맹자를 읽으면 맹자님의 정신을 알아야 한다.

조　예, 인의(仁義)를 숭상하여 왕으로 하여금 어진 정사를 하고 백성을 보호하게 하는데 있는가 합니다.

전　옳다…… 그러나 인의만으로는 되지 않는 수가 많다. 시방 조선에는 열 사람의 맹자보다도 한 사람의 혁명아가 필요하다. 알겠느냐?

조　예……

정　(마루로 나와 앉으며) 꼭 그렇습니다.

전　성국아, 너는 과거를 볼 생각이냐?

조　매관매직 하는 세상에 과거볼 생각은 없습니다…… 그렇지만…… (다시 초조해지며) 참, 저어, 선생님……

전　왜 그러느냐? 말해 봐라.

조　저어, 지가……. 지가, 아니 집에 빨라 가봐야겠읍니다.

전　아니, 갑자기 왜?……

조　저어…… 어머니께서 갑자기 병환이 나셔서……

전　갑자기 병환 나신 걸 네가 여기 앉아서 기별도 없이 어떻게 알았느냐.

조　(황당해서) 예. 저어, 그건 저어……

전　못 간다! 나는 오늘 너하고 이 얘기를 좀 하구 싶다. 거기 좀 더 앉아 있거라.

조　(울상을 하고) 예……

노인　여보게, 맹자를 읽은 사람이 그렇게도 말주변이 없어서 어떡허나. 핑계가 그렇게 없어서 어머니가 갑자기 병환이 나?…… 갑자기만

---

2) 맹자.

안 들어 갔어두 좋았지. 핫하하하하, 선생님은 안 보셔도 다아 알고 계신다네. 계집에 맘이 팔리면 과거를 봐도 낙방이야. 알지? ……

조　　(불쾌한 듯이) 알긴 뭘 알아요.
노　인　계집이란 꿈에 만나도 손해가 난다는 거야. 잠자코 공부나 하게. 핫하하.

　　이때 농부 한 사람이 황당히 뛰어 들어온다. 그 뒤에 형리와 사령 두 사람이 따라온다.

사령1　(다리목까지 와서) 이놈아, 가다말고 훈장님 서당에는 왜 뛰어들어 오는거야?
사령2　맹꽁이타령 밸려는 게지……
농　부　(대청 앞에 와서 마루 끝에 몸을 던지면서) 훈장님, 이런 억울할 데가 있읍니까……
전　　(대청 앞으로 나서며) 어찌된 일이오?
농　부　글쎄, 그러께 성주님이 저희들 농민을 불러서, 국유지로 있는 황무지를 무세로 개간해 먹으라는 분부를 하시기에, 마음에 너무나 감축해서 나오는 길로 빗싼 품을 들여서 바위를 깨뜨린다, 나무를 쳐내고 뿌리를 캐낸다, 갖은 고생을 다하면서 오늘날 양전옥답을 맨들었는데, 올해부터 결전과 분속을 바치라고 몇 번 호장이 나와서 독촉하는 걸 못 해바쳤더니, 오늘은 아주 일년 지은 곡식 씨도 안 냄기고 다아 길어가고 게다가 볼기친다고 사람까지 이렇게 잡아가니, 세상에 이런 경우가 어디 있읍니까?
형　리　이놈아, 경우가 무슨 경우야? 네 돈 주고 산 토지가 아닌 바에야 결전 바치고 분속하는 게 당연한 일이지, 무슨 여러 소리냐? 어서 가자! 썩 못 일어서겠느냐?
농　부　(마루 끝에 붙어서 안 일어난다) 훈장님, 제발 말씀 좀 해주시오. 여기 세없이 거저 해먹으라는 관문서까지 있읍니다. (하고, 허리춤에서 문서를 끄낸다)
형　리　(그 문서를 빼앗고나서) 여봐라, 사령.
사　령　예!
형　리　이놈의 해거3)가 비상하는 상투잽이해서 빨리 끌고 가자.

사령들   예! (사령 하나는 상투를 끌어쥐고 하나는 어깻죽지를 잡아 일으킨다)
농 부   아이구, 죽었구나……
전   (사령을 노려보고) 가만있거라. (사령들 잠간 손을 멈춘다) 여보 형리, 그 문권을 좀 보여주오.
형 리   뭐야? 문권을 보여라?…… 임자가 명색이 뭔데 그런 주제넘은 소리를 하는가? 보아하니 향반인 모양인데, 임자네 사돈의 팔촌에 누가 전라감사나 한자리 한 일이 있소? 나는 이 골 원을 대신해서 나온 사람이야…… 당장 관때기를 찢어 놀까 부다. 여봐라, 사령. 그놈을 냉큼 못 끌고갈까.
전   ……
사령1 냉큼 일어서어! 곤장 때리는 곁에도 안 가고 이놈이 벌써부터 이 때를 쓴담메. 어디 맛 좀 봐라. (하고, 장갱이로 등줄기를 한번 내리지르고 상투를 잡아다린다)
농 부   아야야, 사람살리오. (하면서 끌려간다)
형 리   (나가면서) 뉘게 그따위 건방진 거드름을 부리는 거야? 한번만 더 그러면 버르쟁이를 단단히 가르쳐 놓겠다. 원정이 있으면 고부 군수영감한테 와 아뢰소. 훈장님, 응. (하고 사령, 농부, 형리 퇴장)
전   (아무 말 없이 한참동안 멍하니 서 있다)
정   선생님, 내버려 둘시오. 상대할 놈이 못 됩니다.
전   응, 초록은 동색이로군……
노 인 아따, 그놈의 엄포가 당최 조병갑이 못지 않은 걸…… 자아 일개 형리까지 저런 판이니, 이래서야 백성이 견대날 수가 있나.
전   대장부 하로도 권세가 없어서는 안 된다더니, 내게는 권세가 없고 형리는 백성을 잡아갈 권세가 있으니 당할 수 없구료.
정   선생님, 시기는 아직도……
전   (정의 말을 가로 막고) 성국아.
조   예,
전   안에 가서 내 삼척보검을 내오너라.
조   예,

---

3) 駭擧, 괴상하고 얄궂은 짓.

전   그러고 무명 석자만 끊어 달래라.
조   예. (안으로 들어간다)
전   (종이에 무엇을 적는다)
조   (무명과 삼척보검을 들고 나온다) 옛습니다.
전   (보를 펴서 보검을 꺼내든다) 응.
정   (무엇인지 감격한 눈으로 전을 바라본다)
전   (다시 글 쓴 종이쪽을 주며) 옛다, 그 무명에다 기리로 이걸 크게 써라.
조   (종이쪽을 받으면서) 예. (종이에 쓴 글을 읽어보고 선생을 쳐다보면서) 오만년 수운대의(五萬年受運大義)
전   (고개를 끄덕인다)

조, 벼룻집을 열고 먹을 간다.
젊은 농부 하나가 중늙은이 농부를 업고 들어와서 늙은이를 마루 끝에 내려놓는다. 늙은이 '아야야' 하며 아퍼한다.

농 부   훈장님, 잠간 쉬어가겠읍니다.
전   응, 그러게, 그재 돈 해다 바쳤나? (늙은이에게) 고초가 얼마나 심하셨소?
늙은농부   말씀도 마시요.
농 부   세간나부렝이, 옷가지 있는 대로 다 팔아도 웬걸 300냥이 됩니까. 그래서 할 수 없이 외가에 가서 빌리다가 채넣었지요.
전   응……
노 인   죽일 놈, 인제 벼락이 안 나릴 줄 아남……
늙은농부   대체 이런 분할 데가 어데 있읍니까. (힘없는 소리로) 정읍에 민요가 났는지 민란이 났는지 내가 알기나 했나요. 죄라고는 정읍 사는 내 이모부 환갑잔치에 갈일밖에 없는데, 그 이모부가 형세가 좀 견딜만한 걸 알고는 나를 동학군이라고 얽어 잡아서 곤장 50개를 친 우에 돈을 300냥이나 긁어가니, 이놈의 세상 살겠읍니까! 후유, 분하고 억울해서……
노 인   말해 뭘 하오. 장독4)이나 나지 않게 하시우. 버드내 사는 김치수 말이요……

---

4) 杖毒.

늙은농부   예……
노   인   그사람 사촌형인지 한사람도 월여 전에 억울한 일로 관가에 잡혀
         가서 매 맞고 장독이 나서 살이 썩어들어가는데, 볼기에서 아무튼
         지 구데기를 한사발씩이나 잡아냈답니다. 그리고 그예는 죽었지
         요.
늙은농부   저런 변이 있나! 나도 이거 볼기가 말 아니요. 아이구구……
         (하고, 앓는 소리를 한다)
농   부   오늘 고부읍에서 오는데 보니까, 길목마다 사람들이 스무나문명
         씩 모여서서 수군수군하고 왔다 갔다 하는 게 ,어쩐지 무슨 일이
         날것 같든 걸이요.
전   응……
노   인   한번 큼직하게 일어나야해……
정   인제 막다른 골목에 들어섰습니다. 선생님……
전   ……
늙은농부   애야, 그만 쉬고 어서 가자. 좀 드르누어야겠다.
농   부   예. (하고, 일어나서 다시 늙은이를 업는다)
늙은농부   훈장님, 전라감사한테 소지나 한짓 올려주시우.
노   인   그 놈이 그 놈이지. 소지 올리면 누가 보기나 한답디까?
농   부   안녕히들 계십쇼. (하고, 나간다)
노   인   잘 모시고 가게…… 원근을 불고하고 무슨 억울한 사정만 있으면
         으례 훈장님한테 와서 호소를 하니, 아마 훈장님을 전라감사보다
         더한 양반으로 아는 모양이지요.
전   설원5)을 못 시켜주니 딱하고 맘이 쓰립니다.
정   선생님은 대체 무얼 기두리고 계십니까?
전   오래쟎어 고부를 위시해서 만경, 고창, 김제 등지에서도 일제히
         일어날 것이요.
정   (흥분해서) 예?! 그래요? …… 선생님……
전   (조용히) 잠간 소풍을 하고 오겠소. 앉어들 계시오.
노   인   예.

         정이 전의 얼굴을 쳐다본다.

---

5) 雪冤. 원통한 사정을 풀어 없앰.

전, 대청에서 내려와서 죽림 속으로 들어간다.

노 인   훈장님이 대밭에 들어가시니 대를 치실려나……
정   아닙니다. 노인장. 모르십니까, 선생님은……
노 인   뭘 몰라 모르긴…… 대밭에 칼 들고 들어설 때는 대 치러 갔겠지. 그럼 호랭이 잡으러 갔겠소?
정   (싱글벙글하며) 그렇니까 모른다지요.
노 인   이건 또 무슨 쥐뿔같은 소리요?
정   노인장은 선생님을 모르신단 말입니다.
노 인   그럼 노형은 선생님을 갓날 쩍부터 친해서 그리 잘 아시오?
정   모르시거던 남의 얘길 듣기나 하십시오.
노 인   어디 좀 들어봅시다.
정   선생님 흉중에는 팔진도6)가 들어있답니다.
노 인   공명선생인감…… 축지법은 안 하시나요?
정   인제 그걸 활용하실 때가 오나봅니다.

조, 밖으로 나가서 다리 위를 거닐면서 무슨 생각을 한다.

노 인   그래서……
정   선생님은 전에 대원군 사랑에서 1년이나 지내신 일이 있지요. 그건 아십니까?
노 인   그건 알지……
정   그럼 선생님이 동학접주(東學接主)란 것도 아십니다 그려.
노 인   (약간 냉소하며) 그것도 모르면 이 서당에 뭘 먹겠다고 매일같이 와 앉았겠소.
정   그렇든가요. 정말 그런줄은 몰랐읍니다.
노 인   핫하하하.

조, 마루에 올라와서 붓을 들고 쓴다.

노 인   여보게 맹자, 어머니 병환 나셨다면서, 좀 가보지 않나 왜……

---

6) 八陣圖, 중군(中軍)을 가운데 두고 전후좌우에 각각 여덟 가지 모양으로 진을 친 진법(陣法)의 그림.

조   어린 사람을 그렇게 자꾸만 놀리지 마세요.
노 인 핫하하, 늙은 게 실수했네.
조   아니올시다. (하고, 잠간 붓을 멈췄다가 다시 죽죽 쓴다)
노 인 (옆에 가서 들여다본다) 글씨 잘 쓴다. 필력이 좋은 걸……오만 년수운대의라. 오만년 운수를 받은 대의라…… (무릎을 탁치고) 됐다!
정   노인장, 아십니까?
노 인 응. 노형만치는 몰라도 대강 짐작은 하지요.
정   핫하하하.

이때 전이 죽림 속에서 읊는 검가(劍歌)소리 멀리 들려온다. 일동, 귀를 기우린다. '時乎 時乎 이내 時乎 不用來之 時乎로다.'

정   (마루 끝에 나와서서) 자아, 저걸 들어보시오. 어떤가.
노 인 그래 뭐야?
정   저 노래가 우리……
노 인 우리 뭐야?
정   나중에 차차 알게 되지요.
노 인 이런 싱겁기라니. 숨길게 뭐람!

검가 멀어졌다 가까워졌다 하면서 여전히 들려온다. 정은 신이 나서 어깨가 으쓱거린다.

노 인 (정을 바라보고) 이거 암만해도 무슨 변괴가 나고 말겠는걸……
정   노인장, 내 이야기할 게 있으니 방으로 들어가십시다.
노 인 그러시우. (두 사람 방으로 들어간다)

조가 글씨를 다 쓰고 빠져나갈려고 부리나케 나려오는데, 옥분이 황망이 뛰어들어온다. 시집가는 색씨같이 새 옷을 입고 단장을 했다. 옥분이 조를 만나자 돌아서서 흐느껴 운다.

조   옥분아, 내가 안 갔다고 우느냐?
옥 분 ……
조   여태 붙들려 있었단다. 무슨 핑계를 할 수가 있어야지……

옥　분　(울기만 하고 섰다)
조　　　왜 그렇게 울기만 하고 섰느냐? 내가 잘못했다…… 마침 선생님도 안 계시니 예서 얘기해 봐라. 응? (하고, 옥분을 돌려 세운다)
옥　분　(조의 가슴에 얼굴을 파묻고) 도련님, 나는 오늘 해안으로 관가에 잡혀가는 몸이 되고 말았어요.
조　　　아니, 관가에 잡혀가다니?……
옥　분　고부 군수가 전라감사한테 바치는 계집으로 내가 뽑혔답니다.
조　　　(대경실색하여) 뭐라고?!……
옥　분　벌써 집에는 관노 사령들이 가마를 가져와서 기두리고 있어요. 오늘밤 도와서 전주감영으로 보낸다나봐요.
조　　　그건 안될 말이다. 그게 무슨 소리냐?
옥　분　도련님, 그럼 어떡해요.
조　　　……
옥　분　도련님, 요 며칠동안 이런 사정을 내 혼자 알고 숨겨온 것은 정말 죄송하오마는, 참아 입이 떨어지질 않았어요. 도련님, 부대 날 같은 건 한시바삐 잊으시고 공부에 전심해서, 장원급제하신 후에 대갓집에 장가드시고…… (말을 맺지 못하고 운다)
조　　　안 된다, 못 간다…… 군수는 뭐며, 전라감사는 뭐란 말이냐! 아모리 상사람의 딸이기로니, 기생도 아닌 숫처녀를 제 영달의 미끼로 쓰다니……

　　　전이 조금 전부터 죽림 앞에 나와서 바라보고 섰다. 손에 대나무를 한개 들었다.

옥　분　도련님, 제발 이러지 마세요. 어머니 보고 말하고 잠간 빠져 나왔는데, 더 지체하고 보면 또 무슨 야단이 날른지 모릅니다.
조　　　옥분아, 나하고 충청도로 달아나자. 충청도에는 조병갑이나 전라감사 김문현이 같은 놈은 없을 게다. 청양에 내 외가가 산다. 지금 곧 떠나자!
전　　　성국아. (한마디 엄연히 부르고 대청으로 올라간다. 잘라온 대나무는 대청 끝에 던진다)

　　　정과 노인, 방에서 나온다.

정　　　(감격해서) 선생님……

　　조와 옥분, 발이 땅에 붙은 듯이 꼼짝 못하고 서 있다. 옥분모와 관노 한 사람, 분주히 들어선다.

옥분모　(다리 위에서 관노를 돌아다보고) 자아, 아니애요? 달아나긴 그 애가 왜 달아나요. 아 전라감사는 아직 자녀가 없다는데, 인제 우리 애기가 수청들어서 달덩이같은 옥동자만 하나 뽑아내 봐요. 대번에 정경부인으로 모셔 앉힐텐데 백줴 그런 복을 내버리고 초립동이를 따라가요.
관　노　내 말이 그 말이라니까 그러시우.
옥분모　애 아가. 어서 가자. 남이 보면 숭잽힐까 무섭다. (옥분이 할 수 없이 제 모 앞으로 간다) 도련님도 남의 집 귀한 애기 꾀내서 그만치 데리고 놀았으면 인제 사내답게 썩 물러나소! 전라감사한테 시집가는 남의 색씨 붙들고 무슨 장황설화란 말이요. 양귀비같이는 못 되어두 '부중생남중생녀(不重生男重生女)'라니 딸자식 덕에 우리도 양반자세하고 한번 살아볼나오.
옥　분　(울상을 하고) 어머니, 내 갈게요. 어서 갑시다.
옥분모　오냐, 가지 그럼. (앞서서 갈려고 나선다. 옥분이 다시 조의 옆으로 간다) 애야, 가자, 왜 또 돌쳐 서는거냐? 너 그리다간 에미 죽는 꼴 볼라. 오리에 하직하나 십리에 하직하나 섭섭하긴 매일반이다. 아주 예서 딱 끊어라.
옥　분　네, 염려마세요. (하고, 다시 두어 걸음 떨어진다)
관　노　헤헤, 총각처녀 정분이란 저렇게 아깃자깃7) 한 걸, 제─길 우리는 죄인 잡기에 세월 다 보냈으니, 세상사는 맛대가리라고는 곰물도 없지…… (앉았다 일어나면서) 자아, 빨리 가자구.
옥　분　도련님, 그럼 부대 몸조심 잘하시오…… (하며, 차고 있던 패물 중에서 은장도를 떼서 슬그머니 떨어뜨리고 얼른 앞서서 걸어간다)
옥분모　(관노에게 어서 가자고 눈짓하고) 도련님도 어서 그만 들어가 보시오. (하고, 뒤따라 나간다. 옥분, 옥분모, 관노 퇴장)
조　　　(그곳에 떨어진 은장도를 주서들고) 은장도…… 무슨 말이 하고

---

7) '아기자기'의 북한어.

싶어서 이걸 두고 갔을까. 날더러 칼을 들고 싸우란 말인가……
칼로 자기를 죽여 달란 말인가…… 아니다! 칼로 인연을 끊어 달
란 말이다. 분명코 그렇다…… 그러나 그것도 문제. 맘속에서 우
러나온 건 아닐 게다. 옥분이는 내가 고부 군수 하나를 이길 만한
세도가 있었다면 대번에 내 품속으로 뛰어들었을 게 아니냐……
권세가 뭐냐. 오냐, 나도 권세를 잡아야겠다. (그제야 대청으로 뛰
어가서 선생 앞에 무릎을 꿇고 앉는다) 선생님! 과거를 보게 해주
세요.

전 벼슬이 하고 싶으냐.
조 예, 권세를 가지고 싶습니다.
전 음……
노 인 벼슬을 얻어할라면 돈이 있어야 빠르지.
조 얼마나 있어야 합니까?
노 인 원 한자리에 삼만냥, 대과장원에 십만냥, 진사 한자리에 이만
냥……
조 예?
노 인 그게 많아서 그래? 한자리 얻기만 하면 백성들한테서 단방에 그
몇 갑절이 나오는걸. 민영준이는 평안감사로 잇을 때 상감께 금송
아지를 진상했을라구…… 여보게 초립동, 그래 한 자리 얻어 해볼
텐가?
조 ……
노 인 핫하하하
전 성국아, 정신을 차려라! 벼슬보다도 먼저 사람이 돼야 한다. 대장
부가 돼야 한다. 부귀로도 움직일 수 없고, 비천하다고 변하지 않
고 위무(威武)에도 굽히지 않는 대장부가 되란 말이다. 조선에는
장차 너와 같은 새사람이 필요할 때가 온다. 대장부의 기개를 가
진 젊은 일꾼이……
조 예, 알었읍니다…… 선생님, 제 미몽을 용서해 주십시오.
전 네 심정은 잘 안다. 그러나 대장부 일개 아녀자의 정염에 끌려서
마음이 흔들려서는 안된다. 시방 큰일이 우리 눈앞에 놓여 있
다……
조 예.

이때, 학동이 어떤 방갓 쓴 상제 한분 하고, 그 하인 같은 사람을 인도해서 들어온다.

학 동 (대청 앞에 가서) 선생님, 이 상제님이 선생님 댁을 찾으시기에 모시고 왔습니다.
전   (일어나서) 오냐…… (대청 끝에 나가서 맞는다. 무척 반가우나 좌우를 경계하는 눈치다) 어서 올라오시오.

    박동진과 정인덕 두 사람이다.

박   예, (하고, 대청에 올라가서 좌정하자) 여기 계신 분들은?……
전   예, 모다 뜻을 같이하는 동지들이올시다.
박   예, 그럼. (하고, 비로소 방갓을 벗고, 하인처럼 뜰 아래 대령하고 있는 정인덕을 부른다) 여보게, 인제 전선생을 만났으니, 하인노릇 그만하고 올라오시게.
인 덕 그리함세. 자네도 상제노릇 그만하지.(하고 올라가 박의 옆에 앉는다)
박   (상복을 벗고) 그걸 내놓게.
인 덕 응. (하고, 대청끝에 나와서 밖을 살펴본 다음 바지부레기를 뜯고 밀서를 꺼낸다) 대원위 대감의 밀서요. (일동, 의외에 놀란다)
전   (무릎을 꿇고 단정히 앉아서 두 손으로 그것을 받아 속으로 읽는다) 에, 유지(諭旨)는 잘 알았읍니다. 원로에 수고들하셨읍니다.
박   천만에요…… 그런데 여기는 퍽 조용한데요!
전   이제부터 소란해지지요.
박,인덕 핫하하하
전   저는 어쩐지 오늘 무슨 일이 꼭 생길 것만 같아서 마음을 가라앉히느라고, 오래간만에 대원위 대감께서 주신 이 보검을 꺼내들고 검무를 한바탕 추었지요. 그랬더니 마침 이렇게……
박   예, 그랬어요?……
전   조정에서는 민란에 대해서 어떤 방책을 세운 모양입니까?
박   작년 3월에 동학수반들이 보은에 모인 것을 민요가 일어났다 해서 선무사8)로 어윤중(魚允中)을 보내서 상감의 교지를 전달하고

---

8) 宣撫使.

　　　　무사히 흩어진 뒤로는 대수롭지 않게 생각이 들었는지, 수원에 둔
　　　　영하고 있던 강화병도 철거시키고 궐내에는 또 다시 제사야 기도
　　　　야 해서 장고 소리가 나고 창우와 무녀와 승이의 무리가 태평성
　　　　대를 부르며 춤을 추고 있는 형편이요.
전　　인제 오래잖어 눈을 뜨겠지요. 병은 이미 고황9)에 들었으니 생사
　　　　간에 독약을 써야겠읍니다.
인　덕　옳소이다.
전　　방금 조정의 정사는 폐퇴해서 위로 상감을 모시는 중신들로부터
　　　　일군일읍의 수령에 이르기까지 탐학무도하여 백성들은 도탄에 빠
　　　　진지 이미 오래어늘, 우리 동학교조 수운(水雲) 선생은 항상 가르
　　　　치시기를 동학천도의 취지가 제세안민의 대의를 널리 펴는데 있
　　　　다고 말씀해오셨습니다. 그런데 이제 대원위 대감의 효유를 받
　　　　자오니 황감무지하옵고, 우리 교지를 선포할 천재일우의 호기를
　　　　얻은 감이 있소이다.
정　　선생님, 인제 그 시기가 왔읍니까?
전　　그렇소! 내가 기두린 것은 이 대원위 대감의 하교였소. 일군일읍
　　　　의 난을 일으키나 동지를 규합하야 팔도에 난을 일으키나 실패하
　　　　면 죽기는 일반이지만, 이제 한번 크게 일어나고 보면 성공지일에
　　　　는 한 나라를 바로잡고 백성을 구할 수 있는 것이 아니겠읍니까!
박,인덕　옳소이다.
정　　선생님 큰 뜻을 인제야 알았습니다.

　　　　이때, 머리에 흰 수건을 질끈질끈 동여맨 동학군 두 사람이 뛰어 들어온
　　　　다.

동학1　접주님……
전　　웬일이오?
동학1　고부에서 터졌읍니다.
전　　응?! (일동, 놀랜다)
동학2　촌읍 각처에서 백성들이 천여명이나 모여서, 시방 몽사 앞마당에
　　　　서 물끓듯하고 있읍니다.
전　　응, 그래서?……

---

9) 膏肓, 신체의 가장 깊은 부분으로, 병이 그 속에 들어가면 낫기 어렵다는 부분.

동학2   그 가운데 절반은 동학군이온데, 여럿이 의논한 결과 접주님을 대장으로 모시기로 의논이 되어서 저희들이 모시러왔소이다.
전   응……
정   때는 왔다! 접주님, 일어나십쇼. 학정에 못이겨 유리전패10)하는 백성들을 통솔하고 우리 동학동지들을 규합해서, 먼저 민원이 극도에 달한 고부 군수 조병갑을 잡아 죽이고 관아에 불을 놓아, 백성들에게서 뺏은 전곡을 굶주린 백성들에게 노나주고 보면 원근 군민들은 물밀듯 몰려들 것입니다.
박   노형 말씀이 옳소. 녹두장군! 거사할 때는 왔소.
인 덕   난득자시(難得者時)요, 이실자기(易失者機)11)라 하지 않았소. 얻기 어려운 건 때요.
전   정말 그렇소이다. 내 안에 노모가 계시니 잠간 하직하고 나오리다.
박   그러시오.

전이 뒷장 문을 열자, 벌써 그의 모친이 나와 서있다.

전   어머님……
모 친   (대청에 올라와 앉는다) 이미 다아 들었다. 네가 나서야 될 일이면 나가거라. 그러나 네 아버지께서 전임 전라감사 김시연(金始淵)의 탐학한 행동을 탄핵하고 항거하다가 전주감영에서 장살12)을 당한 것을 몽매에도 잊지 말아라.
전   예, 불공대천지수13)를 잠신들 잊으리가 있겠습니까.
모 친   아니다, 원수를 갚으란 말이 아니다. 한 사람이 원수를 갚고 보면 다시 열 사람 스무 사람과 원수가 되는 법인즉, 내 한 몸의 원수를 생각지 말고 항상 국가대사를 생각하란 말이다. 잘못 실수하여 개죽음을 하고보면, 역모의 누명을 벗지 못할 터이니 삼가 처신해라.
전   예, 어머님 말씀 명심불망하오리다. 그러하오나 소자의 뒤에는 국

---

10) 流離顚沛.
11) 기회는 얻기 힘들지만 잃기는 쉽다.
12) 杖殺.
13) 不共戴天之讎, 한 하늘 아래서는 같이 살 수가 없는 원수(怨讐), 원한(怨恨)이 깊이 사무친 원수.

　　　　태공14)이 계시오니 만만 안심하소서.
모　친　국태공이?……(하고, 박과 인덕을 쳐다본다. 두사람 점두한다) 오
　　　　냐, 알었다. 가거라.
전　　　(일어나 절하고 나서) 어머님, 기체만강하소서. (하고, 마루 끝에
　　　　나서서 외친다) 가자! 동학천병(東學天兵)을 거느리고 수운선생의
　　　　유훈을 좇아, 경천수심(敬天守心)과 제세안민(濟世安民)의 동학천
　　　　도를 받들고, 저 사직의 위태롭게 하며 창생을 괴롭히는 요부와
　　　　역도를 치자!
일　동　어…… (하고, 함성을 친다)

　　　　정은 조와 더불어 그새 대나무에다 '五萬年受運大義'라 쓴 상목을 매달어
　　　　기를 만들어 들고 노인과 같이 마당에서 대기하고 있다.

　-막.

제 2막 제 1장

　　　　갑오년 3월 중순. 어느날 낮.

무대
　　　　전주감영. 정면이 선화당 대청이고 바른편이 상방, 그 앞으로 담장, 담장
　　　　구석편에 내아(內衙)로 통내하는 일각문이 있다. 선화당 왼편 뒤로 성곽
　　　　이 조금 보인다.
　　　　막이 열리면, 대청 한가운데 주안상을 앞에 놓고 감사 김문현이 향월을
　　　　옆에 앉히고 사마 최영연과 술을 먹고 있다.

감　사　그런데, 안핵사 영감이 출전한 지가 벌써 십여일이 지났는데도 아
　　　　무른 첩보　가 없으니 웬일이오? 사마는 무슨 기별을 들었소.
사　마　예, 아뢰옵긴 황송하오나 풍문에 듣자오니, 녹두장군이란 별명을
　　　　가진 전봉준이 지휘하는 동학군이 황토 고개에서 관군을 일거에
　　　　무찌르고 방금 전주성을 향해 쳐들어온다 하오나, 요사이 낭설이

---
14) 國太公, 홍선대원군(興宣大院君) 이하응(李昰應)의 존칭.

많이 떠돌아다니오니 그 진가를 알기 어렵소이다.
감 사 응, 필시 낭설이오. 동학군이 제 아모리 기세가 좋고 전봉준이 군략과 용맹이 놀랍다 해도 근본이 오합지졸이라, 관군의 대포 한방에 혼비백산해서 싸우지 않고 패주했을 터인즉, 아마 각처에 숨어있는 잔당을 소탕하고 있는 모양이오.
사 마 예, 대감말씀이 지당하오이다.
향 월 사또님께서는 낭설이라고만 하시지 말으시고, 만일의 경우를 생각하시와 군사를 성문 밖에 배치하시는 게 좋을 줄로 아리옵니다.
감 사 애야, 딱한 소리도 하는구나. 시방 성문 밖에 배치할 군사가 어디 있단 말이냐.
향 월 저엉 그렇시다면 피신하실 차비라도 차리시지 않으시고, 주주야야 이렇게 연락만 즐기시니 소녀의 미련한 생각에 저윽히 염려가 되옵니다.
감 사 뭐라구? 피신을 하라구, 핫하하하, 동학 괴수 전봉준을 사로잡아 승전고를 울릴 날이 불원했거늘, 그 무슨 요망한 소리고······ 네가 나를 동학군 우아- 소리에 놀라 탈신도주한 고부 군수 조병갑이 같은 졸장부로 알았드냐?
향 월 황송하오이다.
사 마 대감은 호방담대하시와, 위장부15)의 풍도16)가 있소이다.
감 사 어허, 이 무슨 과찬을······

　　영리 들어온다.

영 리 사또께 아뢰오.
감 사 응, 무슨일이냐?
영 리 동학군은 고부를 친 다음 백산 자라 고개에 둔취해 있다가 다시 무승산 황토고개로 몰려가오매, 관군은 방금 그를 쫓아 진격중이라 하오.
감 사 다른 첩보는 없느냐?
영 리 예, 아직 없소이다.
감 사 물러가 있거라.

---

15) 偉丈夫. 인품이나 외모가 몹시 뛰어난 남자.
16) 風度. 풍채와 태도를 아울러 이르는 말.

영리 '예' 하고 물러간다.

향 월 　듣자오니 녹두장군은 얼굴이 관옥같고 도술에 통령해서 한번 눈을 감고 주문을 외우면, 관군의 총끝에서 물이 나오고 그의 몸에는 탄환이 맞지 아니한다 하오니 그게 정말이오니까?
감 사 　어― 그 무슨 해괴한 소린고…… 그게 다아 뉘게서 들은 소리냐?
향 월 　소녀의 오라버니한테서 들은 말이옵니다.
감 사 　그렇다면 향월이 오라비가 동학군이거나, 녹두장군 앞재빌세 분명하니, 곧 잡아다 문초를 하는 게 어떻겠고? (하고, 사마를 돌아보고 웃는다)
사 마 　예, 대감 처분대로 하십시오.
향 월 　사또님, 아니올시다. 향월이 오라비가 그럴 리 만무하옵니다. 그건 시방 왼 성중에 퍼진 풍설이온데, 소녀의 오라비만 가지고 문초하심은 부당한 줄로 아뢰옵니다.
감 사 　최사마, 그런 말이 돌아다닌다니 정말이오.
사 마 　예, 그런가 봅니다.
감 사 　응, 과시 그러다면 특히 용서해. 그러하니 네 오라비 보고 일후에는 말을 삼가라 해아.
향 월 　(교소하며) 예, 황송하오이다.
사 마 　하하하하……
감 사 　(웃으며) 애야, 넌 녹두장군이 무서우냐?
향 월 　예, 그리 무섭진 않아도 한번 보았으면 좋겠소이다.
감 사 　그렇게 보구 싶으냐?
향 월 　예…… (웃는다)
사 마 　성중 부녀들이 모두 녹두장군을 보구 싶어들 한다 하오니 웬일진지 알 수 없소이다.
감 사 　그런 요망한 계집들은 모두 잡아다가 볼기를 쳐야겠다.
사 마 　그럼 향월이부터 볼기를 맞아야겠소이다, 대감.
감 사 　음, 글쎄…… 한번 맞어보겠느냐?
향 월 　향월이가 무슨 죄로 볼기를 맞사오리까. 소녀가 보구 싶어하는 것은 산 녹두장군이 아니옵고 관군이 베어온 녹두장군 머리로소이다.
감 사 　응, 코보다도 적은 녹두대가리 말이냐? 그렇지, 어허 기특하다.

암, 보여주고말고. 자아, 어서 술을 따러라.
향 월   예, (두사람의 잔에 각각 술을 친다)
감 사   전녹두는 내가 더 보구 싶다. 시방 조정에서는 이번 민란을 크게 걱정하고 있는 터이니라, 전녹두만 잡아다 바치고 보면 금방 벼슬과 녹이 오르고 공신이 될 수 있거든……
향 월   사또님 벼슬이 어디까지 오르겠나이까?
감 사   정승줄에는 갈 테지, 왜? 네가 나를 위해서 녹두를 잡아올 테냐? 핫하하하
향 월   삿도님을 위하는 일이라면 분골쇄신하오리다.
감 사   음, 기특한지고……

영리 들어온다.

영 리   사또께 아뢰오.
감 사   뭐냐, 빨리 아뢰라. 무슨 첩보가 왔느냐?
영 리   예이, 첩보는 아니옵고 황토고개 첫 싸움에 관군은 동학군의 불의습격을 받어 격전중이오나, 형세 매우 불리하다 하오.
감 사   무엇이 어째! 불의습격을 당했다구?…… 소위 안핵사는 진중에서 낮잠을 자고 있었단 말이냐?
영 리   예, 그건 자세히 알 수 없소이다.
감 사   에잇, 물러가거라.

영리 예- 하고 나간다.

감 사   어허 한심한지고…… 그러나 동학군에게 설마 하니 패하기야 하겠느냐. 내버려두고 우리는 술이나 먹자.
사 마   예, 세잔갱작17)하십시다.
감 사   그렇지, 얘 향월아, 어서 술을 따러라.
향 월   예. (하고 술을 친다)
감 사   (술 한잔을 마시고 나서) 참, 애야……
향 월   예.
감 사   저번에 고부 군수가 보낸 처녀를 오늘 데리고 온다더니 어찌된

---

17) 洗盞更酌, 술잔을 씻고 다시 술을 시작함.

일이냐?
향 월 예, 사또님께서 그때 간선을 하시고, 네 맘대로 하라 하시고 소녀에게 맡기시구서 이제 와서 성화독촉으로 찾으시니 웬일이시오니까?
감 사 애야, 조군수가 나를 위해서 특히 뽑아보낸 애를 그리 소홀히 할 수야 있느냐. 그래 고동안에 시골 때나 좀 벗었느냐?
향 월 애, 어느 때고 사또님께서 찾으실 줄 짐작하옵고 두달 동안이나 상전 모시듯 하며 정성을 다하여 몸단장이며, 말솜씨며, 예법이며, 알뜰히 가르쳐서 촌때를 홀딱 벗고 딴사람이 됐사오니, 마음에 드시옵거든 소녀대신 사또님 곁에 두시고서 장중보옥같이 사랑해 주소서.
감 사 오냐, 잘았었다. 그러나 닭이 천마린들 어찌 한마리 봉황을 당하리오. 너하고는 이미 언약한 바가 있거늘 내 어찌 너를 버릴까 보냐. 염려마라.
향 월 황감하오이다…… 그애가 시방 내아에 와 있사오니, 옥분이 현신하라 분부하소서.
감 사 오냐…… 여봐라.

곧 '예-으잇' 하고, 긴 대답소리 나면서 상방 쪽에서 급창이 나와 대령한다.

감 사 내아에 가서 옥분이 빨리 현신하라 해라.
급 창 예-으잇…… 사령.

긴 대답소리와 함께 사령이 뛰어나온다.

급 창 내아에 가서 옥분이 빨리 현신하라 해라.
사 령 예-으잇. (곧 일각문으로 뛰어들어간다)
사 마 대감, 난데없는 춘향이가 생겼나 봅니다.
감 사 핫하하하, 그럼 나는 변학도란 말이오.
사 마 핫하하하, 월매는 향월이고 이도령만 없소이다.
감 사 아니지, 이도령이 있으면 안 되지. 핫하하하.
향 월 아이 사또님두. 호호호호

사령이 곱게 단장한 옥분을 데리고 나와서 계하에 대령한다.

사　령　옥분이 현신하였소.

사령이 올라가라고 손짓하니 옥분이 대청으로 올라가서 감사 앞에 절하고 선다.

감　사　(희색이 만면하여) 오오, 과연 일색이로다. 내 처음 너를 보았을 때는 취안이 몽롱해서 천하미색을 한낱 촌계집으로 잘못보았구나…… 애야, 그러구 서있지 말고 어서 내 곁에 와서 술을 처라.

향월이 눈짓하니 옥분이 말없이 감사 옆으로 가서 술을 친다.

감　사　(술잔을 받고나서 옥분의 손목을 잡고) 응, 손이 백옥같이 희구나. (하며 한 팔로 옥분의 허리를 껴안으려한다)
옥　분　(몸을 빼치고 얼른 물러나서 부복하고) 사또님, 저를 집으로 보내주소서. 저는 천인의 딸이오나 기생은 아니올시다. 저를 이 자리에서 놓아주시오면 사또님 은혜 백골난망이로소이다.
감　사　(그만 흥이 깨어져서 향월을 바라보고 탄식하듯) 애, 잘은 가르쳤구나.
향　월　(옥분을 보고 타이른다) 애야, 네가 사또님 존전에서 그게 무슨 소리냐? 내가 두달씩이나 집에 두고 비단옷에 맛난 음식 해먹이면서 돌봐준 보람없이 이게 뭐란 말이냐. 어서 일어나서 사또님 흥을 돋워드려라.
옥　분　향월아씨 은혜도 나중 갚을 날이 있으리다. 부대 사또님께 아뢰옵고 이 자리에서 놓아 보내주시오.
향　월　듣기 싫다. 사또님을 모시는 게 다시 없는 영화요, 부모에 효도어늘, 뭣이 부족해서 그런 매물스런 소리를 하느냐. 난 모르겠다. 사또님 처분에 달렸으니 네야 관명을 거역해서 큰 칼을 쓰던지, 곤장을 맞아서 볼기살이 터지던지, 난 인제 상관하지 않겠다.
옥　분　사또님, 사람의 도리와 사람의 인정에 어찌 귀천이 있사오리까. 사또님, 저에게는 앞날을 언약한 도령이 있습니다. 제발 비나이다. 저를 집으로 보내주소서.
감　사　네 집이 어디냐?

옥　분　태인이올시다.
감　사　네 애비가 뭘 했느냐?
옥　분　관노를 다녔습니다.
감　사　응, 역시 관가 물을 먹었구나. 미천한 춤으로는 제법 영특하다. 애 향월아, 내 저윽히 파흥이 되었으나 어찌 오늘만이 날이리요. 언젠들 못 즐기랴, 내버려두어라.
향　월　황송하오이다.
옥　분　사또님…… (하고, 엎드러져 느껴운다)

　　　이때 밖에서 사령이 뛰어 들어오면서 외친다.

사　령　안핵사 영감 듭시오.
감　사　음, 빨리 듭시라 해라.
사　령　예-으잇. 빨리 듭시오. (하고, 퇴장)

　　　이용태, 들어선다. 그의 뒤에 ●●한 관병 두명이 결박한 조성국을 앞뒤에서 호위하고 들어온다. 옥분이 그제야 몸을 일으켜 먼저 조를 보고 시선이 마조치나 서로 모른 척한다.

감　사　(향월을 보고) 너희들은 저리 가 있거라.
향　월　예.(하고, 옥분을 데리고 상방으로 들어간다)

　　　이용태, 대청에 올라가서 좌정한 다음.

감　사　영감 수고하셨소.
이　　　대감, 그새 안녕하셨읍니까. 최사마도 별고 없었소?
사　마　예, 이렇게 대감을 모시고 영감 승전해 돌아오실 때만 기다리고 있었소이다.
이　　　기실은 대감께서 매우 궁금해 하실 듯해서 조고마한 선물을 가지고 잠간 빠져나왔소.
감　사　선물이란 뭐요? 전녹두머리나 베어 오셨거든 어서 내놓으시오.
이　　　녹두대신에……
감　사　팥이란 말씀이오?
이　　　녹두장군 팔을 하나 잘라 왔소이다.

사 마   저 초립동 말씀이오니까?……
이   　그렇소.
사 마   녹두장군의 팔이라구요?
이   　녹두장군의 수제자라 하오. 무승산 등을 넘어 개울가로 나올려니까 저 초립동이 군사 백여명을 거느리고 뒤쫓아오지 않겠습니까. 오냐, 잘됐다 하고, 산모퉁이에 숨어서 기두리고 있다가 단번에 사로잡었지요. 대감, 문초를 한번 해보십시오. 동학군의 민란계획과 역적모의한 사실을 저저히 밝혀낼 수가 있을 것이오이다.
감 사   문초는 두었다 하드래도 대관절 싸움은 어찌되었소. 관군이 이겼소? 졌소? 그것부터 말씀하오.
이   　예, 차차 아뢰지오.
감 사   차차라니, 언제 말씀이오. 지금 당장 듣고 싶소.
이   　예, 아뢰겠소이다. 기실은 지난 3월 초이렛날 황토고개에서 관군이 패했지만, 지금이라도 군사 1,000명만 더 있으면 그까진 동학잡군 일초에 도륙을 낼 수 있겠는데, 군사가 없으니 힘을 쓸 수가 없소이다.
감 사   아니, 영감이 처음 영솔하고 나가신 관군이 모다 몇 명인데 그러시오.
이   　1,000명이지요.
감 사   아아니, 최사마. 관군이 모다 1,000명뿐이었단 말이오?
사 마   예, 정말 관군은 1,000명이지만 그외에 민병이 800명 가량 있었읍지요.
이   　그까진 보부상18)들이야 정작 실전에 나서고 보면 수에 들어야지요.
감 사   그럼 군사는 영감 말대로 그렇다 칩시다. 그러나 무기는 동학군이 관군을 못따르겠지요? 대포가 한 쌍에 군사들은 무비 저런(마당에 서있는 병정을 가르킨다) 신발명 총을 메고 나갔는데, 녹쓸은 총과 대창을 들고 덤비는 오합지졸들을 일거에 무찌르지 못하고 쫓겨오다니…… 에잇 뚱딴지같이…… 다아 듣기 싫소.

-잠간 사이-

---

18) 褓負商, 봇짐 장수와 등짐 장수를 아울러 이르는 말.

이　　　대감, 그렇게 역정만 내시지 말고 하관의 말씀을 좀 자세히 들으
　　　　십시오.
감　사　그만두오. 풍경이 있으면 맑은 소리가 나고 국노루가 있으면 사
　　　　향 냄새가 풍기는 법이요. 벌써 패하고 돌아온 걸 무슨 이야기를
　　　　더 들으란 말이오. 저 초립동이나 잡아온 것만 해도 끔찍하오.
이　　　대감, 아직도 늦지 않소이다.
감　사　(분개해서 그말은 들은 척도 않고) 최사마!
사　마　예!
감　사　빨리 저 군사를 앞세우고 진중으로 달려가서 관군과 동학군의 실
　　　　정을 염탐해오시오.
사　마　예…… 아뢰옵긴 황송하오나 그것은 방금 진중에서 돌아오신 안
　　　　핵사 영감이 누구보다도 자상하실 것이오니, 나중 영감께 들으시
　　　　고, 영감 말씀대로 저 초립동을 문초해서 적의 군기를 알아낸 다
　　　　음 우리 방침을 세우는 것이 옳은 줄로 아뢰오.
이　　　옳은 말씀이오. 대감, 빨리 형구를 차리시오.
감　사　(잠간 생각한 끝에) 그리하오…… 여봐라.

　　　○『예-으잇』하고, 급창이 나선다.

감　사　시방 죄인 문초를 할분수라 그러하니 빨리 형구를 차리고 집장사
　　　　령 나오라해라.
급　창　예-으잇, 사령!

　　　사령이 '예-으잇' 하고 나온다.

급　창　빨리 형구를 차리고 집장 사령 나오랍신다.
사　령　예-으잇, (하고, 나간다)
감　사　(이에게) 은휘[19]하지 말고 사실대로 똑바루 말씀하시오. 관군의
　　　　손해가 얼마나 되오.
이　　　대감, 먼저 문초를 하십시오. 패군지장은 불가어용(敗軍之將不可語
　　　　勇)이라 했사오나, 초립동이 불기만 하면 전녹두를 사로잡을 묘책
　　　　이 있소이다.

---

19) 隱諱, 꺼리어 감추거나 숨김.

감 사 전녹두를 사로잡을 묘책이 있다구요?
이   예, 있소이다.
감 사 최사마, 이 안핵사 영감께 향월이가 제 오라비한테서 들었다는 녹두장군 얘기를 좀 해드리오.
사 마 (고소한다)
이   무슨 얘기요?
사 마 아니올시다. 향월이 얘기올시다.
이   응, 난 또 뭔가 했지……

사령들이 형구를 들고와서 계하에 차려놓고 조를 그 위에 올려 앉힌다. 집장 사령이 곤장을 한 아름 들고 나오고, 사령 하나는 장패20)를 들고 그 옆에 선다.

감 사 (위의를 갖추어 정좌한 다음) 네 동학 유자 듣거라…… 네 일개 어린 학소년으로서 오로지 학업에 진심갈력21)할 때이어늘, 그릇 난민적도의 무리에 가담하여 이미 수많은 인명을 살해하고, 관아를 파괴하고, 전곡과 재물을 강탈하며, 허장성세하고, 양민을 선동하니, 죄당만사22)라. 그러하되, 특히 특히 네 만리 전정을 생각하여 이실직고하고보면 즉일 백방23)할 터이니 그리 알렸다.
조   ……
감 사 전녹두가 네 선생이라지야?
조   그렇소.
감 사 어찌하여 동학군에 들었느냐?
조   전선생을 따라 선생의 금번 의거에 자진해서 가담했소.
감 사 어째서 의거라 하느냐?
조   지금 조선을 들어 말하오면 조정에서 오늘은 청조(淸朝)에 아유하고 내일은 일본에 웃음을 파는 간신들에게 일국의 정사를 맡기고 있으니, 그들을 물리치지 않고는 정도를 바로 잡을 수가 없고, 각 도와 각 군 각 읍에서 탐관오리를 내쫓지 않고는 도탄에 빠진 백성들을 건질 길이 없으매, 전선생은 경천수심과 제세안민의 천도

---
20) 杖牌.
21) 盡心竭力, 마음과 힘을 있는 대로 다함.
22) 罪當萬死, 지은 죄가 너무 커서 죽어 마땅함.
23) 白放, 죄가 없음이 밝혀져 잡아 두었던 사람을 놓아 줌.

　　　　 교 교지를 좇아 목숨을 바치고 일어났사오니 어찌 의거가 아니라
　　　　 하겠소.
감　사　닥쳐라, 이놈. 감히 뉘 앞이라고 그런 방자한 소리를 하느냐? 여
　　　　 봐라, 저놈을 피가 나도록 매우 쳐라.
급　창　저놈을 피가 나도록 치랍신다.
집장사령　예-으잇 (하고, 곤장을 골라 잡고 사정없이 내리친다)

　　　장패든 사령이 하나, 둘, 셋 세이면서 장패를 넘긴다. 조가 고통을 참지
　　　못해 몸을 비틀기는하나, '음-음' 할 뿐 아야 소리는 내지 않는다.

감　사　응, 그만 때려라. (집장사령, 매를 놓는다) 요놈이 양반의 씨알머
　　　　 린지 어지간이 독하구나. 네 집이 고부라지?
조　　　 고부 태인이요.
감　사　태인?…… 응, 여봐라.
급　창　예-으잇.
감　사　상방에 있는 옥분이란 계집애를 이리 나오라 해라.
급　창　사령, 옥분이 나오랍신다.
사　령　(그말을 받아서) 옥분이 나오랍신다.

　　　옥분이 대청으로 나와 감사 앞에 부복한다. 월향도 나와 기둥 뒤에서 엿
　　　본다.

감　사　네 집이 태인이라지야?
옥　분　예-.
감　사　그럼, 저 초립동을 모르겠느냐?
옥　분　사또님, 저 도령은 제 오라비올시다. 제발 더 때리지 말고 놓아
　　　　 주시오면 제가 무슨 말이고 다아 아뢰 바치겠나이다.
감　사　뭣이 어째? 옳아, 저놈이 네 서방이로구나. 어디 보아라, 이놈.
　　　　 여봐라.
급　창　예-으잇.
옥　분　(울면서 애원한다) 사또님, 아니올시다. 오라비올시다. 이년은 어
　　　　 찌되어도 상관이 없사오니 저 오라비만은 살려주소서.
감　사　애, 초립동아. 네가 정말 이 계집애 오라비냐?
조　　　　……

감 사   응, 네가 이년의 서방이지, 그렇지야?
조   아니요.
감 사   오냐, 그만하면 알겠다. 여봐라. 그럼 바른대로 아뢰라. 전녹두가 대원군과 기맥을 통하고 역적모의를 했다지야?
조   그런 일은 없소.
감 사   이놈, 그래도 불지 않을 테냐. 여봐라.
급 창   예-으잇.
옥 분   사또님, 저 도령은 아무 것도 모릅니다. 제가 아는 대로 말씀사뢰겠사오니, 제발 용서해주소서.
조   옥분아, 넌 가만히 있거라…… 역적모의를 했다니 말이오만은, 정말 역적은 높은 벼슬자리에 앉아서 백성들의 재물을 긁어드리고, 제 한 몸과 일족일당의 지위를 보존하기 위해서 외국세력을 국내에 불러들여 사직을 위태롭게 하는 민씨 일족인가 하오.
감 사   이놈, 뭣이 어쩌고 어째? 이 죽일놈…… 여봐라.
급 창   예-으잇.
옥 분   사또님, 20미만 소년을 잡아다 놓고 이 무슨 악형이오. 저 도령은 나라와 백성을 위해서 나선 몸이니, 어찌 죽음을 겁내리까만은 일도의 성주님으로서 하향천배의 계집아이 하나를 농낙하지 못해 한 동네 사는 도령을 서방이라 잡아 매를 치니, 이것이 백성을 다스리는 방법이며, 양반의 도리란 말이오. 저 도령은 제 서방은 아니라도 이미 앞날을 언약한 사이오니, 만일 죽이실려면 나도 함께 죽여주오.
감 사   에잇, 발칙한 년, 여봐라! 뭘 하고 있느냐. 빨리 저년을 끌어내려 칼을 씨워라.
급 창   예-으잇. 사령! 저 계집애를 끌어내려 칼을 씨우랍신다.
사 령   예-으잇, (하고 대청으로 올라가서 옥분을 끌어내어 뒷짐결박해서 조의 옆에 꿇어앉힌 다음 밖으로 뛰어간다)
감 사   저 연놈을 치도곤으로 위선 50개씩 내리쳐라.
급 창   예-으잇. 사령! 치도곤으로 저 연놈을 50개씩 치랍신다.
집장사령 예-으잇. (하고, 매를 들고 막 치려할 때 감영영리가 황망히 들어선다)
영 리   사또께 아뢰오.
감 사   뭐냐?

영	리	방금 삼문 밖에 어떤 상제 하나가 와서 사또를 뵙겠다 하옵니다.
감	사	상제가? 무슨 일이라더냐?
영	리	예- 무슨 일로 뵙자느냐고 물어봤삽더니, 녹두장군이 저 초립동을 구해낼려고 성중에 잠입해서 숨어 있는 곳을 고해 바치겠다 하옵니다.
감	사	응…… (빙그레 웃으며 이를 몰아다 본다)
이		(혼잣말같이) 녹두가 벌써 들어왔구나…… (손이 약간 떨린다)
감	사	빨리 들어오라 해라.
영	리	예- (하고, 나간다)
이		대감, 하관은 사처에 물러가서 좀 쉬겠소이다. (하고, 일어난다)
감	사	아아니, 녹두장군을 곧 잡게 됐는데 영감이 안 계시면 어떻게……
이		(황망히 마루에서 내려서면서) 좌우간 하관은 물러가겠소이다. (하고, 밖으로 나가려다가 선화당 뒤로 빠져나간다)
감	사	무슨 사람이 저 모양일까. 에잇……
사	마	아마 녹두장군한테 혼이 단단이 난 모양입니다.

영리가 상복에 방갓을 쓴 녹두장군을 데리고 들어온다.

영	리	사또께 아뢰오. 바루 이 상제옵니다.
감	사	음…… 상제는 녹두가 숨어 있는 곳을 안다지야?
전		예.
감	사	시방 어디 있느냐. 나중 상금을 후이 줄 터이니 빨리 아뢰어라.
전		(주위를 한번 돌아본 다음 별안간 방갓을 벗어던지고 고성대갈한다) 녹두장군 예 있다!

그 소리에 응하여 밖에서 '동학군이야.'으라- 하고 함성이 터지고 주라 소리, 북 소리 등 요란하게 들린다. 일동, 대경실색하여 꼼짝 못하고 제자리에 붙어있다.

조	(감격해서) 선생님……
전	오냐, 성국아. (칼을 빼어 조와 옥분을 묶은 줄을 끊어주며) 음…… 너까지 이짓을 했구나…… 성국아, 우리 동학군 3,000명이 대오를 지어 의기당당하게 전주성으로 들어오는 중이다. 우리는 인제 천하를 호령할 수가 있다. 우리의 앞길을 막을 자는 없다. 나가서 우리

군사들의 기세를 보아라. (하고, 대청으로 올라간다)
조　　애, (하고, 옥분의 손을 덥석잡고 감격에 넘쳐) 옥분아!
옥　분　(감격에 넘쳐 눈물을 흘리며) 도련님!

조가 옥분의 손을 잡고 밖으로 뛰어나간다. 밖에서 무장한 동학군 2,3명이 달려와서 조를 호위하고 있던 관군의 무장을 해제한다.

전　　(감사를 보고) 그대가 전라감사 김문현인가?
감　사　그렇소.
전　　전주성은 이미 우리 동학군의 수중에 떨어졌으니, 그대는 나하고 이 자리에서 한번 승부를 겨루어 보든지, 그렇지 않으면 감영을 내놓고 단신으로 물러가라.
감　사　물러가겠소. 명색이 사또로서 선정을 베풀지 못하고 전래의 폐습에 젖어 풍유연락만을 즐기고 지내왔은즉, 오늘날 녹두장군 앞에서 이런 굴욕을 당해 마땅하오.
전　　옳은 말이다. 그럼 감영 곡간 열쇠와 옥문 열쇠를 내놓고, 내 휘하 장수가 들어오기 전에 빨리 도주하라.
감　사　그러하겠소. 여봐라, 이방.
영　리　예.
감　사　빨리 열쇠를 가져오너라.
영　리　예, (하고 나간다)
전　　(사마를 보고) 그대는 누군가?
사　마　군사마 최영년이요.
전　　응, 소위 군사마로서 황토고개 싸움에 관군 천여명이 하룻밤 사이에 거의 전멸을 당하여 대포와 군량을 버리고 패주한 것도 모르고, 감영대청에서 백주에 술상을 끼고 앉아 사또 비위를 맞추고 있단 말이냐. 이러고서야 어찌 민란이 일어나지 않으리오. 내 마땅히 한칼에 버힐이로되 노모의 부탁이 있는지라 살려보내니 빨리 물러가라.
사　마　예, 장순 감축하오이다. (하고, 총총히 내려와서 선화당 뒤로 빠져 나간다)

영리가 열쇠 한 묶음을 가지고 들어온다.

영 리 열쇠 가져왔소.
전   (열쇠를 받아들고) 어느 것이 어느 것인지 알겠느냐.
영 리 예-, 열쇠마다 헝겊쪽지가 붙어 있소.
전   응, 알았다.
감 사 그럼 물러가겠소.
전   (상밑에 놓인 인장을 집어던지며) 옛다, 감영 인장이나 가지고 가라.
감 사 (인장을 집어들고 잔기침소리를 내며 선화당 뒤로 나간다)
집장사령 나리 대감, 소인들도 동학군에 넣어주십쇼. 잘못했소이다. 소인들이야 위에서 시키시니 헐 수 없이……
전   이놈…… 네놈들은 아직 꼼짝 말고 게 있거라.
집장사령 (우는 소리로) 아이구구……
전   여봐라, 영리!
영 리 예-.
전   넌 백성들 고혈을 짜내는 문부24)를 알렸다.
영 리 예, 예, 알다 뿐이오니까. 수세(收稅) 문부와 과부(課賦) 문부옵니다.
전   빨리 내게로 가져오너라.
영 리 예이, (하고, 나간다. 전의 눈치를 보고 동학군 하나가 그의 뒤를 따른다)
전   (기둥 뒤에 붙어 서 있는 향월 보고) 넌 누구냐?
향 월 (그곳에 부복하고) 관기 향월이로소이다.
전   응, 관기는 오늘부터 없엘 테니 너는 네 갈 데로 가거라.
향 월 예, 황감하오이다.
영 리 (문부를 들고 들어와서) 여기 문부 가져왔소이다.
전   응, 너희들이 오랫동안 백성들을 벗겨먹든 그 관문서를 너희들 손으로 불살라버려라.
영 리 예이, (하고, 선화당 뒤로 간다. 동학군 그 뒤를 따른다)

선화당 뒤에서 문부 사르는 연기난다.
밖에서 주라 소리 높이 들리고, 군중이 몰려 떠드는 소리 난다.
이윽고 ■총한 동학군 수명이 앞을 서고 오만년수운대의(五萬年受運大義)

---

24) 文簿, 문서와 장부.

를 선두로 제폭구민(除暴救民), 척양척왜(斥洋斥倭), 경천수심(敬天守心), 제세안민(濟世安民) 등. 표어를 쓴 정기(旌旗)와 청황적백흑 오색기를 든 군사가 뒤따르고 위풍당당하게 손화중, 김개남, 김원직, 정익서, 최노인 등 영장들이 들어온다. 뒤에 조와 옥분이 따랐다.
향월이 나가려다가 그들이 들어오는 것을 보고 성곽 앞으로 피해 선다. 영리와 사령들, 그 틈을 타서 밖으로 빠져 나간다.
밖에서 '동학군 만세', '전장군 만세'를 연호하는 군중의 함성.

전   (대청 끝에 나와서 여러 장수들을 맞아드린 다음, 좌정하자 상복을 벗는다. 주의25)두 어깨에 궁자 을자(弓字 乙字)를 쓴 헝겊을 붙였다) 여러분, 수고 하셨소.
영장일동   전장군, 수고하셨읍니다.
전   여러분, 우리가 이렇게 불손일병(不損一兵)하고 전주같은 요지의 큰 성을 손에 넣게 되니, 첫째 교주 수운 대선생의 신령이 가호하심이고, 둘째로 원근을 불고하시고 손장군은 부안에서, 김장군은 남원에서, 또 김장군은 고창에서 각각 수병을 거느리고 합세해 주신 통합의 덕이요, 인화를 얻은 덕이라고 생각합니다. 그러나 우리들의 목적은 결코 나라를 소란케 하는데 있지 않고, 오직 나라를 어지럽게하고 인의의 정도를 세우는데 있은즉, 비록 오늘의 성공이 있었다하나 앞길은 갈쑤록 다난할 줄 압니다. 거듭 바라건데, 여러 동지들은 끝까지 초지를 굽히지 말고 용감히 분투해주시기 바랍니다.
일 동   예!
김개남   그럼 우리는 시각 지체 말고 각각 소임을 분담하여 먼저 백성들을 안돈시킨 다음, 우리 동학군의 주지와 본색을 널리 선포하기로 합시다. 여러분, 어떻소?
일 동   좋소.
손   전장군이 우리들 소임을 정해주시오.
김원직   그게 좋겠소.
전   여러분 의향이 그렇다면 내가 소임을 정하겠소.
일 동   예.
전   손장군은 전주성 성문마다 방을 붙이되, 방에 쓸 것은 일, 악질지주를 징벌할 사,

---

25) 周衣, 두루마기.

　　　　일, 악질관생을 징벌할 사
　　　　일, 악질유생과 토호를 징벌할 사,
　　　　일, 노예를 해방할 사,
　　　　일, 청춘과부 개가할 사,
　　　　일, 공사채를 일절 탕척할 사
　　　　일, 九班賤役을 철폐할 사
　　　　일, 토지는 농민에게 분급할 사……
　　　　그리고 끝에는 동학본영 전봉준이라 쓰시오. 잘 알아들었소?
손　　　(종이에 적고 있다가) 예!
전　　　다음, 김개남 장군은 이 열쇠를 가지고 가서 감영 곡간을 열고 전곡과 물화를 조사한 다음, 군량을 남기고 모두 빈민에게 분급(分給)할 조처를 해주시오.
김개남　예-, 알았소. (하고 열쇠를 받는다)
전　　　다음, 정익서는 옥문을 열고 죄수로서 죄상이 분명치 못하거나 억울한 사정이 있는 자는 즉시 백방하고, 옥사정을 시켜 죄수들의 죄상을 다시 조사하되, 추호도 사감이 없도록 단속하오.
정　　　예-.
전　　　다음 조성국은 먼저 육방관속을 내쫓고 성중 경비에 전력하고……
조　　　예.
전　　　김원식 장군은 감영에서 참모장일을 보시고, 최노인은 역시 감영에서 군량과 여외 잡무를 보게 하시오. (각각 대답한다) 자아, 그럼 각각 소임을 따라 일어서시오.
일 동　예-.
전　　　수고들 하시오. 저녁에는 소를 잡고 술을 걸러 잔치를 할 터이니, 일찌감치들 모이시오.
일 동　예-. (환호하며 밖으로 나간다)
조　　　(맨나중 나가면서) 옥분아, 내 육방관속을 내쫓고 올 테니 이야기는 나중 하자.
옥 분　예, 그러시오.

　　　　조, 밖으로 뛰어나간다. 옥분이 그의 뒷모양을 바라보고 섰다가 저도 뛰어 나간다.
　　　　동학군 수명이 이곳저곳 서서 수비한다. 군사 한명이 들어온다.

병 정   대장 선생님께 아뢰오.
전   무슨일이냐?
병 정   장사꾼 하나가 대장 선생님을 만나뵙고 긴히 할 말이 있다 합니다.
전   응, 그럼 몸뒤짐을 하고 들여보내라.
병 정   네, 벌써 뒤져봤읍니다.(하고, 나가자말자 곧 강삼용이 들어온다) 이 사람이올시다.
전   무슨 일이오.
강   예, (대청에 올라가서 공손히 절하고 나서) 제가 장군을 분주하신 중에 이렇게 찾아 뵌 것은, 다름 아니오라 장군과 뜻을 같이 할 뿐 아니라, 제가 가진 기술을 바쳐서 장군의 대업을 빨리 성취시켜드릴까 해서, 급한 마음에 모수자천26)하고 찾아 뵌 것이 올시다.

향월이 강의 목소리를 듣고 놀란다.

전   고맙소. 선생은 무슨 기술을 가지고 도와주실려오?
강   예, 말보다도 실물을 보여드리겠읍니다. (하고, 끼고 온 보따리를 내놓는다)
전   (병정에게) 이걸 너희들이 끌러보았느냐?
병 정   예, 보긴 봤어두 뭔지 모르겠소이다.
전   그제야 보따리를 끌러보더니 깜짝 놀란다) 음, 폭발탄……
일 동   (놀란다)
강   예, 그렇습니다.
전   이게 어디서 나왔소? 일본서 온 것 같은데……
강   아니올시다. 뎃법은 일인에게서 배웠으나 이건 제 손으로 만든 것입니다.
전   그래요? 예, 알었소이다.

밖에서 군중의 환호성과 '녹두장군' 하고 부르는 소리.
조가 뛰어 들어온다.

---

26) 모수(毛遂)가 스스로 천거(薦擧)했다는 뜻으로, 자기가 자기를 추천하는 것을 이르는 말.

전   웬일이냐?
조   시방 성중 백성들이 수백명 몰려와서 만세를 부르며 녹두장군을 봐야 가겠다고 막 야단들입니다. 저는 어찌 할 수 없사오니 빨리 좀 나와 주십시요.
전   응, 그래라. (하고, 일어서면서 강에게) 그럼, 잠간 나갔다 들어오겠으니 예서 기두리시오.
강   예, (하고, 보따리를 도로 싼다)

　　　전과 조, 밖으로 나간다. 밖에서 전을 맞는 환호성, 만세소리, 한층 더 높아진다.
　　　강이 전을 배웅하는 척하고 따라나오자, 성곽 앞에서 향월이 나서며 가만히 '오라버니' 하고 부른다. 강이 '쉬이' 하고 말 말라는 손짓을 한 다음,

강   (언성을 낮추어) 아버지가 백산서 이놈들 동학군한테 잽혀 돌아가셨단다. 넌 여기 남아있어서 원수를 갚아야한다. (종이쪽을 얼른 주고 시침일따고 대청으로 올라간다)
향　월 (깜짝놀라) 예?!…… (급히 종이쪽지를 읽는다)

　　　군사들은 전이 나가자 곧 상방편 마당에 둘러앉아서 무슨 의논들을 하느라고 모르고 있다.밖에서 김원직과 최노인이 큰기침을 하면서 들어온다. 군사들 그제야 일어난다.

병1   김대장님.
김원직 뭐냐?
병1   저희들이 시방 공논들을 했는데요.
김원직 그래, 무슨 공논이냐?
병1   저희들 말이애요. 이렇게 자꾸만 싸우면서 필경에는 서울까지 쳐들어가겠지요?
김원직 그렇지, 암……
병1   그렇게 되면 조정에서 나쁜 놈들 모두 쫓아내구 우리 동학군이 차지할 것 아녜요?
김원직 그래서……
병1   그렇게 되면 전장군께서는 임금님은 못 되셔도 영의정이나 정승판서는 하실 것 아녜요?

김원직   응…… 그래서……
병2   아따 갑갑하긴, 젠-장, 그렇게 된다면 저희들은 무슨 벼슬을 얻어 하겠느냐 말씀이야요.
김원직   그래, 너희들은 무슨 벼슬이 소원이냐.
병1   예, 히히히……
병2   이 자식아, 웃긴…… 어서 말씀사려……
병1   예, 그저 저는 더두 말고 호방 하나만 시켜줍시오.
김원직   핫하하, 호방 따위는 아전이 하는 게지 무슨 벼슬이랄 게 있느냐.
병2   이 자식아, 비켜나라! 저는 더두 말굽쇼, 평안감사 한자리만 시켜 줍시오.
김원직   어허, 이건 아주 높직허구나. 그래 또 누구냐 벼슬할 사람이……
병3   저는 참봉 하나만…… 히히히히.
노 인   흥, 칠십에 능참봉을 했더니 한 달에도 거동이 스물아홉번이드란다. 평생 소원이 감투란 말이지.
김원직   또 누구야.
병4   글쎄요 원, 벼슬이 짜장 하구는 싶은데, 그놈의 것이 하도 많아농께, 어떤 놈이 존지 알 수가 있어야지유.
김원직   노인   핫하하하
김원직   그럼, 잘 생각해서 한자리 골라 두어라. 난 좀 나가 봐야겠다.
         (밖으로 나간다)

         노인이 향월을 보고 소리를 지른다.

노 인   여봐 기생, 거기서 뭘 엿듣고 있는 거야?
향 월   ……
병1   전라감사 수청기생인가?
병3   오늘밤 나한테 수청 한번 들어보지. 난 아직 장가도 못 간 머슴살이 총각이야.
병정들   핫하하하.
노 인   (가까이 가서 손목을 잡아다리며) 이리 나오너라. 무슨 염탐을 할 생각으로 예서 어물어물하고 있어?
향 월   이손을 놓아요. 내가 시방 의지할 곳이 없는 몸이 누구를 위해서

　　　　　염탐을 하겠소.
병1　　이리 끌고 오시오. 볼기나 한번 칩시다.
병정들　핫하하.
정　　　여보 병정들, 여자를 너무 그러지 마오.
병3　　나한테 수청만 들겠다면 놓아 준단 밖에……
향　월　듣기 싫다. 내 아모리 낙백27)했기로서니 너희 잡병들의 조롱을
　　　　받으랴, 이손을 놓아요. (하고 뿌리치니 노인이 손을 놓는다)

　　　　군중의 환호성 다시 높아진다.

전　　　(들어오면서) 왜들 그러느냐? 저 기생은 왜 여태 안 가고 있느냐.
노　인　예, 저 기생이 무슨 염탐을 하고 있는 듯해서 한번 떠 보았습니
　　　　다.
전　　　뭣이?!…… 이리로 끌고 오시오.
노　인　예-. (하고, 대청 앞으로 끌고 가서 앉힌다)
전　　　(대청에 올라가서) 내 너를 놓아준 지 이미 수 경이 지냈는데, 무
　　　　슨 연유로 아직 가지 않고 예서 배회하느냐.
향　월　……
전　　　(호통한다) 왜 대답을 못하느냐. 무엇을 염탐하고 있었느냐? 어서
　　　　말해라.
향　월　이렇게 된 몸이 무엇을 바라고 그런 짓을 하겠나이까. 오래 정든
　　　　감영이라 회포가 깊사와 짐즛 떠나지 못하였삽나이다.
전　　　정녕코 그럴까?
향　월　장군님 앞에 감히 거짓을 아뢰오리까. 저는 인제 갈 곳 없는 몸
　　　　이오니 이 감영에 머물러 있게 해주시오면, 밥데기 노릇이라도 즐
　　　　겨 하겠나이다.
전　　　네가 무슨 딴 생각이 있어 이곳에 배회한 듯하니 내 마땅히 군률
　　　　로 다스릴 일이로되, 네 사정이 정 그렇다면 감영에 그대로 머물
　　　　러 있게 하라.
향　월　(마루 끝에 부복하고) 장군님 은혜 백골난망이로소이다.

---

27) 落魄, 혼이 나감, 혹은 세력이나 살림이 줄어들어 보잘것없이 됨.

강과 향월, 얼른 시선이 마조친다.

-암전-

제2막 2장

갑오년 4월중순, 어느날 밤.

무대
　　　전장과 같다. 선화당 기둥에 동학군 본영이라 쓴 현판이 새로 붙었다. 막이 열리면 선화당 앞마당에 횃불을 놓고 그 옆에 군사들이 둘러앉아 잡담을 하고 있다. 대청에 최노인이 걸터앉아있다. 이따금 밖에서 대포소리와 총소리 들린다.

병2　　에잇, 갑갑해서 어디 살겠다구.
병1　　말 말게, 성밖에 임 두고 달포나 못 가보는 양반도 여기 계시다네.
병3　　오오, 그 절구통같이 생긴 술집계집애 말이로구나, 종의 딸이라구, 그렇지?……
병1　　이놈아, 우리 대장 선생님이 종을 없앤 지가 언젠데 상전 종이 시방 있어? 그때 방 써붙인 것도 못 보았나. 일, 종을 없앨 사 일, 백정의 두상에 패랭이를 없앨 사 일, 청춘과부 시집보낼 사……. 아냐?……
병2　　그것도 한달전 일이라네. 관군이 성을 에워싸고 진을 치고 있는 이판에 청춘과부 시집간다고 신통할 게 뭐야.
노　인　여보게, 그런 소리 말게. 우리가 전주성에 들어올 때 일을 한번 생각해봐. 백성들은 인제 옳은 세상 만났다고 얼마나 기뻐 날뛰었나. 그리고 우리 전장군은 그 방에 쓴 그대로 실행을 해오지 않았나…… 어디 종만 없앴어…… 백성을 토색하던 관속들을 잡아가둔다. 농민들 등짝 벳겨먹는 지주놈들 땅을 뺏어서 농민들에게 노나준다, 게다가 빈민들의 빚은 세납금이고 사삿빚이고 간에 몽땅 탕감을 해주어, 또 되지 못하게 거드름부리는 양반 선비들을 모조

　　　　리 잡아다가 혼을 내주어, 허다못해 백정들까지 갓을 쓰게 하지
　　　　않었나 말야노인…… 그런 세상을 누가 꿈엔들 생각이나 해보았
　　　　겠나…… 정말 백성들 살판났었지 뭐야…… 시방 관군이 성밖을
　　　　에워싸고 있긴 하지만 우리 동학군을 당해낼러구…… 걱정없
　　　　어……
병2　　노인장 말씀이 옳아, 잡담 작작하고 그만 나가서 성이나 지키세.
병1　　그렇게 허세…… 노인장, 안 나가십니까?
노　인　왜, 나가야지. (하고, 일어서서 병정들 앞으로 걸어 나온다)

　　　　향월이 내아에서 나와 누구를 찾는 눈치다.

병2　　(나가면서 턱으로 향월을 가르키며 가만히) 좀 수상쩍은데요.
노　인　글쎄, 어덴지 그렇긴 해……
병2　　폭발탄 선생도 그렇구요.
노　인　자네 사람을 꽤 볼 줄 아네그려.
병2　　(크게) 알다마다 여부가 있습니까.

　　　　노인과 병정들 퇴장.
　　　　녹두장군, 홍포(紅袍)를 입고 그 모친과 같이 내아에서 나온다. 옥분이 뒤
　　　　따른다. 향월이 대청 아래 서서 맞는다.

모　친　(대청에 올라 주위를 살펴보더니) 여기가 바루 네 아버님께서 곤
　　　　장을 맞고 돌아가신 곳이로구나.
전　　　선친께서 품으셨던 큰 뜻은 제가 이루어 보겠읍니다.
모　친　(눈물을 씻으면서) 오냐, 그 말을 들으시면 지하에서라도 기뻐하
　　　　시겠다…… 그렇지만 관군을 감당하기가 어렵지 않겠느냐?
전　　　염려없읍니다. 관군은 우리 동학군보다 무기가 많고 새로운 것 뿐
　　　　이올시다. 그대신 우리 동학군은 수효도 많거니와 인의에 불타는
　　　　동학의 정신이 있읍니다. 그 정신이 총보다도 대포보다도 더 강하
　　　　고 무서운 것이올시다.
모　친　그렇지. (때마친 대포 소리가 쾅! 하고 나자 약간 놀란다)
전　　　어머님을 이런 위험한 곳에 모시고 와서 죄송합니다.
모　친　그야 어디 나만 위험하냐…… 그렇지만, 군사들이 남여(藍輿)를
　　　　가져와서 '전주감영서 모시러 왔읍니다' 하고 대문 안으로 들어설

땐, 나도 모르게 눈에서 눈물이 좔 쏟아졌었다. 그래도 네 편지 한장 없이 그런 전갈뿐이요, 또 네가 나를 진중에 불러들일 리가 없어 아니 올려구도 했으나, 역시 이렇게 와서 모든 걸 내 눈으로 보니 좋구나.

전　　기실은 제가 보낸 게 아니올시다. 최노인이 어머님을 기쁘시게 해드릴려구 제 몰래 한 일입니다.

모　친　오라, 내 그저 어쩐지 이상하더라니……

　　　　강이 들어오다가 전이 대청에 서있는 것을 보고 도로 나가려고 몸을 숨기고 비켜선다.

전　　어머님, 그럼 저리 가서 손선생을 뵈입시다.
모　친　응, 그래라.

　　　　전과 모친, 상방편으로 들어간다. 옥분도 뒤따라 들어간다.
　　　　강이 향월의 옆으로 간다.

강　　(조심스럽게) 너 마침 잘 나왔다.
향　월　……
강　　네게 급히 얘기할 것이 있다.
향　월　예, 어서 말씀하세요. 누가 오기 전에……
강　　오늘밤에 지일(地日)28) 기도가 끝나면 검무를 춘단다.
향　월　검무요?
강　　응, 검가(劍歌)라나 하는 노래를 부르면서 칼춤을 추는데, 대장 칼을 내준다니 춤은 어떻게 하던지 네가 꼭 춰야한다.
향　월　(그 말뜻을 알아듣고) 예, 알았습니다.
강　　(조용히) 우리가 벌써 한달 동안이나 이러구 있으면서 아직 원수 갚을 기회를 얻지 못했더니, 오늘에야 하늘이 그 기회를 주셨다.
향　월　예…… 그렇지만 만일에 실패하는 날이면 어찌되겠읍니까?
강　　그때는 죽는 수밖에 없다. 오래비하고 같이 죽자.
향　월　(눈에 눈물이 글성거리면서) 오빠……
강　　나도 그동안 만들 줄도 몰르는 폭발탄을 만든다고 전장군을 속이

---

28) 천도교의 제2대 교조 최시형이 제1대 교조에게 심법을 이어받았음을 기념하는 날.

고 마음을 조이면서 초조하게 지내왔다…… 할 수만 있다면 원수도 갚고 내 욕심도 채보구 싶어, 내 혼자 얼마나 초조했는지 모른다. 정승판서도 돈으로 살 수 있는 세상에 벼슬 한자리 못 얻어하고 죽는다면 상놈으로 태어난 원한을 풀 길이 없지 않으냐……

향　월　그렇지만 오빠, 전장군은 알고보니 정말 거룩하신 분이애요……
강　　　뭐라구?!……
향　월　그분은 결코 돈 많고 세도 부리는 썩은 벼슬아치들의 편이 아니고 우리 편이야요…… 가난하고 짓밟히고 천대받는 우리 백성들 편애요……. 지가 수청든 전라감사따위에 비할 인물은 아네요……
강　　　네가 그게 다아 무슨 분수없는 소리냐…… 전녹두는 역적이야…… 시방 민심을 수습하여 동학군의 기세를 올릴려구 그런 멀쩡한 야바위를 꾸미고 있는 줄 모르느냐…… 말만은 작자가 번지르 하게 하지만 실상은 빛좋은 개살구란 말야, 알겠어?…… 그러구 이걸 알아야 해…… 역적에 가담하면 나중 구족을 멸하는 게구, 만일 잡아 바치고 보면 일국의 공신이 되거던…… 난 모르겠다. 우리 일문의 흥망은 네 손에 달렸으니까……
향　월　……
강　　　그러구 얘, 전녹두는 시방 독안에 든 쥐다. 그까진 동학 잡군 몇 날이나 더 지탱할너구. 깊이 생각 잘해야한다…… 그나저나 자식되고 부모의 원수는 갚아야 할 께 ,응?
향　월　네, 잘 앉았어요…… 어떻게 해보겠어요.
강　　　그렇지. 오냐…… 나도 어떻게 해보지……
향　월　오빠, 염려마세요. 죽어도 내 혼자 죽을 테니, 오빠는 오빠대루 살아갈 길을 찾으세요.
강　　　아니다, 죽게 되면 같이 죽잣구나.

　　上房에서 인기척이 나자, 강과 향월, 얼른 떨어져 선다.
　　전, 그의 모친, 손병희, 옥분 등, 대청으로 나온다.

전　　　(강을 보고) 강선생, 올라오시오.
강　　　예-. (하고, 대청으로 올라간다)

　　일동 좌정하자, 밖에서 최노인과 조가 뛰어 들어온다.

조		대장 선생님.
전		무슨 일이냐?
조		관군은 시방 병력을 남문 밖에다 집결하고 대포를 수리하여 불시에 쳐들어올 배비를 하고 있다 합니다.
전		누가 염탐했느냐?
조		보부상 하나가 몰래 성문 밖에 나갔다가 염탐하고 왔다 합니다.
전		그런 장사치의 전하는 말을 경선히29) 신빙할 수 없으니, 네가 성문 밖으로 가만히 빠져나가서 관군의 동정을 자상히 염탐해 오너라.
조		예. (하고, 뛰어 가려한다)
전		애 성국아, 조심해라.
조		예. (하고 밖으로 뛰어나간다)

옥분이 대청에서 내려와 성곽 앞으로 와서 조가 나간 곳을 바라본다.

전		(노인을 보고) 곧 손병희 선생을 모시고 지일 기도를 시작할 터이니, 장수들을 모이게 하시오.
노 인	예-. (하고, 대청으로 올라가서 선화당 구석에 있는 북을 친다)

조가 다시 뛰어 들어온다.

조		(옥분에게) 옥분아, 어쩐지 너를 다시 못 볼 것같이 생각이 들어서 하직이나 하려고 되돌아왔다.
옥 분	도련님, 그게 무슨 말씀이오.
조		아니다, 네 어머니한테서 빨리 나려오라는 편지까지 왔다니, 언제 죽을지 모르는 나를 믿지 말고 넌 집으로 나려가거라. 내 부탁이다.
옥 분	도련님, 그게 무슨 말씀이오. 나는 여자라 총칼을 들고 싸우진 못해도 마음으로는 도련님과 같이 싸우고 있는 동학군이올시다. 도련님 곁을 떠나서 사는 보람이 무엇이겠어요. 그런 약한 마음 버리시고 한달음에 뛰어가서 직책을 다하시오.
조		오냐, 알았다. (하고, 뛰어간다)

---

29) 앞질러 가서.

전   강선생, 폭발물은 언제나 쓰게 되오.
강   예-. 인제 수일내로 되겠습니다.
전   연이나, 만일 금번에도 실패하고 보면 대낭패니, 범연히 알지 마시오.
강   예-. 그렇다 뿐이겠습니까.

　　대포소리 난다.

전   시방 초토사(招討使) 홍계훈이 강화병정 1대대와 대포 2 문을 끌고 와서 남문 밖에 진을 치고 매일같이 성중에 포탄을 퍼붓고 있는 것은 선생도 잘 아는 일이니 더 말할 것도 없거니와, 시방 폭발탄만 있고 보면 먼저 저 대포를 폭파해서 홍계훈의 간담을 서늘하게 해주고 싶소.
강   예, 잘 앓었소이다. 며칠만 더 참아주십시오. 대장 선생님 소원을 꼭 풀어드리겠읍니다.
전   예, 꼭 믿겠소.
노 인   참, 깜박 잊었군. 대장!
전   무슨 말씀이오.
노 인   아까 관군이 대왕구를 쏘아서 경기전(慶基殿)도 절반이나 허물어졌소.
전   (놀라며) 뭐야? 또…… 일전에는 조경전(肇慶殿)이 불타고, 이번에는 경기전마자 허물어졌으니, 오백년 나려오는 왕가 발상지지(發祥之地)가 백성들의 난리통에 재가 되고 말다니……
손병희   홍계훈의 실수가 큽니다.
모 친   한심한 노릇이지요.
노 인   장님 제 닭 잡어먹는 셈이지요.
손병희   핫하하하.

　　정익서, 손화중, 김개남, 김원직 등 장수들 들어선다.

노 인   어서들 들어오시오.
일 동   예-. (하고, 대청으로 올라가서 전을 중심으로 좌정한다)
전   오늘은 마침 손병희 선생님이 멀리서 오시고 해서 지일 기도를 드

　　　　　릴 겸, 선생님의 말씀을 듣고자 잠깐 모인 것이오.
일　동　(머리를 숙여 예한다)

　　옥분, 대청 끝에서 초조하게 조를 기다리고 있다.

전　　그럼 먼저 기도하고 다같이 검가를 부릅시다. 여러분도 아시겠지만 검가는 조조 수운선생이 대장부의 기개를 읊으신 것으로, 우리가 이 노래를 부르 는동안 부지불식간에 기개가 고상해지고 마음이 활연히 열려서 도의를 깨닫게 되고, 또 이 노래에 맞춰서 검무를 추고 보면 자연 무예를 연마하게 되는 것이요.

　　일동, 端坐여 묵상한 다음 '侍天主造化定永世不忘萬事如 至氣今至 ● 大降'
　　을 세차례 외운다.

전　　여러분 중에 혹 검무 잘 추는 분이 있으면 나와서 이 칼을 들고 추시오. (하고, 차고 있던 삼척보검을 끌러놓고 좌중을 둘러본다)

　　-잠깐 사이-

노　인　검무는 향월이가 아마 이 좌중에서는 제일 잘 출 걸이오.
일　동　(좋아하며) 핫하하하하.
향　월　당돌하오나 허락해 주시오면 한번 추겠읍니다.
전　　음, 여자가 추는 건 파격이지만 검무를 잘 춘다니 나와서 한번 추게 하오.
노　인　향월이 이리 나오라고…… (좋아한다)

　　일동의 환시중에 향월이 걸어 나와서 전이 집어주는 칼을 받아들고 선다.
　　이윽고 일동이 부르는 검가에 맞쳐 춤을 추기 시작한다.

　　(검가)
　　時乎時乎 이내 時乎
　　不再來之時乎로다
　　만세일지 丈夫로서
　　五萬年之 時乎로다
　　龍泉● 드는칼을

아니쓰고 무엇하리
좋을시고 좋을시고
이내신명 좋을시고

춤을 추면서 두어번 전의 목을 찌를 듯이 겨누고 돌아갔다 왔다 홱 돌아섰다 한다. 그럴 때마다 노래소리가 속으로 들어간다.

舞袖長衫 떨쳐입고
이칼 저칼 넌즛들어
浩浩茫茫 넓은天地
一身으로 비껴서서
칼노래 한곡조로
時乎時乎 불러내니
좋을시고 좋을시고
이내신명 좋을시고

여전히 찌를 듯이 전을 겨누고 돌아가더니 그만 전의 앞에 푹 쓰러지면서 엎드려 운다. 일동, 놀랜다. 강은 대경실색해서 도망할 틈을 엿보고 있다.

전　　어찌된 일이냐?
향　월　장군님, 이년을 죽여주십시요.
전　　어째서 그런 소리를 하느냐. 빨리 연유를 말해라.
향　월　장군님 하해같은 은혜로 오늘날까지 잔명을 보존해온 몸이, 대의 앞에 몸을 바치고나선 장군님의 큰 포부를 생각지 않고, 내 한몸의 사사로운 원한에 사로잡혀 춤을 춘다 빙자하옵고, 장군님을 해할려고 감히 몇 번이나 칼을 겨우었사오니 그죄 만번 죽어 마땅하옵니다.

슬그머니 밖으로 빠져 달아난다.

일　동　(놀라며 분개해서) 무엇이?!……
전　　네 사사로운 원한이란 무엇이냐?
향　월　(그 자리에 쓰러져운다)……
전　　빨리 말을 못할까?
향　월　제 애비가 백산서 동학군의 손에 잡혀 죽었읍니다.
전　　그게 정말이냐?

향 월   이미 죽기를 작정하온 몸이온데 무엇을 숨기리오까?
전   그러면 네 애비 죽은 것을 뉘게서 듣고 알았느냐?
향 월   오라비가 아르켜 주었읍니다.
전   네 오라비가 누구냐?
향 월   강삼용이가 제 오라비올시다.
전   (의외에 놀라며) 뭣이?! (일동, 함께 놀란다)
전   응, 그러구 보니 너희들은 여태 그런 흉악한 계략을 가지고 감영에 숨어 있었구나.
향 월   (느껴 운다) 이년을 죽여주시오.
손화중 죽일 년, 언감생심으로 그런 짓을 하다니……
김개남 천하에 발칙한 년같으니라구……
정   (격분해서) 선생님 빨리 저 년을 처치해주십시오. (일동 소연해진다)
전   (조용히) 여러분, 잠간만 참으시오. (일동 잠잠해진다) 내 마땅히 너를 이 자리에서 처참할 일이로되, 애비의 원수로 알고 한 짓이라 정상이 가긍하여 특히 용서하니, 다시는 그런 요망한 생각을 먹지 마러라. 네 애비 일은 내가 사람을 보내서 자세히 염탐해 보겠다.
향 월   (엎드려서 통곡한다)
전   (호통한다) 빨리 나가 강가를 잡어라.
파수병들 예-. (하고, 밖으로 뛰어나간다)
전   향월아, 마음을 진정하고 물러가 있거라. (향월이 실신한 사람같이 되어 안으로 퇴장)

   여러 장수들 수군거린다. 밖에서 군사들 떠드는 소리 나더니 병정1,2 들어온다.

전   너희들은 무슨 일이냐?
병2   예, 저희들이 서울 올라가게 되면 무슨 벼슬을 시켜주실런지, 대장 선생님이 아주 여기서 계약문서를 써주십시오. 저희들이 여러 병정들을 대신해서 뵙는 것이올습니다.
손화중 에라, 물러가 있거라.
병2   아니올시다. 여기 저희들 소망을 각각 적었사오니 처분해주시오.

          (하고 종이를 내민다)
김원직   (대청 끝에 나와서) 어디 그 적은 것을 이리 내라. (하고 그것을 받아 읽는다) 박돌이는 평안감사, 박돼지는 훈련대장, 최삭뿔이는……
손화중   에잇, 듣기 싫소. (일어나서 칼을 빼들고) 이놈들, 썩 물러가지 못할까……
병2   (굴하지 않고) 가부간 대장 선생님 말씀을 듣기 전에는 이 자리를 물러갈 수 없소. (하고, 총을 든다)
전   (두 눈을 지긋이 감고 말이 없다)
모 친   전장군, 말 들으소.
전   (눈을 뻔쩍 뜨고 어머니를 바라본다)
모 친   봉준아, 너는 나라를 위하여 일어선 줄 알었더니, 기실은 탐관오리 내쫓고 네가 그 자리를 차지할려고 난을 일으켰구나…… 그렇지 않다면 네가 홍포는 왜 입었으며 상관 앞에 총을 대고 벼슬을 욕심내는 저 병정은 무엇이냐. 동학군이 그럴 리는 없다…… 슬프다, 내 어찌 이런 용렬한 자식을 두었든고…… 내 난구역도들의 진중에 더 머물러 있을 까닭이 없으니 이 밤으로 떠나겠다. (하고, 대청 앞으로 걸어 나온다)
전   (홍포를 벗고 부복하여 목메인 소리로) 어머님……
병2   (그만 대청 아래 엎드려) 저희들이 잘못햇습니다. 제발 한번만 용서해 줍시요.
병1   (그제야 무릎을 꿇고) 잘못했읍니다. 미련한 저희들이 뭘 알겠읍니까. 제발 용서해 줍시요.
김원직   물러가 있거라.
병1·2   (옛, 하고 기착 자세를 하더니 앞으로 나란히 서서 거총하고 나간다)
노 인   (전의 모친 곁으로 가서) 마넴, 저 방으로 가십시다. (하고, 전의 모친을 상방으로 데리고 가서 들여보내고 나와 앉는다)
전   선생님, 모처럼 오셨다가 이런 꼴을 보서서 죄송합니다. 모다 제가 부덕한 소치올시다.
손병희   천만에요. 난시라 있을 법한 일이죠……
전   ……
손병희   장수 여러분, 전장군하고는 이미 다아 말씀했읍니다만, 해월(海

月)선생께서는 장군의 금번 거사에 찬성하시지 않습니다. 성생님 말씀은 중인의 힘을 규합하여 실력행동으로 정치에 간여하는 것은 교의 본지가 아니요, 동학교주 수운선생의 성지에 벗어나는 것인즉, 하로 바삐 흩어지라는 것입니다.

김원직 예, 알겠읍니다. 그러나 정사가 어지럽고, 백성들이 도탄에 빠져 있는 이때에 입으로 설교만 하고서야 어떻게 정사를 바로잡고 백성을 구하겠습니까?

손병희 그렇지만 선생님은 힘으로 구하는 것은 정말 구하는 것이 못 된다 하십니다.

김원직 그러나 할 수 없지요. 시방 저희들은 일모도궁(日暮途窮)30)이올시다. 어떤 지름길이라도 가깝기만 하면 들어설 수밖에 없읍니다.

정 그렇습니다. 당장 오늘이 급하고 시각이 급합니다.

병정 한명이 들어온다.

병 정 대장 선생님께 아뢰오.
전 무슨 일이냐?
병 정 염탐나간 초립동님한테서 급보가 왔소.
전 응, 뭐라고 왔느냐? 자세히 말해라.
병 정 관군이 시방 병력을 남문 밖에다 집결하고 있는 것이 사실이옵고, 또 홍계훈이 장졸에게 효유하는 말을 엿들으니, 청병 1,500명이 벌써 청국을 떠난 모양이라 합니다.
전 (대경실색한다) 청병이?!……
손병희 그렇게 되면 사태는 수습하기 어렵습니다.
정 그럼 빨리 성문을 열고나가서 싸웁시다. 먼저 전주성을 포위하고 있는 홍계훈과 최후의 결전을 한 다음, 청병이 조선 땅을 밟기 전에 승전장구31)로 우리가 먼저 서울로 쳐들어가야 합니다.
손화중,김개남 좋소이다.

장수들 일어난다.

---

30) 날은 저물고, 갈 길은 막힌다는 뜻으로, 늙고 병약하여 앞날이 얼마 남지 않음을 비유한 말.
31) 승승장구.

김원직   대장 선생님, 빨리 출전명령을 나려주시오.
전   여러분, 잠간만 참으시오…… 다들 자리에 앉으시오. (장수들 할 수 없이 앉는다) 청병이 나오는 날이면 우리 동학군이 품고 있는 큰 포부와 대의명분은 여지없이 짓밟히고 마는 것이오.
김원직   어떻게 하시는 말씀이오.
전   그렇게 되면 우리나라 국내 문제가 청국과 일본과 조선, 세 나라의 운명을 좌우하는 화근이 될 우려가 있기 때문이오.
김원직   좀 자세히 말씀하시오.
전   일본과 청국은 흡사히 고기 한덩이를 사이에 놓고 어르렁대는 개와 같이, 우리 조선을 사이에 두고 호시탐탐 서로 경계하면서 권모술수를 다하여 암투해 온 것은 누구나 다 잘 아는 일이니 다시 말할 것도 없거니와, 금번 청병 문제만 하드래도 어떠한 방법으로든지 일본을 눌르고 조선을 제 손아귀에 넣자는 원세개의 농간에 민씨 일족의 사대당이 넘어간 것이 분명하오.
   그러나 청국이 조선에 군대를 파송하고 보면 몇 배나 우세한 군대를 진주시킬 것은 명약관화요. 그래서 나는 비록 조정에서 우리 동학군을 진압하기 위하여 청국에 청병을 했다 해도, 청조에서 그것을 응낙하지 않으리라고 믿었소. 그러나 청국은 조선을 제 나라 속국을 만들겠다는 영토 야심에 눈이 어두어서 일본을 얕보는 판단을 그르친 것이오.

손병희   옳은 말씀이요.
전   여러분, 깊이 생각해 보시오. 제 나라 한 지방에서 일어난 민란 하나를 진압할 만한 무력도 없어서 외국에 청병하는 조선이어늘, 주강은 일청 양국의 우세한 군대가 제각각 야심을 가지고 마조칠 때 우리 조선 하나를 요리하는 것은 여반장이 아니겠소. 절반씩 가르던지 아주 송두리째 집어삼키던지…… 그러자면 자연 일청 양국간에 전쟁이 벌어지고야 말 것이오.
김원직   예, 알겠소이다. 그렇게 되면 우리 동학군이 일청 양국의 군대를 불러들이는 구실이 되고, 또 만일 일청 양국이 싸와서 조선의 운명이 좌우된다면 역시 그 원책은 우리 동학군이 저야하지 않겠습니까.
전   예, 결과에 있어서 그렇게 되겠지요. 나라를 위하고 동족을 사랑하는 지충지성지심에서 한 우리 의거가 되려 나라를 망치고 백성정　　　을 불행하게 만들고 만다면, 나는 죽어서 묻힐 땅이 없소이다.
정　　　그러면 우리는 지금 어떻게 해야 되겠읍니까.
전　　　진퇴양난이요. 허기는 청병이 조선에 출병했드래도 우리 조정에서 청병한 원인이 된 민요가 평정이 되었다면, 일본 군대가 오기 전에 그 청병을 빨리 철병시킬 수도 있겠지요.
정　　　그럼 이대로 관군 앞에 항복을 하자는 말씀입니까? 안됩니다. 아까 말대로 우리가 청병보다 먼저 서울로 쳐들어갑시다. 그래서 조정에서 사대당을 내쫓고 원세개란 놈하고 우리가 담판을 해서 청병을 곧 물러가게 만들어 봅시다. 여러분 제 의견이 어떻소?
일　동　좋소이다.
김원직　자아, 그럼 일어납시다. (하고, 일어서자 일동 따라 일어선다) 대장 선생, 명령 해주시오.
전　　　그럼, 할 수 없소. 각각 수하에 있는 병사들을 단속하여 진격할 차비를 하고 대기하시오.
일　동　(환호하며 물러간다)

　　　　무대에는 전, 손, 옥분 세 사람만 남는다.

전　　　(비분한 어조로) 선생님, 장차 조선을 어찌하오리까……
손　　　그렇소. 장군이 전주성 안에 갇히어 그 큰 뜻을 펴지 못하고 날을 보내는 동안에 청병과 왜병이 서울을 덮치어 정국이 하루 아침에 돌변하고 보면 장군의 갈 곳이 없어질까 염려되나이다.
전　　　한개 전봉준의 갈 곳이 없어질 뿐아니라, 백성들의 갈 곳이 없어지지 않겠읍니까. 백성들 마음 속에 싹트기 시작한 동학의 정신이 서리를 맞을 분수니, 그것이 비통합니다.
손　　　그렇소이다.
전　　　우리 장병들은 일거에 서울을 무찌를 듯이 서툴지만은, 기실 지금 형편으로서는 이 성 포위를 깨뜨릴 가망이 없읍니다. 작금에는 성중 백성들의 식량이 부족해서, 부득이 군량을 헐어 구휼32)하고 있사오니 앞으로 더 며칠을 지탱하겠읍니까.
손　　　만일 실정이 그렇다면 다시 한번 장수들을 불러서, 장군 실정을 실토하는 게 어떻겠읍니까?

---
32) 빈민이나 이재민 등에게 금품을 주어 구조함.

전　　피를 흘리지 않고 이 성을 빠져 나갈 길은 있읍니다.
손　　어떻게?……
전　　홍계훈은 우리를 위협할 생각으로 대포를 난사하여 왕가의 종묘를 파괴했으니, 내심 송구해서 어떻한 방법으로든지 결말을 직고 빨리 서울로 올라가서, 상감께 사죄할 생각에 초조한 눈치를 나는 벌써부터 알고 있읍니다.
손　　그러면 동족끼리 더 피를 흘릴 것 없이, 한걸음 물러서서 태세를 관망하기로 하는게 옳은 길인가 합니다. 장군이 먼저 홍계훈에게 군사(軍使)를 보내서……
전　　아니요. 나는 홍계훈이 군사를 보낼 때를 기두리고 있읍니다.
손　　(미소를 띠우고) 그렇겠소이다.
전　　오늘 손선생을 뵈옵고 오래 울적했던 심회를 저윽히 풀었소이다. 선생님, 야기33)가 차오니 그만 방으로 듭시지요.
손　　예.

　　　강을 잡으러 나갔던 파수병 두명이 뛰어 들어온다.

파수병　대장 선생님께 아뢰오.
전　　응, 그래 강가 놈은 잡었느냐?
파수병　강가는 놓쳤읍니다.
전　　에잇 못 생긴……
파수병　황송합니다. 그런데 관군이 성넘어서 이런 방을 돌맹이하고 같이 싸서 자꾸만 성중으로 던지고 있읍니다. (하고, 종이를 올린다)
전　　어디, 이리내라. (방을 받아 보더니 손을 바라보고) 홍계훈의 군사(軍使)가 왔읍니다.
전　　(읽는다) 동학군에게 고하노라. 방금 관군과 동학군이 전주성에서 대치하여 접전할세 성내 인명의 사상, 민사의 파괴는 상이라 물론이어니와, 왕가에서 존숭하옵시는 종묘사우를 소실하게 되니 백성으로서 어찌 공구무지한 바 없으리오. 조정에서는 이미 청국에 청병하여 청국의 대병이 미구에 당도할 터이니, 만일 너희들이 끝끝내 완강히 대항하고 보면 부득이 청병으로 하여금 대전케 할 분수니, 사태가 난처하게 되기 전에 빨리 성의로 퇴진하라… 초토사

---

33) 夜氣, 밤 공기의 차고 눅눅한 기운.

　　　　홍계훈…… 응…… (하고, 그 회유문을 손에게 준다)
손병희　(그것을 받아쥐고) 장군, 이 기회에 대국을 잘 살펴서 동학의 참
　　　　정신을 그르치지 않도록 하시오.
전　　　잘 알았읍니다.

　　　이때 손화중, 정익서, 김개남 등 장수들이 힘없이 몰려 들어오고 병정들
　　　울음소리 난다.

전　　　웬일이오.
정　　　초립동이 전사했읍니다.
전　　　(깜짝 놀라며) 뭣이?! 전사를 했다고?……

　　　옥분이 밖으로 뛰어나간다.

전　　　(비통한 어조로) 좀 자세한 이야기를 해주오.
정　　　예, 저는 성밑에서 기두리고 초립동은 성문 밖으로 빠져나가 관군
　　　　의 진중을 사사치 정탐하고나서 마악 성을 넘어들어오다가 발각
　　　　되어 총을 맞고 그만……
전　　　시체는 어찌되었소.
정　　　저기 군사들이 업고 옵니다.

　　　병정 두 사람이 조성국의 시체를 업고 들어온다. 옥분이 울면서 뒤따라온
　　　다.

전　　　대청에 갖다 뉘어라.

　　　병정들 '예-' 하고 대청 한가운데 시체를 갖다 누인다. 전의 모친, 방에서
　　　나온다. 일동, 대청 아래 서고 대청 위에는 전, 손병희, 전의 모친 세 사
　　　람이 초립동의 시체 옆에 둘러앉는다.

전　　　(시체 앞에 무릎을 꿇고앉아 잠간동안 묵념한 다음) 성국아, 너는
　　　　그만갔구나. 아깝다! 아직 약관에 이르지 못한 어린 몸으로 동학
　　　　의 정신을 누구보담도 잘 터득하여 항상 남의 앞에 나서서 몸소
　　　　가르치는 네 모습이 내 눈에 서언하구나. 네 장부다운 기개와 참

된 정신은 영원히 우리 동학교도의 자랑이요, 꽃이로다. 어린 영아, 부대 눈을 감어라. (하고, 손으로 눈을 감겨준다. 울면서) 옥분이 게 있느냐?
옥 분 (울면서) 네……
전 이리 올라 오너라.

　　옥분, 대청에 올라간다.

전 성국이 신체 옆에 가까이 앉어라. (옥분이 가까이 가서 앉는다) 성국아, 생전에 네가 그렇게도 사랑하던 옥분이가 시방 네 곁에 앉아 있다. 비록 성례는 못했으나 옥분이는 오직 하나밖에 없는 깨끗한 네 아내요 동지였다. (옥분이 조의 옆에 쓰러져 운다) 오냐…… 옥분아, 내 대신 싫건 울어다오. 목을 놓고 통곡해다오. (하고, 잠간 느껴운다)
옥 분 (느껴 울며) 은장도를 이렇게 꼭 쥐고…… 도련님 혼자 왜 죽었소……

　　흑흑 느끼는 소리 여기저기서 난다.

전 (침통한 어조로) 여러분, 우리는 여기 죽은 조성국을 개주검을 시켜서는 안되오. 그는 조선을 위해서 죽은 것이요……동족끼리 피를 흘리는 것도 나라를 위하므로서 하는 것이고, 웃고 손을 잡는 것도 나라를 위하므로서 해야 하오.
손병희 관군은 이미 휴전을 선언하였소. 외국의 군대를 국내에 불러들여 시방 오백년 사직이 위태롭게 되었거늘, 동족끼리 더 피를 흘릴 까닭이 무엇이오.
일 동 (○○히 고개를 숙인다)
전 상감마마…… (부르며 엎드려 통곡한다)

제 3막

갑오년 11월 하순 어느 날 아침 나절.

무대
    그리 높지 않은 산성. 정면에 장막을 쳤고 바른편에는 망태와 같이 된 성첩이 있다. 왼편은 안벽이 솟아 있고 뒤는 울창한 송림. 성 위에는 오색기와 정기가 바람에 날리고 있다. 이따금 산새소리 들린다.
    전봉준은 신양34)이 좀 있는 모양으로 궤짝에 몸을 의지하고 눈을 감고 앉아 있다.

정   그때 전주서 곧장 서울로 쳐들어갔어야 할 걸…… 에잇, 분하다.
김   그렇기도 해. 호미로 막을 것을 가래로 막는단 말이 있지. 누가 왜병하고 이렇게 싸울 줄이야 알았나……
정   시방이라도 각지에 흩어져 있는 동학군을 하루 바삐 규합해서 공주를 쳐들어가는 수밖에 없어요. 공주만 뺏고보면 서울까지는 무인지경을 가는 거나 일반이지요.
노 인   딱한 말씀도 하오. 관군 만명과 왜병 천명이 지키고 있는 공주성을 무슨 수로 뺐겠소.
정   아따, 그럼 뭐 이두황의 군사 만명이 전부 다아 공주성에 있단 말씀이오.
노 인   글쎄, 관군 만명은 무섯지 않지만 왜병 천명을 어떻게 하느냐 말이지.
정   왜병이 그렇게 무서워요?
노 인   아, 무섭지 않고. 신식총을 가지고 쌈하는 법을 배운 똘똘한 병정인 걸. 우리같이 광이자루나 쥐든 농삿군 출신이 당해내겠소.
정   에잇, 빌어먹을…… 일청전쟁은 왜 하필 이런 때 일어났어…… 전주서 우리가 홍계훈이한테 속았어요. 휴전하잘 때는 벌써 다아 마련이 있었는지 누가 압니까.
전   듣기 싫소……우리 동학군보다도 시방 조선의 운명이 어찌될런지 알 수 없는 지경에 이르렀소…… 내가 한 걸음 물러서서 피할려던 일청전쟁은 필경 우리 삼천리강산에서 일어났고, 인제는 청병

---
34) 身恙, 身病과 같은 뜻으로, 몸에 생긴 병.

　　　　　을 조선에서 물리친 왜병이 서울에 눌러앉아 벌써부터 내정에 간
　　　　　섭하며 장차 조선을 삼킬 배포를 차리는 모양이니, 오천년 역사를
　　　　　가진 우리 조선 민족으로서 어찌 통분할 일이 아니겠소. 항차 십
　　　　　만의 동학 천병을 일으킬 수 있는 우리들이 아니었소…… 그러나
　　　　　시운이 불리하여 다시 군사를 일이킨 지 한 달도 못되어, 동학군
　　　　　은 벌써 각지에서 참패를 당하고 관군은 왜병과 합세하여 충천지
　　　　　세로 몰려드니 실로 사세가 맹낭하오.
일　동　……
정　　　　선생님, 끝까지 싸와 봅시다. 왜병따위가 하상 무서울 것이 뭡니
　　　　　까. 총이 없으면 바윗돌이라도 굴리고, 잇발로 물어뜯어서라도 싸
　　　　　워서 이깁시다. 왜놈들한테 조선을 내맡기다니……
전　　　　그렇다! 조선은 임금님 한분의 조선이 아니요, 조정에 앉아 있는
　　　　　대신들의 조선도 아니요, 우리 백성들의 조선이요…… 조선이 외
　　　　　국의 침해를 당할 때 제일 먼저 설움과 압박을 받는 것은 백성들
　　　　　이요.
노　인　옳은 말씀이요. 나라 없는 백성이 어디 있으며, 백성 없는 나라
　　　　　가 또 어디 있읍니까?
전　　　　그렇지……

　　　　향월이 약사발을 들고 장막 뒤에서 나온다.

향　월　(전에게 약사발을 주면서) 약 잡수시지요.
전　　　　응, 그새 대렸나. (하고, 약을 받아 무명지로 한번 저은 다음 한숨
　　　　　에 마신다)
향　월　아까 약 지으러 아랫동네로 나려갔더니 왜병이 쳐들어온다나 어
　　　　　쨋다나 하면서 피난가는 사람이 많겠지요.
전　　　　어디고 가까이 쳐들어온 모양이로군……
노　인　이놈들, 들어오기만 했단 봐라. 뱃대기에다 바람 구멍을 내주겠
　　　　　다……
향　월　옥분이가 걱정이애요, 선생님.
전　　　　…… 벌써 올 때가 지났는데…… 제가 자꾸만 가겠다기에 할 수
　　　　　없이 보내긴 했으나 맘이 놓이질 않는 걸……
노　인　염려맙시오. 옥분이가 어떤 앤데 그러십니까.

전   글쎄⋯⋯

　　병정 한명이 들어온다.

병 정 대장 선생님, 보고가 들어왔읍니다.
전   응, 뭐냐?
병 정 공주를 칠려고 목천 세성산에서 진치고 있던 김복용 군사 삼천명이 왜병 천명과 접전에서 대패하고 김장군도 잽혔다 합니다.
전   뭐야?! 김장군이⋯⋯
김   저런 수가 있나! 조자룡이 같이 날래고 용맹스러운 김장군이 패하다니, 이런 분할 데가 있나.
병 정 그 왜병과 이승우 영장이 거느린 관군이 청주, 보은, 송정, 화인, 각 읍을 쳐서 동학군을 모다 성을 버리고 쫓겨 달아났다 합니다.
전   (분을 못 참아 벌떡 일어선다) 으흐, 왜적을 어찌할고⋯⋯
김   우리 동학군의 팔다리가 끊어진 거나 다름 없읍니다.
전   그렇소. 인제 믿을 곳은 김개남 장군뿐이요⋯⋯옥분이가 어서 와야겠는데⋯⋯ (병정을 보고) 애야, 옥분이가 돌아오나 노성 가는 길목까지 나가서 망을 보아라.
병 정 예. (하고, 나간다)
정   선생님, 여기 앉아서 죽음을 기두리느니보담, 나가서 시원히 한번 싸우고 죽고 싶습니다.
전   ⋯⋯
노 인 여보, 죽기가 그리 급하오? 대장이 죽으라 할 때 죽어도 늦진 않을 테니 좀 참아요.

　　밖에서 병정과 남복(男服)하고 총각같이 차린 옥분이 뛰어 들어온다.

옥 분 옥분이 인제 돌아왔읍니다.
전   응, 잘 다녀왔느냐.

　　병정 밖으로 나간다.

향 월 (옥분과 손을 잡고) 시방 옥분이 걱정을 태산같이 하고 있던 참이야.

옥　분　네에……
노　인　(웃으며) 호랭이도 제 말하면 온다더니…… 내 그저 그렇댔지……●●니까……
전　　　그래 어찌됐느냐. 김장군 만나봤느냐?
옥　분　(풀이 죽어지며) 만나지 못했읍니다.
전　　　뭐야?!……
옥　분　처음 광주로 가서 김장군을 찾으니, 김장군은 군사 3,800명을 거느리고 이틀 앞서 이인(利仁)을 칠려고 금강을 건너 떠났는데, 노성(魯城)서 이유상 장군하고 만나기로 되었단 말을 듣고 곧 돌처서 돌아왔읍니다.
전　　　응, 그럼 김장군은 공주를 칠 작정이로구나.
노　인　가까운 노성을 두고 괜히 먼 광주로 갔었군그래.
전　　　김장군은 공주를 칠 때는 반드시 기별하겠노라고 단단히 언약을 했는데, 어찌 단독 말없이 떠났을고……
김　　　성미가 급한 사람이라 하루 바삐 공주를 칠 욕심으로 그랬을 테지요.
노　인　누가 치던지 간에 공주만 우리 수중에 들어오면 많은 성공이 아니겠소.
김　　　그렇다 뿐이겠소. 오래잖어 무슨 소식이 있겠지요.

　　　　밖에서 주마소리 나고, '왜병이요'. '관군이요' 하고 외치는 소리 난다.
　　　　병정 하나 급히 뛰어온다.

병　정　관군 1,000명과 왜병 200명이 이리로 향해 쳐들어온다 합니다.
전　　　응, 어디까지 왔다더냐?
병　정　시방 십리 밖에서 쉬고 있다 합니다.
전　　　응, 알었다. 나가 있거라.

　　　　병정 '예' 하고 뛰어 나간다.

전　　　여러분, 어찌하면 좋겠소? 시방 이 성에 남은 우리 병력은 500명에 불과하니 가까운 곳에 기별해서, 빨리 원군을 청해야겠는데 어디로 기별해야 되겠소?
김　　　예서 노성이 제일 가까울 뿐 아니라 김개남 장군이 노성으로 갔

	다니 노성으로 기별하고 보면, 김장군이나 이유상 장군 두 분중에 한분은 만날 수 있을 것같습니다.
정	그게 좋겠소이다.
전	그럼 누굴 보낼까? 장수 여러분은 진중에 남아있어 이 성을 지켜야겠고……
옥 분	지가 노성으로 방금 갈려든 참이오니 저를 보내주십시오.
전	안 된다. 벌써 저놈들이 시방 길목을 지키고 있을 지도 모른다.
정	저를 보내주십시오.
옥 분	아니올시다. 장군은 이 성을 지켜주세요. 대장 선생님, 제발 저를 보내주십시오. 반드시 성공해 돌아오겠습니다.
전	(잠깐 생각한다) ……
노 인	전장군, 옥분이를 보내게 하시오. 죽은 초립동의 정신이 옥분이를 지키고 있읍니다. 동학군을 위해서 하는 일이라면 불속이라도 뛰어들 옥분이요.
전	……
노 인	(옥분에게) 자아 가자. 동구 밖까지 내가 바래다주마. (하고, 일어선다)
전	오냐, 네가 갔다 오너라.
옥 분	네, 다녀오겠읍니다. (하고, 노인과 함께 밖으로 뛰어간다)
전	그럼 여러분은 각각 제 맡은 자리에서 진을 치고 대기하시오. 원군이 오면 곧 북을 치고 나팔을 불게 하겠소.
일 동	예, (하고, 각각 흩어진다)

　　무대에는 녹두장군과 향월 두 사람만 남는다.
　　-잠깐 사이-
　　낙엽이 우수수 떨어지며 멀리서 총소리 난다. 녹두장군, 말없이 서서 무슨 생각에 잠긴다.

향 월	선생님, 원군이 올 때까지 500명 군사로 이 성을 어떻게 지키겠읍니까.
전	어려울 것이다…… 향월아, 너는 왜병이 쳐들어오기 전에 안전한 곳으로 피신을 해라.
향 월	병환 중에 계시는 선생님을 사지에 내버려두고 제가 어디로 가겠읍니까…… 선생님, 번연히 패할 줄 아는 싸움을 왜 이 이상 계속

|전| 하려 하십니까…… 차라리 이 성을 버리세요. 장수와 군사들을 하루 바삐 돌려보내시고 선생님도 이 자리를 떠나세요. 그러면 저도 선생님의 뒤를 따라가겠읍니다.

안 될 말이다. 내 비록 뜻을 이루지 못하였을 망정 적을 앞에 두고 돌아서겠느냐. 너와 나는 처지가 다른 몸이니 어서 내 옆을 떠나가거라. 오랫동안 나를 따라 전전이 진중으로 돌아다니면서 풍찬노숙35)에 고생 많이 하였다.

|향 월| 아니올시다. 선생님은 몇 천명 장병보다 더 귀중하신 몸이올시다. 한번 패하는 것은 병가상사라 하였사오니, 잠시 몸을 피하시었다가 다시 군사를 모아 큰 뜻을 이루게 하소서…… 영광(靈光)에는 제 육촌 오라비가 살고 있사오니, 위선 그리로 가서 얼마 동안 청경우독36)하시면서 정양하시다가, 천하 대세를 살피시고 다시 일어나심이 좋을 줄로 생각하옵니다.

|전| 고마운 말이다. 향월아…… 그러나 이미 때가 늦었다…… 우리 동학군은 여태 누구를 위해서 싸웠으며, 또 누구의 손에 죽었느냐…… 지난달 열이튿날 동지와 교민들이 삼례에 모여서 다시 싸울 것을 결의하고 동학군을 편성하여 은진을 거쳐 이 논산으로 들어올 때는 전군 병력이 이만명이요, 정기가 하늘을 덮고 함성이 산곡을 진동했었다. 나는 그때 사인교를 타고 대군의 한가운데서 전군을 호령하였다…… 그러나 이제는 겨우 수병 오백을 거느리고 외로히 성을 지키는 패군지장이 되었구나…… 향월아, 이런 나를 보고 어디로 가잔 말이냐……

|향 월| (울면서) 선생님, 정히 그러시다면 이 향월이 심정도 살펴주소서. 저는 선생님을 스승으로 모시고 목숨을 바치기로 맹세한 몸이오니, 이제 와서 선생님 곁을 떠난들 어디로 가겠읍니까…… 저는 처음 오라비의 말을 듣고 선생님을 살해하려고까지 했으나, 선생님을 모시고 있는 동안 선생님의 훌륭하신 정신과 남아다운 기개에 감동되어 오늘날까지 황량하고 피비린내나는 진중생활이나마 사는 보람있게 살아 왔읍니다……선생님, 저를 곁에 있게 해주소서. 저에게는 선생님만이 제 임금이요 제 나라였읍니다.

---

35) 風餐露宿, 바람을 먹고 이슬에 잠잔다는 뜻으로, 객지에서 많은 고생을 겪음.
36) 晴耕雨讀, 날이 개면 논밭을 갈고 비가 오면 글을 읽는다는 뜻으로, 부지런히 일하며 공부함을 이르는 말.

전   (고개를 끄덕이며 개탄한다)
향 월 선생님,(하고 그의 앞에 쓰러져 느껴운다)

　　낙엽 구으는 소리 우수수 나며, 어디서 초동이 부르는 동요소래 처량하게 들린다.

　　새야 새야 파랑새야
　　너 어이 나왔느냐
　　솔잎 댓잎 푸르기에
　　봄철인가 나왔더니
　　백설이 펄펄 흔날리네
　　날 속였네 날 속였네

전   (다 듣고나서) 저 노래를 누가 부르느냐?
향 월 나무하는 초동인가 봅니다.
전   아니다. 파랑새란 녹두장군이란 말이다. 나중 군사를 시켜 그 놈을 잡아오너라. 노래를 가르친 놈이 알고 싶다.
향 월 예.

　　이때 밖에서 병정 한명이 뛰어 들어온다.

병 정 손병희 선생님이 오셨읍니다.
전   오오, 손선생이…… (하고, 밖으로 마중 나간다)

　　향월이 장막 뒤로 들어선다. 병정이 손병희를 모시고 들어온다.

전   손선생, 어서 오십시요.
손   예, 수고하십니다.
전   그동안 손선생 오시기만 고대하고 있었읍니다.
손   예, 그러실 줄 알았습니다. (침중한 표정으로) 장군, 대세는 크게 불리합니다.
전   어찌되었읍니까? 지금 여기서도 관군이 쳐들어온다 해서 방비하고 있는 중이올시다.
손   예, 말씀 들었소이다. 관군은 그동안 왜병을 앞세우고 각지에 출몰하면서 동학군을 격퇴하고 있읍니다. 이미 소문에 들으셨는지는 전   모르나 세성산성에서 김복용 장군이 패전했소이다.
전   예, 알고있읍니다. 그건……
손   김개남 장군은 군사 사천명을 거느리고 처음 승전장구37) 공주성을 향해서 쳐들어가다가 쇠금재에서 수비하고 있던 왜병 일대대와 접전이 되어 끝내는 왜병을 당하지 못하고 패주하고 말었다 합니다.
전   분하다! 동학군의 기둥 하나가 또 쓰러졌읍니다그려……
손   정말 그렇소이다.
전   나는 그런 걸 김개남 장군만 믿고 조금 전에 원군을 청하러 보냈읍지요. 흥…… 김장군은 어찌되었다 합니까?
손   전사는 하지 않고 말인즉 지리산쪽으로 피했다 합니다…… 시방 관군은 총세력을 공주성에 집결하고 동학군 본영을 칠려고 벌써 떠났다 하니 사태는 심히 급박했읍니다.
전   서울 형편은 어떠합니까?
손   청군은 평양서도 대패하고 요동으로 쫓겨갔으니, 일청전쟁의 승부는 이미 결정된 사실이요. 서울서는 일본 대조공사가 군사를 궐내에 몰아넣고 상감을 협박하여 친일내각을 조직한 후 군국기무청이란 특별기관을 만들어서 사실상 조선의 정권을 좌우하고 내정에 간섭하고 있으니, 민씨 일족의 사대사상이 마지막에는 호랑이들 쫓고 이리를 불러들인 격이 되고 말았소이다.
전   그 이리를 쫓아내지 못하면 조선은 영영 일본의 속국이 되고 말 분수니, 이 일을 어찌합니까.
손   때는 이미 늦었소이다. 우리는 무력행동을 버리고 백성들의 머리 속에 동학의 정신과 교지를 넣어주고 미몽을 열어주어야겠읍니다. 동학의 정신은 곧 조선사람의 정신이요. 나라를 바로 세우고 백성의 권리와 인권을 보호하는 천도이기 때문입니다…… 해월선생님께서 이 말씀을 전달하라고 특히 말씀이 계셨읍니다. 장군, 부대 명심하시고 격동하기 쉬운 마음을 꾹 누르고 일을 바로 잡게 하시오.
전   황감합니다.
손   그럼 나는 갈길이 바뻐서 곧 떠나야겠소이다.
전   그렇게 급하게요.

---

37) 승승장구의 오식.

손 예, 해월선생의 하교를 전할려고 경상도로 나려가는 길이올시다. (하고, 일어선다)
전 예, 그럼…… 이런 진중레서 굳이 만류할 수도 없습니다. (배웅하려고 걸어나온다)
손 장군, 부대 몸을 삼가시고 뒷처사를 잘하시오.
전 예, 이렇게 헤어지면 이승에서는 다시 만나뵙지 못 할런지도 모르겠습니다. 선생께서도 만만 보중하십시요.
손 예.

  장막 뒤에서 별안간 여러 사람들 떠드는 소리 나더니 총을 든 병정 수명이 전의 앞으로 나와 선다.

전 왜 이렇게 몰려오느냐?
병1 우리는 더 싸울 수 없소.
병2 장군은 우리를 속였소.
전 무슨 소리냐?
병2 동학을 믿고 주문을 외우면 총끝에서 물이 나오고 총알도 안 맞는다 했는데, 우리 군사들이 여기저기서 수천명씩 총에 맞아 죽으니, 그게 거짓말이 아니고 뭐요?

  밖에서 '그렇다', '새빨간 거짓말이다' 하고, 응하는 소리.

병1 오늘 관군하고 왜병이 쳐들어온다니 우리가 먼저 한번 시험을 해봐야겠소. 어서 주문을 외우시오. 총을 쏘겠소.

  병정들, 일제히 총을 들고 전을 겨눈다. 향월이 나온다.
  -잠간사이-

전 (조용히 엄연하게) 응, 그럼 나를 쏘아라.

  병정들 총을 들고 다시 겨눈다. 밖에서 '쏘아라, 쏘아라' 하고 떠드는 소리.

전 빨리 쏘아라. (하고, 입속으로 주문을 외우는 듯이 하며 눈을 감는

다)

앞장선 병정들, 한걸음 물러서서 다시 총을 겨눈다. 긴장된 한 순간이 지나간다. 병정들, 힘없이 총을 내린다.

전   (눈을 크게 뜨고 호통한다) 왜 못 쏘느냐?

병정들, 고개를 숙인다.

손   보아라! 너희들이 쏘지 못하는구나. 그것이 총 끝에서 물 나온다는 게다. 알겠느냐……

병2 대장 선생님, 잘못했읍니다.
병1 죽을 때라 잘못했읍니다.

이때 울음소리 들리며 최노인이 울면서 들어온다.

전   어찌된 일이요?
노 인 옥분이가 그만 관군의 총을 맞고……
향 월 (울면서) 옥분이가 죽었어요?…… (울면서) 아이, 불쌍해라.
전   (비통한 어조로) 어린 처녀의 몸으로 온갖 파탄을 다아 겪어가면서 끝까지 잘 싸웠다…… 옥분아, 잘 가거라. (최노인에게) 신체는 어찌했소?
노 인 병정들이 메고 오다가 시방 아랫동네 주막에서 쉬고 있읍니다.
전   그럼 최노인은 읍에 가서 초상 준비나 좀 해오시오.
노 인 예-.
손   (병정들을 보고) 너희들도 그 처녀의 장렬한 뜻을 본받아라.

병정들 '예-', '자아, 가세' 하고 나간다.

손   자아, 그럼 작별합시다.
전   예.

세 사람과 병정 퇴장. 무대에는 향월이 혼자 남는다. 강삼용이 장막 뒤에서 가만히 나타난다. 장막속에 향월이 혼자 있는 것을 보고 가까이서 나직한 목소리로 부른다.

강 향월아.
향 월 (깜짝 놀라 고개를 번쩍 든다) 누구세요?!
강 내다. 내야……
향 월 (그제야 알아보고 더욱 놀란다)
강 애야, 오라비를 보고 왜 이렇게 놀라느냐…… 그동안 네 간 곳을 몰라 이곳저곳 퍽은 찾아다녔다.
향 월 나를 왜 찾아다녔어요. 오라버니는 장군을 찾아오셨구려! 장군을 죽이러 오셨지요?
강 그야 녹두장군은 우리의 원수니까, 원수니 갚어야 하지 않느냐?
향 월 거짓말이야요! 장군은 우리들의 원수가 아녜요. 아버지는 그때 동학난을 만나자 경상도로 피해 가 계셨대요. 그런 걸……
강 어디서 그런 소식을 들었니?……
향 월 장군이 사람을 놓아 죄다 염탐해 왔답니다. 그런 걸 오라버니는 살부지수라 속이고, 나를 시켜 그렇게 훌륭하신 분에게 칼부림을 하게 하고는 발각이 되자 혼자 도망하셨지요?……
강 (능청스럽게) 애야, 이게 그래 반년 만에 만난 오라비보고 하는 인사냐?
향 월 저에게는 오라버니도 부모도 없어요. 내 혼자서 참사람이 되어보려고…… 사람의 올바른 길을 걸어 보려고, 모든 것을 버리고 나선 몸이야요…… 오라버니는 장군을 죽일려고 찾아오셨지요?…… 그렇지요? (울면서) 저는 인제 오라버니를 보니, 동기간의 정보다도 먼저 무서운 생각에 소름이 끼칩니다. 오라버니는 내 한 몸의 영달과 이욕을 위해서는 내 누이의 순정도 짓밟고…… 정말 조선을 걱정하고 백성들의 앞날을 근심하는 우국지사의 목숨도 노리는 도척과 같은 인간이야요…… 만일에 그렇지 않고 정말 동기의 정으로 누이를 찾아오셨거든 이대로 물러가 주세요. 제발 장군을 만나지 말고 이대로 물러가 주세요. (느껴운다)
강 (능글맞게 웃으며) 응, 네가 녹두한테 꽤는 혹한 모양이로구나. 정히 네가 그렇게 녹두를 사모한다면 그만 소원이야 못 풀어 주겠느냐.

향 월   저는 정말 장군을 사모합니다. 오라버니, 제발 이대로 물러가주세요. 그렇지만 기어코 장군을 죽일 생각이거던 먼저 나하고 의절을 해주세요.
강   오냐, 네가 그렇게 좋아하는 사람을 내가 참아 어떻게 하겠느냐… 그렇지만 사람이란 한꺼풀 베끼고 보면 그놈이 그놈이지 별수가 없느니라… 그럼 난 간다. 잘 있거라. (하고 선뜻 나간다)
향 월   (감격해 울면서) 고맙습니다. 오라버니…… (장막기둥을 잡고 몸을 의지한다)

　　　　총소리 난다.

전   (들어오면서) 왜 그러구 섰느냐?
향 월   (황급히) 선생님, 어서 이 자리를 피하세요.
전   왜 그러나 갑자기……
향 월   제 오라비가 찾아왔어요.
전   응! 강가가?……
향 월   오라비는 시방도 선생님의 목숨을 노리고 있읍니다. 빨리 이 자리를 피하세요.
전   내 보검을 가져오너라.
향 월   예. (하고, 장막 구석에 세워둔 칼을 집어서) 옛읍니다. (하고, 내놓을 때 강을 앞세우고 이승우와 관병 두명이 번개같이 들어선다)
이   (호통한다) 녹두장군, 게 있거라.
전   (칼을 채 받지 못하고 그곳에 버리고 서서) 장군은 누구요?
이   홍주 영장 이승우다. 이 대역무도한 놈, 네 죄를 알렸다……
전   대역무도한 놈은 조정에 가서 찾아라. 내 조정의 역도를 물리칠려고 동학 천병을 일켰거늘, 네 어찌 나를 가리켜 역도라 하느냐?
이   애들아, 저놈을 빨리 묶어라.

　　　　관병들 '예-' 하고 달려들어 전을 묶으려한다.

전   (호통한다) 이놈들! 가만 있거라.

관병들, 기가 눌려 손을 얼른 못 덴다.

강　　　향월아, 이리 오너라. 너는 나하고 같이 가자 응.
향　월　…… (전의 칼을 한 손에 쥔 채 넋 잃은 사람같이 멍하니 서있다)
강　　　애, 향월아. 그러구 서있지 말구 어서 이 오라비를 따라 오너라. 시방 와서 저런 패군지장을 사모한들 무슨 소용이 있느냐?
향　월　듣기 싫소…… 난 당신같은 오라빈 없어요…… 당신은 오늘날까지 제 한 몸의 이욕에 눈이 어두워 나라를 바로 잡으려고 나서신 선생님을 살부지수라고 속이고, 하나 있는 누이에게 못할 짓을 시키더니 기어코…… 기어코 내가 하늘같이 아는 선생님을 관군한테 팔었구료. 당신은 인정도, 의리도 모르는 짐승이요…… (마음이 미칠 듯 걷잡을 수 없다) 아아니, 내 생명을 빼앗어간 원수다!……
강　　　(향월의 앞으로 다가서며) 애야, 네가 그게 무슨 소리냐? 오라비가 설마 하니……
향　월　(실성한 사람같이 되어) 몰라요. 몰라요. 어서 저리 비켜나요……
강　　　(한 팔로 향월의 등을 껴안으며) 애 향월아. 진정해라…… 인제 오라비하고 같이 영화를 누릴 날이 왔다.
향　월　뭐라구요? …… 더러워! (하고, 번개같이 칼을 뽑아 강의 가슴을 찌른다)

강이 불의의 습격을 받고 '으앗' 소리를 지르며 한번에 쓰러진다.

향　월　(울면서 전을 향해) 선생님을 원수에게 판 제 오라비는 제 손으로 죽였읍니다. 선생님, 용서해 주세요. 저도 오라비를 따라갑니다……(강의 신체를 나려다보고 쥐어 짜는 듯한 목소리로) 오라버니…… (부르고 배에 칼을 꽂고 앞으로 엎어진다)
전　　　향월아……
이　　　저년을 쏘아라. (호령소리와 함께 관병들이 그곳에 쓰러져 있는 향월을 향해 총을 쏜다)
전　　　이놈들아. 이미 자결한 사람에게 총을 쏘느냐, 빨리 나를 쏘아라.
이　　　(황당해서) 빨리 저놈을 묶어라.

그제야 관병들이 대어들어 전을 뒷짐결박한다.

전　　이놈들아! 왜병이 궐내에 침범했을때 네놈들은 뭣을 하고 있었더냐? 이제 와서 나를 잡겠다구?…… 너희들이 백 사람 천 사람의 전봉준은 잡아죽일 수 있어도 이미 백성들의 머리 속에 깊이 뿌리박은 그 정신을 없애진 못할 것이다. 민심은 곧 천심인줄 알아라…… (일어서서 북을 향해) 시천주조화정 영세불망 만사지……

-막-

동극 열매

때
가을에서 봄을 마지하기까지
곳
1막 1,2장 거미할멈의 마당
2막 두더지의 방안

나온 사람들
열매
바람
꿀벌
맹꽁이
물방울1·2
두더지
거미할멈
쥐
(기타 물방울들 많이, 그리고 막 뒤의 합창하는 동무들)

제1막 1장

무대 하수에 아름드리 나무가 한 그루 무성하고, 나무가지로 줄이 하나 느러져 있다. 그리고 거미줄이 가지마다 보기도 흉하게 얽히어 늘어져 있고, 뒤는 중간막으로 막히여 있게 된다.
열매들 노래하는 노래 소리로 막이 열리면, 늘어진 거미줄에 꿀벌 하나가 얽히어 정신을 잃고 있다.

열매의 노래
어여쁘고 귀여운 열매 아씨는 온 세상 동무들의 희망이라네.
많은 동무 위해서 꽃동산 꾸미려
귀중한 씨앗을 가슴에 품고
오늘도 바람 따라 봄가지 가네.

노래가 사라지면, 바람소리. 잠시후 거미할멈이 밧줄을 들고 허리를 꾸부리고 어슬렁어슬렁 기어 나온다.

거미할멈 (기지개를 켠다) 으 으…… 놀구 먹기두 이만 저만한 일이 아닌데. 어데 좀 볼까. 거미줄이 제법 흔들거렸는데, 호랑나비라도 걸렸나? (거미줄 곁으로 걸어가 꿀벌을 발견한다) 히히… 그러문 그렇지. 오래간만에 꿀벌이 걸렸구나, 꿀벌이. 음, 정신까지 잃고 있군 그래. 좋와, 이만하문 내 솜씨두 어지간하지.
　　그래 두더지 영감두 나하구 배짱이 맞는단 말이지. 히히… 내가 이렇게 밧줄과 그물을 가지고 지나가는 놈마다 몽땅 묶어 버리거든. 그것이 이런 벌레라두 좋구, 혹이나 열매같은 것이 걸린다면 더 좋지. 우리 영리한 두더지 영감은 뭐 열매를 잡아 어떻게 한다나. 혹시나 열매가 씨를 가지고 있다면, 열매는 우리 쥐가 먹구, 씨는 쌀을 만들어 이런 아름드리 나무를 만들어, 왼통 거미줄을 치구 그랬지. 벌레같은 먹을 것은 나무가 있어야 모이니까. 꿩 먹구 알 먹구. (군침을 마시며 꿀벌을 푼다) 히히…
쥐　　(나오며) 세상은 우리 세상으루 될 께지.
거미할멈 누구야?
쥐　　호호호. 거미 할멈, 공연히 놀래기만 하시우?

거미할멈　이 고약한 놈들, 쥐야! 버르쟁이 없게 소리도 없이 살금살금 나와 남을 놀래게 해?
쥐　　　원 할멈두. 살금살금 다니는 거야 내 습관인 걸요. 아, 그래야 남을 속혀 먹지요.
거미할멈　응. 그건 그렇겠군.
쥐　　　어데 이런 벌레나 걸렸어야, 할멈 소원이나 이루어 보겠소.
거미할멈　이제 두고 보게 열매같은 큼직한 게 걸릴 테니.
쥐　　　한데 웨 이리 바람이 심하우?
거미할멈　그리게 말이다.
쥐　　　어데 좋지 못한 일이나 생길 것 같습니다.
거미할멈　방정을 털지 말게. 그렇지 않어두 바람 녀석이 우리 일을 방해할려구 오는 모양이네.
쥐　　　그만 그놈을 잡아 묶읍시다.
거미할멈　그게 상책일세
쥐　　　그럼, 나는 숨어있기루 하죠.
거미할멈　좋와. 나는 이놈을 어서 풀어 드려 가야겠네. 어-이구, 추워. 육실할 바람같으니.
쥐　　　아. 온다, 와. 벌서 왔다, 바람.

　　　　쥐 황급히 숨고, 바람 등장.

바　람　(거미와 꿀벌을 보고) 아, 할멈. 이게 꿀벌 아니요?
거미할멈　(풀던 손을 멈추고) 응. 저, 글세.
바　람　에거, 큰일이다. 정신을 잃고 있네. 할멈, 누가 이런 짓을 했소.
거미할멈　글세, 뭣을 말이냐?
바　람　알겠소. 할멈, 그 손의 밧줄은 뭐요? (거미를 잡으련다)
거미할멈　(몸을 피하며) 웨? 무슨 상관이야. 고것은 내 밥이야.
바　람　뭣이? 고약한 것. 겨울이 온다구 부지런히 일하고 있는 꿀벌이 무슨 죄가 있어서 이짓이야? (덤벼든다)
거미할멈　(이리 저리 피하며) 어이구, 바람. 그리 덤비지 말게. 추워 죽겠네. (바르르 나무 밑으로 들어가 버린다)
바　람　(뒤따라 가며) 아, 거미를 잡아라. (나무 밑으로 가서 살펴보나 거미는 잃었다)

바 람 (다시 꿀벌 곁으로 오며) 음, 분한 걸. 하마트면 넌 죽은 목숨이 될 뻔했구나. (흔들며) 꿀벌, 꿀벌, 정신을 채려라. (고함지른다. 따라서 세찬 바람소리 잠시)
꿀 벌 (부르르 한번 몸을 움직이고 깨어난다. 바람을 보고 놀랜다) 아저씨는?
바 람 진정해라. 어데 상한 데나 없니?
꿀 벌 (사방을 살펴보며) 아이, 무서워. 바람 아저씨, 이게 웬 일이예요?
바 람 음, 다 알 수 있겠다. 겨울이 닥쳐 온다구 준비를 하려가다가, 그만 이 꼴이 되었구나. 자, 어서 바삐 가서 꿀을 많이 모아다 둬야 겨울을 날 수가 있지.
꿀 벌 바람 아저씨, 고마워요.
바 람 자, 어서 돌아가야 한다. 또 언제 몹쓸 놈이 나올지 모르니까.
꿀 벌 아저씨. 그럼 봄이 오거든, 꼭 또 만나요.
바 람 만나구 말구. 꿀벌두 봄을 기다리는구나.
꿀 벌 아이. 어서 봄이 왔으면, 꽃동산은 우리를 부를 테지요.
바 람 부르구 말구.
꿀 벌 아저씨, 정말 고마워요. 그럼 안녕히… (상수로 퇴장)
바 람 조심해 다녀라. (꿀벌이 살아진 곳을 바라보며) 삼백 예순 닷샛 날.
쥐 (바르르 하수에서 등장) 뭘 하시는지요?
바 람 (놀라 돌아보며) 응? 누구야?
쥐 헤헤… 아니, 거 이제 삼백 무슨 닷샛 날이라구 그러시니, 대체 그게 뭐예요!
바 람 응. 삼백 예순 닷새 만에 나는 꼭 모셔와야겠거든.
쥐 우리 두더지 영감을요?
바 람 뭐? 두더지? 아니야 봄아씨를 말이야.
쥐 봄아씨?
바 람 참 나는 바쁘단 말이야. 모두들 기다리고 있는 걸 보니까, 잠시라두 가만 있을 수가 없구나. 이렇게 밤낮 뛰어가야 삼백 예순 닷샛 날 만에야 봄아씨를 만날 수 있으니. 하루라두 늦으면 열매나 모든 동무들이 가엾거든.
쥐 네? 열매요? 열매가 어데 있게요?
바 람 저 뒤에 따라 올께다.

쥐   왜 가치 오시잖구요?
바 람   가치 가다가는 삼백…
쥐   아, 알아요. 삼백 예순 닷새에 미치지 못 해서요. 먼저 빠른 사람은 다름박질을 치죠?
바 람   그렇지, 내가 급히 가서 봄아씨를 여기루 모셔 와두 마찬가지니까.
쥐   옳은 말슴입니다. 이리루 꼭 모시고 오십시오. 한데 열매는 굳은 씨를 가지고 있지 않습니까?
바 람   (놀라며) 응? 네 녀석 알구 있니?
쥐   아, 아니요. 그저 그럴 것 같아서.
바 람   응. 수상한 녀석, 난 모른다.
쥐   왜 모르실라구요?
바 람   말할 수 없지. 이 세상에는 아직 고약한 놈들이 있어서, 그것을 뺏을라구 하거든.
쥐   아니요. 우리 거미 할멈은… (입을 다문다)
바 람   응. 수상한 놈, 너두 바루 그놈들이구나.
쥐   아니지요, 아니지요.
바 람   (밧싹 닥아서며 쥐의 목을 꼭 잡고) 요놈. 내 네 말은 들었다.
쥐   사, 살려줘. (뒷손으로 나무에서 느러진 밧줄을 잡아 댕긴다. 따라서 종이 울린다. 하수에서 거미할멈 등장. 밧줄을 휘휘 둘러 바람의 목을 얽는다)
거 미   히… 히, 히… (바람 묶이었다)
바 람   아, 거미다. 움. 이놈들, 고약한 놈들, 날 묶어 어떻걸 테냐.
쥐   이 양반들에 손을 대면 그렇게 되는 법이야.
바 람   하지만 나는 가야해, 삼백…
쥐   삼백 예순 닷새 동안 그 모양을 하구 있으란 말이야, 너는.
바 람   열매나 동무들이 불상하거든. 열매가 봄아씨를 만나야 하거든. 열매는 희망이야. 온 세상에서 옳바른 일을 하는 데서 희망이 있단 말이야. 이놈들, 컴컴한 속아질 가지구 남을 못 살게 하려는 놈들, 어서 풀어 썩 못 풀가?
거미할멈   히히, 바람 웨 그리 덤벼. 입안에 거미줄 씨울까 봐서? 히히, 내 그것만은 용서해 주지. 그래, 꿀벌보다는 못 하지 않는 걸, 히히…… (거미할멈 쥐의 귀에 입을 대고 잠시 속삭임)

쥐   (바람더러) 이놈, 우리의 일을 방해하는 놈은 이렇게 해줄 테다. 나는 네 옷을 벗길 테다. 너는 발가숭이가 되어 우리 두더지 영감 창고에나 트러백혀야 한단 말이야.
바 람 아쭈, 짓을 해봐라. 올바른 일을 하는 데는 희망이 있는 법이야. 열매의 희망을 꺽을 상 싶으냐. 이놈들, 거기는 많은 동무들의 힘이 있다.
쥐   그렇지, 나는 너이 동무가 모조리 필요하단 말이야
바 람 속없이 많은 동무를 네깐 놈이 어떻게 할 테냐?
거미할멈 내게는 밧줄이 있지. 또 두더지에게는 굳센 힘이 있구.
바 람 그래, 어떻걸테냐.
쥐   듣고 싶으면 가르켜 주지. 이것이 우리 쥐의 도덕이란 게야. 알겠니. 네가 벗은 바람의 옷을 내가 입지. 그리구 오늘부터 난 바람 노릇을 한단 말이야, 가짜 바람노릇을.
바 람 으으으, 어데까지나 쥐같은 놈이구나.
쥐   그래서 너이 동무가 아무리 많대두, 그놈들은 나를 믿을께거든. 바람같이 말이다.
바 람 그래서 어떻걸텐가.
거미할멈 그 다음에는 알 필요두 없지. 너는 죽은 목숨이나 다름이 없으니까. 그럼 쥐.
쥐   네, 시작해 볼까요?
거미할멈 삼백 예순 닷샛 날이 그리 멀지는 않으니까.
쥐   그렇지요. 흐흐…
거미할멈 (따라 웃는다) 히 히 히…
바 람 음…

    쥐 바람을 결박한 채 하수로 끓고 퇴장.

거미할멈 내 솜씨에는 틀림이 없지. 두더지 영감하구두 그래 뱃짱이 맞는다니까. (상수편을 보고) 응, 바루 찾어오는 게 열매겠지. 이러기 놀구 먹을 팔자라니까.

    열매 상수로부터 등장. 거미줄을 쳐다보고 섰다. 손을 꼽으며.

열   매   삼백 예순 닷샛 날이라지?
거미할멈 (뒤에서) 어델 가는 아쎈고?
열   매   (돌아다보며) 응? 누구세요?
거미할멈 (웃는다)
열   매   아니, 누가 이렇게 여기다 줄을 얽어 놓았을까?
거미할멈 모르지.
열   매   치워줘요. 이 그물을 지나가는 사람들 몸 상하겠소.
거미할멈 음, 바람만큼이나 덤비누나.
열   매   (놀라며) 아니, 할머니. 바람 아저씨를 아세요?
거미할멈 알구 말구. 아씨는 열매겠지?
열   매   네, 그래요. 할머니, 바람 아저씨가 이리루 지나가셨지요?
거미할멈 바람 아저씨두, 봄아씨두 나는 다 알지.
열   매   어쩌문 봄아씨두 아시네. 할머닌 누구세요?
거미할멈 나? 할멈이야. 그런데 봄아씨두, 바람 아저씨두 우리 집에 있으니까.
열   매   거짓말.
거미할멈 나는 정직한 할멈이다.
열   매   봄아씨가 여기 오실 리가 있나요?
거미할멈 하— 삼백 예순 닷샛 날이 지날 때까지 우리 집에서 주무시기루 했지.
열   매   어쩌면 거짓말 아니세요? 바람 아저씨가 금방 어길 지나갔을 텐데요.
거미할멈 천만에. 그럼 보여줄까, 바람을.
열   매   네, 네. 어서 보여주세요.
거미할멈 (나무 밑으로 가서 줄을 당기어 종을 울린다)

   종소리에 따라 쥐가 등장.

쥐   (바람의 옷을 입어 마치 바람같다) 아— 할멈. 열매가 이제야 따라왔군 그래.
열   매   바람 아저씨. (자세히 쳐다보드니) 수염이 났네.
쥐   수염? (놀라며) 응, 저 봄아씨를 모시러 갈려면 점잖아야 된다구 해서, 이 할멈이 부쳐줬다.

열　매　아니, 이 배 봐. 뚱뚱보네.
쥐　　　(배를 어루만져보고) 응, 어-이구. 할멈한테 어찌 얻어먹었는지 배가 다 불렀다.
열　매　아니, 목소리가 이상해. 그런 쉰 목소리가 아니였는데.
쥐　　　아, 그, 저, 어찌나 빨리 달아났든지, 바람을 잔뜩 먹어 목이 다 갈렸다.
열　매　바람 아저씨가 바람을 먹어요?
쥐　　　바람은 바람이지. 그러기 벌써 봄아씨를 모시구 왔구나?
거미할멈　그렇지, 지금 집에서 주무신다니까.
열　매　그래요? 그럼 어서 보여 주세요.
거미할멈　응, 그렇게두 보구 싶다면 보여주지. (쥐에게 눈짓을 한다. 쥐는 바르르 나무 밑으로 걸어가 늘어진 줄을 잡는다)
거미할멈　열매 아씨를 봄아씨에게 데려다 줘라- 히 히 히.
쥐　　　흐흐흐. (쥐 밧줄을 당기여 종을 울린다. 중간막이 올라가고)

제1장 꼬리[1]

제2장

중간막이 올라가면, 거미네 집마당이다. 정면으로 거미 할멈의 집이 보인다. 절벽에는 왼통 거미줄이 철망같이 둘러있고, 집 상수편에 드나드는 문이 있다. 그 문으로 드러가면, 지하실로 통해 있고, 지하실은 두더지네 집안으로 되어 있다. 즉, 거미네 집이 두더쥐네 집일 것이다.

거미할멈　히 히 히······ 열매야, 어떻냐? 저게 우리 집이다.
열　매　아이 참, 이상두 해라. 저런 집이 어데 있었을까?
쥐　　　우리가 여기 쳐들어와 지었지.
열　매　뭐?
거미할멈　아니, 딴 이애기야.
열　매　아이, 무시무시하게 지었어.

---

1) 끝맺음이라는 의미.

거미할멈 하- 그래야 봄아씨두 편히 주무실 수 있단다. 딴 놈들이 무서
        워 봄아씨를 건드리지 못 한단다.
열   매 ……
거미할멈 자, 어서 걸어라. 봄아씨가 얼마나 너를 기다리겠니.
열   매 어쩐지 무시무시해서.
쥐   이 바람이 있지 않니, 바람이.
열   매 나쁜 놈이라두 나올 것같네.
거미할멈 하- 그럴 만두 하나. 그래, 봄아씨는 만나보지 않겠니?
열   매 글세요. (사이) 그럼 다 가치 들어가요.
거미할멈 그렇지, 그렇지. (열매 옆에 바싹 붙어 열매를 데리고 문으로 들
        어간다. 바람으로 가장을 한 쥐는 따라 들어간다)

        이때 물방울이 둘 상수로부터 등장.

물방울1 아니, 애야. 예까지 왔는데두 보이질 않누나.
물방울3 그러기 말이야. 열매는 어찌나 봄아씨를 만나 보구 싶었든지, 막
        바람을 따라 다름박질이야.
물방울1 본시 똑똑한 열매니까 그렇지. 그렇게 귀중한 씨를 몸에 품었으
        니까, 몹쓸 놈 한테라두 뺏겨서야 되겠서?
물방울3 하루 바삐 봄아씨를 만나, 씨로 싹을 만드러야지.
물방울1 그리구 싹은 무럭무럭 자라서 아름드리 나무가 되어, 꽃동산을
        만들게 된다.
물방울3 우리도 힘을 도와 꽃동산이 되거든, 모든 동무들이 다- 모여 즐
        겁게 살게 된다.
물방울1 열매는 훌륭해.
물방울3 세상에는 남을 못 살게 하구두 재(제) 배만 불리는 몹쓸 놈두 있
        다는데, 열매는 수많은 동무를 위해 씨를 바칠려구 한다니까.
물방울1 그러게 우리도 도웁는 게 아니야? 개구리나 맹꽁이까지두.
물방울3 참 맹꽁이하구 개구리는 퍽이나 뒤 떠러졌겄다.
물방울1 이제 오겠지. 그동안 저 나무 밑에 가서 좀 쉬어 가자. (나무 밑
        으로 간다)
물방울3 아니, 저건 왜 저리 얽어 매엇을까?
물방울1 이 밧줄은 또 뭐야. (잡아댕기어 본다. 따라서 종이 울린다)

거미할멈이 뛰어 나온다. 물방울들 질색을 하여 나무 밑에 숨는다.

거미할멈 (문밖으로 뛰어나와 나무밑으로 향해 걸어가며) 거 종을 울린 게 누구야? 누가 신호를 했지?

이때 맹꽁이가 노래를 부르며 상수로부터 등장.

맹꽁이　　　(맹꽁이 노래)
맹꽁맹꽁 맹맹꽁
꽃동산을 꾸미려
열매아씨 따라가자
이래 뵈도 꽃동산
제일 가는 성악가
손풍금수 개구리도
봄 맞으러 가자네
맹꽁맹꽁 맹맹꽁

거미할멈 (맹꽁이 곁으로 가며) 응? 뭣이라구?
맹꽁이　맹꽁맹꽁 맹맹꽁
거미할멈　그래 어떻단 말이냐?
맹꽁이　할머니, 난 맹꽁인데요. 이렇게 길을 걸으면서두 노래 연습을 하거든요.
거미할멈　응. 넌 또 어델 가는 놈이냐?
맹꽁이　나요? 물방울을 따라가죠.
거미할멈　그건 왜?
맹꽁이　물방울은 열매를 따라가니까요? 모두 모두가 꽃동산을 만들러 가거든요.
거미할멈　옳아. 물방울들은 바람을 따라가지.
맹꽁이　옳아요, 잘 아시네.
거미할멈　바람은 봄아씨를 데리러 가구.
맹꽁이　아니, 이 할머니가 모르는게 없네.
거미할멈　그런데 애, 마츰 잘 왔다. 그 열매가 품고 있는 게 씨라는 게지?
맹꽁이　그럼요. 잘 아시면서두 그러네.
거미할멈　응. 그래, 씨루 싹을 만든다지?
맹꽁이　그럼요. 그길루 꽃동산을 만든대두 그래.

거미할멈 싹은 누가 만들지?
맹꽁이 다 아시면서두 그래. 봄아씨지 누구예요. 그리구 모든 동무들이
   구.
거미할멈 옳아. 참 나이가 먹으면 잊어버리길 잘 한다니까.
맹꽁이 이 할머니는 남을? (사이) 아차. 실수했구나. 그것은 거짓말이야.
거미할멈 히 히 히! 열매나 바람이 그러드니? 그런 말을 입밖에 내지 말
   라구.
맹꽁이 그럼요. 몹쓸 놈이 빼앗거든요. 할머니 그런데, 물방울들을 못 봤
   어요?
거미할멈 여길 지나가겠구나.
맹꽁이 그럼요. 난 그 동무들을 따라가는데, 동무들이 장차 열매와 같이
   꽃동산을 만들면, 모든 것이 폭은이 잘 살게 되니까 음악회도 열
   거든요.
거미할멈 옳아. 옳아.
맹꽁이 거기는 물론 물방울 동무들이 연못을 만들테니까, 나는 그 연못
   에서 음악회를 열거던요.
거미할멈 흥!
맹꽁이 새들은 나뭇가지에서, 나는 연못에서 누가 잘 부르나 내기하죠.
거미할멈 옳아. 옳아. 그래 맹꽁맹꽁 연습을 하누만.
맹꽁이 그렇지요. "맹꽁 맹꽁" 이렇게 어떻습니까? 할머니 한곡 불러드
   릴까요?
거미할멈 아, 그만 둬두 좋아. 그때 듣기루 하자.
맹꽁이 그런데 나는 성악가니까, 손풍금쟁이가 있어야 하거든요. 반주를
   하죠.
거미할멈 손풍금쟁이라니?
맹꽁이 개구리 녀석 말이죠. 그 동무가 이제 따라오댓는데 떠러졌나 보
   군.
거미할멈 개구리두?
맹꽁이 그럼요. 개구리뿐이겠나요. 모든 것이 다 모일 텐데. 난 그놈의
   개구리가 없으면, 안타까워 울 지경이지요. 맹꽁 맹꽁… (우는 시
   늉)
거미할멈 (귀를 틀어막고) 아, 아, 알았서.
맹꽁이 할멈, 내 물방울을 가서 멈쳐 놓구 개구리를 데리구 올게, 개구리

가 오거든 잡아 두세요.
거미할멈 응, 그래라. 꼭 잡아두지.
맹꽁이 연습을 해야지. 몇 달이 않 남었는데, 이거 큰일났군. (맹꽁이 노래부르며 하수로 퇴장.)
거미할멈 (혼잣말로) 꼭 잡아두구 말구. 개구리 녀석만 잡아두면 맹꽁인 잽힌 몸이지. 성악가에 손풍금쟁이가 없으면 않 되니까. 그런데 물방울들도 아직 보이지 않는걸 보니까, 그 봄들도 이제 이리루 올 테지.

  열매 거미네 집에서 뛰여 나온다.

열 매 엄마―

  뒤따라 바람으로 가장을 한 쥐도 뛰여 나온다. 두더지는 문까지 나와 덤빈다.

두더지 고놈을 잡아라. 고놈을 잡아라.
열 매 날 놓아줘, 이놈들. 나쁜 놈들, 날 속혓지.

  이때 자즌 손풍금 소리.

열 매 하수로 피해 간다. 거미할멈 밧줄을 휘두루며 막아선다.
거미할멈 웨 봄아씨가 그렇게도 무섭드냐?
열 매 나쁜 할멈, 거짓말쟁이. (거미할멈 한거름식 닥아선다. 열매 중앙으로 피한다)

  이때 상수로부터 손풍금을 울리며 개구리 등장. 이 모양을 보고 깜짝 놀라 손풍금 멈추고.

개구리 저걸 어떻거나. 우리 열매가 (쥐, 개구리 앞으로 가 선다)
개구리 (바람으로 가장을 한 쥐 보고) 저걸 어떻게 해. 바 바람, 열매를!
쥐   열매는 기뻐서 미칠 께다. 봄아씨를 만났으니까.
개구리 아니, 봄아씨가? 바람 아저씨…
열 매 아. 개구리, 개구리야. 이놈은, 이놈은……

쥐   (재빨리 돌아서서 열매의 입을 틀어막는다)
개구리   이게 대체 어떻게 된 일이야?

   거미할멈 밧줄을 휘둘러 어리둥절 서있는 개구리를 얽어맨다.

거미할멈 개구리 녀석은 내 꼭 잡아두마. 나는 맹꽁이 말두 듣는 할멈이
        니까.
두더지 헤 헤 헤! 봄아씨는 여기 있어. 여기 어서들 들어오십시오, 귀한
        손님들.

   거미할멈 개구리를 끌고, 쥐는 열매를 끌고, 모두 집안으로 들어간다.
   물방울들 나온다.

물방울1 이거 큰일났구나.
물방울3 애야, 좋은 수가 없을까?
물방울1 우물쭈물할 때가 아닌데.
물방울3 우리 단 둘이서야 어찌겠니.

   맹꽁이 노래 소리 들리며 등장.

맹꽁이   아이구, 물방울들아. 여기 있는 걸 그리 찾었구나. (큰 소리)
물방울1 쉿— 조용해라.
물방울3 들키면 이거다. (목을 잘르는 시늉)
맹꽁이   아니, 누가?
물방울1 거미할멈이다. (집을 가르킨다)
물방울3 두더지, 쥐. 몹쓸 놈의 구렁텅이야. 부르르
맹꽁이   아니, 할멈이. 난 할멈보구 개구리를 잡아두라구 했는데.
물방울1 이 맹꽁아, 그러기 넌 맹꽁이야.
맹꽁이   (고개를 숙이고) 흠.
물방울3 개구리가 네 말대루 잡혀 죽게 됐다, 거미할멈한테.
맹꽁이   뭐야?

   이때 집안에서 손풍금 소리.

맹꽁이　아, 개구리다. 개구리야. (들어갈려구 한다)
물방울1　쉿, 가지마라. 어떤 일이 생길지 모른다. 우리는 들키기 전에 동무들을 구해낼 궁리를 해야 한다.
물방울3　좋은 수가 없을까? (잠시 생각한다)
물방울1　있다, 있어. 이렇게 하자. 나는 급히 가서 우리 물방울 동무들을 죄다 데리구 올 테다.
물방울3　물방울이라두 합치면 무서운 힘을 내니까.
맹꽁이　연못만 하겠구나.
물방울3　그렇지.
맹꽁이　좋아. 연못이면 음악회두 열 수가 있으니까.
물방울1　맹꽁이야, 그런 말할 때가 아니다.
물방울3　물방울이 죄다 모이거나, 혹은 좋은 소식이 있거든, 저 종을 연거퍼 세번 울리기루 하자.
물방울1　좋아. 그리구 맹꽁아, 제발 맹꽁이 노릇 좀 그만 둬라.
맹꽁이　응, 잘 알았어. 참 난 맹꽁이였구나. 그럼 나두 하나 일을 매껴다우. 목숨은 내놓구 할게.
물방울3　응, 맹꽁아. 너하구 나는 여기 남어 있기루 하자.
물방울1　그래라. 그리구 좋은 수가 있다. 맹꽁아, 정신을 바짝 채리구 나 하라는 대로만 하면 문제없다.
맹꽁이　어서 가르켜 다우.
물방울1　이리 바싹 와서 귀를 대라. (귀 속삼임)

　　이때 쥐가 나온다.

물방울1　자- 저놈, 바루 나온다.

　　맹꽁이 귀에다 물방울1 입을 대고 속삭이고, 손풍금의 구슬픈 음률을 남기고 막.
　　제2장 꼬리.

제2막

　　막이 오르면, 어둠침침한 두더지의 방안이 된다. 문은 하수편에 달리고, 계단을 밟아 내려오게 되었다. 즉 지하실이다.
　　개구리의 손풍금 소리. 개구리 허리에는 밧줄을 매이고 밧줄 한 끝을 기둥에 동이어 있다. 열매도 그 모양. 바람은 샤쓰 바람으로, 역시 그 모양으로 자유를 잃고 있다. 거미할멈, 두더지도 있다. 두더지는 검을 쥐고 단도를 허리에 차고 있다.
　　잠시 동안 개구리의 손풍금 소리. 두더지는 방안을 초조해 왔다 갔다 한다.

개구리　(손풍금을 멈춘다)
두더지　어서 계속해라. 않 하면 이거다. (검을 들었다가 놓는다)

　　개구리 손풍금 계속.

두더지　그런데 웨 나 모르는 곡만 울리고 있느냐?
개구리　(말이 없다)
두더지　아무 것도 좋다. 하여튼 손풍금 소리만 내고 있으면 된다. 맹꽁이는 손풍금 소리를 듣고, 너를 따라 이리루 들어올 테니까. 어때? 개구리야. 영리한 영감이지? 이게 맹꽁이 잡는 묘책이라는 게야. 울려라, 울려. 맹꽁이가 네 손풍금 소리를 듣고 들어올 때까지. 맹꽁이는 또 물방울까지 데리구 올 테니까, 앉아서 네놈들을 몽땅 잡게 되얏단 말이야. 헤헤…
바　람　두더지 쥐상같으니, 아무리 맹꽁인들 네놈들한테 속을 것 같으냐?
거미할멈　그렇지. 넌 맹꽁이보다 똑똑한 놈이니까, 이 꼬락선이가 되엿구나.

　　이때 바람옷을 입은 쥐가 밖에서 들어온다. 이것은 맹꽁이가 쥐를 죽이고 쥐의 탈과 바람옷을 맹꽁이가 입고, 쥐 모양으로 가장하고 들어왔다. 이하 쥐는 전부 맹꽁이를 말한다.

두더지　(맹꽁이 보고) 그래, 오는 것이 보이지는 않드냐?
(쥐)　　(바람옷을 입은 맹꽁이) 아니, 뭐 말이유?

두더지 뭐야? 그래 아까 내가 뭐라구 하더니? 나가서 맹꽁이하구 물방울들이 오느냐, 안오느냐 살펴 보라구 하지 않더니?
(쥐) 네! 네! 옳아. 그래셨지요. 그 말씀말입니까. 글세, 물방울들을 그리 기다리는데, 아직 보이질 않습니다.
두더지 맹꽁이는?
(쥐) 네? 맹꽁이요? 저는…
두더지 맹꽁이는 오느냐 말이야.
(쥐) 아, 네. 알겠습니다. 맹꽁이두 저 않 보입니다.
두더지 수상한 것 같으니. 쥐야, 그래 밖에서 무슨 일이라도 생겼니?
(쥐) (놀라며) 네? 아, 아니요. 그럴 수가 있나요.
두더지 웨 그리 덤비느냐? 오늘이야말루 태도가 우리 영리한 쥐같지가 않구나.
(쥐) 처, 천만에요.
두더지 목소리까지 이상한 걸, 쥐야.
(쥐) (사이) 두더지 영감님, 제가 쥐같지 않다구요? (웃으며) 어떻습니까. 영감님까지 그렇게 보시니, 일은 될 듯 쉽지 않습니까. 내가 쥐같이 보여서야 되겠습니까?
두더지 왜?
(쥐) 나를 쥐인 줄 알아서야, 그 놈의 봄이나 물방울들이 나를 따라오겠습니까. 나는 지금은 바람 노릇을 해야 하니까. 바람의 목소리루 연구하구, 태도두 달리 해야 하겠거든요. 쥐인 줄 모르게요.
두더지 옳아, 옳아. 그러믄 그렇지. 우리 영리한 쥐니까 바람의 옷을 입구, 바람의 모양두 제법 낼 수가 있단 말이야. (바람 보고) 봐라, 이놈. 우리 쥐는 바람이 되어 버렸다. 아무리 봄이나 맹꽁인들 감쪽같이 속일 수 있단 말이야. 헤 헤 헤… (개구리 곁으로 가서 검을 든다)
개구리 (다시 손풍금 계속한다)
두더지 (검을 내리며) 이것 봐, 개구리. 내 말을 잘 들으면 좋은 수가 난다. 내가 지금은 이런 토굴 속에서 산다마는, 저놈이 가지고 있는 씨를 뺐으면 봄을 끌어다 싹을 트게 하거든.
개구리 흥, 봄아씨가 오시기나 할 테냐?
두더지 싹이 트면, 나두 아무리 밝은 세상이라 해두 밖에 나갈 수가 있단 말이야. 그러면 싹은 커서 아름드리 나무가 된다. 나무들은 너이

들이 하는 수작과 같이, 내가 좋아하는 모든 것이 모인단 말이야. 헤 헤… 그땐 이 거미할멈을 시켜 거미줄을 치게 하구. 저 쥐 아니 지금은 바람이지, 저놈을 시켜 그놈들을 몽땅 앉어서 잡을 수가 있단 말이야. 헤 헤, 세상의 물건은 다 내 해나 다름이 없지.

바 람 흥, 두고 보자. 마음대루 될 텐데?
두더지 그땐 내 세상이니까, 개구리야. 그 손풍금으로 두더지왕의 행진곡을 울려라. 응?

    개구리 역시 딴 곡 계속.

두더지 얘, 개구리야. 이 두더지의 행진곡을 울리란 말이야, 어서.
개구리 그런 곡은 없을 껄요.
두더지 그런 곡은 없다구? 그럼 두더지 잔치두 할 테니까, 두더지 잔치의 노래는 있겠지?
개구리 그런 것두 없지요.
두더지 하, 그거 이상한데.
바 람 이상하긴 뭐가 이상해. 당연한 일이지.
두더지 (바람 보고) 응, 이녀석. 그래 생각은 해 봤는가?
바 람 생각은 무슨 생각,
두더지 그래, 아직두 생각을 못 했어?
바 람 난 알 수가 없다.
두더지 그래, 봄이란 놈이 어데 있는지 넌 알 수가 없다는 말이지?
바 람 난 모른다.
두더지 쥐야. 다섯 때만 때려라.
(쥐) 영감님을 말입니까.
두더지 몬난 자식 같으니. 바람을 때리라는 거야.
(쥐) 네. (재쭉을 가지고 휘휘 두르고 섰다)
두더지 어서.
(쥐) (바람을 채쭉으로 약하게 때린다)
두더지 약하다. 좀 세게 때려라.
(쥐) (계속 다섯 때 때린다)
거미할멈 (열매 보고) 어떻냐? 열매야. 저렇게 매를 맞는 걸 보구두 너는 씨를 못 내놓겠다는 거냐?

열 매   봄아씨가 오시면 말하마. 아저씨, 참으세요.
거미할멈   응? 봄아씨?
바 람   열매. 말을 해서는 않 된다.
두더지   넌 잠자쿠 있어. 그리구 이 쥐에게, 아니 우리 바람에게 봄이란 놈을 끌고 오도록, 바른 말을 하면 그만 아닌가?
바 람   ……
두더지   어서.
바 람   어떤 일이 있든지 네놈들의 수작은 듣지 않을 테다.
두더지   으으으. 그래, 대답이 그거야? 이놈, 그럼 이렇게 해주마. 애 쥐야.
(쥐)   무슨 말씀이요?
두더지   저 열매도 다섯 번.

　　　맹꽁이 채쭉을 든다.

바 람   가만.
두더지   말할 테지?
열 매   어서 때려라. 무섭지 않다.
바 람   열매에게 손을 대지 마라. 만약에 손을 댓다가는 죽어두 말은 않 할 테다.
두더지   음, 열매가 불상하거든 말해라.
바 람   (말이 없다)
두더지   어서 못 할까? 그럼 쥐야, 열 때만 때려라.

　　　맹꽁이 채쭉을 든다.

열 매   가만, 가만, 아저씨.
거미할멈   잠깐만. 그래, 열매야. 아저씨가 불상하거든 내놓아라. 그 씨만 내놓으면 그만인 걸 가지구 그러누나.
바 람   하 하 하… 이 어리석은 놈들아. 그런다구 네놈들 말을 들을 것 같으냐?
두더지   음. 그래, 말 않 할 테냐?
바 람   너같은 놈에게는 힐 말이 없다.

두더지 (검을 들며) 이래두?
바 람   어서 죽여라.
두더지 (검을 쥐에게 던져 주며) 옛다.
(쥐)   죽여버릴까요.
두더지 목을 베라.
(쥐)   (검을 두더지 머리 위에 쳐든다)
두더지 (놀라며) 아, 아니야. 벨 놈은 저기 있어
거미할멈 (밧줄을 휘두른다)
(쥐)   (다시 검을 바람의 머리 위에 쳐들고 입을 바람 귀에 대고 무어라 중얼거린다)
열 매   아, 아저씨.
(쥐)   (검을 내려 놓으며) 그런데 이놈을 죽여버리면, 봄이 어데 있는지 아는 놈이 없질 않습니까.
두더지 음, 봄이 필요하니까.
거미할멈 그렇다면 요 열매를 죽여버립시다.
두더지 것두 좋다. 고놈의 뱃속에라두 씨는 있을 테니까. 쥐야,
(쥐)   열매의 목을 베랍니까?
두더지 단칼에 베어버려라.
(쥐)   (이 번에는 검을 열매 머리 위에 쳐든다. 검을 내리며) 그런데 열매를 죽이면, 저 바람은 영영 봄을 데려올 생각조차 안 할 겝니다.
두더지 음, 그렇다면?
(쥐)   이렇게 합시다.
두더지 말해 봐라.
(쥐)   말을 들으니, 봄은 그리 멀지 않은 곳에 있을 겝니다. 그러니까 제가 이 바람을 데리구 가서 가치 봄을 끌고 오게 하겠습니다.
두더지 음, 좋다. 어떻냐? 바람 가치 갈 테냐? 안 갈 테냐? 안 가면 네놈두, 열매두. 개구리까지 목이다.
바 람   열매를 놓아 준다면 갈 수도 있지.
두더지 음, 그래라. 봄을 끌고만 오나라. 열매는 노아 줄 테니.
바 람   그럼, 가마.
두더지 언제까지 돌아오겠는가?
거미할멈 저놈의 개구리가 손풍금을 울려 연겁허 세 곡이 끝날 때까지

398

         돌아오게 하면 어떨까?
두더지 응, 어떻냐? 봄은 그리 멀지 않은 곳에 있을 테니까.
바 람 좋다.
두더지 만약에 그때까지 돌아오지 못하면?
거미할멈 열매의 목을 잘라버립시다.
두더지 그렇지. 쥐, 너는 그 검을 가지구 바람의 뒤를 따르라. 그래서 봄
       을 끌구 오란 말이야.
(쥐)   네, 꼭 데리구 오지요.
두더지 그리구 이거 봐, 쥐야. (맹꽁이 귀에 입을 대고) 네가 바람이라는
       것을 잊지 말구, 봄을 만나거든 저 바람을 슬쩍 죽여버리구……
(쥐)   저만 믿으시죠.
거미할멈 만사는 주의해서 해.
(쥐)   염려마시죠. 만약에 저놈이 뛸 생각을 하거나, 무슨 나쁜 일이 생
       긴다면 그전에 죽여 버리겠습니다.
두더지 그래라. 그리구 도중에 맹꽁이, 물방울들도 잡아 오나라.
(쥐)   네, 꼭 잡아오지요. 그리구 일이 잘 된다면, 종을 특별이 세번 열
       거퍼 울리겠습니다.
두더지 좋다. 기다리고 있을 테니까. 그럼, 개구리 손풍금을 울려라.
쥐야   그럼, 이놈을 끌고 나가라.

       맹꽁이 바람을 끌고 밖으로 나간다.

개구리 (손풍금 음악 느리게 울린다)
두더지 않되, 않되. 그리 느린 곡조가 어디 있어.
개구리 그럼, 어떤 곡을 울릴까요?
두더지 짧고 급한 곡을 울려라.
개구리 그런 곡은 없을 껄요?
두더지 뭐 없다구? 거짓말 말아. 두더지 행진곡은 있는지 없는지 모르겠
       다만, 네 녀석 밖에서 하든 곡이야 잊지 않니.
개구리 밖에서라니요?
두더지 어서 해. 네 녀석이 저 할멈 밧줄에 얽이기 전에 여기 오면서 울
       리든 곡을 하란 말이야.
개구리 (손풍금 울린다)

모두 잠시 듣고 있다가.

거미할멈 봐라, 열매야. 바람은 봄을 데리구 올 테다. 아니 바람은 그전에 죽는다.
두더지 그렇지. 봄은 우리 쥐가 끌고 온단 말이야. 바람은 그전에 죽는다.
거미할멈 이래두 안 내놓을 테냐? 어서 내놔라. 바람이 죽으면 열매 네게 씨가 무슨 소용이 있겠니.
열 매 (말이 없다)
거미할멈 어서 내 놔.
열 매 못 내놓겠다. 내 씨는 반듯이 꽃동산을 지킬 동무들을 위해 바칠 게다.
거미할멈 아직두 그런 헷소리야? 어데 두고 보자.
개구리 손풍금 한곡 끝이 난다.
두더지 나머지 두 곡.
개구리 (음악 멈추고) 이놈들, 나머지 곡은 없다.
두더지 뭣이라구?
개구리 난 못 한다.
두더지 못 해?
열 매 개구리야, 어서 계속해라. 그래야 맹꽁이가 올 테다. 우리는 끝까지 싸워야 해.
거미할멈 그렇지. 맹꽁이는 올 테니까.
열 매 물방울들도 올 게다. 나는 믿어. 동무들은 우리들을 구해주러 올 테다. 끝까지 싸우자. 개구리야, 어서 울려라.
개구리 (다시 음악 2절을 시작)
두더지 끝까지 싸우자구? 그래, 씨는 못 내놓겠지?
열 매 마음대루 해 봐라.
두더지 거미 할멈, 요놈을 세 대만 때려.
거미할멈 (채쭉을 들어 열매 세 대를 때린다)
두더지 이래두 못 내놓겠니?
열 매 (말이 없다)
두더지 어서 말을 해.

이때까지 개구리 손풍금 두곡이 끝난다.

열 매 (말이 없다)
거미할멈 (큰소리로) 죽여버립시다. 열매를 죽여서 이놈의 뱃 속에서 씨를 끄냅시다.
두더지 그렇지. 않 됐다. 시작을 하세, 요놈. (열매의 목을 긁어쥐고 단도를 꺼내어 높이 들며) 요놈, 손풍금은 금시 곡조를 끝맺을 께다. 네놈의 목숨두 가치 끊어 주마.

이때 종이 세 번 울리기 시작한다.

두더지 봐라. 종이다. 종이 울린다. 인제는 세상의 물건 모두 우리 것이다. 으으으… (단도를 들고 열매의 목을 잡은 채 한거름씩 나간다)
열 매 동무들아!
개구리 앗, 사람 살류.

손풍금 세곡 멎고 단도가 금시 열매 목으로 닥아올 때, 밖에서 소음과 함께 나갓던 쥐 모양을 한 맹꽁이가 검을 들고 뛰어들어온다.

(쥐) (두더지의 곁으로 뛰어가, 잡었던 단도를 검으로 쳐 버린다. 단도는 개구리 발밑에 떨어진다. 개구리는 발로 꼭 짓밟고 선다)
두더지 쥐야, 이게 무슨 짓이야.

맹꽁이 검으로 말없이 노린다.

거미할멈 (밧줄로 맹꽁이를 얽는다)
(쥐) 아. (검을 날아트리고 얽인 채 싸운다)

이때 밖에서 우루루 물방울들이 수많이 문을 차고 뛰어들어온다. 그리고 개구리와 열매를 얽은 밧줄을 풀어준다. 맹꽁이의 밧줄도 푼다. 맹꽁이와 열매는 떨어진 검과 단도를 들고 두더지와 거미할멈을 노린다. 두더지와 거미할멈은 한구석에 몰려간다.

두더지 아, 아니. 너이들은, 너이들은?
물방울 ······ 네놈들을 잡으러 왔다.
두더지 누, 누구냐?
(쥐)   네놈들이 기다리던 물방울들이다
두더지 으으······ 이놈들, 집안에 탕수가 나겠구나.
(쥐)   이놈! 고약한 놈!
두더지 쥐. 너까지, 너까지,
(쥐)   네게는 아직 내가 쥐루 뵈이냐? 너이 쥐는 벌써 죽엇다.
두더지 아, 아니. 그럼 너는, 너는? 누, 누군가?
(쥐)   (바람의 옷와 쥐의 탈을 벗는다) 맹꽁이다.
두더지,거미할멈 아이구머니. (놀랜다) 네가, 네가?
맹꽁이 이놈 봐라. 이래두 내가 쥐냐? 나는 네가 기다리든 맹꽁이다. 그러나 이름이 맹꽁이지, 맹꽁이 짓은 안 한다.
두더지 으으, 네놈들. 몽땅 잡어주마. (거미와 가치 빈손으로 덤벼든다)
맹꽁이 이 늙은 것들을 묶어라.
일 동 묶어라! (모두 덤벼들어 두더지와 거미를 묶어버린다)

   바람이 꿀벌을 데리고 등장. 문을 차고 안으로 뛰어 들어온다. 방안이 밝아진다.

바 람 동무들, 물방울과 맹꽁이의 힘으루 쥐는 죽구, 나는 봄아씨를 모시러 갔다 오는 길이다. 봄아씨가 오시게 되었어.
일 동 야! (이때 무대 뒤에서 열매를 부르는 봄노래 합창이 들려온다)
바 람 동무들, 열매를 부르는 저 봄노래를 들어봐라. 이 꿀벌동무가 나비, 벌, 새들을 모두 데리고 왔다.
일 동 (들석쿵 떠든다)
바 람 봄아씨는 며칠 있으면 여기 도착하실 께다. 봐라, 방안이 이렇게 폭은히 밝어지지 않었니.
열 매 (느껴 울며) 동무들, 나는 기뻐. 나는 이렇게 하도 기뻐서 눈물까지 나는구나.
꿀 벌 동무들, 나두 기뻐. 동무들, 고마워. 저놈들은 날 얽어 잡을려구 한 우리의 원쑤였다.
개구리 하마트면 열매의 씨앗을 뺏길 번했구나. 저놈의 늙은 것들, 그저

손풍금 울리라기에 혼이 났구만. 저놈을, 그저… (때릴련다)
열　매　가만. 저놈들은 봄아씨가 오시도록 묶어 두었다가, 동무들 앞에서 처치하기루 하자.
일　동　것두 좋다
열　매　원쑤는 물러갔다. 자, 봄아씨를 기다려 동무들과 가치 즐거운 꽃동산을 만들러 어서 가자.
일　동　그러자
맹꽁이　애들아, 어디 너무 기뻐서 견딜 수 있겠니. 개구리 순풍금수야, 봄아 씨를 맞을 준비를 하자.
개구리　옳구나. 좋다. 우리 성악가 마음껏 뽑아라-
일　동　좋다.

밖에서 부르는 합창에 마추어, 개구리의 쾌활한 손풍금소리. 여기에 일동 들석쿵 춤 추고 노래할 때, 천천히 막은 내린다.

여기는 즐거운 행복의 나라
꽃냄새 향기로운 평화의 동산
원쑤를 물리치고 봄을 맞는 우리들
언제나 즐거운 노래부르며
꽃동산 꾸며보세 손을 맞잡고

막.

해방기 남북한 극문학 선집 Ⅱ

초판 1쇄 발행일 · 2012년 11월 8일

지은이 · 김송/ 김이식/ 남궁만/ 박로아/ 박병준
엮은이 · 이재명
펴낸이 · 이정옥
펴낸곳 · 평민사

주소 · 서울시 서대문구 남가좌 2동 370-40
전화 · 02)375-8571(영업)/ 02)375-8572(편집)
팩스 · 02)375-8573
등록번호 · 제10-328호
값 · 20,000원

http://blog.naver.com/pyung1976
ISBN 978-89-7115-590-5 04810

* 잘못 만들어진 책은 바꾸어 드립니다.